Der Beruf des Arztes unter besonderer Berücksichtigung der ärztlichen Kooperationen

Europäische Hochschulschriften
Publications Universitaires Européennes
European University Studies

Reihe V
Volks- und Betriebswirtschaft

Série V Series V
Sciences économiques, gestion d'entreprise
Economics and Management

Bd./Vol. 2464

PETER LANG
Frankfurt am Main · Berlin · Bern · New York · Paris · Wien

Frauke Lüke-Rosendahl

Der Beruf des Arztes unter besonderer Berücksichtigung der ärztlichen Kooperationen

Eine Analyse aus juristischer und betriebswirtschaftlicher Sicht

PETER LANG
Europäischer Verlag der Wissenschaften

Die Deutsche Bibliothek - CIP-Einheitsaufnahme

Lüke-Rosendahl, Frauke:

Der Beruf des Arztes unter besonderer Berücksichtigung der ärztlichen Kooperationen : eine Analyse aus juristischer und betriebswirtschaftlicher Sicht / Frauke Lüke-Rosendahl. - Frankfurt am Main ; Berlin ; Bern ; New York ; Paris ; Wien : Lang, 1999
(Europäische Hochschulschriften : Reihe 5, Volks- und Betriebswirtschaft ; Bd. 2464)
Zugl.: Bochum, Univ., Diss., 1998
ISBN 3-631-34914-9

D 294
ISSN 0531-7339
ISBN 3-631-34914-9

VORWORT

Die hier vorliegende Arbeit wäre nie zustande gekommen ohne die zahlreiche Hilfe und Unterstützung, die ich von allen Seiten erfahren habe.

Mein besonderer Dank gilt zuallererst meinem Doktorvater, Herrn Prof. Dr. Hermann-Wilfried Bayer, ohne dessen Vertrauen in mich diese Arbeit nie hätte geschrieben werden können. Insbesondere möchte ich mich bei ihm für seine stete Bereitschaft zu Diskussionen und Gesprächen sowie seine ständige Unterstützung und Hilfe auch beim empirischen Teil bedanken.

Ganz herzlich möchte ich mich auch bei meinem Zweitgutachter, Herrn Prof. Dr. Hannes Streim, bedanken.

Dank gilt zuletzt auch meinem Freund, meiner Familie und all den Freunden und Bekannten, die mich jederzeit unterstützt haben, sei es bei einer flexiblen Arbeitszeitgestaltung, bei der Verteilung der Fragebögen, beim kritischen Korrekturlesen oder beim Formatieren der Arbeit und den hilfreichen Diskussionen.

Dortmund, im Februar 1999 — Frauke Lüke-Rosendahl

INHALTSVERZEICHNIS

TABELLENVERZEICHNIS

ABKÜRZUNGSVERZEICHNIS

ÄM	Ärztliche Mitteilungen (Zeitschrift)
Ärzte-ZV	Ärzte-Zulassungsverordnung
AG	Aktiengesellschaft; Die Aktiengesellschaft (Zeitschrift); Amtsgericht
AGB	Allgemeine Geschäftsbedingungen
AGBG	Gesetz zur Regelung des Rechts der Allgemeinen Geschäftsbedingungen
AnwBl	Anwaltsblatt (Zeitschrift)
AO	Abgabenordnung
Aufl.	Auflage
Az.	Aktenzeichen
BÄO	Bundesärzteordnung
BB	Betriebsberater (Zeitschrift)
BewG	Bewertungsgesetz
BFH	Bundesfinanzhof
BFHE	Amtliche Sammlung der Entscheidungen des Bundesfinanzhofs
BGB	Bürgerliches Gesetzbuch
BGH	Bundesgerichtshof
BGHZ	Entscheidungen des Bundesgerichtshofs in Zivilsachen
BMJ	Bundesminister(ium) der Justiz
BOÄ	Berufsordnung-Ärzte
BPflV	Bundespflegesatzverordnung
BRAK-Mitt.	Bundesrechtsanwaltskammer-Mitteilungen (Zeitschrift)
BRAO	Bundesrechtsanwaltsordnung
BR-Drucks.	Bundesrats-Drucksache
BSG	Bundessozialgericht
BStBl.	Bundessteuerblatt
BT-Drucks.	Bundestags-Drucksache
BVerfG	Bundesverfassungsgericht
BVerfGE	Amtliche Sammlung der Entscheidungen des Bundesverfassungsgerichts
DÄBl.	Deutsches Ärzteblatt (Zeitschrift)
DB	Der Betrieb (Zeitschrift)
DStR	Deutsches Steuerrecht (Zeitschrift)
DStRE	Deutsches Steuerrecht – Entscheidungsdienst (Zeitschrift)
DStZ	Deutsche Steuer-Zeitung (Zeitschrift)
DSWR	Datenverarbeitung, Steuer, Wirtschaft, Recht (Zeitschrift)

Dt. Ärztetag	Deutscher Ärztetag
DZWiR	Deutsche Zeitschrift für Wirtschaftsrecht
EBM	Einheitlicher Bewertungsmaßstab
EFG	Entscheidungen der Finanzgerichte (Zeitschrift)
EG	Europäische Gemeinschaft
EGG	Erwerbsgesellschaftsgesetz
EL	Ergänzungslieferung
ErbStG	Erbschaftsteuer- und Schenkungsteuergesetz
EStG	Einkommensteuergesetz
EStR	Einkommensteuerrichtlinien
EU	Europäische Union
e.V.	eingetragener Verein
EWIV	Europäische Wirtschaftliche Interessenvereinigung
FG	Finanzgericht
FinVerw.	Finanzverwaltung
FR	Finanzrundschau (Zeitschrift)
FS	Festschrift
GastG	Gaststättengesetz
GbR	Gesellschaft bürgerlichen Rechts
GbRmbH	Gesellschaft bürgerlichen Rechts mit beschränkter Haftung
GewO	Gewerbeordnung
GewStG	Gewerbesteuergesetz
GIE	Groupement d'intéret économique
GmbH	Gesellschaft mit beschränkter Haftung
GmbHG	Gesetz betreffend die Gesellschaften mit beschränkter Haftung
GmbHR	GmbH-Rundschau (Zeitschrift)
GOÄ	Gebührenordnung für Ärzte
GoB	Grundsätze ordnungsmäßiger Buchführung (und Bilanzierung)
GRUR	Gewerblicher Rechtsschutz und Urheberrecht (Zeitschrift)
GuV	Gewinn- und Verlustrechnung
HeilBerG	Heilberufsgesetz
HGB	Handelsgesetzbuch
h.M.	herrschende Meinung
HwO	Handwerksordnung
INF	Die Information (Zeitschrift)
JuS	Juristische Schulung (Zeitschrift)

JW	Juristische Wochenschrift (Zeitschrift)
JZ	Juristenzeitung
KammerG	Kammergesetz
KBV	Kassenärztliche Bundesvereinigung
KG	Kommanditgesellschaft
KÖSDI	Kölner Steuerdialog (Zeitschrift)
KostO	Kostenordnung
KStG	Körperschaftsteuergesetz
KZBV	Kassenzahnärztliche Bundesvereinigung
MBKK	Musterbedingungen der privaten Krankenversicherungen
MBO	Musterberufsordnung
MDR	Monatsschrift für Deutsches Recht (Zeitschrift)
MedR	Medizinrecht (Zeitschrift)
MTA	Medizinisch Technische Assistentin
m.w.N.	mit weiteren Nachweisen
NJW	Neue Juristische Wochenschrift (Zeitschrift)
NWB	Neue Wirtschaftsbriefe (Zeitschrift)
OFD	Oberfinanzdirektion
OHG	Offene Handelsgesellschaft
OLG	Oberlandesgericht
o.V.	ohne Verfasser
PartGG	Gesetz über Partnerschaftsgesellschaften Angehöriger Freier Berufe
PRV	Partnerschaftsregisterverordnung
PVV	Positive Vertragsverletzung
Rev.	Revision
RGBl.	Reichsgesetzblatt
RGZ	Entscheidungen des Reichsgerichts in Zivilsachen
SCM	Société civile de moyens
SCP	Société civile professionelle
SGB	Sozialgesetzbuch
SIS	Steuer-Informations-Service (Zeitschrift)
StB	Der Steuerberater (Zeitschrift)
StBerG	Steuerberatungsgesetz

Stbg	Die Steuerberatung (Zeitschrift)
StGB	Strafgesetzbuch
UmwG	Umwandlungsgesetz
UStG	Umsatzsteuergesetz
UStR	Umsatzsteuerrichtlinien
VersR	Versicherungsrecht (Zeitschrift)
v.T.	von Tausend
VStG	Vermögensteuergesetz
WM	Wertpapier-Mitteilungen (Zeitschrift)
WPK-Mitt.	Wirtschaftsprüferkammer-Mitteilungen (Zeitschrift)
WPO	Gesetz über eine Berufsordnung der Wirtschaftsprüfer
WiB	Wirtschaftsrechtliche Beratung (Zeitschrift)
ZGR	Zeitschrift für Unternehmens- und Gesellschaftsrecht
ZHG	Zahnheilkundegesetz
ZHR	Zeitschrift für das gesamte Handelsrecht und Wirtschaftsrecht
ZIP	Zeitschrift für Wirtschaftsrecht
ZRP	Zeitschrift für Rechtspolitik

1 EINLEITUNG

Untersuchungsgegenstand dieser Arbeit ist eine Gruppe der Freien Berufe - die Ärzteschaft. Das Berufsrecht aller Freien Berufe befindet sich im Wandel, was zuletzt ganz deutlich dadurch geworden ist, daß erstmals in diesem Jahrhundert eine neue nationale Gesellschaftsform, die Partnerschaftsgesellschaft, geschaffen wurde – und diese speziell für die Freien Berufe.

Das Partnerschaftsgesellschaftsgesetz ist am 1.7.1995 in Kraft getreten. Es ermöglicht den Freien Berufen auch die interprofessionelle Zusammenarbeit in einer neuen Gesellschaftsform, deren Vorteil gegenüber gängigen Kooperationsformen insbesondere in einer verfestigteren Struktur und einer besseren Haftungssituation gesehen wird. Als mögliche Kooperationsform für die Ärzte kommt traditionellerweise die Gesellschaft bürgerlichen Rechts in Frage, seit einiger Zeit ist jedoch auch die Gesellschaft mit beschränkter Haftung im Gespräch. Es stellt sich die Frage, ob überhaupt ein Bedarf an einer neuen Kooperationsform für die Ärzte besteht oder ob nicht nach wie vor die Einzelpraxis die am besten geeignete Form der ärztlichen Berufsausübung ist. Weiter wird sowohl theoretisch als auch empirisch mittels eines Fragebogens untersucht, ob die über so viele Jahre herbeigewünschte eigene Freiberufler-Rechtsform den an sie gestellten Forderungen und Ansprüchen, speziell bezogen auf die Ärzteschaft, standhält. Insbesondere geht es darum, ob die Partnerschaftsgesellschaft eine echte oder bessere Alternative zu der traditionellen Kooperationsform der Gesellschaft bürgerlichen Rechts darstellt oder ob die Rechtsprechung der vergangenen Jahre nicht vielleicht ganz neue Perspektiven geöffnet hat und nun eher die Gesellschaft mit beschränkter Haftung als neue Kooperationsform für Ärzte in Frage kommt.

Im Mittelpunkt der Betrachtungen steht grundsätzlich die heute zumeist anzutreffende „Form" des Arztes: der Kassenarzt. Ebenfalls in die Untersuchung mit einbezogen wird zum Teil auch der Privatarzt, insbesondere aber nicht der in Krankenhäusern oder sonstigen Einrichtungen tätige Arzt.

Nach einem kurzen Überblick über den Begriff des Freien Berufes allgemein und die Entwicklung des ärztlichen Standes im besonderen wird deutlich, warum es im Bereich der Ärzteschaft überhaupt zur Bildung von Kooperationen kommt.

Ziel des anschließenden Hauptteils ist es, herauszufinden, welche der für einen Arzt zulässigen Rechtsformen am besten geeignet erscheint für die gemeinsame ärztliche Berufsausübung, dies auch unter Berücksichtigung verschiedener Zielpräferenzen, die von jedem einzelnen Arzt unterschiedlich bewertet werden können und daher, je nach Gewichtung, den Ausschlag für die Wahl der einen oder der anderen Rechtsform geben können.

Für einen Vergleich ist es unerläßlich, zunächst einen systematischen Überblick über alle zu vergleichenden Rechtsformen zu geben. Schwerpunkt bei dieser Betrachtung wird verständlicherweise die neue Rechtsform im System, die Partnerschaftsgesellschaft, bilden. Dies allein schon aus dem Grund, da es zu den anderen Rechtsformen bereits ausreichend Literatur gibt und eine umfassende Analyse aller den Rahmen dieser Arbeit sprengen würde.

Untersuchungsgegenstand sind bei allen zu untersuchenden Rechtsformen gesellschaftsrechtliche, berufsrechtliche und steuerrechtliche Aspekte. Diese sollen auch im sich daran anschließenden Vergleich als Beurteilungsmaßstab dienen, um Vor- und Nachteile der einzelnen Rechtsformen gegeneinander abzuwägen und daraus auch betriebswirtschaftliche Erkenntnisse ableiten zu können. Natürlich kann es bei einer Untersuchung sowohl gesellschaftsrechtlicher, berufsrechtlicher als auch steuerrechtlicher Aspekte immer nur um die Vermittlung von Grundzügen gehen. Schwerpunkt im Bereich des Gesellschaftsrechts werden allgemeine Fragen zur Gründung und Rechtsfähigkeit sein sowie zur Haftung bei fehlerhafter Berufsausübung. Schwerpunkt im Bereich des Berufsrechts bilden die Vorschriften, die allgemein gesellschaftsrechtlichen Regelungen vorgehen, so z.B. beim Arzt insbesondere hinsichtlich der Haftungsfrage oder auch der Frage, mit wem eine Kooperation zulässig ist. Schwerpunkt im Steuerrecht bilden im wesentlichen ganz grundsätzliche Fragen zu Gewinnermittlungs- und Aufzeichnungspflichten sowie hinsichtlich der „großen“ Steuern, namentlich der Einkommensteuer, der Gewerbesteuer und der Umsatzsteuer.

Interessant wird es weiterhin sein, ob sich die theoretischen Ergebnisse mit den praktischen Erfahrungen, speziell bezüglich der Partnerschaftsgesellschaft, dekken oder zumindest eine gleichlaufende Tendenz auszumachen ist. Mittels zweier verschiedener Fragebögen wurden daher sowohl Ärzte in Partnerschaftsgesellschaften als auch in anderen Rechtsformen tätige Ärzte über ihre Rechtsform, ihre Beweggründe zur Wahl dieser sowie den Kenntnisstand und die Einschätzung bezüglich der Partnerschaftsgesellschaft befragt. Wichtig war auch die Frage, wie hoch das Interesse an einer Kooperation mit anderen Berufsgruppen ist, da hier ebenfalls ein Vorteil bei der Partnerschaftsgesellschaft gesehen wird.

Die Arbeit ist im wesentlichen am 30.06.1998 abgeschlossen worden. Änderungen der Rechtslage nach diesem Zeitpunkt konnten lediglich in Form von Kurzhinweisen berücksichtigt werden.

2 Der Freie Beruf[1]

2.1 Entwicklungsgeschichte

Die Entwicklung der sogenannten Freien Berufe läßt sich zurückverfolgen bis in das Altertum[2]. Der Begriff des Freien Berufes war hier zwar noch unbekannt, es wird jedoch rückschauend eine Verbindung zu den römischen „artes liberales" (freie Künste) hergestellt[3]. Die Römer bezeichneten hiermit Tätigkeiten auf vorwiegend geistiger Ebene (Philosophie, Dichtung, Rhetorik, Grammatik und Musik) im Gegensatz zu der rein körperlichen Arbeit[4].

Die Annahme jedoch, daß es sich bei den „artes liberales" von damals und den Freien Berufen von heute um identische Gruppen handelt, sollte man verwerfen. Im Laufe der Jahre bzw. Jahrhunderte haben derartig viele Umbrüche stattgefunden, die zu den verschiedensten Denkströmungen führten, daß die Freien Berufe des Altertums auf keinen Fall gleichzustellen sind mit dem, was sich im Mittelalter und der Neuzeit dahinter verbarg oder jetzt dahinter verbirgt[5]. So ist zum Beispiel der Beruf des Arztes nicht seit jeher schon als so ehrwürdig und typisch freiberuflich angesehen worden wie es heute zum großen Teil der Fall ist[6]. Hinzu kommen regionale Unterschiede[7].

2.2 Definitionsversuche

Die Partnerschaftsgesellschaft ist eine Gesellschaftsform, in der sich ausschließlich Träger von Freien Berufen zusammenschließen können. In § 1 Abs. 2 PartGG wird zwar eine Aufzählung vorgenommen, wer alles zu den Freien Berufen zählt. Diese Aufzählung ist jedoch nicht abschließend und bleibt zu einem

[1] Im Gesetzgebungsverfahren wurde die Großschreibung des Wortes „Freier Beruf" beschlossen. Es wird hier dieser Schreibweise gefolgt. Zur Diskussion bezüglich dieser Rechtschreibung vgl. *Seibert*, Die Partnerschaft, 1994, S. 54f.

[2] Vgl. *Müller*, Einbeziehung der Freien Berufe in das Handelsrecht, 1968, S. 18ff.

[3] Vgl. *Lach*, Formen freiberuflicher Zusammenarbeit, 1970, S. 3; *Michalski*, Gesellschaft- und Kartellrecht der berufsrechtlich gebundenen Berufe, 1989, S. 6; *Müller*, Einbeziehung der Freien Berufe in das Handelsrecht, 1968, S. 18ff. *Taupitz*, Standesordnungen der freien Berufe, 1991, S. 138f., folgt einer anderen Auffassung, die davon ausgeht, daß der Begriff auf den der sogenannten *operae liberales* zurückgeht, der erst Anfang des 18. Jahrhunderts eingeführt wurde. Er folgt damit dem 1712 von Johann Adolf Berger geprägten Begriff.

[4] Vgl. *Jastrow*, Freie Berufe und Gewerbesteuer, 1930, S. 2; *Jhering*, Geist des römischen Rechts, 1888, S. 108; *Taupitz*, Standesordnungen der freien Berufe, 1991, S. 145f.

[5] Vgl. *Bayer*, Grundbegriffe des Steuerrechts, 1992, Rdn. 269; *Lach*, Formen freiberuflicher Zusammenarbeit, 1970, S. 3; *Taupitz*, Standesordnungen der freien Berufe, 1991, S. 110ff., 145ff.; *Scheuner*, Die freien Berufe, in: FS Hedemann 1938, S. 431.

[6] Vgl. dazu im einzelnen Kapitel 3.2. Einen Überblick gibt *Taupitz*, Standesordnungen der freien Berufe, 1991, S. 111ff.

[7] Vgl. *Diepgen*, Geschichte der Medizin, 1949, S. 77ff., 103ff. und 134ff.

großen Teil unklar und offen[8]. Um das Wesen des „Freien Berufes" und den Regelungsbedarf einer Definition zu verstehen, soll die Begriffsentwicklung kurz dargestellt werden.

Was verbirgt sich also genau hinter unserem heutigen Begriff des Freien Berufes? Die Antwort darauf ist ernüchternd: Es existiert keine allgemeingültige und verbindliche Definition[9] - der Freie Beruf ist kein eindeutig festgelegter Rechtsbegriff[10]. In diesem Punkt sind sich Rechtsprechung und eine über 80 Jahre in der Literatur[11] andauernde Diskussion einig:

- Theodor Heuß schrieb in einer der ersten Abhandlungen zum Freien Beruf überhaupt: „Der geläufige Begriff des `freien Berufs´ ist [...] nur eine überlieferte Sprachgewöhnung, mit der man in concreto nicht viel anfangen kann."[12]
- Das Bundesverfassungsgericht hat 1960 den Begriff des Freien Berufes eingehend untersucht und ist dabei zu dem Schluß gekommen, daß es sich um einen soziologischen, nicht aber um einen eindeutigen Rechtsbegriff handelt[13].

[8] Zu einer Ergänzung dieser Aufzählung durch eine Gesetzesänderung vgl. weiter unten, Fußnote 475, S. 109.

[9] Mit einer inhaltlich ähnlichen Aussage beginnen fast sämtliche Abhandlungen, die sich mit diesem Thema auseinandersetzen.

[10] Vgl. z.B. *Bayer/Imberger*, Rechtsformen freiberuflicher Tätigkeit, in: DZWiR 1993, S. 310; *Fleischmann*, Die freien Berufe im Rechtsstaat, 1969, S. 16ff.; *Michalski*, Freiberufliche Zusammenarbeit im Spannungsfeld, in: AnwBl. 1989, S. 70ff.; *Puttfarcken*, Schutz des eingerichteten und ausgeübten Gewerbebetriebs, in: GRUR 1962, S. 501; *Rittner*, Unternehmen und freier Beruf, 1962, S. 4; *Schick*, Die freien Berufe im Steuerrecht, 1973 S. 1; *Schick*, Konkurs des Freiberuflers, in: NJW 1990, S. 2359; *Schmidt*, Einkommensteuergesetz, 1997, zu § 18 Rdn. 60; *Stober*, Berufsfreiheit der freien Berufe, in: NJW 1981, S. 1529; *Castan*, Partnerschaftsgesellschaft, 1997, S. 25ff.

[11] Vgl. RGBl. I, S. 359; § 9 Nr. 2 EStG vom 29.3.1920; *Heuß*, Organisationsprobleme der freien Berufe, in: FS Brentano, 1916, S. 237ff.; *Triepel*, Staatlich gebundener Beruf, in: FS Binding, 1911, S. 1ff.

[12] *Heuß*, Organisationsprobleme der freien Berufe, in: FS Brentano, 1916, S. 237ff.

[13] BVerfGE 10, 340, 354. Es folgert: „selbst wenn ein Beruf unstreitig zu den freien Berufen gehört, lassen sich daraus präzise normative Wirkungen für seine Behandlung im Recht [...] nicht ableiten" und weiter BVerfGE 10, 340, 364: „Freier Beruf ist ein soziologischer Begriff; er kennzeichnet einen bestimmten Sachverhalt, der aus einer bestimmten gesellschaftlichen Situation erwachsen ist [...]".

- Diverse Autoren haben sich um die unterschiedlichsten Definitionen bemüht, sind an einer konkreten Aussage jedoch bisher stets gescheitert[14]; vgl. z.B. die folgenden:
  - „Nach Legaldefinitionen suchen wir vergebens. Im Gegenteil: wir müssen damit rechnen, daß der eine wie der andere Terminus (Freier Beruf und Unternehmen) in verschiedenen Gesetzen nicht dieselbe Bedeutung hat."[15]
  - „Unter dem Begriff des 'freien Berufs' verbergen sich demnach ein juristischer Relations- und Ordnungsbegriff [...] ein materialer Rechtsbegriff [...] und schließlich ein rein soziologischer Begriff [...]. Eine solche Mehrdeutigkeit [...] ist innerhalb der Rechtsordnung [...] nicht unüblich."[16]
  - „Diese Vielfalt der Erscheinungsformen macht schon deutlich, daß eine allgemeingültige Definition des 'freien Berufs' unmöglich ist, wenn nicht von vornherein auf jede Aussagekraft verzichtet werden soll."[17]
  - „Das liegt daran, daß der Begriff des freien Berufs nirgends definiert ist. [...] Der Katalog der in § 18 EStG aufgezählten freiberuflichen und sonstigen selbständigen Tätigkeiten ist indessen einigermaßen willkürlich und starr."[18]

Taupitz nannte seine Bemühungen treffend „von der Resignation zur Enumeration"[19]. Und so ist es dann auch bei den meisten Abhandlungen zu einer reinen Aufzählung von Wesensmerkmalen, die den Freien Beruf ausmachen sollen, oder zu Negativabgrenzungen gekommen[20].

Im Kern haben sich dabei folgende Eigenschaften herauskristallisiert:

---

[14] Vgl. *Rittner*, Unternehmen und freier Beruf, 1962, S. 4; *Deneke*, Die Freien Berufe, 1956, S. 113ff.; *Feuchtwanger*, Die Freien Berufe im besonderen, 1922 u. vgl. bereits die Nachweise weiter oben in Fußnote 10.

[15] *Rittner*, Unternehmen und freier Beruf, 1962, S. 4.

[16] *Fleischmann*, Die freien Berufe im Rechtsstaat, 1969, S. 111.

[17] *Schick*, Die freien Berufe im Steuerrecht, 1973, S. 2.

[18] *Korn*, Abgrenzung zwischen freier Berufstätigkeit und Gewerbe, in: DStR 1995, S. 1249.

[19] *Taupitz*, Standesordnungen der freien Berufe, 1991, S. 17.

[20] Ausführlich haben sich damit beschäftigt und auch die Definitionsversuche anderer Autoren aufgegriffen: *Fleischmann*, Die freien Berufe im Rechtsstaat, 1969, S. 17ff., 41ff. (steuerrechtlicher Begriff), 92ff. (berufsrechtlicher Begriff), 105ff., 111ff., 173f.; *Michalski*, Gesellschaft- und Kartellrecht der berufsrechtlich gebundenen Berufe, 1989, S. 6ff (er geht insbesondere ein auf die Definitionen von Heuß, Triepel, Deneke, Fleischmann und Feuchtwanger); *Rittner*, Unternehmen und freier Beruf, 1962, S. 19ff.; *Taupitz*, Standesordnungen der freien Berufe, 1991, S. 148f.; *Deneke*, Selbstverständnis der Freien Berufe, in: Die Steuerberatung 1990, S. 237ff.; *Gelking*, Deregulierung der freien Berufe, 1997, S. 3ff.

- Einen Freien Beruf ausüben kann nur eine natürliche Person[21].
- Die Ausübung ist in der Regel an das Vorliegen einer Erlaubnis (behördliche Zulassung, Approbation) gebunden[22].
- Im Vordergrund steht die Verfolgung ideeller Ziele insbesondere zum Wohle anderer Menschen[23]. Ein ethischer Aspekt spielt mit hinein[24].
- Einsatz persönlicher Arbeitskraft, insbesondere auch der geistigen Kräfte, mit einem Höchstmaß an Eigenverantwortlichkeit und unter eigener Leitung ist ein besonderes Charakteristikum[25].
- Es besteht ein besonderes Vertrauensverhältnis zwischen dem Freiberufler und seinen Klienten, Mandanten oder Patienten[26].
- Gewinnstreben ist nicht das primäre Ziel, sondern tritt in den Hintergrund. Dies grenzt ihn insbesondere zum Gewerbetreibenden ab[27].
- Es existieren in der Regel eigene Berufsordnungen[28].

Häufig findet im Anschluß daran eine beispielhafte Aufzählung der als besonders typisch angesehenen Freien Berufe statt[29].

Diese Form der Beschreibung hat ihren Niederschlag auch in den Gesetzestexten und insbesondere im Einkommensteuerrecht[30] gefunden. Als Beispiel sei der §

---

[21] Vgl. *Rittner*, Unternehmen und freier Beruf, 1962, S. 19; *Bayer/Imberger*, Rechtsformen freiberuflicher Tätigkeit, in: DZWiR 1993, S. 310.

[22] Vgl. *Schmidt*, Partnerschaftsgesetzgebung zwischen Berufsrecht, Schuldrecht und Gesellschaftsrecht, in: ZIP 1993, S. 634; *Lach*, Formen freiberuflicher Zusammenarbeit, 1970, S. 77; *Bayer/Imberger*, Rechtsformen freiberuflicher Tätigkeit, in: DZWiR 1993, S. 309; *Stober*, Berufsfreiheit der freien Berufe, in: NJW 1981, S. 1529.

[23] BVerfG Urteil vom 4.11.92, AnwBl. 1993, S. 121; *Kornblum*, Vom Standesrecht zum Berufsrecht, in: ZRP 1988, S. 467; RFHE 14, 147f.; *Bayer/Imberger*, Rechtsformen freiberuflicher Tätigkeit, in: DZWiR 1993, S. 310; *Wolff*, Homo ehticus, in: JW 1931, S. 2348f.

[24] Vgl. *Rittner*, Unternehmen und freier Beruf, 1962, S. 21; *Laufs*, Arztrecht, 1993, S. 4.

[25] Vgl. z.B. *Bayer*, Steuerlehre, 1997, Rdn. 684; *Bayer*, Die Erwerbstätigkeit, in: BB 1988, S. 144f.; *Rittner*, Unternehmen und freier Beruf, 1962, S. 21; *Stober*, Berufsfreiheit der freien Berufe, in: NJW 1981, S. 1529.

[26] Vgl. z.B. *Lach*, Formen freiberuflicher Zusammenarbeit, 1970, S. 10ff., S. 15; *Ehlers/Broglie*, Praxis des Arzthaftungsrechts, 1994, S. 172.

[27] Vgl. z.B. *Bayer*, Steuerlehre, 1997, Rdn. 683; *Kornblum*, Vom Standesrecht zum Berufsrecht, in: ZRP 1988, S. 467; *Rittner*, Unternehmen und freier Beruf, 1962, S. 23; *Ehmann*, Praxisgemeinschaft/Gemeinschaftspraxis, in: MedR 1994, S. 141; *Michalski*, Gesellschaft- und Kartellrecht der berufsrechtlich gebundenen Berufe, 1989, S. 128; *Müller*, Einbeziehung der Freien Berufe in das Handelsrecht, 1968, S. 64.

[28] So z.B. die Musterberufsordnung für die Ärzte oder die der Zahnärzte mit ihren jeweiligen Landesberufsordnungen.

[29] Vgl. *Taupitz*, Standesordnungen der freien Berufe, 1991, 18ff.; vgl. auch diverse Lexika, z.B. Meyers Enzyklopädisches Lexikon, 1973, Band 9, S. 377.

18 Abs. 1 Nr. 1 EStG herangezogen. Auch hier wird die Zugehörigkeit zum Freien Beruf nicht abschließend geklärt. Es wird zunächst eine Tätigkeitsbeschreibung vorgenommen[31]. Ganz wichtig ist das Wesen des Idealisten – der Freiberufler soll gerade nicht in erster Linie auf Gewinnerzielung aus sein, handelt so nicht in erster Linie ökonomisch[32]. Sodann werden bestimmte Berufsgruppen genannt, die das Merkmal der Freiberuflichkeit erfüllen (die sog. Katalogberufe)[33]. Schließlich werden in einem dritten Schritt die diesen „ähnlichen"[34] Berufe zu den Freien Berufen gezählt. Dadurch entsteht ein Auslegungs- und Ermessensspielraum, der eindeutige Zuordnungen fast unmöglich macht. Zum Teil wird daher diskutiert, ob gewisse der o.g. Wesensmerkmale, insbesondere auch die ausschließlich idealistische Orientierung und vorwiegend geistige Tätigkeit, mittlerweile überhaupt noch zutreffen oder eher eine überalterte Ansicht darstellen[35]. Unabhängig davon ist es zur Zeit jedoch noch so, und dieser Zustand soll auch Grundlage dieser Arbeit sein, daß es die Freien Berufe noch mit all ihren Konsequenzen gibt.

Der Arzt zählt zu diesen Freien Berufen. Er wird als typisch und traditionell freiberuflich eingeordnet, dies sowohl in der gängigen Literatur als auch auf gesetzlicher Ebene sowie bei Meinungsumfragen in der Bevölkerung[36]. Jedoch

---

[30] Es sei an dieser Stelle darauf hingewiesen, daß Freier Beruf nicht gleichzusetzen ist mit dem Begriff „selbständige Arbeit" – die freiberufliche Tätigkeit ist lediglich ein Ausschnitt aus dieser.

[31] Vgl. § 18 Abs. 1 Nr. 1 Satz 2 EStG erster Halbsatz: „ Zu der freiberuflichen Tätigkeit gehören die selbständig ausgeübte wissenschaftliche, künstlerische, schriftstellerische, unterrichtende oder erzieherische Tätigkeit [...]".

[32] Vgl. *Bayer*, in: DZWiR 1993, S. 310.

[33] Vgl. § 18 Abs. 1 Nr. 1 Satz 2 EStG zweiter Halbsatz: „[...] die selbständige Berufstätigkeit der Ärzte, Zahnärzte, Tierärzte, Rechtsanwälte, Notare,[...], Steuerberater,[...], Heilpraktiker, Dentisten, Krankengymnasten,[...]".

[34] Vgl. § 18 Abs. 1 Nr. Satz 2 EStG letzter Teil: „[...] und ähnliche Berufe"; Vgl. dazu *Schmidt*, Einkommensteuergesetz, 1997, zu § 18 Rdn. 16: „Ähnlichkeit liegt vor, wenn die ausgeübte Tätigkeit einem der sog. Katalogberufe in allen seinen berufstypischen Merkmalen vergleichbar und auch eine ggf. erforderliche wissenschaftliche Ausbildung vorhanden ist". Vgl. auch *Castan*, Partnerschaftsgesellschaft, 1997, S. 33f.

[35] Diese Meinung vertritt z.B. *Raisch*, Freie Berufe und Handelsrecht, in: FS Rittner, 1991, S 471ff.; *Kornblum*, Vom Standesrecht zum Berufsrecht, in: ZRP 1988, S. 467 Abschnitt 2: „von allen [...] genannten 'ständischen' Eigenschaften findet man jedoch [...] letztlich so gut wie nichts mehr vor".

[36] Vgl. z.B. § 1 Abs. 2 BÄO; *Fleischmann*, Die freien Berufe im Rechtsstaat, 1969, S. 16; *Michalski*, Gesellschaft- und Kartellrecht der berufsrechtlich gebundenen Berufe, 1989, S. 93; *Schmidt*, Einkommensteuergesetz, 1997, zu § 18 Rdn. 60. Zur Meinungsumfrage vgl. *Haupt*, Die Freien Berufe in Meinungsumfragen, in: BRAK-Mitt. 1985, S. 32ff. Dabei wurde in erster Linie bei Freiberuflern spontan an Ärzte gedacht (57%), an zweiter Stelle folgten die Rechtsanwälte (38%). *Deneke*, Selbstverständnis der Freien Berufe, in: Die Steuerberatung

sind hier Einschränkungen zu machen, da mittlerweile auch bei den Ärzten die Abgrenzung zum Gewerbebetrieb ein akutes und nicht allein auf den Bereich der „grauen Theorie“ zu verschiebendes Thema ist, insbesondere im Bereich der Laboratoriumsmedizin[37].

2.3 Abgrenzung zum Gewerbebetrieb

Wenn ein bestimmter Beruf einmal als zu den Freien Berufen gehörig definiert wurde, so heißt das nicht, daß dies auch ewig bzw. unter allen Umständen so bleibt. In besonderen Fällen kann die Freiberuflichkeit in den Bereich der Gewerblichkeit geraten[38]. Zu nennen sind:

- Wahl einer bestimmten Rechtsform
- Abfärbetheorie/Infektionstheorie
- Überschreiten oder Wegfall wesentlicher Eigenschaften der Freiberuflichkeit.

Die Abgrenzung von der gewerblichen zur freiberuflichen Tätigkeit wirft in der Praxis immer häufiger Probleme auf, die oft nur höchstrichterlich entschieden werden können. So sprechen Tipke/Lang[39] von mittlerweile ca. 700 BFH-Entscheidungen zu dieser Thematik.

2.3.1 Wahl einer bestimmten Rechtsform

Ein typisches Merkmal des Freien Berufs ist, daß kein Handelsgewerbe betrieben wird[40]. Somit könnte man argumentieren, daß mit Gründung einer GmbH[41] z.B., die zum einen, neben Personenhandelsgesellschaften, typischerweise von Gewerbetreibenden genutzt wird und zum anderen einen Gewerbebetrieb kraft

---

1990, S. 237, führt aus, daß das Selbstverständnis der Freien Berufe insbesondere durch Ärzte geprägt sei.

[37] Vgl. Kap. 2.3.4, S. 30.

[38] Vgl. zur Auseinandersetzung zwischen freiberuflicher und gewerblicher Tätigkeit auch bereits *Schick*, Die freien Berufe im Steuerrecht, 1973, S. 166ff. Die Abgrenzung zur nichtselbständigen Arbeit oder anderen Einkunftsarten bleibt außer Acht, da diese hier nicht die entscheidende Rolle spielen. 1933 schlossen sich Freier Beruf und Gewerbesteuerpflicht nicht aus – so unterlagen die Freien Berufe in einigen Ländern der Gewerbesteuerpflicht, in anderen nicht: „Daraus ergibt sich, daß Angehörige der freien Berufe der erweiterten Buchführungspflicht nur dann unterliegen, wenn sie ihre Praxis in einem Lande ausüben, das die freien Berufe der Gewerbesteuer unterwirft. Daher unterliegen die Ärzte in Bayern, Sachsen und Württemberg zur Zeit der erweiterten Buchführungspflicht nicht.“ (*Joachim*, Arzt im Einkommensteuergesetz, 1933, S. 22).

[39] Vgl. *Tipke/Lang*, Steuerrecht, 1996, S. 350.

[40] Vgl. z.B. §§ 1 Bundesärzteordnung, Zahnheilkundegesetz, Wirtschaftsprüferordnung; § 2 Bundesrechtsanwaltsordnung; § 32 Steuerberatungsgesetz.

[41] Es wird hier bewußt nur die GmbH angesprochen, da nur diese in der späteren Untersuchung überhaupt eine Rolle spielt. Die Handelsgesellschaften stehen Ärzten überhaupt nicht offen und die AG stand ernsthaft noch nicht zur Diskussion.

Rechtsform darstellt[42], der Status der Freiberuflichkeit aufgegeben wird bzw. in dieser Rechtsform gar nicht mehr existent ist[43]. Hierüber wird seit langem diskutiert[44]. Die Urteile der jüngeren Vergangenheit[45] haben gezeigt, daß man so einfach nicht argumentieren kann. Aufgebaut wird in den Urteilen in der Regel auf dem Grundgedanken der freien Berufswahl des Art. 12 Abs. 1 GG[46]. Es ist mithin anerkannt, daß die GmbH auch für Freie Berufe eine geeignete Rechtsform darstellt[47]. Es muß jedoch gewährleistet sein, daß es bei einem Freiberufler-Zusammenschluß ohne Beteiligung Berufsfremder bleibt[48]. Die Freiberuflichkeit geht mit Gründung einer GmbH also nicht verloren, es entsteht ein sog. „vollkaufmännischer Freiberufler"[49].

Die Bedenken liegen somit weniger auf gesellschaftsrechtlicher Ebene als vielmehr auf standesrechtlicher Ebene. So kann gesellschaftsrechtlich die Zulässigkeit einer bestimmten Rechtsform zwar gegeben sein, berufsrechtlich können dem jedoch Verbote entgegenstehen[50].

Kraft Rechtsform der GmbH als Kapitalgesellschaft fällt Gewerbesteuer an[51], von der der Freiberufler normalerweise befreit ist[52]. Dies bringt die Rechtsform mit sich – eine Freistellung von der Gewerbesteuer kann nicht mit dem Hinweis auf die Ausübung eines Freien Berufes erwirkt werden. Ausschlaggebend ist hier die Rechtsform, in der der Freiberufler tätig wird. Dafür eröffnet diese Rechtsform jedoch eine umfassende Möglichkeit der Haftungsbeschränkung, die wiederum bei den Personengesellschaften so nicht anzutreffen ist[53].

---

42 Sog. Formkaufmann gem. § 6 Abs. 1 HGB; BFHE 120, 265ff, 268: Kapitalgesellschaften betreiben ein Gewerbe „ohne Rücksicht auf ihre Tätigkeit im einzelnen".

43 BT-Drucksache 7/4089, S. 8.

44 Lach sah bereits 1970 kein Hindernis für Freiberufler, in der Rechtsform der Kapitalgesellschaft tätig zu werden. Vgl. *Lach*, Formen freiberuflicher Zusammenarbeit, 1970, S. 38.

45 Vgl. weiter unten das Zahnärzte-Urteil (Kap. 5.4.1.3.2, S. 160) mit Verweis auf eine ähnliche Entwicklung bei den Rechtsanwälten.

46 BGH Urteil v. 25.11.1993 (mit Hinweis auf BVerfGE 34, 293, 300f.); Vgl. hierzu auch *Ahlers*, GmbH als Zusammenschluß Angehöriger freier Berufe, in: FS Rowedder, 1994, S. 19ff.; *Uber*, Freiheit des Berufs, 1952, S. 1ff.

47 Vgl. *Kremer*, Freie Berufe in der Rechtsform der GmbH, in: GmbHR 1983, S. 261f.; *Ahlers*, GmbH als Zusammenschluß Angehöriger freier Berufe, in: FS Rowedder, 1994, S. 1.

48 Vgl. *Ahlers*, GmbH als Zusammenschluß Angehöriger freier Berufe, in: FS Rowedder, 1994, S. 7.

49 *Bayer*, Grundbegriffe des Steuerrechts, 1992, Bogen 9 links unten.

50 Stichwort Kassenzulassung bei der Rechtsform der Ärzte-GmbH - vgl. Kap. 5.4.1.3.3, S. 163.

51 Vgl. § 2 Abs. 2 Satz 1 GewStG.

52 Vgl. *Bayer*, Steuerlehre, 1997, Rdn. 807.

53 Ausführlich dazu in späteren Abschnitten.

2.3.2 Abfärbetheorie / Infektionstheorie

Wenn alle Gesellschafter einer Personengesellschaft freiberuflich tätig sind, dann wird auch der Personengesellschaft die Fähigkeit zugesprochen, Einkünfte aus selbständiger Arbeit zu erzielen[54].

Im Rahmen dieser Personengesellschaftsverhältnisse können Einkünfte aus freiberuflicher Tätigkeit nur dann mit den gewerblichen Einkünften kollidieren, wenn neben den freiberuflichen Einkünften zusätzlich Einkünfte aus Gewerbebetrieb erzielt werden und somit eine gemischte Tätigkeit anzunehmen ist[55]. In diesem Fall sind die gesamten Einkünfte gem. § 15 Abs. 3 Nr. 1 EStG dem gewerblichen Bereich zuzuordnen[56], unabhängig davon, in welchem Ausmaß die gewerblichen Einkünfte erzielt werden[57]. Eine Vermeidung dieser Rechtsfolge ist möglich, indem z.B. zwei separate Gesellschaften gegründet werden[58].

Bei der Einzelperson besteht die Gefahr[59] der Gesamtqualifizierung sowohl freiberuflicher als auch gewerblicher Einkünfte in insgesamt gewerbliche Einkünfte ebenfalls, wenn keine eindeutige Trennung zwischen freiberuflicher und gewerblicher Betätigung ersichtlich ist[60]. Eine sog. gemischte Tätigkeit und damit insgesamt gewerbliche Einkünfte sind anzunehmen, wenn nach der Verkehrsauffassung die beiden Tätigkeiten als einheitlicher Betrieb anzusehen sind[61].

---

[54] Vgl. *Schmidt*, Einkommensteuergesetz, 1997, zu § 15 Rdn. 208 und speziell für die Partnerschaftsgesellschaft als Personengesellschaft Rdn. 334.

[55] Vgl. z.B. *Korn*, Abgrenzung zwischen freier Berufstätigkeit und Gewerbe, in: DStR 1995, S. 1249ff.; *Herzig/Kessler*, Anwendungsbereich des Gepräge-Gesetzes, in: DStR 1986, S. 451ff., insb. auch zur Abgrenzung von der Gepräge-Theorie.

[56] Statt vieler *Meyer-Scharenberg/Popp/Woring*, Gewerbesteuer-Kommentar, 1996, zu § 2 Rdn. 515.

[57] Die Abfärbetheorie greift auch bei nur geringfügig gewerblichen Einkünften – so war es bei einer Krankengymnasten-GbR unerheblich, daß lediglich 1,25 % der Gesamteinnahmen dem gewerblichen Bereich zuzuordnen waren. Es handelte sich dabei um den Verkauf behandlungsunterstützender Cremes und Nackenkissen. Vgl. Niedersächsisches Finanzgericht, Urteil vom 9.12.97, I 500/95, Rev. eingel., Az. BFH: XI R 12/98, in: DStRE, 2. Jg., 1998, S. 549f.

[58] Es muß jedoch nicht nur rechtlich, sondern auch organisatorisch eine Trennung vorliegen, vgl. *Meyer-Scharenberg/Popp/Woring*, Gewerbesteuer-Kommentar, 1996, zu § 2 Rdn. 488.

[59] Vgl. jedoch zur sog. „Deckelung“ des Einkommensteuertarifs bei gewerblichen Einkünften auf 47% Kap. 5.2.4.1, S. 75. Hier könnte - bei isolierter Betrachtung der einkommensteuerrechtlichen Aspekte - sogar ein Vorteil in der Zuordnung zu den gewerblichen Einkünften liegen. Auf der anderen Seite besteht bei den gewerblichen Einkünften – im Gegensatz zu den Einkünften aus selbständiger Tätigkeit – Gewerbesteuerpflicht, die diesen Vorteil ins Negative kehren könnte.

[60] Sog. Trennungsprinzip (vgl. z.B. *Dahm*, Rechtliche Probleme und wirtschaftliche Chancen, in: MedR 1995, S. 108).

[61] Vgl. dazu *Schmidt*, Einkommensteuergesetz, 1997, zu § 18 Rdn. 50 m.w.N.

Einige Autoren sind schon jetzt der Ansicht, daß der Übergang zwischen gewerblichen Einkünften und freiberuflichen derart gleitend ist, daß Unterschiede kaum mehr ausmachbar sind und eine Trennung in Gewerbe und Freien Beruf vielleicht gar nicht mehr gerechtfertigt ist[62]. So zählt Michalski die Freien Berufe zu Gewerbetreibenden mit Sonderstatus: „Freie Berufe wären damit problemlos als Gewerbe einzuordnen, gäbe es nicht bei allen Definitionen des Gewerbebegriffs eine freie Berufe erfassende Ausnahmeregelung. Das aber kann nur bedeuten, daß freie Berufe tatsächlich ein Gewerbe sind, rechtlich jedoch nicht als ein solches behandelt werden sollen"[63]. Korn führt dazu aus, daß die seiner Ansicht nach längst überfällige Abschaffung der Gewerbesteuer die problembehaftete Abgrenzung zwischen Gewerbe und Freiem Beruf entscheidend entschärfen würde, insbesondere dann, wenn dazu „noch eine vernünftige Regelung für die Gewinnermittlungsmöglichkeiten[64], die umsatzsteuerliche Istversteuerung[65] und die Abgrenzung vom Gewerbe im internationalen Steuerrecht gefunden würde" [66].

2.3.3 Überschreiten/Wegfall bestimmter Wesensmerkmale

Ein Beruf ist letztlich dann nicht mehr als Freier Beruf zu klassifizieren, wenn wesentliche Eigenschaften, die ihn eigentlich ausmachen, wegfallen[67]. Dies kann recht schnell dann passieren, wenn z.B. eine Steuerberaterpraxis eine bestimmte Größenordnung annimmt, bei der davon auszugehen ist, daß der ursprünglich eigenverantwortlich und leitend tätige Steuerberater[68] die anfallenden Aufgaben allein nicht mehr erfüllen kann; z.B. weil allein schon aus Zeitgründen eine Kontrolle jedes einzelnen Vorgangs nicht mehr möglich ist. Ein weiterer Punkt ist die Spezialisierung auf einfache und sich wiederholende Tätigkeiten, die keine besondere geistige Befähigung mehr verlangen. „Für die Abgrenzung zwischen gewerblichen und freiberuflichen Einkünften kommt es nicht schlechthin

---

[62] *Schmidt*, Handelsrecht 1994, S. 69 merkt an, daß Freiberufler zwar keine Gewerbetreibenden sind, und damit auch keine Kaufleute, daß die Unternehmensqualität ihrer Praxen jedoch trotzdem zu bejahren ist. Vgl. zu der Abgrenzungsproblematik auch *Raisch*, Freie Berufe und Handelsrecht, in: FS Rittner, 1991, S. 471ff.; *Damm*, Gesellschaftsrecht der Freien Berufe, in: FS Brandner, 1996, S. 32; auch schon *Puttfarcken*, Schutz des eingerichteten und ausgeübten Gewerbebetriebs, in: GRUR 1962, S. 502.

[63] *Michalski*, Freiberufliche Zusammenarbeit im Spannungsfeld, in: AnwBl. 1989, S. 66.

[64] Vgl. dazu weiter unten Kap. 5.2.3, S. 68.

[65] Vgl. dazu weiter unten Kap. 5.3.2.6.1.2.2.2, S. 143.

[66] Vgl. *Korn*, Abgrenzung zwischen freier Berufstätigkeit und Gewerbe, in DStR 1995, S. 1250.

[67] Zum Begriff der Liebhaberei, der auch eine Rolle spielen kann, vgl. z.B. *Schmidt*, Einkommensteuergesetz, 1997, zu § 18 Rdn. 75; *Bayer*, Die Liebhaberei im Steuerrecht, 1981, S. 57ff.

[68] Vgl. *Schmidt*, Einkommensteuergesetz, 1997, zu § 18 Rdn. 23ff. und zu § 15 Rdn. 208f.

auf Aus- und Vorbildung sowie Berufsbezeichnung des Steuerpflichtigen, sondern auf die Art der von ihm ausgeübten Tätigkeit an."[69]

Im Endeffekt liegt hier das eigentliche Problem: Büßt der ursprünglich einmal als einen Freien Beruf ausübend Klassifizierte so viel seiner ihm zugesprochenen Wesensmerkmale, daß er aus diesem Kreis der Freien Berufe letztendlich herausfällt, z.B. aufgrund eines schwindenden Einsatzes seiner persönlichen Arbeitskraft mit dem Resultat eines fehlenden besonderen Vertrauensverhältnisses, so ist die Zuordnung zum Gewerbebetrieb unvermeidlich. Die Schwierigkeit liegt darin, daß die Grenzen hierbei fließend sind und demnach je nach Einzelfall eine neue und separate Beurteilung erforderlich wird.

Relevant für die vorliegende Arbeit ist das Thema, wann insbesondere ein Arzt die typischen Freiberuflermerkmale nicht mehr ausreichend erfüllt und dann zum Gewerbetreibenden wird.

2.3.4 Einkünfte aus freiberuflicher oder gewerblicher Tätigkeit bei Ärzten? – Spezialfall Laborarzt und andere Fälle

Die für die Freien Berufe allgemein geltenden Abgrenzungsfälle der Freiberuflichkeit zur Gewerblichkeit lassen sich auch auf den Arzt oder die Ärztegemeinschaft übertragen und gelten entsprechend auch für sie.

- Ein Arzt ist gewerblich tätig[70], soweit er Medikamente, andere Waren u.ä. verkauft. Er ist mit seinen gesamten Einkünften gewerblich tätig, wenn nach der Verkehrsauffassung ein einheitlicher Betrieb anzunehmen ist (Stichwort Zusatzangebot / gewerbliche Nebeneinkünfte)[71].
- Eine sonst z.B. rein ärztlich tätige Personengesellschaft erzielt in vollem Umfang Einkünfte aus gewerblicher Tätigkeit, wenn auch nur einer der Gesellschafter in irgendeiner Form gewerbliche (Neben-)einkünfte erzielt, sei es aus einem gewissen Zusatzangebot, sei es aus gewerblichen Nebeneinkünften, die mit der Gesellschaft an sich überhaupt nichts zu tun haben (Stichwort Abfärbe- / Infektionstheorie des § 15 Abs. 3 Nr. 1 EStG)[72].

---

[69] BFH Urteil vom 21.3.1995, XI R 85/93; BStBl. II 1995, S. 732; DStR 1995, 1264; BFH Urteil vom 25.11.1975, VIII R 116/76; BStBl. II 1976, 155; Wesentliches Merkmal der freiberuflichen Tätigkeit ist die „unmittelbare, persönliche und individuelle Arbeitsleistung des Freiberuflers" (BFHE 177, 377; BStBl. II, 1995, S. 732).

[70] Zu den Folgen steuerrechtlicher Art zusammenfassend Kap. 6.3.3, S. 186.

[71] Vgl. bereits Kap. 2.3, S. 26; *Schmidt*, Einkommensteuergesetz, 1997, zu § 18 Rdn. 51 und zu § 18 Rdn. 96; BFHE 123, 199 (BStBl. II 77, 879); FinVerw., in: DB 1993, S. 1393; Hinweis 136 EStR (EL 84, Stichwort „Gemischte Tätigkeit").

[72] Vgl. bereits Kap. 2.3, S. 26 sowie statt aller *Schmidt*, Einkommensteuergesetz, 1997, zu § 15 Rdn. 185f.

- Ein Arzt ist letzten Endes dann gewerblich tätig, wenn er die Grenze der eigenverantwortlichen, selbständigen und leitenden Tätigkeit überschreitet[73].

2.3.4.1 DER ARZT FÜR LABORATORIUMSMEDIZIN / -DIAGNOSTIK

Regelmäßig Gegenstand der Rechtsprechung ist immer wieder die Frage, wann ein Arzt für Laboratoriumsmedizin[74] freiberufliche Merkmale derart überschreitet, daß seine Tätigkeit insgesamt als gewerblich einzustufen ist. So wird einerseits gesagt, daß sich der „durch die Zahl der Aufträge und der angestellten Mitarbeiter gekennzeichnete Umfang der Praxis eines einzelnen Arztes für Laboratoriumsmedizin [...] nicht beliebig vergrößern [läßt], ohne daß seine Freiberuflichkeit in Frage gestellt ist."[75] „Andererseits ist die selbständige Tätigkeit eines Arztes für Laboratoriumsmedizin nicht bereits deswegen als gewerblich anzusehen, weil insbesondere wegen des allgemeinen technischen Fortschritts der Betrieb eines Untersuchungslabors einerseits den Einsatz von beträchtlichem Kapital und andererseits eine rationelle arbeitsteilige Organisation erfordert."[76]

Ein Fall, in dem die freiberufliche Natur eines Laborarztes ausdrücklich durch den BFH bestätigt wurde, ist nicht bekannt; allerdings hat der BFH mit Urteil vom 24.7.1969 festgestellt, daß kein Pauschalurteil gefällt werden könnte, sondern jeweils nach Lage des Einzelfalles zu entscheiden wäre[77]. So ergingen im Laufe der Zeit auch einige BFH-Urteile zu dieser Problematik, die das FG Bremen in seinem Urteil vom 11.6.96 sehr anschaulich darstellt[78] und heranzieht, um den zu beurteilenden Laborarzt von der Gewerblichkeit freizusprechen[79].

---

[73] Vgl. bereits Kap. 2.3, S. 26 sowie statt aller *Schmidt*, Einkommensteuergesetz, 1997, zu § 18 Rdn. 28.

[74] Oder auch Ärzte aus den Fachgruppen der Pathologie oder Gynäkologen (vgl. *Römermann*, Gewerbesteuerpflicht für die ärztliche Tätigkeit im Labor, in: BB 1996, S. 613 mit Verweis auf FG Münster Urteil vom 10.1.90 und BFH Urteil vom 10.6.1988 (BStBl. II 1988, 782, in: BB 1988, S. 732).

[75] BFH vom 1.2.1990, IV R 140/88, BStBl. II 1990, S. 507.

[76] BFH vom 7.10.1987, X B 54/87, BStBl. II 1988, S. 17.

[77] BFH vom 24.7.1969, IV R 92/67, BStBl. II, 1970, 86.

[78] Eine Zusammenstellung der BFH-Urteile hat ebenfalls *Römermann*, Gewerbesteuerpflicht für die ärztliche Tätigkeit im Labor, in: BB 1996, S. 613ff. vorgenommen.

[79] Vgl. FG Bremen, Urteil vom 11.6.1996, 295167 K4, in: DStRE, 1. Jg., 1997, S. 325-328; im Leitsatz: „Ein Facharzt für Laboratoriumsmedizin erzielt Einkünfte aus freiberuflicher Tätigkeit, wenn er den Nachweis erbringen kann, daß er bei jedem einzelnen Auftrag leitend und eigenverantwortlich tätig ist und sich lediglich in einfach gelagerten Routinefällen das Ergebnis der Tätigkeiten von Mitarbeitern zu eigen macht".

Als ausschlaggebende Kriterien, die insbesondere die eigenverantwortliche und leitende Tätigkeit ggf. in Frage stellen[80], wurden – in den einzelnen Urteilen jeweils mit anderen Gewichtungen - folgende genannt:

- die Anzahl der Untersuchungsaufträge[81],
- die durchschnittliche Zeit in Minuten oder Sekunden, die dem Arzt pro Untersuchungsfall bleibt[82],
- die Anzahl der Mitarbeiter[83],
- das Investitionsvolumen[84],
- die Entwicklung von Umsatz und Gewinn.

Schmidt kritisiert diese Richtwerte und führt aus, daß gerade nur durch eine hohe Zahl von täglichen Untersuchungen die hinlängliche Spezialisierung sowie die Erhaltung und Erweiterung des Know-hows der Ärzte gewährleistet sein kann: „Die Rechtsprechung erweist sich hier als nicht sachgerecht und fort-

---

80 Dazu auch *Kempermann*, Katalogberufler als Gewerbetreibende, in: FR 1996, S. 514ff; *Sauren*, Besteuerung der Freiberufler, in: DStR 1997, S. 1635.

81 So wurden bei einem Arzt zwischen 277-345 Aufträge mit 692-862 Untersuchungen täglich nicht mehr als freiberuflich, da nicht leitend und eigenverantwortlich tätig angesehen. Vgl. BFH vom 1.2.1990, BFHE 159, 535 in BStBl. II 90, S. 507. Ähnlich BFH vom 21.3.1995 (BFHE 177, 377 in BStBl. II 95, S. 732), wo bei einem Arzt mit durchschnittlich 1450-1577 Untersuchungen täglich und einem Mitarbeiterstamm von 50-55 Arbeitskräften die Freiberuflichkeit versagt wurde.

82 So sollte die durchschnittliche Untersuchungszeit pro Auftrag nicht unter 2 bis 2,5 Minuten sinken, da sonst das Merkmal der Freiberuflichkeit in Frage gestellt wäre. Gewerbliche Betätigung wurde zuletzt bei einer durchschnittlichen Zeit von 36.5 sec. pro Auftrag angenommen. Vgl. BFH vom 21.3.1995 in DStR 1995, S. 1266.

83 Gewerbliche Betätigung so z.B. bei a) einem Arzt mit 3 angestellten Ärzten und 63 weiteren Mitarbeitern (BFH vom 25.11.1975, BFHE 117, 247 in BStBl. II 76, S. 156; b) einem Facharzt, einem Dipl.-Chemiker sowie 60 weiteren Angestellten (BFH vom 7.10.1987, BFHE 151,147 in BStBl. II 88, S.17); c) einem Arzt mit angestellten weiteren Ärzten und 60-70 Mitarbeitern sowie 102.200 Untersuchungen pro Jahr (BFH vom 1.2.1990 in BStBl. II 90, S. 507). Ähnlich wurde im Fall eines staatlich geprüften Krankenpflegers entschieden, der zur Ausübung seines ambulanten häuslichen Krankenpflegedienstes acht qualifizierte Angestellte beschäftigte. Er sei in der Regel nicht freiberuflich, sondern gewerblich tätig (FG Rheinland-Pfalz Urteil vom 6.3.1996, 5 K 1097/96, Rev. eingel., Az. BFH: IV R 43/96, in DStRE , 1. Jg., 1997, S. 16f.).

84 So sei die Tendenz zur gewerblichen Tätigkeit bei erheblichem Investitionsvolumen gegeben, wie z.B. bei Anschaffungskosten für Grund und Boden sowie Gebäude in Höhe von ca. 20 Millionen, Laborausstattung im Werte von 4,1 Millionen und Büroeinrichtung im Werte von weiteren 1,7 Millionen (BFH vom 27.7.1994, XI/R 53/91, BFH/NV 1995, S. 1048).

schrittsfeindlich[85]; sie widerspricht dem öffentlichen Arztrecht, während sie sonst an das Zulassungsrecht anknüpft“[86].

2.3.4.2 Verkauf von Kontaktlinsen nebst Pflegemitteln, von Mundhygieneartikeln sowie von Tierarzneimitteln durch ärztliche Gemeinschaftspraxen

Das Bundesfinanzministerium hat am 14.5.1997 ein Schreiben herausgegeben[87], das das BMF-Schreiben vom 19.10.1984[88] ersetzt und Stellung bezieht zu der Frage, wie der Verkauf von Kontaktlinsen u.ä. steuerrechtlich zu beurteilen ist und welche Auswirkungen dieser ggf. auf die sonstige Leistungserbringung hat[89].

Aus dem im folgenden abgedruckten Wortlaut wird noch einmal die Wirkung des § 15 Abs. 3 Nr. 1 EStG (Abfärbetheorie) deutlich[90], die nur durch eine strikte Trennung der freiberuflichen Tätigkeit von der gewerblichen verhindert werden kann – dies ist bei Personengesellschaften nur durch Gründung einer weiteren Gesellschaft mit bestimmten Auflagen möglich[91].

Wortlaut des BMF-Schreibens vom 14.5.1997:

Steuerrechtliche Behandlung des Verkaufs von Kontaktlinsen nebst Pflegemitteln, von Mundhygieneartikeln sowie von Tierarzneimitteln durch ärztliche Gemeinschaftspraxen.

Bundesministerium der Finanzen, Erlaß (koord, Ländererlaß) vom 14, 5. 1997 – IV B 4 - S-2246 - 23/97

"Die selbständig ausgeübte Tätigkeit als Arzt ist eine freiberufliche Tätigkeit im Sinne des § 18 Abs. 1 Nr. 1 EStG. Zu der Frage, ob Einnahmen einer ärztlichen Gemeinschaftspraxis aus der Anpassung und dem Verkauf von Kontaktlinsen, aus dem Verkauf von Pflegemitteln bei Augenärzten, Artikeln zur Mundhygiene bzw. Mundpflege bei Zahnärzten oder Tierarzneimitteln bei Tierärzten zu den Einnahmen aus der freiberuflichen Tätigkeit gehören, wird unter Bezugnahme auf das Ergebnis der Erörterungen mit den obersten Finanzbehörden der Länder wie folgt Stellung genommen:

1. *Die Honorare, die ein Augenarzt für das Anpassen von Kontaktlinsen nach einer augenärztlichen Untersuchung erhält, sind den Einnahmen aus der freiberuflichen Tätigkeit zuzuordnen.*

---

[85] Ähnlich auch *Korn*, Abgrenzung zwischen freier Berufstätigkeit und Gewerbe, in: DStR 1995, S. 1251f.

[86] Vgl. *Schmidt*, Einkommensteuergesetz, 1997, zu § 18, Rdn. 28.

[87] BMF vom 14.5.1997, in: DStR, 35. Jg., Nr. 29, 1997, S. 1123 = DB 1997, S. 1206f. = Lexinform aktuell 26/97, S. 7ff.

[88] BMF vom 19.4.1984, BStBl. I S. 588.

[89] Dazu auch *Sauren*, Besteuerung der Freiberufler, in: DStR 1997, S. 1635f.

[90] Vgl. Nr. 3 des Schreibens.

[91] Vgl. Nr. 4 des Schreibens mit Buchstaben a) bis c). Vgl. auch BFH, Urteil vom 19.02.1998 – IV R 11/97, in DStR, 36. Jg., 1998, S. 1379-1381.

2. *Der Verkauf von Kontaktlinsen, Pflegemitteln durch Augenärzte, Artikeln zur Mundhygiene bzw. Mundpflege durch Zahnärzte oder Tierarzneimitteln durch Tierärzte ist keine Ausübung der Heilkunde. Die Einnahmen des Arztes hieraus sind deshalb als Einnahmen aus Gewerbebetrieb (§ 15 EStG) zu behandeln.*
3. *Erzielt eine ärztliche Gemeinschaftspraxis auch Einnahmen aus einer gewerblichen Tätigkeit, gelten die Einkünfte der ärztlichen Gemeinschaftspraxis in vollem Umfang als Einkünfte aus Gewerbebetrieb (sogenannte Abfärberegelung: § 15 Abs. 3 Nr. 1 EStG). Der Verkauf der in Nr. 2 bezeichneten Gegenstände durch eine ärztliche Gemeinschaftspraxis führt also dazu, daß auch die Einnahmen aus der ärztlichen Tätigkeit als Einnahmen aus Gewerbebetrieb zu behandeln sind.*
4. *Wird die Beschaffung und der Verkauf der in Nr. 2 bezeichneten Gegenstände jedoch durch eine andere Gesellschaft des bürgerlichen Rechts vorgenommen, tritt die Folge einer Abfärbung nicht ein, und zwar selbst dann nicht, wenn ganz oder teilweise die gleichen Personen an der ärztlichen Gemeinschaftspraxis und der Gesellschaft bürgerlichen Rechts beteiligt sind (BFH vom 8. Dezember 1994 – BStBl II 1996, 264; DStR 1995, S. 638). Die Abfärberegelung ist nämlich auf die ansonsten freiberuflich tätige ärztliche Gemeinschaftspraxis dann nicht anzuwenden, wenn die Beteiligung an der gewerblich tätigen Gesellschaft von einem, mehreren oder allen Gesellschaftern der ärztlichen Gemeinschaftspraxis persönlich oder von einer Schwestergesellschaft der ärztlichen Gemeinschaftspraxis gehalten wird (vgl. BMF vom 13. Mai 1996, BStBl I, 621, DStR 1996, S. 869).*

Die Tätigkeit der gewerblichen Gesellschaft bürgerlichen Rechts muß sich eindeutig von der Tätigkeit der ärztlichen Gemeinschaftspraxis abgrenzen lassen. Dies setzt voraus:

- a) *Der Gesellschaftsvertrag muß so gestaltet sein, daß die Gesellschaft wirtschaftlich, organisatorisch und finanziell von der ärztlichen Gemeinschaftspraxis unabhängig ist.*
- b) *Es sind getrennte Aufzeichnungen oder Bücher zu führen, besondere Bank- und Kassenkonten einzurichten sowie eigene Rechnungsformulare zu verwenden.*
- c) *Die in Nr. 2 bezeichneten Gegenstände sind getrennt vom Betriebsvermögen der ärztlichen Gemeinschaftspraxis zu lagern. Überwiegend im Zusammenhang mit der Abgabe der in Nr. 2 bezeichneten Gegenstände genutzte Wirtschaftsgüter gehören zum Betriebsvermögen der gewerblichen Gesellschaft bürgerlichen Rechts.*

5. *Überläßt die ärztliche Gemeinschaftspraxis der gewerblichen Gesellschaft bürgerlichen Rechts für deren Zwecke Personal, Räume oder Einrichtungen usw. gegen Aufwendungsersatz, führt dies bei der ärztlichen Gemeinschaftspraxis mangels Gewinnerzielungsabsicht nicht zu Einkünften aus Gewerbebetrieb. Kann die Höhe dieser Aufwendungen nicht nach dem Verursacherprinzip ermittelt werden, ist es nicht zu beanstanden, wenn sie entsprechend dem Verhältnis der Umsätze beider Gesellschaften zueinander oder nach einem entsprechenden Schlüssel geschätzt werden und der geschätzte Betrag der ärztlichen Gemeinschaftspraxis erstattet wird. Die ärztliche Gemeinschaftspraxis hat einen Aufwendungsersatz durch die Gesellschaft bürgerlichen Rechts im Rahmen ihrer Einkünfte aus selbständiger Arbeit zu erfassen."*

2.3.4.3 Zusammenfassung

Insgesamt läßt sich feststellen, daß gerade im Bereich der Laboratoriumsmedizin die Rechtsprechung sich häufig auf den Standpunkt der gewerblichen Zuordnung stellt. Diese Beurteilung aufgrund von reinen Größenkriterien wird als fortschrittsfeindlich kritisiert.

Im Rahmen von Zusatzangeboten kann durch geschickte Gesellschaftsgründungen die Gesamtqualifizierung auch der ansonsten freiberuflichen ärztlichen Tätigkeit in gewerbliche Einkünfte ggf. umgangen werden. So ist es im o.g. BMF-Schreiben festgeschrieben. Das FG Schleswig-Holstein entschied mit Urteil vom 28.11.1996[92], daß die Tätigkeit von zwei Augenärzten, die eine Gemeinschaftspraxis in Form einer GbR betrieben und in einer weiteren GbR einen Handel mit Kontaktlinsen führten, als nicht insgesamt gewerblich zu beurteilen sei. Ebenso kann die Pflicht zur Zahlung von Gewerbesteuer dadurch umgangen werden, daß die gewerblich tätige Gesellschaft ihre Tätigkeit ohne Gewinnerzielungsabsicht ausübt; dies gerade im Falle von Laborgemeinschaften[93].

[92] Vgl. FG Schleswig-Holstein vom 28.11.1996, V 1121/95, Leitsatz in Lexinform aktuell, 25/97, S. 5.

[93] OFD Nürnberg vom 4.11.1997, S 2245 – 12/St 31: Laborgemeinschaften unterliegen wegen fehlender Gewinnerzielungsabsicht nicht der Gewerbesteuer. Zum Zweck der Gewinnermittlung sind gesonderte Feststellungen durchzuführen.

3 Der Arzt als Freiberufler

3.1 Arzt ist nicht gleich Arzt

Arzt ist nicht gleich Arzt. Dies heutzutage zum einen aufgrund der verschiedensten Fachrichtungen, auf die sich ein Arzt spezialisieren kann. Dies aber zum anderen auch aufgrund der Versicherungssysteme, in die sich ein Arzt einfügen muß und aufgrund der Möglichkeit des Einschlagens verschiedener Laufbahnen in eigener Praxis, in Krankenhäusern, in Behörden oder sonstigen Bereichen. So werden insbesondere folgende Arztgruppen, die sich jeweils wieder nach unterschiedlichen Fachgruppen aufgliedern lassen, unterschieden:

- Haupterscheinungsform ist der sog. Vertragsarzt, gleichzusetzen mit der Bezeichnung Kassenarzt. Mit diesem Begriff umschrieben wird der in personeller Hinsicht niedergelassene, im Rahmen des Kassenarztrechts teilnahmeberechtigte Leistungserbringer[94].
- Neben die Kassenärzte treten die Privatärzte[95]. Es handelt sich hierbei um niedergelassene und approbierte Ärzte i.S.d. § 4 Abs. 2 Satz 1 MBKK, die damit im Rahmen der Privaten Versicherungen teilnahmeberechtigte Leistungserbringer darstellen[96].
- Eine weitere Gruppe bildet diejenige der sogenannten ermächtigten Ärzte. Dies sind die in Krankenhäusern tätigen Leistungserbringer[97].
- Eine weitere Gruppe bildet die der sonstigen Ärzte, die z.B. in Behörden, Körperschaften oder anderen Bereichen tätig sind. Man denke z.B. an den Flughafenarzt oder den ärztlichen Dienst an Universitäten sowie den Amtsarzt.
- Schließlich gibt es noch die Gruppe von Ärzten ohne jegliche ärztliche Tätigkeit.

[94] Vgl. *Schneider*, Handbuch des Kassenarztrechts, 1994, S. 70.
[95] Ein Kassenarzt kann sich jedoch zugleich auch privatärztlich betätigen.
[96] Vgl. *Dreher*, Ärztliche Berufsausübung in Gesellschaften in: VersR 1995, S. 245.
[97] Vgl. *KBV*, Grunddaten zur kassenärztlichen Versorgung, 1998, A1.

Nachfolgende Tabelle mag einen Überblick über die Ärztestruktur geben:

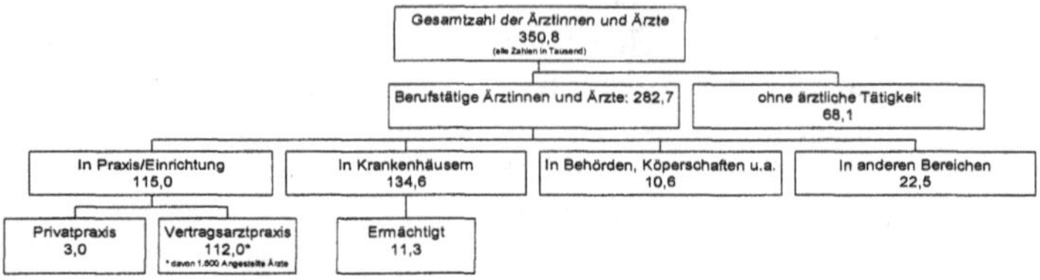

Quelle: KBV, 1998, A1

Tabelle 1: Struktur der Ärztestatistik zum 31.12.1997

Wenn vom Arzt als Freiberufler gesprochen wird, so kann streng genommen nur der privatärztlich tätige Arzt gemeint sein. Er ist am wenigsten irgendwelchen Regeln unterworfen und betätigt sich weitestgehend als freier Unternehmer. Allerdings sind auch ihm Grenzen gesetzt, insbesondere hinsichtlich der Festlegung seiner Gebühren. Er unterliegt den Sätzen der GOÄ (Gebührenverordnung für Ärzte), den Musterbedingungen der privaten Krankenkassen sowie seines Berufsrechts. Alle anderen Ausprägungsformen des Arztes unterliegen noch wesentlich strengeren Regelungen, zum Teil liegen dort sogar Angestelltenverhältnisse zugrunde.

Hauptgruppe des ärztlichen Tuns bildet allerdings der Kassenarzt. Aufgrund seiner Bindungen, insbesondere hinsichtlich der Budgetierung durch das Abrechnungssystem mit den Krankenkassen und der Bedarfszulassung sowie seinem Berufsrecht, kann hier nicht unbedingt von einer absolut freien Berufsausübung gesprochen werden[98]. In anderen Bereichen weist der Kassenarzt durch und durch Grundzüge eines freien Unternehmers auf: So wird es auch ihm nicht erspart bleiben, sich mit den Themen Unternehmensführung sowie Kosten- und Nutzenüberlegungen oder Personalplanung auseinanderzusetzen.

Das Gesetz macht bezüglich der unterschiedlichen Arztgruppen keine Unterschiede – für das Gesetz ist die selbständige Tätigkeit „des Arztes“ Freier Beruf und nicht nur die des Privatarztes oder nur die des Vertragsarztes oder gerade nicht die eine oder andere, vgl. z.B. § 18 Abs. 1 Satz 2 EStG. Auch die BÄO nimmt keine Unterscheidungen diesbezüglich vor[99].

[98] Vgl. auch Kap. 3.3.4, S. 46.

[99] Anders sieht es beim Arzt im Angestelltenverhältnis aus. Hier erzielt der Arzt Einkünfte aus nichtselbständiger Arbeit gem. § 2 Abs. 1 Nr. 4 i.V.m. § 19 Abs. 1 EStG, da das Tatbestandsmerkmal der selbständigen Berufstätigkeit des § 18 Abs. 1 Satz 2 EStG nicht erfüllt ist.

Wenn hier im folgenden vom Arzt die Rede ist, so ist in der Regel zunächst der Kassenarzt und im weiteren auch der Privatarzt gemeint. Sie stellen die möglichen „Arztformen" in freier Ausübung dar. Wenn notwendig, wird lediglich eine Unterscheidung in Kassenarzt und Privatarzt vorgenommen, nicht aber noch in mögliche weitere Ausprägungsformen. Bezüglich einer möglichen Rechtsformwahl kommen gerade auch nur diese beiden in Frage.

3.2 Entwicklungsgeschichte

Wie bereits unter Kap. 2.1, S. 21 erwähnt, war der Beruf des Arztes nicht immer schon so angesehen, wie es heute der Fall ist. Die Geschichte des Arztes bzw. der Medizin ist eher eine turbulente und wechselreiche:

„So genossen die griechischen Ärzte (im Altertum) [...] ein sehr hohes Ansehen[100], während das Arzten im republikanischen Rom als Handwerk für Fremde, Freigelassene und Sklaven und damit als ein des freien, wehrfähigen Bürgers unwürdiges Gewerbe galt."[101]

Anfang des Mittelalters gab es gar keine Ärzte im heutigen Sinne, auch nicht im antiken Sinne. Die Ausübung der Medizin lag ausschließlich bei den Geistlichen[102]. So ist es den heilkundlichen Mönchen und ihren Aufzeichnungen zu verdanken, daß die antike Medizin bis in die heutige Zeit überliefert wurde[103].

Die Mönche waren auch an der Chirurgie interessiert, jedoch wurde ihnen die Ausübung verboten; es hieß: „Ecclesia abhorret a sanguine" (die Kirche verabscheut Blut). Damit wurde die sich ohnehin schon abzeichnende Trennung der Chirurgie von der Medizin eingeleitet. Die Chirurgie kam dadurch in den Verruf eines fragwürdigen Gewerbes, das von Barbieren und anderen Umherziehenden betrieben wurde.

Mit Entstehung der medizinischen Fakultäten an den Universitäten im 12. Jahrhundert ging die Ausübung der Heilkunde bzw. Medizin wieder in die Hände

[100] So wurde von den Griechen der sog. Hippokratische Eid aufgestellt, der bis in die heutige Berufsordnung der Ärzte Eingang gefunden hat und auch vielen Büchern, die sich mit Arztrecht oder ärztlichen Standesfragen auseinandersetzen, vorangeht. Vgl. z.B. *Ratzel*, Ärztliches Standesrecht, 1990, S. 9; *Goerke*, Arzt und Heilkunde, 1984, S. 138; *Taupitz*, Standesordnungen der freien Berufe, 1991, S. 205; *Laufs*, Arztrecht, 1993, S. XVI und S. 5.

[101] *Müller*, Einbeziehung der Freien Berufe in das Handelsrecht, 1968, S. 18; Ebenfalls zu den Unterschieden bzgl. Griechenland und Rom vgl. *Taupitz*, Standesordnungen der freien Berufe, 1991, S. 204 und 209.

[102] Vgl. *Taupitz*, Standesordnungen der freien Berufe, 1991, S. 211; *Müller*, Einbeziehung der Freien Berufe in das Handelsrecht, 1968, S. 20.

[103] Vgl. zu allem insbesondere *Goerke*, Arzt und Heilkunde, 1984, S. 139-146. Eine sehr ausführliche und detaillierte geschichtliche Darstellung findet sich bei *Taupitz*, Standesordnungen der freien Berufe, 1991, S. 203-332.

von Nicht-Geistlichen über[104]. Begründet wurden diese Ausbildungsstätten durch die medizinische Schule von Salerno. Dadurch, daß überall nach den gleichen Grundsätzen Unterricht abgehalten wurde, entwickelte sich eine relativ einheitliche Lehre und damit ein homogener Wissensstand der Ärzte, der die Abgrenzung zu herumreisenden sog. Wunderheilern erleichterte und auch schon ein gewisses Berufsethos und Standesbewußtsein schuf[105].

Nach wie vor wurden die Chirurgen grundsätzlich nicht als Ärzte angesehen, sondern als Handwerker und Gewerbetreibende. Daraufhin begannen die Chirurgen, sich als Magister zu bezeichnen, damit die Abgrenzung zu den Universitätsabsolventen nicht mehr so offensichtlich war. An den Universitäten wurde als Reaktion sehr schnell der Erwerb des Doktortitels[106] - „Doctor medicinae" - als üblicher Abschluß mit dem Recht zur Praxisausübung verknüpft, um hierdurch doch wieder eine Abgrenzung zur Chirurgie zu schaffen.

Erst im 18. Jahrhundert erfuhren die Chirurgen eine Steigerung im Ansehen. Als Folge des verstärkten Einsatzes von Schußwaffen im Krieg entstanden immer schwerwiegendere und kompliziertere Verletzungen, die immer größere Anforderungen an die Chirurgen - im Militärdienst unter der Bezeichnung Feldscherer bekannt - stellten und hohes Geschick verlangten. Auf diesem Wege wurden erhebliche Fortschritte auf dem Gebiete der Chirurgie gemacht. 1723 entstand daraufhin in Berlin eine Ausbildungsschule für Militärchirurgen, die jedoch auch zivile Studenten aufnehmen durfte.

1819 wurden dann schließlich, nachdem sich die Chirurgen nun auch in der Lehre etabliert hatten, die Chirurgen-Dienstgrade in Arzt-Dienstgrade umgewandelt; ein Zeichen, daß die Gleichstellung der Absolventen von militärärztlichen Ausbildungsstätten mit denen von Universitäten letztendlich vollzogen war.

Parallel zu dieser Entwicklung erfuhren die Ärzte Anfang des 19. Jahrhunderts eine fast vollständige Verbeamtung, dies insbesondere aufgrund der Beaufsichtigung durch Oberste Gesundheitsbehörden, die unmittelbar den einzelnen Landesherren unterstanden[107]. So waren 1827 49 % der promovierten Ärzte in

[104] Vgl. *Müller*, Einbeziehung der Freien Berufe in das Handelsrecht, 1968, S. 20; *Taupitz*, Standesordnungen der freien Berufe, 1991, S. 226.

[105] Vgl. *Beske/Brecht/Reinkemeier*, Das Gesundheitswesen in Deutschland, 1993, S. 173; *Müller*, Einbeziehung der Freien Berufe in das Handelsrecht, 1968, S. 20. Zur vorherigen Entwicklung: Vgl. *Taupitz*, Standesordnungen der freien Berufe, 1991, S. 203.

[106] Ursprünglich verlieh der Doktortitel das Recht, Vorlesungen an den Universitäten zu halten. Praktizierende Ärzte führten ihn in der Regel nicht. Vgl. *Goerke*, Arzt und Heilkunde, 1984, S. 141.

[107] Vgl. *Taupitz*, Standesordnungen der freien Berufe, 1991, S. 114, 117f. 233ff; *Müller*, Einbeziehung der Freien Berufe in das Handelsrecht, 1968, S. 22.

Preußen staatlich angestellt, von den ausgebildeten Wundärzten sogar 59%[108]. Auch die übrigen Ärzte mußten staatlichen Pflichten nachkommen, so etwa Unterwerfung und absolute Loyalität zum Landesherren, Abfassung von Berichten z.B. über den Gesundheitszustand der Bevölkerung oder auch unentgeltliche Armenfürsorge[109]. Aufgrund dieser Pflichten und Bindungen wurden die Ärzte zu dieser Zeit auch gerne als „Staatsdiener ohne Staatsamt" bezeichnet[110], ihnen also ein beamtenähnlicher Status beigemessen[111].

Erst um die Mitte des 19. Jahrhunderts befreiten sich die Ärzte aus dieser Verbeamtung und wuchsen langsam in das heutige Berufsbild hinein[112]. Die Anfänge bildeten die Gründungen von Vereinen mit der Zielsetzung, die ärztliche Bevormundung abzuschaffen[113]. Die Ärzte vertraten die Auffassung, daß sie durchaus imstande seien, sich selbst zu verwalten. Des weiteren wollten sie eine umfassende Berufsorganisation schaffen mit dem Zweck, den beruflichen Standard auf eine Höhe zu heben, an den die herumreisenden, nicht akademischen Wunderheiler nicht herankämen[114].

1852 wurden in Preußen die ärztlichen Klassen aufgehoben. 1869 wurde in die Gewerbeordnung aufgenommen, daß die Ausübung der Medizin abhängig sei von der Erteilung einer Zulassung[115]. Heute ist diese Approbationspflicht in § 2 Bundesärzteordnung verankert[116].

Bis zur Jahrhundertwende hatten sich schließlich staatlich anerkannte ärztliche Standesvertretungen herausgebildet, die eigene Disziplinargewalt besaßen[117]. 1872 entstand der Deutsche Ärztevereinsbund, ein paar Jahre zuvor die „Ameri-

---

[108] Vgl. *Finkenrath*, Medizinalreform, 1929, S. 18f. Nachdem sich die Ärzte gegen die Verbeamtung gewehrt hatten, waren 1900 wieder etwa 90% der Ärzte vorwiegend in eigener Praxis tätig: vgl. *Goerke*, Arzt und Heilkunde, 1984, S. 146.

[109] Vgl. *Rodrega/Roos/Maiwald/Lange/Henke*, Verband der niedergelassenen Ärzte, o.J., S. 15; *Finkenrath*, Medizinalreform, 1929, S. 22.

[110] *Gönner*, Der Staatsdienst, 1808, S. 33f.

[111] Vgl. *Förstemann*, Principien des Preußischen Polizeirechts, 1869, S. 119.

[112] *Müller*, Einbeziehung der Freien Berufe in das Handelsrecht, 1968, S. 22; *Taupitz*, Standesordnungen der freien Berufe, 1991, S. 129, 132, 255ff. mit einer sehr ausführlichen Schilderung.

[113] *Taupitz*, Standesordnungen der freien Berufe, 1991, S. 130.

[114] Vgl. *Ackerknecht*, Geschichte der Medizin, 1986, S. 189.

[115] Vgl. *Narr*, Ärztliches Berufsrecht, 1973, S. 2; *Beske/Brecht/Reinkemeier*, Das Gesundheitswesen in Deutschland, 1993, S. 173; *Laufs*, Arztrecht, 1993, S. 33.

[116] Ärzte dürfen danach insbesondere nach wie vor nicht mit Heilpraktikern gemeinsam tätig sein. Zu den besonderen Voraussetzungen des Heilpraktikertums vgl. *Goerke*, Arzt und Heilkunde, 1984, 151.

[117] Vgl. *Gabriel*, Staatliche Organisation des deutschen Ärztestandes, 1919, S. 21ff.; *Graf*, Das ärztliche Vereinswesen, 1890, S. 19ff.

can Medical Association" und noch früher (1832) das englische Pendant in Form der „British Medical Association"[118].

Unabhängig von der Verbeamtung und dem Dualismus zwischen Chirurgen und Ärzten konnte man im 19. Jahrhundert noch eine andere Strömung erkennen: der Trend zur Spezialisierung setzte ein. Man kam zu der Überzeugung, daß ein Arzt alleine nicht mehr in der Lage sei, alles über den menschlichen Körper zu wissen und daß es auch keine Schande sei, dieses einzugestehen und an andere Ärzte (Fachärzte) zu verweisen[119]. Ebenfalls im Anfangsstadium war das Zeitalter der Apparatemedizin[120].

Es entsteht nun ein Arztbild, das sich folgendermaßen charakterisieren läßt: Es handelt sich um einen freien Beruf, der sich in einzelne Spezialgebiete aufgliedert und eigenen, staatlich geprüften und anerkannten Berufs- und Standesrechten unterliegt.

3.3 STANDES-/BERUFSRECHT

Der Beruf des Arztes wird zur Gruppe der sogenannten staatlich gebundenen freien Berufe gezählt[121].

- „Frei" ist er aufgrund seiner ärztlichen und wirtschaftlichen Weisungsfreiheit[122] und der Tatsache, daß ein Arzt zum Teil sogar gegen staatliche Interessen verstoßen muß[123].
- „Staatlich gebunden" ist er, da der Arzt seine an sich weisungsfreie Berufsausübung aufgrund des besonders hohen öffentlichen Interesses des Gutes Gesundheit nur im Rahmen bestimmter Gesetze und berufsrechtlicher Regelungen und Einschränkungen ausüben kann[124].

---

[118] Vgl. *Ackerknecht*, Geschichte der Medizin, 1986, S. 189. Als Vorreiter für das deutsche Recht dürfte die in der Breslauer Handschrift enthaltene Medizinalordnung gelten, die von Karl IV. aufgestellt wurde (vgl. *Taupitz*, Standesordnungen der freien Berufe, 1991, S. 212 m.w.N.).

[119] Vgl. *Duin/Sutcliffe*, Geschichte der Medizin, 1993, S. 88; *Laufs*, Arzt und Recht, in: NJW 1995, S. 1590; *Goerke*, Arzt und Heilkunde, 1984, S. 217; *Ackerknecht*, Geschichte der Medizin, 1986, S. 170.

[120] Vgl. *Goerke*, Arzt und Heilkunde, 1984, S. 219; *Laufs*, Arztrecht, 1993, S. 6 und 22.

[121] Dieser Ausdruck geht zurück auf *Triepel*, Staatlich gebundener Beruf, in: FS Binding, 1911, S. 1 (allein schon der Titel); Vgl. auch *Stober*, Berufsfreiheit der freien Berufe, in: NJW 1981, S. 1529; *Müller*, Einbeziehung der Freien Berufe in das Handelsrecht, 1968, S. 41ff.; *Michalski*, Gesellschaft- und Kartellrecht der berufsrechtlich gebundenen Berufe, 1989, S. 93.

[122] Vgl. *Narr*, Ärztliches Berufsrecht, 1973, S. 4.

[123] Vgl. *Fleischmann*, Die freien Berufe im Rechtsstaat, 1969, S. 174.

[124] Vgl. statt vieler *Narr*, Ärztliches Berufsrecht, 1973, S. 2.

So ist die Berufsausübung des Arztes zunächst von der Erteilung einer Zulassung (Approbation) abhängig[125]. Mit Erhalt dieser Approbation beginnt automatisch eine Pflichtmitgliedschaft in der für ihn zuständigen Ärztekammer[126]. Zusätzlich unterliegt der Arzt einer Berufsordnung, die vom Staat genehmigt sein muß[127]. Zu nennen sind weiterhin Berufsgenossenschaften und Krankenversicherungen sowie die Kassenärztlichen Vereinigungen[128] als Institutionen, mit denen der Arzt kooperieren muß[129].

Des weiteren kann er auch seine Honorarrechnungen nicht beliebig aufstellen, sondern hat hierbei die Sätze der staatlich erlassenen Gebührenordnung zu beachten[130]. Seit dem Gesundheitsstrukturgesetz 1993[131] schließlich ist auch die ehemals gewährte Niederlassungsfreiheit durch Einführung von Zulassungssperren im Rahmen einer sog. Bedarfsplanung stark eingeschränkt[132].

„Die staatliche Gebundenheit stellt sich also als eine besondere, im öffentlichen Recht wurzelnde Sozialpflichtigkeit ärztlicher Tätigkeiten [...] dar, jedoch außerhalb der Staatshierarchie."[133]

Rechtliche Grundlage der meisten Verordnungen ist die Bundesärzteordnung (BÄO).

Im folgenden soll auf einige dieser Rahmenbedingungen, denen der Arzt unterworfen ist, eingegangen werden[134].

---

[125] Vgl. § 2 BÄO oder auch Nachweis bei *Narr*, Ärztliches Berufsrecht, 1973, S. 2

[126] *Deutsch*, Arztrecht, 1991, S. 5; *Rieger*, Lexikon des Arztrechts, 1984, Rdn. 6; *Ratzel*, Ärztliches Standesrecht, 1990, S. 10.

[127] Vgl. *Rieger*, Lexikon des Arztrechts, 1984, Rdn. 389; *Narr*, Ärztliches Berufsrecht, 1973, S. 2.

[128] Vgl. *Beske/Brecht/Reinkemeier*, Das Gesundheitswesen in Deutschland, 1993, S. 100ff.

[129] Vgl. *Rieger*, Lexikon des Arztrechts, 1984, Rdn. 364; *Müller*, Einbeziehung der Freien Berufe in das Handelsrecht, 1968, S. 96ff; *Narr*, Ärztliches Berufsrecht, 1973, S. 143f., 224f.; *Beske/Brecht/Reinkemeier*, Das Gesundheitswesen in Deutschland, 1993, S. 100ff.

[130] *Narr*, Ärztliches Berufsrecht, 1973, S. 2; *Müller*, Einbeziehung der Freien Berufe in das Handelsrecht, 1968, S. 37, sieht hierin eine Begrenzung der wirtschaftlichen Selbständigkeit des Arztes. 1883 z.B. wurde das Honorar zwischen Arzt und Patient noch frei ausgehandelt (vgl. *Schneider*, Handbuch des Kassenarztrechts, 1994, S. 11). Zur Gebührenordnung für die Ärzte (GOÄ) allgemein vgl. *Uleer*, Abrechnung von Arzt- und Krankenhausleistungen, 1996, S. 1ff.

[131] Gesetz zur Sicherung und Strukturverbesserung der gesetzlichen Krankenversicherung vom 21.12.1992, BGBl. I 1992, 2666ff.

[132] Zu den Konsequenzen auch Kap. 4.1, S. 51,

[133] Vgl. *Narr*, Ärztliches Berufsrecht, 1973, S. 3.

[134] Vgl. insbesondere *Rieger*, Lexikon des Arztrechts, 1984. Auf das ganze System der Erstattung von ärztlichen Leistungen, d.h. auf die gesetzlichen und privaten Versicherungen sowie die Kassenärztliche Vereinigung, wird nicht im Detail eingegangen. Zu einzelnen Vor-

3.3.1 Die Approbation

Unter der Approbation[135] versteht man die staatliche Erlaubnis zur Ausübung der Heilkunde[136]. Voraussetzung hierfür ist ein Medizinstudium von mindestens sechs Jahren einschließlich eines praktischen Abschnitts sowie das Bestehen einer Prüfung.

Auf diese „Zulassung" erstreckt sich die Gesetzgebung des Bundes. Sie ist bundeseinheitlich geregelt. Alle weiteren Regelungen, so z.B. auch das Erlassen von Berufsordnungen, liegen bei den einzelnen Bundesländern[137].

3.3.2 Die Ärztekammern[138]

Bei den (Landes-) Ärztekammern handelt es sich um Berufsorganisationen der einzelnen Bundesländer für alle Ärzte in der Rechtsform der Körperschaft des Öffentlichen Rechts[139]. Aufgrund dieser Rechtsform besteht zwischen den Ärztekammern und ihren Mitgliedern ein hoheitliches Verhältnis. Ihre Entscheidungen stellen Verwaltungsakte dar, gegen die der Rechtsweg zu den Verwaltungsgerichten offen steht[140].

Zweck der Kammern ist die Regelung der ärztlichen Belange in einer selbstverwaltenden Form[141].

Zu den Aufgaben der Ärztekammer gehören insbesondere:

- Schaffung von Berufsordnungen[142],
- Regelung und Überwachung der Berufspflichten ihrer Mitglieder (Berufsaufsicht)[143],
- Wahrnehmung der beruflichen Interessen und Belange ihrer Mitglieder[144],

---

schriften, insbesondere, wenn es darum geht, ob einer GmbH eine Kassenzulassung erteilt werden kann, vgl. Kap. 5.4.1.3.3, S. 163. Ansonsten wird bezüglich des Kassenarztrechts auf *Schneider*, Handbuch des Kassenarztrechts, 1994, verwiesen, der auch einen sehr ausführlichen historischen Teil enthält.

[135] Die früher übliche Bezeichnung war „Bestallung" .

[136] Vgl. *Rieger*, Lexikon des Arztrechts, 1984, Rdn. 84; § 2 Abs. 5 BÄO; *Laufs*, Arztrecht, 1993, S. 33.

[137] Vgl. *Lach*, Formen freiberuflicher Zusammenarbeit, 1970, S. 77.

[138] Vgl. dazu insbesondere *Rieger*, Lexikon des Arztrechts, 1984, Rdn. 2 bis 13. Auch *Eggesiecker*, Partnerschaftsgesellschaft, 1998, Fach E Arzt, 2.010 bis 2.030.

[139] Vgl. *Lach*, Formen freiberuflicher Zusammenarbeit, 1970, S. 77.

[140] Vgl. *Laufs*, Arztrecht, 1993, Rdn. 63, S. 38. Rechtsgrundlage für die Ärztekammer sind die Kammergesetze der einzelnen Bundesländer. Damit haben die Bundesländer die Zuständigkeit von der Landesebene auf die Kammerebene verschoben. Sie behalten sich jedoch ein Kontrollrecht vor. Vgl. z.B. *Lach*, Formen freiberuflicher Zusammenarbeit, 1970, S. 77.

[141] Vgl. *Ratzel*, Ärztliches Standesrecht, 1990, S. 10.

[142] Vgl. *Lach*, Formen freiberuflicher Zusammenarbeit, 1970, S. 78.

[143] Vgl. *Ratzel*, Ärztliches Standesrecht, 1990, S. 10.

- Informations- und Auskunftspflichten,
- Fortbildung und Weiterbildung,
- Unterstützung des öffentlichen Gesundheitsdienstes,
- Schlichtungsgespräche und –versuche zwischen Mitgliedern im Falle von Streitigkeiten,
- Beratung, z.B. in Haftpflichtfällen[145].

Die Mitglieder, also die Ärzte, haben die Aufgabe, alle Veränderungen, wie z.B. Praxisgründungen, ihrer Kammer anzuzeigen und ggf. auch genehmigen zu lassen[146].

Die Bundesärztekammer ist ein freiwilliger Zusammenschluß der Landesärztekammern in der Rechtsform eines nichtrechtsfähigen Vereins - sie bildet nicht die Aufsichtsbehörde für die Landesärztekammern[147].

3.3.3 Berufsordnungen[148]

Die Berufsordnungen sind durch die jeweilige Ärztekammer erlassene Satzungen, die rechtsverbindliche Wirkung für ihre Mitglieder entfalten[149]. Sie beruhen im wesentlichen auf der vom Deutschen Ärztetag beschlossenen Musterberufsordnung[150] (MBO), die als eine Empfehlung für die Landesärztekammern entwickelt wurde[151].

In den einzelnen Landesberufsordnungen ergeben sich zum Teil Abweichungen von der MBO, die jedoch relativ gering ausfallen, da durch die Berufsordnung

---

[144] Vgl. z.B. *Redeker*, Bundeseinheitliches Kammerrecht, in: NJW 1972, S. 1844f.

[145] Vgl. *Ratzel*, Ärztliches Standesrecht, 1990, S. 10.

[146] Vgl. z.B. § 23 Abs. 5 MBO oder § 23a Abs. 5 MBO in der Fassung vom 98. Dt. Ärztetag.

[147] Vgl. *Rieger*, Lexikon des Arztrechts, 1984, Rdn. 486; *Laufs*, Arztrecht, 1993, Rdn. 66.

[148] Vgl. insbesondere *Rieger*, Lexikon des Arztrechts, 1984, Rdn. 389.

[149] *Beske/Brecht/Reinkemeier*, Das Gesundheitswesen in Deutschland, 1993, S. 177; *Lach*, Formen freiberuflicher Zusammenarbeit, 1970, S. 77.

[150] Die Musterberufsordnung wird z.T. mit BOÄ (Berufsordnung-Ärzte) abgekürzt, z.T. mit MBO (Musterberufsordnung). Hier wird sie im folgenden mit MBO abgekürzt, gerade auch um die Verwechslung mit der BÄO (Bundesärzteordnung) zu vermeiden. Die hier zugrundegelegte Fassung ist die des 98. Deutschen Ärztetages, da dort entsprechende Änderungen vorgenommen wurden. Auf dem 99. Deutschen Ärztetag wurde in dieser Hinsicht nichts verändert. Auf der jüngst veröffentlichten MBO-Fassung des 100. Deutschen Ärztetages wurden inhaltlich ebenfalls keine Änderungen vorgenommen, allerdings wurde eine andere Numerierung der einzelnen Paragraphen durchgeführt. Vgl. dazu Kap. 5.3.2.5.2.2.2, S. 133 sowie im Anhang, S. 226.

[151] Vgl. *Laufs*, Arztrecht, 1993, S. 38.

ja auch die einheitliche Standesauffassung der Ärzte hervortreten bzw. betont werden soll[152].

3.3.4 Die Abrechnungs- / Honoraransprüche des Arztes

Im Rahmen des Kassenarztrechts werden die an der Abrechnung teilnehmenden Vertragsärzte nach einem bestimmten System honoriert. Abrechnungsgrundlage für den Arzt bildet der EBM (Einheitliche Bewertungsmaßstab). Den einzelnen Kassenärztlichen Vereinigungen der Länder stehen die Landesverbände der Krankenkassen gegenüber. Diese stellen der Kassenärztlichen Vereinigung ein festes Budget zur Verfügung. Nach einem genau festgelegten Honorarverteilungsmaßstab wird die Vergütung der Kassenärzte aus diesem Budget dann vorgenommen. Der Arzt, der als Vertragsarzt zugelassen ist, hat aufgrund seiner gegenüber den Kassenpatienten erbrachten Leistungen einen Abrechnungsanspruch gegenüber der Kassenärztlichen Vereinigung[153]. Ähnlich wie bei den Ärztekammern gibt es auch bei den Kassenärztlichen Vereinigungen der Länder eine Kassenärztliche Vereinigung auf Bundesebene.

Bei den privaten Versicherungen hat der Arzt einen Abrechnungsanspruch gegenüber dem Privatpatienten und dieser wiederum einen Erstattungsanspruch gegenüber seiner jeweiligen Versicherung, wenn der Arzt bestimmte Voraussetzungen, insbesondere die Niederlassung in eigener Praxis sowie die Approbation, erfüllt und die Leistung an sich erstattungsfähig ist.[154] Auch hier unterliegt er einer Gebührenordnung, der GOÄ (Gebührenordnung für Ärzte) und kann seine Honorare nicht frei festlegen.

Anhand dieser eben geschilderten Abhängigkeiten wird auch noch einmal deutlich, wie „unfrei" der Arzt eigentlich ist[155].

3.4 Allgemeines zur Arzthaftung

Jeder Arzt ist verpflichtet, sich gem. § 21 MBO mittels einer Berufshaftpflichtversicherung angemessen[156] gegen Haftpflichtansprüche aus seiner beruflichen Tätigkeit zu versichern.

---

[152] *Lach*, Formen freiberuflicher Zusammenarbeit, 1970, S. 78, konstatierte allerdings erhebliche Abweichungen, als es noch um die Frage der Zulässigkeit von Gemeinschaftspraxen ging. Eine ähnliche Differenzierung in den einzelnen Landesberufsordnungen zeichnet sich nun mit der Zulässigkeit der Ärzte-GmbH ab (vgl. Kap. 5.4.1.3, S. 159).

[153] Vgl. dazu, auch zur Entwicklung, *Schneider*, Handbuch des Kassenarztrechts, 1994, S. 57ff., 67ff., 94ff.

[154] Vgl. *Dreher*, Ärztliche Berufsausübung in Gesellschaften in: VersR 1995, S. 245ff.

[155] Vgl. dazu auch bereits Kap. 3.1, S. 37.

[156] 1984 galten nach *Rieger*, Lexikon des Arztrechts, 1984, Rdn. 791, folgende Deckungssummen als angemessen: für Personenschäden 1.000.000,00 DM, für Sachschäden 100.000,00 DM, für Vermögensschäden 25.000,00 DM. Ebenso dazu: *Bösert/Braun/Jochem*,

In der aktuellen Literatur wird in den letzten Jahren verstärkt von einem Ansteigen der Haftpflichtfälle[157] gesprochen mit dem Resultat, daß sich der einzelne Arzt aus Angst vor Inanspruchnahme mit der Konsequenz steigender Beiträge zu Berufshaftpflichtversicherungen, in eine defensive Medizin stürzt[158].

Einige Autoren sind allerdings der Auffassung, daß hier etwas kritischer hingeschaut werden sollte: Zum einen gäbe es nur wenige Untersuchungen zu diesem Thema, zum anderen basierten diese häufig auf veraltetem Datenmaterial[159]. Die Haftpflichtfälle stagnierten, im Gegenteil, eher[160] oder stiegen zumindest so gering an, daß dieser Durchschnittswert zwar höher läge als der der allgemeinen Prozeßentwicklung, die Zunahme des Wertes an sich jedoch nur die allgemeine Zunahme von Prozessen überhaupt widerspiegele und durchaus im Durchschnitt läge[161]. Allerdings wäre ein Anstieg in der durchschnittlichen Schadenshöhe zu verzeichnen, und dies hätte zu einem Ansteigen der Beiträge zu Berufshaftpflichtversicherungen geführt, nicht jedoch die Anzahl der Fälle. Bei den Chirurgen hat der Versicherungsbeitrag 1984 z.B. noch 1.960,40 DM betragen, 1993 bereits 7.983,00 DM. Ähnliche Steigerungsraten sind bei den Orthopäden und Gynäkologen zu beobachten[162].

Grundsätzlich kann der Arzt zivilrechtlich aufgrund vertraglicher und deliktischer[163] Haftungsnormen in Anspruch genommen werden. Daneben tritt gegebe-

---

Partnerschaftsgesellschaft, 1996, S. 72. Zum allgemeinen Zweck von Versicherungen überhaupt vgl. z.B. *Koller*, Wirksamkeit formularmäßiger Haftungsfreizeichnungsklauseln, in: ZIP 1986, S. 1091ff.

157 Vgl. *Radau*, Ersetzung der Arzthaftung durch Versicherungsschutz, 1993, S. 1; *Laufs*, Entwicklung des Arztrechts, in: NJW 1992, S. 1536; *Laufs*, Arztrecht, 1993, Rdn. 25; *Taupitz*, Berufsrisiko des Arztes, in: MedR 1995, S. 475.

158 Vgl. *Laufs*, Arztrecht, 1993, Rdn. 25 und 26; *Ehlers/Broglie*, Praxis des Arzthaftungsrechts, 1994, S. 172.

159 Vgl. z.B. *Seehafer*, Der Arzthaftungsprozeß, 1991, S. 14. Er bemängelt ebenfalls, daß kaum konkrete Zahlen zu diesem Thema existierten. *Stuber*, Partnerschaftsgesellschaftsgesetz unter besonderer Berücksichtigung der Belange der Anwaltschaft, in: Wirtschaftsrechtliche Beratung 1994, S. 706, hält die Haftpflichtrisiken zwar für groß, allerdings auch für relativ überschaubar

160 Vgl. *Hirche*, Arztrecht kompakt, 1996, S. 35; *Ehlers/Broglie*, Praxis des Arzthaftungsrechts, 1994, S. 172.

161 Seehafer hat 1991 eine Untersuchung der Haftpflichtfälle bei Krankenhäusern im Bezirk Bremen vorgenommen. Seinen Ergebnissen zufolge war das Ansteigen gar nicht so dramatisch wie oft angegeben. Vgl. zu den Untersuchungsergebnissen *Seehafer*, Der Arzthaftungsprozeß, 1991, S. 56ff., insbesondere S. 61.

162 Vgl. *Hirche*, Arztrecht kompakt, 1996, S. 35.

163 Vgl. *Radau*, Ersetzung der Arzthaftung durch Versicherungsschutz, 1993, S. 71f. Unterschiede zwischen diesen beiden Formen bestehen hauptsächlich in der Verjährung und in der Rechtsfolge des Schmerzensgeldes für deliktische Ansprüche. Vertragliche Ansprüche verjäh-

nenfalls noch eine strafrechtliche Verantwortung[164]. Die Besonderheit liegt beim Arzt bezüglich der zivilrechtlichen Haftung darin, daß im allgemeinen die vertragliche und die deliktische Haftung bei ihm zusammenfallen, da davon auszugehen ist, daß in einer ärztlichen Haftungslage immer auch eine Körperverletzung bzw. Gesundheitsverletzung stattgefunden hat[165], die regelmäßig eine unerlaubte Handlung (deliktische Handlung) i.S.v. §§ 823ff. BGB darstellt mit der Folge, daß neben Schadensersatz ein Anspruch auf Schmerzensgeld aus § 847 BGB für immateriellen Schaden entstehen kann. Bei vertraglichen Ansprüchen hingegen geht es nur um die Behebung der materiellen Schäden[166].

Die Beweislast, insbesondere für die ordnungsgemäße Aufklärung des Patienten durch den Arzt[167], wurde lange Zeit ausschließlich zugunsten des Patienten ausgelegt, da davon ausgegangen wurde, daß der Patient in erster Linie zum geschützten Personenkreis gehört[168]. Zum Teil wurde diese einst sehr strenge Rechtsprechung jedoch abgemildert[169], so daß mittlerweile jede Partei die ihr günstigen Umstände darzulegen und zu beweisen hat[170].

---

ren in der Regel erst nach 30 Jahren gem. § 195 BGB, deliktische bereits nach 3 Jahren. Vgl. auch *Laufs*, Arztrecht, 1993, S. 267f.; *Laufs*, Ärzte-GmbH und das Berufsrecht, in: MedR 1995, S. 14; *Steffen*, BGH-Rechtsprechung zum Arzthaftungsrecht, 1995, S. 184f. mit Verweisen auf diverse BGH-Rechtsprechung zu diesem Thema.

164 Genauer dargestellt und analysiert werden diese Haftungstatbestände z.B. bei *Seehafer*, Der Arzthaftungsprozeß, 1991, S. 25ff. und S. 42ff.; *Hirche*, Arztrecht kompakt, 1996, S. 37ff.; *Ehlers/Broglie*, Praxis des Arzthaftungsrechts, 1994, S. 173ff.; *Rieger*, Lexikon des Arztrechts, 1984, Rdn. 766ff., der bezüglich des Strafrechts darauf hinweist, daß 1. die objektiv gebotene Sorgfalt außer Acht gelassen sein muß und 2. diese Sorgfaltspflichtsverletzung ursächlich gewesen sein muß z.B. für die Körperverletzung (vgl. insb. Rdn. 787f.).

165 Vgl. *Tröndle*, Strafgesetzbuch, 1997, zu § 223 StGB Rdn. 9a: Nach ständiger Rechtsprechung ist jede ärztliche Behandlungsmaßnahme, die in die körperliche Unversehrtheit eingreift, Körperverletzung; Vgl. auch *Haurand*, Haftung des Arztes, in: NWB 1998, Fach 30, S. 1148.

166 Vgl. auch *Hirche*, Arztrecht kompakt, 1996, S. 37; *Ehlers/Broglie*, Praxis des Arzthaftungsrechts, 1994, S. 173; *Rieger*, Lexikon des Arztrechts, 1984, Rdn. 768.

167 Vgl. *Radau*, Ersetzung der Arzthaftung durch Versicherungsschutz, 1993, S. 117.

168 Vgl. *Seehafer*, Der Arzthaftungsprozeß, 1991, S. 46.

169 Vgl. *Hirche*, Arztrecht kompakt, 1996, S. 41ff; *Baumgärtel*, Auswirkungen der vorgeschlagenen EG-Richtlinie zur Dienstleistungshaftung auf die Arzthaftung, 1992, S. 321ff.; *Seehafer*, Der Arzthaftungsprozeß, 1991, S. 189ff.

170 Vgl. *Palandt-Thomas*, BGB, 1998, zu § 823 Rdn. 169f. m.w.N.: Der Patient muß den objektiven Fehler und Ursächlichkeit beweisen, der Arzt fehlendes Verschulden. Zudem muß der Arzt ordnungsgemäß dokumentieren, andernfalls ergibt sich eine Beweiserleichterung für den Patienten. Vgl. auch *Seehafer*, Der Arzthaftungsprozeß, 1991, S. 47 m.w.N. Allerdings dürften die Erwartungen bezüglich der Beweislast des Patienten nicht überspannt werden. Vgl. auch BVerfG, NJW 1979, 1925; BGH MedR, 1988, 310; BGH, MedR 1988, 311.

Zunehmend wird der Wunsch nach einer Haftungsbeschränkung für die Ärzte größer. Es ist allerdings darauf hinzuweisen, daß der Arzt nach vorherrschender Meinung seine Haftung aus standesrechtlichen Gründen gar nicht beschränken darf[171]; so halten einige Autoren Haftungsbeschränkungen für generell unzulässig[172], andere für zumindest sehr bedenklich, sollten sie im medizinischen Alltag eingesetzt werden[173]. Angeführt wird insbesondere der enorme Vertrauensschutz des Patienten[174]. Die Zustimmung zu einem Vertrag mit Haftungsbeschränkung könne daher als sittenwidrig angesehen werden, zumindest jedoch als ein Verstoß gegen Treu und Glauben[175]. Es handele sich um einen unmoralischen Akt, da der Patient in einer starken Abhängigkeit stehe und aus dem Druck heraus, daß nur der Arzt ihn heilen kann, förmlich gezwungen werden könne, Haftungsfreizeichnungen zu akzeptieren und vorzunehmen[176].

Die allgemeine Auffassung, daß Haftungsfreizeichnungen für Ärzte unzulässig sind, geht auch daraus hervor, daß verschiedene Gesetzesvorschläge davon ausgehen, daß die persönliche Haftung des Freiberuflers selbstverständlich erhalten

---

[171] Zumindest gelte dies für Deliktsfälle (*Taupitz*, Berufsrisiko des Arztes, in: MedR 1995, S. 481) sowie für Freizeichnungen wegen leichter Fahrlässigkeit, die ebenfalls tendenziell verneint werden. Vgl. auch *Stuber*, Partnerschaftsgesellschaft, 1995, S. 52; BGH, NJW 1990, S. 761.

[172] Vgl. *Hirche*, Arztrecht kompakt, 1996, S. 38; *Stuber*, Partnerschaftsgesellschaft, 1995, S. 52.

[173] So zumindest *Wüst*, Ausbaubedürfnisse im Gesellschaftsrecht, in: JZ 1989, S. 277. Er ist durchaus dafür, Haftungsbeschränkungen insbesondere bei heiklen Operationen zuzulassen: „Niemand kann alle Tage gleich gut sein, und so müssen Schwankungen beim Operationserfolg akzeptiert werden [...] Was bedenklich stimmt, ist jedoch die Verbreitung solcher Entlastungsklauseln im medizinischen Alltag." In Fällen von Vorsatz und grober Fahrlässigkeit hat z.B. das OLG Stuttgart (NJW 1979, S. 2355) eine enthaltene Haftungsbeschränkung bei einem Krankenhaus für unwirksam erklärt. Ebenso zum Verbot von Haftungsfreizeichnungsklauseln: OLG Köln Urteil vom 9.11.1988, in: VersR 1989, S. 372. Eine Zusammenstellung der Rechtsprechung zum Arzthaftungsprozeß findet sich bei *Steffen*, BGH-Rechtsprechung zum Arzthaftungsrecht, 1995 (o.g. Urteil auf S. 9).

[174] Vgl. *Dierks/Herkenroth*, Praxis-GmbH, in: Arzt und Wirtschaft 1994, S. 2; *Haas*, Neue Gesellschaftsform, in: BRAK-Mitt. 1994, S. 1.

[175] Vgl. *Rieger*, Lexikon des Arztrechts, 1984, Rdn. 790f. So wird Sittenwidrigkeit bei einer Haftungsfreizeichnung insbesondere im Notfall angesehen, Verstoß gegen Treu und Glauben aufgrund der Monopolstellung des Arztes und aufgrund der Tatsache der zumutbaren Versicherbarkeit der Risiken. Auch eine teilweise Haftungsfreizeichnung sei nicht mit dem ärztlichen Auftrag zum Schutz von Leben und Gesundheit vereinbar.

[176] Zum Problem der Sittenwidrigkeit vgl. z.B. auch *Stuber*, Partnerschaftsgesellschaft, 1995, S. 52.

bleibt, egal welche Rechtsform gewählt wird[177]. Auch auf Ärzteseminaren wird betont, daß Ärzte ihre Haftung nicht beschränken können und dürfen[178].

[177] Vgl. *Haas*, Neue Gesellschaftsform, in: BRAK-Mitt. 1994, S. 1; *Taupitz*, Berufsrisiko des Arztes, in: MedR 1995, S. 478.

[178] So z.B. auf dem Seminar vom 25.6.1997: „Professionelle Praxisführung – Praxisgewinn für die Zukunft sichern" bei der Kassenärztlichen Vereinigung Westfalen-Lippe in Dortmund im Ärztehaus. So steht in der Beilage zum Seminar, S. 17: „Vorteile einer GmbH? – Haftungsbeschränkung. Bei der GmbH normal möglich, hier nicht, da übergeordnet der Schutz der Gesundheit der Patienten entscheidend".

4 Entstehung von ärztlichen Kooperationen

4.1 Einige Daten und ihre Konsequenzen

Die Freien Berufe befinden sich im Wandel[179]. Auch die Ärzteschaft kann sich von Veränderungen nicht freisprechen.

Seit dem vorigen Jahrhundert ist die Zahl der Ärzte in Deutschland drastisch gestiegen. 1883 kamen auf 46 Millionen Einwohner 15.100 Ärzte, das entspricht 3.047 Einwohnern pro Arzt. Im Jahre 1905 waren es bei 61 Millionen Einwohnern bereits 31.346 Ärzte, also 1.946 Einwohner pro Arzt[180]. 1960 betrug die Zahl der Ärzte knapp 80.000, d.h. 703 Einwohner pro Arzt, und 1990 war die Zahl der berufstätigen Ärzte bereits auf 195.254 gewachsen, so daß sich ein Verhältnis von 321 Einwohner pro Arzt ergab[181].

Zum 31.12.1997 schwankte die Arztdichte je nach Bundesland zwischen 269 und 348 Einwohnern pro Arzt[182].

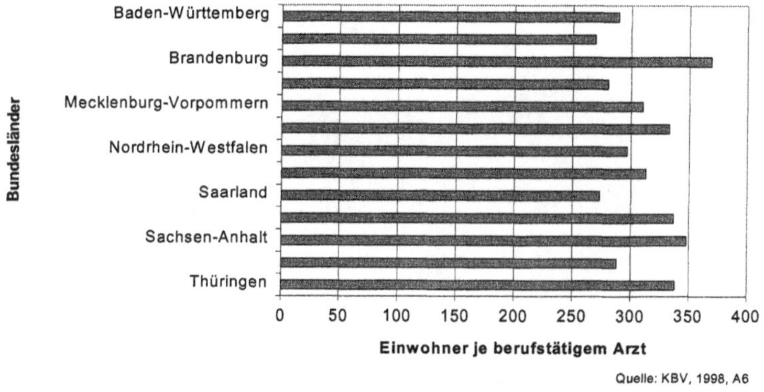

Tabelle 2: Arztdichte in Deutschland zum 31.12.1997

[179] Vgl. *Bösert/Braun/Jochem*, Partnerschaftsgesellschaft, 1996, S. 9; *Leutheusser-Schnarrenberger*, Partnerschaftsgesellschaft - nationale und EG-rechtliche Bestrebungen, in: FS Helmrich 1994, S. 678, spricht von einem Wandel zu „freiberuflichen Dienstleistungsunternehmen".

[180] Vgl. *Goerke*, Arzt und Heilkunde, 1984, S. 149f.

[181] Vgl. *Laufs*, Arzt und Recht, in: NJW 1995, S. 1590; *Beske/Brecht/Reinkemeier*, Das Gesundheitswesen in Deutschland, 1993, S. 177.

[182] Vgl. *KBV*, Grunddaten zur kassenärztlichen Versorgung, 1998, Tabellen im Teil A. Bei Zahnärzten schwankte die Zahnärztedichte zum 31.12.1996 zwischen 1.362 Einwohnern pro Arzt in den alten Bundesländern und 1.232 Einwohnern pro Arzt in den neuen Bundesländern (vgl. KZBV-Jahrbuch, 1997, S. 150).

Gleichzeitig sind im Laufe der Zeit, insbesondere aufgrund der steigenden Kosten für Praxiseinrichtungen und Spezialgeräte[183], die Betriebsausgaben der Ärzte deutlich gestiegen. So kosteten bereits 1968 die optischen Geräte für einen Augenarzt mindestens 40.000 DM, die Einrichtung für einen Zahnarzt mindestens 33.000 DM, davon alleine 16.000 DM für den Bohrstuhl[184]. Der Anteil der Betriebsausgaben beträgt heute zum Teil bis zu 75 % des Umsatzes[185]. Die Einnahmen alleine sagen somit nichts aus[186].

Das Zusammenwirken von Ärzteschwemme, steigenden Kosten und zugleich einer Einnahmendeckelung durch das System der Budgetierung[187] im ambulanten Bereich[188] sowie einem anhaltenden Punktwertabfall in der vertragsärztlichen Versorgung[189] hat sowohl zu einem Umsatzrückgang, insbesondere bedingt durch einen hohen Konkurrenzdruck[190], als auch zu insgesamt rückläufigen zu versteuernden Einkommen geführt[191].

183 Vgl. *Laufs*, Arztrecht, 1993, S. 22; *Leutheusser-Schnarrenberger*, Partnerschaftsgesellschaft - nationale und EG-rechtliche Bestrebungen, in: FS Helmrich 1994, S. 678; *Müller*, Einbeziehung der Freien Berufe in das Handelsrecht, 1968, S. 111.

184 Vgl. *Müller*, Einbeziehung der Freien Berufe in das Handelsrecht, 1968, S. 111.

185 Vgl. *o.V.*, Sinkende Erträge bei Ärzten, in: DSWR 1995, S. 781.

186 So auch *Maus*, Kostenstrukturanalyse für Arztpraxen, in: DÄBl. 1992, S. A-289.

187 Vgl. *Beske/Brecht/Reinkemeier*, Das Gesundheitswesen in Deutschland, 1993, S. 105.

188 Vgl. *Munte*, Kooperative Berufsausübung zwischen Ärzten, 1996, S. 15. Zum Vergütungssystem für Ärzte insbesondere *Schneider*, Handbuch des Kassenarztrechts, 1994.

189 Vgl. *Schlauß*, Betriebsvergleich als Führungsinstrument in der Arztpraxis, 1994, S. 13.

190 Vgl. *Leutheusser-Schnarrenberger*, Partnerschaftsgesetz, in: der freie beruf 1993, S. 9; *Bock*, Wissenschaftliche und alternative Medizin, 1993, S. 101 spricht sogar von Existenzkämpfen.

191 Vgl. *Beske/Brecht/Reinkemeier*, Das Gesundheitswesen in Deutschland, 1993, S. 106; *Nentwig/Bonvie/Hennings*, Partnerschaftsgesellschaftsgesetz, 1995, S. 9 sowie insbesondere *KBV*, Grunddaten zur kassenärztlichen Versorgung, 1998, die Tabellen im Teil C und D. Zur allgemeinen Entwicklung vgl. auch Branchenreport, 1995, S. 281.

	Honorarumsatz je Arzt						Betriebs-ausgaben		Überschuß	
	im Durchschnitt 1992 - 1994		im Jahr 1994				im Durchschnitt 1992 - 1994		im Durchschnitt 1992 - 1994	
Arztgruppe	Umsatz pro Jahr in 1.000 DM	Veränderung zu 1991-93 in %	Umsatz in 1.000 DM	Veränderung zum Vorjahr in %	Umsatz in 1.000 DM	Veränderung zum Vorjahr in %	Umsatz in 1.000 DM	Anteil an Spalte 1 in %	Spalte 1-7 pro Jahr in TDM	Veränderung zu 1991-93 in %
Spalte	1	2	3	4	5	6	7	8	9	10
Augenärzte	533,6	1,6	538,1	1,5	397,5	0,9	287,4	53,9	246,2	-1,9
Chirurgen	565,5	1,7	574,6	4,1	383,8	0,3	373,6	66,1	191,6	0,7
Frauenärzte	499,7	2,0	507,6	2,7	411,5	0,5	276,4	55,3	223,3	0,0
HNO-Ärzte	577,7	2,3	588,6	3,6	443,7	0,4	298,4	51,7	279,3	1,5
Hautärzte	509,7	0,9	510,4	1,1	394,5	-0,8	287,0	56,3	222,7	-1,2
Internisten	511,3	1,6	525,0	7,3	407,4	0,5	310,2	60,7	201,1	1,4
Kinderärzte	396,5	-0,4	388,1	-1,1	326,8	-1,3	224,1	56,5	172,4	-5,3
Nervenärzte	389,9	0,6	384,5	0,4	316,9	2,9	195,7	50,2	194,2	-3,2
Orthopäden	730,3	0,0	705,4	-3,6	553,6	-3,6	444,9	60,9	285,4	0,0
Radiologen	1128,6	-3,7	1102,4	-0,2	883,0	3,8	872,5	77,3	256,1	-17,3
Urologen	569,8	1,0	566,4	0,4	434,7	-2,9	328,1	57,6	241,7	-1,1
Ärzte mit Gebietsbezeichnung	544,4	0,9	547,3	2,7	428,2	0,9	327,4	60,1	217,0	-2,2
Allgemein- / Praktische Ärzte	363,4	0,6	358,2	-0,2	302,6	-0,1	207,3	57,0	156,1	-1,7
Summe Ärzte	472,8	1,0	472,9	1,8	378,8	0,6	279,9	59,2	192,9	-2,0

Quelle: KBV, 1998, D6

Tabelle 3: Honorarumsatz, Betriebsausgaben und Überschuß je Arzt im Jahresdurchschnitt 1992 bis 1994 sowie Honorarumsatz 1994

Folge des Gesundheitsstrukturgesetzes 1993 mit der verschärften Bedarfsplanung und der damit zusammenhängenden Ausweitung der Zulassungssperren, die sich zur Zeit auf ca. 80 % der Planungsbereiche erstrecken, war eine weitere Praxisgründungswelle in 1993 vor Inkrafttreten des Gesetzes, die diesen oben beschriebenen Effekt noch verstärkt hat[192] und als „Niederlassungsboom“ bezeichnet wurde[193].

192 *Dahm*, Rechtliche Probleme und wirtschaftliche Chancen, in: MedR 1995, S. 106 spricht vom „Diktat der Gesamtvergütung“. *Seer*, Veräußerbarkeit von freiberuflichen Arzt- und Zahnarztpraxen, in: DStR 1995, S. 377 merkt kritisch an, daß Folge des Gesundheitsstrukturgesetzes und der Bedarfsplanung auch starke Auswirkungen auf die Veräußerbarkeit von Arztpraxen sein werden. Bezüglich des Kassenarztrechts, der Zulassungsproblematik usw. vgl. z.B. *Schneider*, Handbuch des Kassenarztrechts, 1994 und *Schneider*, Zulassungssperren und Verfassung, in: MedR 1994, S. 383ff..

193 Vgl. *Munte*, Kooperative Berufsausübung zwischen Ärzten, 1996, S. 15; *Maus*, Kostenstrukturanalyse für Arztpraxen, in: DÄBl. 1992, A-290.

Nachfolgende Tabelle mag die Entwicklung widerspiegeln:

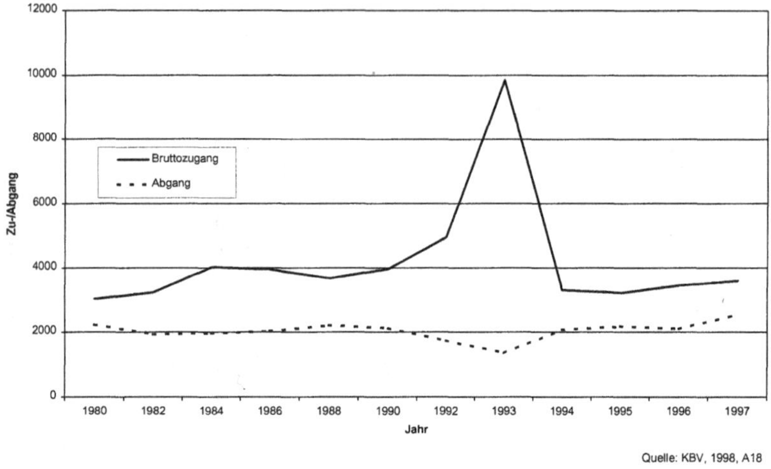

Tabelle 4: Zugang und Abgang von Vertragsärzten

Nach 1993 war aufgrund der Ausweitung der Zulassungssperren ein Ansteigen der als arbeitslos gemeldeten Ärzte die Folge – ein Phänomen, das die Ärzte lange Zeit fast gar nicht kannten (vgl. Tabelle 11, S. 248 im Anhang). So waren Anfang 1997 über 10.000 Ärztinnen und Ärzte als arbeitslos gemeldet. Die Ärztekammer schätzte die Zahl sogar auf 15.000[194].

Weiteres Indiz für die zunehmend schlechtere Lage ist der Rückgang von Ganztagsarbeitsplätzen und die Zunahme von Teilzeit- und geringfügig Beschäftigten. So fielen in 1997 33.000 Ganztagsarbeitsplätze weg und wurden ersetzt durch 7000 Teilzeitbeschäftigte und über 20.000 geringfügige Arbeitsverhältnisse[195].

„Im freien Wettbewerb beim Überangebot der `Ware-Arzt´ werden sich die Ärzte oder die Arztgruppen behaupten, die sich in der Qualifikation, im Service und Marketing gegenüber der `Masse der Ärzte´ erfolgreich abgrenzen."[196]

Der Arzt kann an der Einnahmenseite aufgrund des festen Budgets nicht viel ändern. Die relativ geringen Auswirkungen verstärkter Leistungsabrechnung oder anderer Rationalisierungsmaßnahmen sind wohl eher von untergeordneter Be-

[194] Vgl. Ruhr-Nachrichten vom 4.9.1997, S. 2.
[195] Vgl. WAZ vom 6.1.1998, S. 1.
[196] *Munte*, Kooperative Berufsausübung zwischen Ärzten, 1996, S. 15.

deutung, zumal hier auch eindeutig in der Person des Arztes physische Grenzen gegeben sind. Hinzu kommt, daß bei einer Zunahme der Leistungsabrechnung der Effekt des „Durchschleusens“ von Patienten eintreten kann und hierdurch Unzufriedenheit beim Patienten und ggf. ein Arztwechsel die Folge sind. Somit könnte eine verstärkte Leistungsabrechnung sogar in das Gegenteil des eigentlich Gewollten umschlagen.

Es stellt sich daher die Frage, wie auf der Ausgabenseite Kosten eingespart werden können. Auch diese Seite ist bei der Einzelperson relativ begrenzt beeinflußbar, da es sich zum Großteil um Fixkosten[197] handelt, die nicht so einfach „wegzurationalisieren“ oder zu kürzen sind[198]. So kann z.B. ein Augenarzt nicht auf die Anschaffung von optischen Spezialgeräten, die für seinen Praxisbetrieb notwendig sind, verzichten, nur um Kosten einzusparen. Das würde dann gleichzeitig das Ende seiner Praxis bedeuten. Zusätzlich, subjektiv vom Blickwinkel des Laien aus: Was ist ein Arzt in den Augen des Patienten heute denn schon ohne einen umfangreichen Geräteapparat, eine ansprechende Praxiseinrichtung und ein entsprechendes Untersuchungsangebot direkt in seiner Praxis?

Der Gedanke an einen kollegialen Zusammenschluß liegt also nahe[199], um z.B. Anschaffungskosten für Großgeräte, Personalkosten oder Raumkosten zu reduzieren. So betragen die durchschnittlichen Aufwendungen für Inventar einer allgemeinärztlichen Gemeinschaftspraxis aus zwei Ärzten ca. 231.315,- DM, pro Arzt also 115.657,- DM. In einer entsprechenden Einzelpraxis betrügen die Aufwendungen 197.710,- DM für den Einzel-Arzt alleine, also im Vergleich zur Kooperation, allein bezogen auf das Inventar, 82.053,- DM mehr. Viele Geräte können von mehreren Personen genutzt werden und müssen nicht in doppelter Ausführung angeschafft werden. Auch die Kosten für die Einrichtungsgegenstände der Räumlichkeiten z.B. sind bei der Kooperation nicht wesentlich höher als in der Einzelpraxis[200].

Aus diversen Stellungnahmen herausgefiltert, lassen sich insgesamt insbesondere folgende Gründe für eine Kooperation nennen, unabhängig von einer besonderen Rechtsformwahl oder steuerrechtlichen Aspekten:

---

[197] Vgl. *Beske/Brecht/Reinkemeier*, Das Gesundheitswesen in Deutschland, 1993, S. 106.

[198] Daß Handlungsbedarf besteht, wird auch an der zwischenzeitlich verstärkt erscheinenden Literatur speziell zu diesem Thema deutlich, vgl. z.B. *Braun/Brenner/Schneider/Schmutte*, Kostenmanagement für Arztpraxen, 1996.

[199] Und dieser Gedanke ist auch gar nicht so neu: Bereits 1962 zeigte Reichel Vorteile auf und prognostizierte eine deutliche Zunahme von Gruppenpraxen in der Zukunft (vgl. *Reichel*, Ärztliche Gruppenpraxis, in: ÄM 1962, S. 1097ff.). Ähnlich auch *Kreienberg*, Gemeinschaftspraxis, in: ÄM 1962, S. 1548ff., der auf Landesärztekammer-Vorschriften hinweist und bereits einen internationalen Vergleich (S. 1553ff.) vornimmt.

[200] Vgl. *Pütz-Reuter/Zdarta/Zellmann*, Ärztliche Kooperationen, 1998, S. 50.

- Kostensenkungsmöglichkeiten durch Verteilung auf mehrere Personen[201].
- Kollegialer Gedankenaustausch[202] und damit zusammenhängend eine Anhebung des wissenschaftlichen Niveaus sowie eine interne Qualitätssicherung[203].
- Flexible Vertretung untereinander, Arbeitsteilung[204] und mehr Gestaltungsfreiheit bei der Arbeitszeiteinteilung[205].
- Kontinuität der Patientenbetreuung bei Krankheit, Fortbildung und Urlaub[206].
- Gezielter Personaleinsatz[207] und bessere Auslastung der materiellen Kapazitäten[208].
- Bessere Kontrolle durch das sog. Vier-Augen-Prinzip[209].
- Möglichkeiten der Risikoverteilung[210].

Auch die Krankenkassen und Ärztevereinigungen propagieren die Kooperation, um selbst Einsparungen zu erzielen: „Im schleswig-holsteinischen Rendsburg versuchen Kassen und die Ärztevereinigung in einem Modell, diese Strukturen zu knacken. 90 von 120 Praxen haben sich zu einem Praxis-Netz zusammenge-

---

201 Vgl. *Michalski*, Gesellschaft- und Kartellrecht der berufsrechtlich gebundenen Berufe, 1989, S. 101; *Sandberger/Müller-Graff*, Rechtliche Form freiberuflicher Zusammenarbeit, in: Zeitschrift für Rechtspolitik, 1975, S. 1; *Kremer*, Freie Berufe in der Rechtsform der GmbH, in: GmbHR 1983, S. 261; *Rittner*, Teamarbeit bei freien Berufen, in: StB 1967, S. 2; *Ehmann*, Praxisgemeinschaft/Gemeinschaftspraxis, in: MedR 1994, S. 142; *Eggesiecker*, Partnerschaftsgesellschaft, 1998, Fach C, S. 50; *Schlauß/Volkmann*, Betriebswirtschaftliche Praxisführung, 1997, S. 11; *Munte*, Kooperative Berufsausübung zwischen Ärzten, 1996, S. 9.

202 Vgl. *Laufs*, Arztrecht, 1993, Rdn. 8; *Kremer*, Freie Berufe in der Rechtsform der GmbH, in: GmbHR 1983, S. 261; *Ehmann*, Praxisgemeinschaft/Gemeinschaftspraxis, in: MedR 1994, S. 142; *Munte*, Kooperative Berufsausübung zwischen Ärzten, 1996, S. 25.

203 Vgl. *Michalski*, Gesellschaft- und Kartellrecht der berufsrechtlich gebundenen Berufe, 1989, S. 101; *Schlauß/Volkmann*, Betriebswirtschaftliche Praxisführung, 1997, S. 12; *Munte*, Kooperative Berufsausübung zwischen Ärzten, 1996, S. 25.

204 Vgl. *Laufs*, Arztrecht, 1993, Rdn. 8; *Eggesiecker*, Partnerschaftsgesellschaft, 1998, Fach C, 8.110ff.; *Michalski*, Gesellschaft- und Kartellrecht der berufsrechtlich gebundenen Berufe, 1989, S. 101; *Schlauß/Volkmann*, Betriebswirtschaftliche Praxisführung, 1997, S. 11; *Munte*, Kooperative Berufsausübung zwischen Ärzten, 1996, S. 25.

205 Vgl. *Ehmann*, Praxisgemeinschaft/Gemeinschaftspraxis, in: MedR 1994, S. 142; *Schlauß/Volkmann*, Betriebswirtschaftliche Praxisführung, 1997, S. 11; *Deutsche Apotheker- und Ärztebank*, Praxiskooperationen, 1996, S. 15.

206 Vgl. *Munte*, Kooperative Berufsausübung zwischen Ärzten, 1996, S. 25.

207 Vgl. *Michalski*, Gesellschaft- und Kartellrecht der berufsrechtlich gebundenen Berufe, 1989, S. 101.

208 Vgl. *Schlauß/Volkmann*, Betriebswirtschaftliche Praxisführung, 1997, S. 11; *Munte*, Kooperative Berufsausübung zwischen Ärzten, 1996, S. 12.

209 Vgl. *Eggesiecker*, Partnerschaftsgesellschaft, 1998, S. 50.

210 Vgl. *Schlauß/Volkmann*, Betriebswirtschaftliche Praxisführung, 1997, S. 11.

schlossen: Ihnen haben die Krankenkassen einen eigenen, erhöhten Honoraretat gegeben – dieser steigt weiter an, wenn die Kassen beispielsweise durch verringerte Klinikeinweisungen Einsparungen im Modell erzielen."[211]

Für die Ausübung der ärztlichen Tätigkeit in einer Einzelpraxis, quasi als „Einzel-Arzt" analog zum „Einzel-Unternehmer" könnten dagegen folgende Argumente sprechen, die auch regelmäßig bei der Auswertung des „allgemeinen Fragebogens" im Rahmen der durchgeführten empirischen Untersuchung[212] als Gründe genannt wurden:

- Führung einer individualistischen Praxis[213].
- Keine interne Kontrolle, Rivalitätskämpfe oder sonstige Auseinandersetzungen[214].
- Keine Haftung für schuldhaftes Versagen eines anderen[215].
- Weniger Organisationsaufwand[216].
- Festere Patientenbeziehungen und bessere Möglichkeiten zu deren persönlicher Ausgestaltung[217].

Der Anteil an Gemeinschaftspraxen[218] im Vergleich zur Einzelpraxis ist noch relativ gering, zeigt jedoch eine steigende Tendenz.

---

[211] WAZ vom 22.12.1997, „Bericht und Hintergrund".

[212] Vgl. Kap. 7.1.1, S. 198 sowie Kap. 7.1.2, S. 200 und Kap. 7.1.3, S. 202.

[213] Vgl. *Michalski*, Gesellschaft- und Kartellrecht der berufsrechtlich gebundenen Berufe, 1989, S. 105; *Munte*, Kooperative Berufsausübung zwischen Ärzten, 1996, S. 25; *Schlauß/Volkmann*, Betriebswirtschaftliche Praxisführung, 1997, S. 12, die davon sprechen, daß bei Kooperation ein „Abschied von der Alleinherrschaft" stattfindet.

[214] Vgl. *Michalski*, Gesellschaft- und Kartellrecht der berufsrechtlich gebundenen Berufe, 1989, S. 105; *Eggesiecker*, Partnerschaftsgesellschaft, 1998, Fach C, 8.110ff.

[215] Vgl. *Rittner*, Teamarbeit bei freien Berufen, in: StB 1967, S. 6; *Eggesiecker*, Partnerschaftsgesellschaft, 1998, Fach C, 8.110ff.

[216] Vgl. *Eggesiecker*, Partnerschaftsgesellschaft, 1998, Fach C, 8.110ff.

[217] Vgl. *Munte*, Kooperative Berufsausübung zwischen Ärzten, 1996, S. 25; *Eggesiecker*, Partnerschaftsgesellschaft, 1998, Fach C, 8.110ff. *Schlauß/Volkmann*, Betriebswirtschaftliche Praxisführung, 1997, S. 12 gehen allerdings gerade bei der Kooperation von einer höheren Patientenbindung aus. Die Meinungen hierüber differieren also.

[218] Über den Anteil von Praxisgemeinschaften (Unterscheidungsmerkmale s. Kap. 4.2.1, S. 59 und Kap. 4.2.2, S. 60) gibt es bisher noch keine amtlichen Statistiken. Dies wird sich voraussichtlich ändern, da diese seit 1995 in der Berufsordnung ausdrücklich aufgeführt sind. In Bayern wurde bereits intern eine Statistik geführt, dort kam man auf ca. 800 Ärzte. Hochgerechnet für das Bundesgebiet käme man dann ungefähr auf 4.500 Ärzte, die in Praxisgemeinschaften organisiert sind. Vgl. *Munte*, Kooperative Berufsausübung zwischen Ärzten, 1996, S. 27.

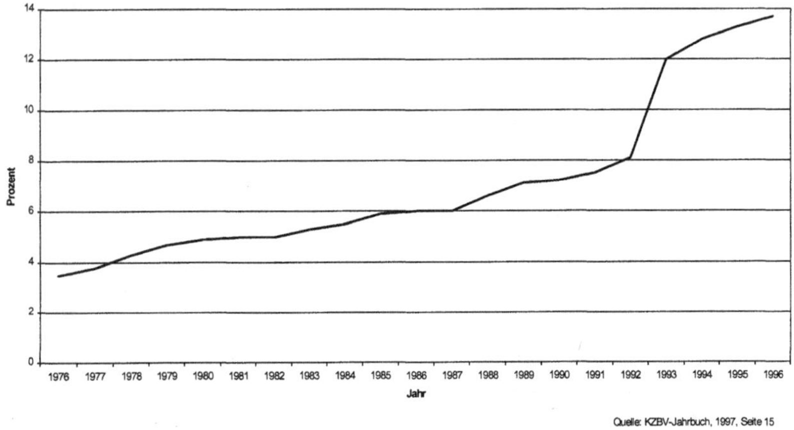

Tabelle 5: Anteil der Gemeinschaftspraxen

Wenn eine Kooperation gebildet wird, dann zumeist nur mit zwei Partnern:

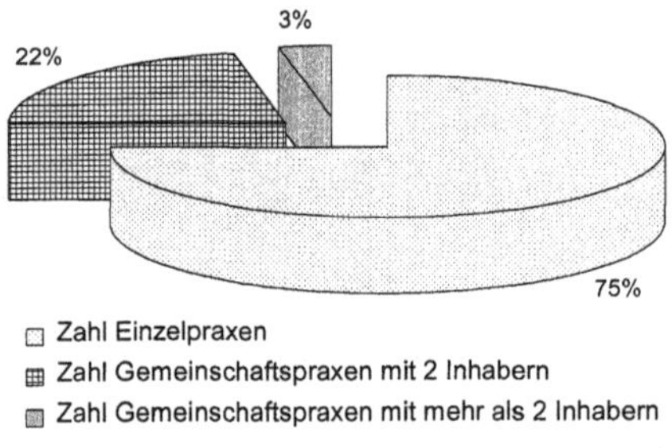

Tabelle 6: Praxisstruktur von Zahnärzten nach Inhabern

4.2 Traditionelle Kooperationsformen

4.2.1 Die Praxisgemeinschaft

Die Praxisgemeinschaft mit ihren Spezialformen der Apparategemeinschaft[219] oder auch der Ärztehäuser ist ein sehr lockerer Zusammenschluß von Personen und beschränkt sich im wesentlichen auf gemeinsame Organisations- und Kostenaspekte, nicht jedoch auf die gemeinsame Berufsausübung[220].

Kennzeichen ist, daß alle Ärzte gemeinsam etwas nutzen, sei es z.B. ein Röntgengerät, gemeinsame Praxisräume oder das gleiche Personal. Jeder Arzt hat jedoch weiterhin seinen eigenen Patientenstamm, führt seine eigene Kartei und rechnet alleine ab[221].

Der einzelne Arzt bleibt somit in seiner Berufsausübung völlig unabhängig. Bei dieser Form des Zusammenschlusses spielt es daher eigentlich auch keine Rolle, welche Fachrichtungen sich zusammenschließen, so lange jeweils Ärzte unter sich, Tierärzte unter sich und Zahnärzte unter sich bleiben[222].

Befürworter dieser lockeren Kooperationsform sehen die Vorteile insbesondere in der Kostenersparnis durch z.B. gemeinschaftliche Auslastung bestimmter Einrichtungen bei gleichzeitig weiterhin bestehender absoluter Unabhängigkeit und Selbständigkeit des einzelnen Arztes, die erhalten bleibt und trotzdem positive Synergieeffekte ermöglicht; denn allein die örtliche Nähe verschiedener Fachärzte kann dazu führen, daß Patienten lieber zu einem Spezialisten im gleichen Hause gehen, als erst einen anderen aufzusuchen.

Die Form der Praxisgemeinschaft gibt es schon lange, und sie ist auch schon seit jeher gestattet und unterliegt keinerlei Beschränkungen[223]. Auch standesrechtlich wurden nie irgendwelche Bedenken geäußert, da es sich um eine reine Innengesellschaft handelt[224].

---

[219] Die Unterschiede liegen insbesondere im Umfang der gemeinsamen Nutzung. Vgl. z.B. *Michalski*, Gesellschaft- und Kartellrecht der berufsrechtlich gebundenen Berufe, 1989, S. 127; *Ahrens*, Praxisgemeinschaften in Ärztehäusern, in: MedR 1992, S. 142; *Breuninger*, Die BGB-Gesellschaft, 1991, S. 200ff.

[220] Vgl. z.B. *Deutsch*, Arztrecht, 1991, S. 45f.

[221] Vgl. bereits *Fehler*, Partnerschaftliche Zusammenschlüsse, 1970, S. 105.

[222] Auf die Zulassung aller kommt es jedoch nicht an, Ausnahme: § 33 Abs. 1 Satz 1 Zulassungsverordnung für Zahnärzte – Kassenzahnärzte dürfen nur jeweils untereinander eine Praxisgemeinschaft eingehen. Vgl. z.B. *Michalski*, Gesellschaft- und Kartellrecht der berufsrechtlich gebundenen Berufe, 1989, S. 136; *Fehler*, Partnerschaftliche Zusammenschlüsse, 1970, S. 109ff.

[223] Vgl. *Rittner*, Teamarbeit bei freien Berufen, in: StB 1967, S. 5f.; *Müller*, Einbeziehung der Freien Berufe in das Handelsrecht, 1968, S. 124.

[224] Vgl. bereits *Götze*, Zweckmäßige Rechtsform, 1949, S. 138; *Rieger*, Lexikon des Arztrechts, 1984, Rdn. 1391; *Müller*, Einbeziehung der Freien Berufe in das Handelsrecht,

4.2.2 Die Gemeinschaftspraxis

Bei der Gemeinschaftspraxis geht die Kooperation, im Gegensatz zur Praxisgemeinschaft, noch ein wesentliches Stück weiter. Sie reicht nun bis in die eigentliche ärztliche Tätigkeit hinein. Daher wird sie auch gern als Berufsausübungsgemeinschaft bezeichnet, denn Gesellschaftszweck ist gerade diese gemeinsame Berufsausübung[225]. Die Gemeinschaftspraxis wird in gemeinsamen Räumen mit gemeinsamer Praxiseinrichtung, gemeinsamem Personal, gemeinsamer Patientenkartei und für gemeinsame Rechnung unter gemeinsamem Namen betrieben[226]. Besonderes Kennzeichen ist hier also, daß nicht der einzelne Arzt, sondern alle in der Gemeinschaftspraxis tätigen Ärzte gemeinsam den Vertrag mit dem Patienten abschließen und diese Leistung auch gemeinschaftlich schulden[227].

Die Gründung einer Gemeinschaftspraxis war bis 1956 grundsätzlich verboten. Erst ab dann wurde die gemeinschaftliche Berufsausübung gleicher Fachrichtungen in Ausnahmefällen erlaubt[228]. Die Genehmigung für Kassenärzte wurde gem. § 33 Zulassungsordnung vom 28.5.1957[229] nur erteilt, wenn ansonsten die ärztliche Versorgungslage der Versicherten eingeschränkt oder gefährdet wurde[230]. 1968 wurde die gemeinsame Ausübung ärztlicher Tätigkeit generell[231] zugelassen[232], sie muß nur der jeweiligen Ärztekammer angezeigt werden[233].

1968, S. 123; *Rittner*, Teamarbeit bei freien Berufen, in: StB 1967, S. 6; *Breuninger*, Die BGB-Gesellschaft, 1991, S. 199; *Lach*, Formen freiberuflicher Zusammenarbeit, 1970, S. 84.

225 Vgl. *Bayer/Imberger*, Rechtsformen freiberuflicher Tätigkeit, in: DZWiR 1993, S. 313; *Müller*, Einbeziehung der Freien Berufe in das Handelsrecht, 1968, S. 123f.

226 Vgl. *Ahrens*, Praxisgemeinschaften in Ärztehäusern, in: MedR 1992, S. 141; *Breuninger*, Die BGB-Gesellschaft, 1991, S. 198f.; *Deutsch*, Arztrecht, 1991, S. 45; *Fehler*, Partnerschaftliche Zusammenschlüsse, 1970, S. 106; *Rieger*, Lexikon des Arztrechts, 1984, Rdn. 693. *Henke*, Rechtsprobleme ärztlicher Zusammenarbeit, in: NJW 1974, S. 2040.

227 Vgl. z.B. *Korts/Korts*, Heilberufsgesellschaften, 1996, S. 12; *Narr*, Ärztliches Berufsrecht, 1973, S. 205f.

228 Vgl. *Munte*, Kooperative Berufsausübung zwischen Ärzten, 1996, S. 30; *Narr*, Ärztliches Berufsrecht, 1973, S. 205; *Müller*, Einbeziehung der Freien Berufe in das Handelsrecht, 1968, S. 124; *Ehmann*, Praxisgemeinschaft/Gemeinschaftspraxis, in: MedR 1994, S. 141; *Nentwig/Bonvie/Hennings*, Partnerschaftsgesellschaftsgesetz, 1995, S. 15. Die Berufsordnung der Ärzte in der Fassung vom 59. Deutschen Ärztetag (1956), sah in § 18 (Gemeinschaftspraxis) vor: „(1) Die Errichtung einer Gemeinschaftspraxis ist nur in Ausnahmefällen und mit Genehmigung der Ärztekammer zulässig“.

229 BGBl. I, 1957, 572.

230 Vgl. *Lach*, Formen freiberuflicher Zusammenarbeit, 1970, S. 85; *Rittner*, Teamarbeit bei freien Berufen, in: StB 1967, S. 5.

231 Übergangsweise gab es jedoch Unterschiede in den einzelnen Landesberufsordnungen. So waren die Gemeinschaftspraxen in Hessen z.B. noch lange Zeit ganz unzulässig, in anderen Bundesländern in Ausnahmefällen gestattet und in Bayern, Bremen u.a. schon sehr früh zu-

Die Begründung, daß die gemeinschaftliche Berufsausübung nur Ärzten gleicher oder zumindest ähnlicher Fachrichtungen gestattet sein sollte, lag in dem gemeinschaftlichen Schulden einer Leistung. Dies hängt damit zusammen, daß bei der Gemeinschaftspraxis alle Partner gemeinsam mit dem Patienten den Vertrag abschließen. Daher ist aus diesem Vertrag – jeder für sich – zur Erfüllung verpflichtet. Der einzelne Partner darf diesen aber nur erfüllen, wenn er bei der Behandlung sein Fachgebiet nicht überschreitet. Dies wiederum ist gerade nur bei gleichen oder ähnlichen Fachgebieten möglich[234]. Bei der Praxisgemeinschaft kommt es auf die Fachrichtung nicht an, da dort ja keine gemeinsame Leistung geschuldet wird.

Ausnahme bildet die seit 1984 mögliche sogenannte fachübergreifende Gemeinschaftspraxis[235]. Mit dem Urteil des Bundessozialgerichtes vom 22.04.1983[236] ist die grundsätzliche Zulässigkeit eines Zusammenschlusses von Ärzten unterschiedlicher Fachrichtungen anerkannt. Allerdings bedürfen diese gemäß § 33 Abs. 2 der Zulassungsverordnung für Kassenärzte der Zustimmung durch den Zulassungsausschuß der Kassenärztlichen Vereinigung. Diese Einwilligung wird insbesondere von der Einhaltung folgender Mindestanforderungen[237] abhängig gemacht:

- Die freie Arztwahl muß gewährleistet sein.
- Es dürfen keine Fachgebietsüberschreitungen stattfinden.
- In der Abrechnung muß nachvollziehbar sein, welcher Arzt welche Leistung erbracht hat.

Diese Möglichkeit des Zusammenschlusses wird insbesondere zwischen praktischen Ärzten und Internisten, aber auch zwischen Radiologen und Nuklearmedizinern genutzt[238]. Im Zusammenhang mit dem Inkrafttreten des Partner-

---

lässig und nur genehmigungspflichtig (vgl. *Lach*, Formen freiberuflicher Zusammenarbeit, 1970, S. 78). Der Ermessensspielraum des Zulassungsausschusses wurde z.T. bis 1977 ausgeübt (vgl. *Michalski*, Gesellschaft- und Kartellrecht der berufsrechtlich gebundenen Berufe, 1989, S. 204).

[232] Vgl. *Munte*, Kooperative Berufsausübung zwischen Ärzten, 1996, S. 30.

[233] Vgl. § 23 Abs. 5 MBO-Ärzte in der Fassung vom 98. Deutschen Ärztetag (Mai 1995).

[234] Vgl. *Ehmann*, Praxisgemeinschaft/Gemeinschaftspraxis, in: MedR 1994, S. 145.

[235] Die fachübergreifende Gemeinschaftspraxis ist jedoch genehmigungspflichtig und wird noch durch weitere Auflagen von kassenärztlicher Seite beschwert. Es läuft auch hier auf die Zusammenarbeit im wesentlichen ähnlicher Gebiete (z.B. Internist und Allgemeinmediziner) hinaus, da ansonsten eine strikte Einhaltung der Gebietsgrenzen sehr schwerfällt. Vgl. *Munte*, Kooperative Berufsausübung zwischen Ärzten, 1996, S. 30 und 34; *Rieger*, Lexikon des Arztrechts, 1984, Rdn. 693, S. 320; *Ehmann*, Praxisgemeinschaft/Gemeinschaftspraxis, in: MedR 1994, S. 142.

[236] BSG Urteil vom 22.04.1983, in: MedR 1983, S. 196ff.

[237] Vgl. *Bösert/Braun/Jochem*, Partnerschaftsgesellschaft, 1996, S. 110.

[238] Vgl. *Bösert/Braun/Jochem*, Partnerschaftsgesellschaft, 1996, S. 110.

schaftsgesellschaftsgesetzes wurde auf dem 98. Deutschen Ärztetag (Mai 1995) eine wesentliche Neuerung in die MBO aufgenommen: Es wurde erstmals die Möglichkeit des Zusammenschlusses von Ärzten mit anderen Heilberufen eingeräumt. Diese „Medizinische Kooperationsgemeinschaft"[239] soll nach dem Wortlaut des § 23a MBO nicht nur in der neuen Rechtsform der Partnerschaftsgesellschaft, sondern auch in der Form der GbR als Gemeinschaftspraxis möglich sein. Hier scheint der Konflikt des gemeinschaftlichen Schuldens einer Leistung nicht mehr gesehen zu werden. Allerdings ergeben sich trotzdem Probleme in der praktischen Umsetzung, wie im empirischen Teil deutlich werden wird[240].

4.3 Heutige Trends und Status Quo

Sowohl die Praxisgemeinschaft als auch die Gemeinschaftspraxis werden in der Rechtsform der GbR nach § 705 BGB geführt. Dies hat seinen Grund darin, daß bisher keine geeignete andere Rechtsform für die Freien Berufe zur Auswahl stand. Aus vielen Gründen, insbesondere wegen der fehlenden Rechtsfähigkeit und der kaum verfestigten Struktur, hat sich eine Negativimage bei der GbR aufgebaut. Sie wurde und wird als unzureichend ausgestattet für die Freien Beruf empfunden[241]. Es entstand eine Unzufriedenheit, und bereits 1956 entwikkelte sich der Wunsch nach einer eigenen Rechtsform für die Freien Berufe, die speziell auf ihre Bedürfnisse zugeschnitten sein sollte[242].

Verschiedene Aspekte sollten dabei berücksichtigt sein:

- Der Charakter der Freien Berufe sollte erhalten bleiben, insbesondere sollte ein Abrutschen in die Gewerblichkeit vermieden werden.
- Zunehmend entstand der Wunsch nach mehr interprofessioneller Zusammenarbeit und nicht mehr nur fachspezifischer.
- Die Zunahme der Zahl der Haftpflichtfälle und der Höhe der Versicherungsprämien zog das Bedürfnis nach möglichen Haftungsbeschränkungen nach sich.
- Man wünschte sich eine Rechtsform mit mehr Rechtsfähigkeit.
- Ebenfalls akute Themen waren z.B. das Werbeverbot, das man sich gelockert wünschte, sowie die Frage nach der Bildung von Zweigniederlassungen.

---

[239] Näher dazu vgl. Kap. 5.3.2.5.2.2, S. 133.

[240] Vgl. Kap. 7.2.1, S. 206.

[241] Vgl. *Meilicke/Westphalen/Hoffmann/Lenz*, Partnerschaftsgesellschaftsgesetz, 1995, zu § 1 Rdn. 4; *Leutheusser-Schnarrenberger*, Partnerschaftsgesetz, in: der freie beruf 1993, S. 10; *Leutheusser-Schnarrenberger*, Ein wichtiger Tag für die freien Berufe, in: Anwaltsblatt 1994, S. 334; *Krieger*, Partnerschaftsgesellschaftsgesetz, in: MedR 1995, S. 95. Ebenso schon früher *Henke*, Rechtsprobleme ärztlicher Zusammenarbeit, in: NJW 1974, S. 2037.

[242] Vgl. *Thümmel*, Partnerschaft, in: Die Wirtschaftsprüfung, 1971, S. 399; *Wüst*, Ausbaubedürfnisse im Gesellschaftsrecht, in: JZ 1989, S. 271f. und 276 sowie Kap. 5.3.2.1, S. 96.

- Sandberger/Müller-Graff faßten die wesentlichen Intentionen wie folgt zusammen: „Zum einen soll die Zusammenarbeit von Angehörigen freier Berufe zur Bewältigung von Großprojekten, zur Investitionsrentabilität teurer Hilfsmittel und zur organisatorisch abgesicherten Kooperation von Spezialisten in Form eines rechtlich als Einheit auftretenden und handelnden Zusammenschlusses unter Wahrung einer den betrieblichen Ablaufprozessen entsprechenden personalistischen Innenstruktur ermöglicht werden. Zum anderen wird die Begrenzung des Haftungsrisikos aus fehlerhafter Berufsausübung angestrebt."[243]

Es hat einige Jahrzehnte gedauert, bis diesem Wunsch nach einer eigenen Rechtsform mit Einführung der Partnerschaftsgesellschaft durch das Partnerschaftsgesellschaftsgesetz (PartGG), das zum 1.7.1995 in Kraft getreten ist, entsprochen wurde.
Dem Arzt, der sich niederlassen will, stehen zur Zeit folgende Möglichkeiten zur Ausübung seiner ärztlichen Tätigkeit zur Verfügung:
- Nach wie vor kann der Arzt eine Einzelpraxis führen.
- Bei den Personengesellschaften stehen dem Arzt die GbR und die Partnerschaftsgesellschaft zur Verfügung. Dabei ist die GbR die am häufigsten anzutreffende Form nach der Einzelpraxis[244].
- Im ärztlichen Bereich spielen die Personenhandelsgesellschaften keine Rolle. Sie sind für den Arzt nicht zulässig und bleiben daher in der weiteren Betrachtung außer Acht[245].
- Seit dem sog. Zahnärzte-Urteil[246] kommt man nicht umhin, auch die Kapitalgesellschaften, zumindest die GmbH, mit in die Betrachtung einzubeziehen[247].

---

243 *Sandberger/Müller-Graff*, Rechtliche Form freiberuflicher Zusammenarbeit, in: Zeitschrift für Rechtspolitik 1975, S. 1.

244 Vgl. *Kübler*, Gesellschaftsrecht, 1994, S. 41; *Henssler*, Regierungsentwurf, in: WiB 1994, S. 53.

245 Grundlegender Unterschied der OHG zur GbR ist, daß die OHG (teil-) rechtsfähig aufgrund von § 124 Abs. 1 HGB ist, d.h. sie ist grundbuchfähig, parteifähig, konkursfähig usw. Sie wäre also durchaus interessant für Angehörige Freier Berufe. Doch § 105 Abs. 1 HGB verlangt das zweckgerichtete Betreiben eines Handelsgewerbes. Die Ärzte üben jedoch, wie bereits dargelegt, kein Handelsgewerbe aus. Die OHG steht ihnen daher nicht zur Verfügung. Gleiche Voraussetzung ergibt sich für die KG. Somit scheidet auch sie für die Ärzte auch. Eine analoge Darstellung für die Rechtsanwälte findet sich bei *Boin*, Partnerschaftsgesellschaft für Rechtsanwälte, 1996, S. 86f.

246 Vgl. Kap. 5.4.1.3.2, S. 160.

247 Auf die EWIV wir nicht eingegangen, da sie für Ärzte kaum von praktischer Relevanz sein dürfte. Vgl. zur EWIV, speziell für Freie Berufe z.B. *Weimar/Grote*, Grundfragen der Europäischen wirtschaftlichen Interessenvereinigung, in: NWB 1997, Fach 18, S. 3533ff.;

Im folgenden sollen die einzelnen Rechtsformen untersucht werden und anschließend jeweils gegen die Partnerschaftsgesellschaft abgegrenzt werden, bevor in einem Vergleich die Ergebnisse, auch unter Berücksichtigung betriebswirtschaftlicher Fragestellungen, zusammengefaßt werden.

Hauschka, Europäische wirtschaftliche Interessenvereinigung als Kooperationsinstrument für die Angehörigen der freien Berufe, in: DStR 1991, S. 1083f.; *Berscheid/Kirschbaum*, Freie Berufe in der EG, 1991, S. 33-67, S. 140; *Bösert/Braun/Jochem*, Partnerschaftsgesellschaft, 1996, S. 43ff.

5 Die einzelnen Rechtsformen

5.1 Wahl der Beurteilungskriterien

Um Aufschluß darüber zu erhalten, welche Rechtsform für einen Arzt die passende ist, müssen verschiedene Aspekte durchleuchtet werden:

Zunächst muß das Gesellschaftsrecht herangezogen werden, um eine gewisse Struktur hinsichtlich allgemeiner Fragen zur Gründung, Vertretung und Rechtsfähigkeit herauszuarbeiten. Schwerpunkt bildet im wesentlichen die Haftungssituation im Bereich der fehlerhaften Berufsausübung, da diesbezüglich im Bereich der Partnerschaftsgesellschaft Novellierungen eingeführt wurden.

Das Berufsrecht bildet einen weiteren Beurteilungsmaßstab. Es können keine Empfehlungen für oder wider eine Gesellschaftsform für Ärzte ausgesprochen werden, wenn keine Klarheit darüber herrscht, ob berufsrechtlich nicht irgendwelche Grenzen oder Schranken entgegenstehen.

Das Steuerrecht ist ebenfalls einen wichtiges Kriterium. Die Entscheidung für oder gegen eine bestimmte Rechtsform kann nicht vernünftig ohne Kenntnis der steuerlichen Konsequenzen gefällt werden. So ist es zum einen wichtig zu wissen, bei welcher Rechtsform welche Steuerarten anfallen und zum anderen, ob spezielle steuerrechtliche Aufzeichnungs- oder Gewinnermittlungsvorschriften im Zusammenhang mit der Rechtsform vorgeschrieben sind.

Der Arzt muß letzten Endes die Rechtsform wählen, die seiner individuellen Zielpräferenz am besten entspricht. Nur bei Kenntnis gesellschaftsrechtlicher, berufsrechtlicher und steuerrechtlicher Aspekte kann der Arzt eine vernünftige Entscheidung auch in betriebswirtschaftlicher Hinsicht fällen.

Die Rechtsformwahl läßt sich nicht als ein einfaches Entscheidungsproblem darstellen. Sie ist viel eher ein „unstrukturiertes Problem“, da es sich gerade auch im Bereich von Zusammenschlüssen um ein „multipersonelles Entscheidungsproblem mit interpersonellen Interessenkonflikten“[248] handeln kann. „Im Vordergrund wird in der Regel als Fundamentalziel die Erzielung möglichst hoher Nettoeinkünfte stehen[249]. Unter diesem Aspekt wird bei gegebenen Umsätzen die Reduzierung der rechtsformabhängigen Kosten und der rechtsformspezifischen Besteuerung angestrebt.“[250] Im einzelnen sind danach wohl insbesondere folgende Parameter für einen Arzt, je nach Präferenz, mehr oder weniger ausschlaggebend und richtungsweisend:

---

[248] *Castan*, Partnerschaftsgesellschaft, 1997, S. 175.

[249] Hier wird noch einmal der Konflikt deutlich, daß einem Freiberufler in erster Linie Idealismus und Selbstlosigkeit unterstellt wird; er im Bereich seiner ganz persönlichen Zielpräferenzen die Gewinnerzielungsabsicht aber vielleicht doch nicht ganz an den Rand verschiebt.

[250] *Castan*, Partnerschaftsgesellschaft, 1997, S. 176 m.w.N.

- Folgen der Rechtsformwahl hinsichtlich der Art der Berufsausübung, insbesondere hinsichtlich der Frage, ob eine weisungsunabhängige selbständige Ausübung der ärztlichen Tätigkeit weiterhin möglich ist. Hinein spielen auch Fragen der Geschäftsführung und Vertretung.
- Entstehung von rechtsformspezifischen Aufwendungen, etwa Gründungskosten oder rechtsformbedingte Steuern, wobei der Aspekt der rechtsformbedingten Steuern immer mehr in den Vordergrund der Entscheidung rückt[251].
- Flexibilität der Gesellschaft, etwa in Hinblick auf Gründung, Aufnahme oder Ausscheiden von Partnern, Beendigung.
- Effektivität der Gesellschaft, etwa in Hinblick auf die Art der Ausübung des Freien Berufes, in Hinblick auf Zeiteinteilung und im Hinblick auf Kosten-/Nutzenrelationen. Weiterhin Effektivität auch in Hinblick auf eine mögliche Risikobegrenzung, die Veräußerbarkeit oder einer eventuellen Altersvorsorge.
- Image der Gesellschaft, etwa in Hinblick auf die Annahme durch die Patienten, durch Kollegen oder auch durch die Ärztekammern und die Kassenärztlichen Vereinigungen.

Im Vergleich der Rechtsformen wird daher immer auch versucht, diese Fragestellungen mit einzubeziehen und anzureißen, zumindest da, wo sich Unterschiede ergeben, um dieses im abschließenden Ergebnis noch einmal zusammenfassend festzuhalten.

5.2 Einzelpraxis

5.2.1 Allgemeine und berufsrechtliche Aspekte

Das Kassenarztrecht sieht für den Kassenarzt vor, daß er seine Tätigkeit im Bereich der ambulanten ärztlichen Versorgung persönlich und in freier Praxis auszuüben hat[252]. Ähnliches sehen die Landesberufsordnungen vor, indem sie den ärztlichen Beruf als einen Freien Beruf definieren und festlegen, daß die Ausübung in eigener Praxis an die Niederlassung gebunden ist (§ 13 MBO)[253]. Ein Zwang zur Selbständigkeit läßt sich hier zwar nicht entnehmen, wohl aber je-

[251] Aus betriebswirtschaftlicher Sicht sollte sich die Rechtsformwahl eigentlich so vollziehen, „daß von der steuerlichen Seite aus kein Einfluß auf ihre Wahl ausgeht, damit vermieden werden kann, daß wichtige sonstige Überlegungen [...] zugunsten momentan gegebener Steuervorteile vernachlässigt werden. Die historische Entwicklung der einzelnen Rechtsformen zeigt jedoch, daß steuerliche Motive bei der Wahl der Rechtsform oft die Oberhand gewonnen haben [...]“; *Wöhe*, Allgemeine Betriebswirtschaftslehre, 1996, S. 352.

[252] Vgl. *Ahrens*, Praxisgemeinschaften in Ärztehäusern, in: MedR 1992, S. 143; *Laufs*, Arztrecht, 1993, Rdn. 1.

[253] Vgl. *Ratzel*, Ärztliches Standesrecht, 1990, S. 5 und S. 93; *Narr*, Ärztliches Berufsrecht, 1973, S. 172; *Müller*, Einbeziehung der Freien Berufe in das Handelsrecht, 1968, S. 110; *Laufs*, Arztrecht, 1993, Rdn. 1, S. 128f.

denfalls die Erlaubnis zur alleinigen Ausübung[254], da insbesondere bezüglich personeller Hilfsmittel keine Angaben oder Auflagen gemacht werden[255]. Anders gesagt: „Die Rechtsform des Einzel-Freiberuflers ist verfassungsgemäß“[256]. Sie ist, rein rechtlich, von der Person des Arztes nicht zu trennen[257].

Der Arzt beginnt seine Tätigkeit als Einzel-Arzt, indem er seine Praxis eröffnet. Seine Tätigkeit endet entweder durch Veräußerung, durch Aufgabe oder durch Tod[258]. Die Rechtsfolgen des Freiberuflerrechts liegen im wesentlichen auf den Rechtsgebieten des bürgerlichen Rechts, des Berufs- und Standesrechts sowie des Steuerrechts[259].

Konsequenzen aus der Zuordnung zum bürgerlichen Recht[260] sind, daß der Einzel-Freiberufler, hier der Arzt, mit seinem bürgerlichen Namen i.S.d. §§ 7ff. BGB auftritt und nicht, wie z.B. ein Kaufmann es kann, mit einer Firma. Die Gegenstände seines Vermögens haben eher den Charakter von Privatvermögen als den des typisch kaufmännischen Geschäfts- oder Betriebsvermögens. Ebenso sind die Geschäfte, die der Arzt als Einzel-Freiberufler tätigt, Rechtsgeschäfte i.S.d. §§ 104ff. BGB wie bei einem Privaten und nicht Handelsgeschäfte i.S.d. §§ 343ff. HGB wie beim Einzelkaufmann[261].

Aufgrund berufs- und standesrechtlicher Regelungen ist der Arzt bedingt vergleichbar mit dem Einzelunternehmer eines genehmigungspflichtigen Gewerbebetriebs i.S.d. §§ 29ff. GewO, §§ 1ff. HWO oder des § 2 Abs. 1 GastG[262]. Bei beiden wird die Zulässigkeit der Berufsausübung von bestimmten Auflagen abhängig gemacht – beim genehmigungspflichtigen Gewerbetreibenden bedarf es einer behördlichen Erlaubnis oder Eintragung; beim Einzel-Freiberufler, im speziellen Fall des Arztes, bedarf es der Approbation. Weitere Übereinstimmungen liegen z.B. in einer häufig anzutreffenden Kammerzugehörigkeit, so z.B. beim Handwerker die Mitgliedschaft in der Handwerkskammer, beim Arzt in der Ärztekammer.

254 Vgl. *Ahrens*, Praxisgemeinschaften in Ärztehäusern, in: MedR 1992, S. 143; *Ehmann*, Praxisgemeinschaft/Gemeinschaftspraxis, in: MedR 1994, S. 141.

255 Vgl. *Müller*, Einbeziehung der Freien Berufe in das Handelsrecht, 1968 S. 112.

256 *Bayer/Imberger*, Rechtsformen freiberuflicher Tätigkeit, in: DZWiR 1993, S. 312.

257 Vgl. *Laufs*, Arztrecht, 1993, Rdn. 2, S. 129.

258 Vgl. analog zum Freien Beruf allgemein *Bayer*, Steuerlehre, 1997, Rdn. 702.

259 Vgl. dazu und zu den folgenden Punkten *Bayer/Imberger*, Rechtsformen freiberuflicher Tätigkeit, in: DZWiR 1993, S. 312 m.w.N. sowie *Bayer*, Steuerlehre, 1997, Rdn. 703ff.

260 Vgl. *Roth*, Kleine Erwerbsgesellschaft, in: ZHR 1991, S. 30: „Das nichtgewerbliche Unternehmen unterliegt ausschließlich dem bürgerlichen Recht.“

261 Vgl. *Bayer*, Steuerlehre, 1997, Rdn. 703ff.

262 Vgl. *Bayer/Imberger*, Rechtsformen freiberuflicher Tätigkeit, in: DZWiR 1993, S. 312 m.w.N.

Auch im Steuerrecht sind durchaus Parallelen zwischen Einzel-Freiberufler und Einzelunternehmer zu sehen – die Dinge liegen lediglich im Falle der Gewerbesteuer verschieden[263]: der Einzel-Unternehmer betreibt ein Gewerbe und schuldet Gewerbesteuer, der Einzel-Freiberufler betreibt dieses gerade nicht und bleibt deshalb von der Zahlung der Gewerbesteuer ausgenommen[264].

5.2.2 Haftungsrechtliche Aspekte

Der Arzt steht auch in Bezug auf seine Haftung wie ein Privater da, d.h. daß er, wie ein Privatmann, für seine Verbindlichkeiten, gleich aus welcher Sphäre seiner Tätigkeiten sie herrühren, mit seinem gesamten Vermögen haftet und eine Beschränkung dieser Haftung ihm nicht zusteht[265]. Dies gilt auch für den Fall der unentgeltlichen Behandlung[266]. Ob gesonderte Absprachen mit einzelnen Patienten getroffen werden dürfen, ist äußerst umstritten. So berufen sich die Befürworter auf die freie Vertragsgestaltung, die Gegner auf die guten Sitten.[267]

5.2.3 Gewinnermittlungsvorschriften und Aufzeichnungspflichten

Der Arzt als Einzel-Freiberufler ist nicht Kaufmann i.S.d. Handelsgesetzbuches. Daran hat auch das Handelsrechtsreformgesetz[268] nichts geändert. „Es wird also weiterhin sorgsam zwischen den in das Handelsregister einzutragenden Gewerbetreibenden und den Freiberuflern unterschieden. Demgemäß wird weiter über das Verhältnis des steuerrechtlichen [...] zum handelsrechtlichen Freiberuflerbegriff gerätselt werden"[269]. Konsequenzen daraus sind insbesondere, daß der Einzel-Arzt, gleich dem Privatmann und ungleich dem Kaufmann, keine Rechnung über den Stand seines Vermögens legen muß. Er braucht nicht, wie z.B. ein Vollkaufmann gem. § 238 HGB, laufend Bücher zu führen und er braucht auch nicht zu bilanzieren, da er weder nach anderen Gesetzen aufzeichnungspflichtig

---

263 Zu den Befreiungsvorschriften beim Arzt hinsichtlich der Umsatzsteuer vgl. Kap. 5.2.4.2, S. 77.

264 Vgl. dazu und zu den aufgezeigten Ähnlichkeiten im Standes- und Berufsrecht der Einzel-Freiberufler und der Einzelunternehmer: *Bayer/Imberger*, Rechtsformen freiberuflicher Tätigkeit, in: DZWiR 1993, S. 312.

265 Vgl. *Bayer/Imberger*, Rechtsformen freiberuflicher Tätigkeit, in: DZWiR 1993, S. 312 sowie bereits die Ausführungen in Kap. 3.4., S. 46.

266 Vgl. *Rieger*, Lexikon des Arztrechts, 1984, Rdn. 791, der die Frage aufwirft, ob bei der unentgeltlichen Behandlung gegebenenfalls die Haftung auf die Versicherungshöchstsummen beschränkt werden darf. Möglicherweise soll eine Haftungsbeschränkung allerdings bei Abwendung einer dringenden Gefahr greifen (*Palandt-Thomas*, BGB 1998, zu § 662 Rdn. 11).

267 Vgl. z.B. *Hirche*, Arztrecht kompakt, 1996, S. 38; *Rieger*, Lexikon des Arztrechts, 1984, Rdn. 790 und die Ausführungen im Kap. 3.4, S. 46.

268 Gesetz vom 22.6.1998, BGBl. I 1998, S. 1474, das zum 1.7.1998 in Kraft getreten ist.

269 *Schmidt*, Handelsrechtsreformgesetz, in: BB 1998, S. 2162. Ähnlich auch *Brune*, Handelsrechtsreformgesetz, in: NWB 1998, Fach 18, S. 760.

gem. § 140 AO ist noch unter die Buchführungsgrenzen i.S.v. § 141 AO fällt, die für mittelständische Gewerbetreibende und große Landwirte gelten[270].

„Seit langer Zeit ist [...] den Angehörigen freier Berufe gestattet [...] von der Führung von Büchern [...] und von regelmäßigen jährlichen Abschlüssen [...] Abstand zu nehmen.“[271] Dies heißt aber nicht, daß der Freiberufler nicht freiwillig Bücher führen und bilanzieren darf. So hat der Arzt als Freiberufler ein Wahlrecht, ob er seinen Gewinn im Rahmen des Betriebsvermögensvergleichs durch Bilanzierung (§ 4 Abs. 1 EStG) oder im Rahmen der Einnahmen-Überschuß-Rechnung (§ 4 Abs. 3 EStG) ermittelt[272]. Der folgende Kurzüberblick soll ganz allgemeine Unterschiede zwischen diesen beiden Gewinnermittlungsarten aufzeigen.

5.2.3.1 Gewinnermittlung nach § 4 Abs. 1 EStG

Bei der Gewinndefinition in § 4 Abs. 1 EStG greift der Gesetzgeber auf die Reinvermögenstheorie zurück[273]. Es wird das Betriebsvermögen am Schluß des zu betrachtenden Wirtschaftsjahres mit dem Betriebsvermögen am Schluß des vorangegangenen Wirtschaftsjahres verglichen – der sich ergebende Unterschiedsbetrag wird vermehrt um die im Wirtschaftsjahr vorgenommenen Entnahmen und vermindert um die im Wirtschaftsjahr vorgenommenen Einlagen.

Die Gewinnermittlung nach § 4 Abs. 1 EStG ist damit eine Art Bestandsvergleich. Zum Anfang und zum Ende eines jeden Wirtschaftsjahres werden Bilanzen erstellt und die darin ausgewiesenen Betriebsvermögen miteinander verglichen[274].

Aufwendungen und Erträge werden der verursachenden Geschäftsperiode zugeordnet. Entscheidend ist das wirtschaftliche Entstehen, nicht der Zeitpunkt des Geldabgangs. Forderungen wirken also bereits gewinnerhöhend, Verbindlichkeiten bereits gewinnmindernd, jeweils dann, wenn sie entstanden sind[275]. Privat veranlaßte Änderungen des Betriebsvermögens werden durch entsprechende Hinzurechnung der Entnahmen und Kürzung um die Einlagen korrigiert[276]. Die jeweils zu vergleichenden Betriebsreinvermögen werden Bilanzen entnommen,

---

270 Vgl. *Bayer*, Steuerlehre, 1997, Rdn. 700 m.w.N. sowie *Bayer/Imberger*, Rechtsformen freiberuflicher Tätigkeit, in: DZWiR 1993, S. 312; *Segebrecht*, Die Einnahme-Überschußrechnung, 1996, S. 87.

271 BFHE 70, 499ff., 501.

272 Vgl. statt vieler *Schmidt*, Einkommensteuergesetz, 1997, zu § 18 Rdn. 156ff.

273 Vgl. *Kloock*, Betriebliches Rechnungswesen, 1997, S. 147; *Rose*, Die Ertragsteuern, 1997, S. 56.

274 Vgl. *Bayer*, Steuerlehre, 1997, Rdn. 700.

275 Vgl. z.B. *Nentwig/Bonvie/Hennings*, Partnerschaftsgesellschaftsgesetz, 1995, S. 131.

276 Vgl. *Castan*, Partnerschaftsgesellschaft, 1997, S. 156.

die primär auf steuerlichen Vorschriften basieren – sog. originäre Steuerbilanzen[277]. Die Gewinnermittlung nach § 4 Abs. 1 EStG muß allgemeinen, nicht näher spezifizierten, Grundsätzen ordnungsmäßiger Buchführung entsprechen[278].

Für den Einzel-Arzt existieren keine speziellen „ärztlichen GoB" oder allgemein „freiberufliche GoB", nach denen er sich für die Gewinnermittlung richten könnte[279]. Die steuerrechtlichen Vorschriften zu diesem Thema sind ebenfalls nicht erschöpfend: „Da die steuerlichen Regelungen alleine nicht ausreichen, um eine Steuerbilanz zu erstellen, und § 141 Abs. 1 AO bestimmt, daß die §§ 238, 240 bis 242 Abs. 1 und 243 bis 256 HGB sinngemäß anzuwenden sind, sofern keine steuerrechtlichen Regelungen bestehen, sind [...] die handelsrechtlichen Grundsätze ordnungsmäßiger Buchführung zu beachten."[280] So hat auch der BFH 1959[281] und 1966[282] die handelsrechtlichen GoB bereits für anwendbar erklärt; „ob eine Buchführung ordnungsgemäß ist, ist für alle Berufe und für alle Geschäftsvorfälle nach einheitlichen Gesichtspunkten zu bestimmen. Die Grundsätze sind dem kaufmännischen Rechnungswesen zu entnehmen, da diese von den anderen Wirtschaftszweigen zur Ermittlung des Gewinns durch Vermögensvergleich übernommen wurden."[283] Mit Urteil vom 27.11.1997 wurde dies für „bilanzierende freiberuflich Tätige" nochmals bestätigt[284]. Mangels eigener „freiberuflicher GoB" wird sich also auch der Einzel-Arzt, wenn er Bücher führt und die Gewinnermittlung nach § 4 Abs. 1 EStG wählt[285], ergänzend zu den steuerlichen Vorschriften[286] nach den handelsrechtlichen GoB richten[287].

---

[277] Vgl. *Kloock*, Betriebliches Rechnungswesen, 1997, S. 147; *Rose*, Die Ertragsteuern, 1997, S. 57.

[278] Vgl. z.B. den Bezug auf (allgemeine) GoB in § 4 Abs. 2 EStG.

[279] Die Formerfordernisse bei der Abrechnung mit den Krankenkassen dürften auch keine hinreichende Grundlage für „ärztliche GoB" bilden.

[280] *Streim*, Grundzüge der handels- und steuerrechtlichen Bilanzierung, 1988, S. 160.

[281] BFH vom 24.11.1959 – I 47/58, BStBl. III 1960, 188.

[282] BFH vom 18.2.1966 – IV 326/65, BStBl. III 1966, 496.

[283] BFH vom 18.2.1966 – IV 326/65, BStBl. III, 1966, 496. Ebenso zur Anwendung der handelsrechtlichen GoB bei der Gewinnermittlung nach § 4 Abs. 1 EStG *Kirchhof/Söhn*, EStG, zu § 4 Rdn. A 36; *Littmann/Bitz/Meincke*, Einkommensteuerrecht, 1985, zu § 4 Rdn. 37; *Hartmann/Böttcher/Nissen/Bor-dewin*, Einkommensteuergesetz, zu § 4 Rdn. 77; *Blümich*, EStG, zu § 4 Rdn. 9 und 23f. Speziell zur Anwendung der handelsrechtlichen GoB bei freiwillig bilanzierenden Freiberuflern bereits im älteren Schrifttum: *Schick*, Die freien Berufe im Steuerrecht, 1973, S. 158; *Kräusel*, Besteuerung der Ärzte, 1971, S. 7; *Mösbauer*, Arzt und Steuerrecht, 1976, S. 33.

[284] BFH vom 27.11.1997, BFHE 185, 160ff., 161.

[285] Zur Abgrenzung der Gewinnermittlung nach § 4 Abs. 1 zu der nach § 5 Abs. 1 EStG, vgl. Kap. 5.4.1.4.6, S. 171.

[286] Vgl. dazu insbesondere die §§ 145ff. AO.

Die Grundsätze ordnungsmäßiger Buchführung i.e.S.[288] zerfallen in sog. Elementargrundsätze und abgeleitete Grundsätze. Zu den Elementargrundsätzen zählen die Grundsätze der Vollständigkeit, Richtigkeit und Willkürfreiheit, Klarheit und Übersichtlichkeit sowie Nachprüfbarkeit. Zu den abgeleiteten Grundsätzen zählen die Grundsätze der Belegbarkeit, Zeitgerechtigkeit, Verwendung einer 'lebenden Sprache`, Sicherung gegen nachträgliche Änderungen, Sicherung der Zuverlässigkeit und Ordnungsmäßigkeit durch ein internes Kontrollsystem sowie geordnete und fristgerechte Aufbewahrung[289].

Im Rahmen der Gewinnermittlung nach § 4 Abs. 1 EStG bestehen bestimmte Ansatz- und Bewertungswahlrechte, so z.B. die Möglichkeit der Vornahme von Teilwertabschreibungen, der Bildung von Rückstellungen[290] sowie des Ausweises von sog. „gewillkürtem" Betriebsvermögen[291].

5.2.3.2 Gewinnermittlung nach § 4 Abs. 3 EStG

Steuerpflichtige, die nicht zur Buchführung und Abschlußerstellung verpflichtet sind und dies auch nicht freiwillig tun, haben die Möglichkeit, den Gewinn nach § 4 Abs. 3 EStG im Wege der sog. Einnahmen-Überschuß-Rechnung zu ermitteln[292]. Diese Art der Gewinnermittlung wird vornehmlich von Kleingewerbetreibenden, Handwerkern sowie der Mehrzahl aller freiberuflich Tätigen genutzt[293]. Gerade beim Einzel-Arzt wird sie fast ausschließlich eingesetzt[294].

Die Einnahmen-Überschuß-Rechnung ist im Gegensatz zum Betriebsvermögensvergleich einfacher zu handhaben und wird daher auch gern als „verein-

---

287 Vgl. zu dieser Argumentation *Bayer*, Steuerlehre, 1997, Rdn. 1164. Zu einer erweiterten Buchführungspflicht, als die Ärzte z.T. der Gewerbesteuer unterlagen, vgl. bereits Fußnote 38.

288 In Abgrenzung zu den GoB i.w.S., zu denen noch die Grundsätze ordnungsmäßiger Inventur und ordnungsmäßiger Bilanzierung zählen – vgl. *Streim*, Grundzüge der handels- und steuerrechtlichen Bilanzierung, 1988, S. 27.

289 Vgl. dazu insbesondere *Streim*, Grundzüge der handels- und steuerrechtlichen Bilanzierung, 1988, S. 31ff.

290 Je nach Gesellschaftsform können Rückstellungen auch gerade im Bereich der Altersversorgung gebildet werden (vgl. Kap. 5.4.1.4.5, S. 170).

291 Vgl. *Nentwig/Bonvie/Hennings*, Partnerschaftsgesellschaftsgesetz, 1995, S. 131.

292 Als Grund für diese Möglichkeit wird insbesondere auch angeführt, daß die periodengerechte Gewinnermittlung durch Betriebvermögensvergleich mit ihrem hohen Rechnungslegungsaufwand in Form der Buchführung und Bilanz nicht allen Steuerpflichtigen zugemutet werden kann – vgl. *Gail/Overlack*, Anwaltsgesellschaften, 1996, S. 113.

293 Vgl. *Segebrecht*, Die Einnahme-Überschußrechnung, 1996, S. 23.

294 Vgl. Kap. 7.1.1, S. 198; Kap. 7.1.2, S. 200 und Kap. 7.1.3, S. 202.

fachte Gewinnermittlungsart" bezeichnet[295]. Sie setzt insbesondere – buchungstechnisch – keine Kassenführung, keine Bestandskonten und auch keine Inventur voraus[296].

Das Gewinnermittlungsverfahren hat die Form einer modifizierten Geldeinnahme-Geldausgabe-Rechnung[297]. Im Gegensatz zum Betriebsvermögensvergleich (Bestandsvergleich) nach § 4 Abs. 1 EStG werden die Erträge und Aufwendungen bei der Einnahmen-Überschuß-Rechnung nach dem Zufluß- / Abflußprinzip zugeordnet, d.h. die Betriebseinnahmen werden den Betriebsausgaben des Gewinnermittlungszeitraums gegenübergestellt[298]. Es besteht die Möglichkeit der Steuerung der Gewinnrealisierung nach dem Zeitpunkt der jeweiligen Rechnungstellung bzw. dem Zeitpunkt der Bezahlung von an die Gesellschaft oder die Einzelperson gerichteten Rechnungen[299].

Da nur Betriebseinnahmen und Betriebsausgaben miteinander verglichen werden, erübrigt sich die Korrektur um etwaige Privateinlagen oder Privatentnahmen. Durch die Art der Rechnung wird eine Verschiebung zwischen Privat- und Betriebsvermögen von vornherein verhindert[300]. Der Überschuß der Betriebseinnahmen über die Betriebsausgaben ist der Gewinn; bei einem Überschuß der Betriebsausgaben über die Betriebseinnahmen entsteht ein Verlust.

Im Rahmen der Einnahmen-Überschuß-Rechnung werden beim Einzel-Arzt keine Aufzeichungspflichten begründet, insbesondere auch nicht aus den §§ 145 und 146 AO, da die Anwendung dieser Vorschriften gerade eine ausdrückliche gesetzliche Aufzeichnungsverpflichtung zur Voraussetzung hat. Allerdings kann sich eine Verpflichtung zur Aufzeichnung der einzelnen Betriebseinnahmen aus § 22 UStG ergeben, wenn Umsatzsteuerpflicht besteht. Diese Regelung hat Bedeutung auch für die Einkommensteuer; denn obwohl umsatzsteuerrechtliche

---

[295] Vgl. *Segebrecht*, Die Einnahme-Überschußrechnung, 1996, S. 23; dazu auch bereits *Lohmeyer*, 1975, S. 424ff.; *Nentwig/Bonvie/Hennings*, Partnerschaftsgesellschaftsgesetz, 1995, S. 131.

[296] *Lohmeyer*, 1975, S. 424 empfindet dies auch als zweckmäßig, da diese Aufzeichnungsvorschriften für die Gruppen, die die Einnahmen-Überschuß-Rechnung erstellen dürfen, auch in dieser Strenge nicht erforderlich seien, wie z.B. bei den Gewerbetreibenden, die zur Bilanzierung verpflichtet wären.

[297] Vgl. *Rose*, Die Ertragsteuern, 1997, S. 59.

[298] Vgl. auch *Schneider*, Unternehmensbesteuerung, 1994, S. 115.

[299] Vgl. § 11 Abs. 1 Sätze 1 und 2 und Abs. 2 Sätze 1 und 2 EStG. Dazu auch *Bayer*, Steuerlehre, 1997, Rdn. 699; *Nentwig/Bonvie/Hennings*, Partnerschaftsgesellschaftsgesetz, 1995, S. 131; *Scheuffler*, Steuerrechtliche Behandlung der Heilkunde-GmbH, in: MedR 1995, S. 99; sehr ausführlich zur gesamten Thematik der Einnahmen-Überschuß-Rechnung: *Segebrecht*, Die Einnahme-Überschußrechnung, 1996.

[300] Eine Ausnahme besteht bei Sacheinlagen und –entnahmen; vgl. *Rose*, Die Ertragsteuern, 1997, S. 59.

Aufzeichnungspflichten keine Aufzeichnungen nach anderen Gesetzen als den Steuergesetzen sind (§ 141 AO), wirkt die Aufzeichnungsverpflichtung aus einem Steuergesetz unmittelbar für alle Besteuerungszwecke, sofern dieses Gesetz keine Beschränkung auf seinen Geltungsbereich enthält oder sich eine Beschränkung aus der Natur der Sache ergibt[301].

Des weiteren können sich Aufzeichnungspflichten als Voraussetzung für die Inanspruchnahme einzelner Steuervergünstigungen ergeben, so z.B. im Rahmen der Bewertungsfreiheit für die sog. geringwertigen Wirtschaftsgüter gem. § 6 Abs. 2 Satz 4 EStG , da diese unter Angabe des Tages der Anschaffung oder Herstellung und der Anschaffungs- oder Herstellungskosten in einem besonderen, laufend zu führenden Verzeichnis aufgeführt werden müssen[302].

Die Vornahme von Teilwertabschreibungen, die Bildung von Rücklagen sowie der Ausweis von gewillkürtem Betriebsvermögen sind nicht möglich[303].

5.2.3.3 Ergebnis

Dem Handelsrecht ist der Einzel-Arzt fremd. Für den Einzel-Arzt gelten aus diesem Grunde keine handelsrechtlichen Rechnungslegungsvorschriften, und er ist aus diesem Grunde auch nicht zu dem Betriebsvermögensvergleich nach § 5 Abs. 1 EStG verpflichtet. Er hat jedoch das Wahlrecht, seinen Gewinn im Wege des Betriebsvermögensvergleiches nach § 4 Abs. 1 EStG oder im Rahmen der Einnahmen-Überschuß-Rechnung nach § 4 Abs. 3 EStG zu ermitteln. Im Rahmen der Gewinnermittlung nach § 4 Abs. 1 EStG hat er die handelsrechtlichen GoB analog zu berücksichtigen.

Es kann keine eindeutige Empfehlung ausgesprochen werden, welche Gewinnermittlungsart prinzipiell zu bevorzugen wäre. Dies hängt sehr stark vom jeweiligen Einzelfall ab. Dem Einzel-Arzt ist die Gewinnermittlung nach § 4 Abs. 1 EStG sicher nicht zu empfehlen – seine Praxis ist i.d.R. sehr überschaubar und

---

[301] BFH-Urteil vom 2.3.82, BStBl. 84 II, S. 504.

[302] Vgl. dazu und zu weiteren Beispielen *Segebrecht*, Die Einnahme-Überschußrechnung, 1996, S. 71ff. und S. 76f. sowie *Naegele/Jürgensen*, Zusammenschlüsse von Freiberuflern, 1995, S. 32, die im einzelnen folgende Beispiele nennen, aus denen sich Aufzeichnungspflichten ergeben können: § 6 Abs. 2 EStG beim Erwerb geringwertiger Wirtschaftsgüter; § 6c EStG bei Gewinnen aus der Veräußerung bestimmter Anlagegüter; § 7a Abs. 8 EStG bei erhöhten Absetzungen und Sonderabschreibungen; § 41 EStG Aufzeichnungspflichten beim Lohnsteuerabzug; § 22 UStG Aufzeichnungspflichten zur Feststellung der Steuer und den Grundlagen ihrer Berechnung.

[303] Vgl. z.B. *Gunsenheimer*, Wechsel der Gewinnermittlungsart, in: NWB 1996, Fach 17, S. 1426. So besteht auch grundsätzlich nicht die Möglichkeit der Berücksichtigung von Aufwendungen für die Altersversorgung (Pensionsrückstellungen) oder dem Abzug eines sog. „Unternehmerlohnes" (Vgl. *Scheuffler*, Steuerrechtliche Behandlung der Heilkunde-GmbH, in: MedR 1995, S. 99).

verlangt keine aufwendigen Aufzeichnungen. Durch Wahl der Einnahmen-Überschuß-Rechnung entfällt insbesondere die Pflicht zur Führung von Büchern und dem Erstellen von Abschlüssen. Zudem sind gegen Jahresbeginn keine umfangreichen Abgrenzungsarbeiten hinsichtlich der Zuordnung von Aufwendungen und Erträgen zum Vorjahr vorzunehmen.

Allerdings sollte hier nicht der Eindruck entstehen, bei einer der Gewinnermittlungsarten entstehe grundsätzlich ein höherer Gewinn als bei der anderen oder umgekehrt. Auf Dauer gesehen sind die Gewinnermittlungsvorschriften so ausgelegt, daß ein gleiches Ergebnis resultiert. Es können sich lediglich Verschiebungen über einen gewissen Zeitraum ergeben. Ansonsten herrscht der Grundsatz der „Totalgewinnidentität“[304]. Aus diesem Grunde ist auch davon auszugehen, daß bei den Aufzeichnungen, die im Rahmen der Einnahmen-Überschuß-Rechnung angefertigt werden, zumindest die Elementargrundsätze der handelsrechtlichen GoB befolgt werden müssen sowie die allgemeinen Vorschriften der §§ 145 und 146 AO[305]. Dafür spricht auch die Tatsache, daß nicht immer klar zu ersehen ist, ob lediglich Aufzeichnungen i.S.v. § 4 Abs. 3 EStG gemacht werden oder tatsächlich Bücher i.S.v. § 4 Abs. 1 EStG geführt werden[306].

---

[304] Vgl. dazu *Segebrecht*, Die Einnahme-Überschußrechnung, 1996, S. 23. Ebenfalls zum Totalgewinn *Kirchhof/Söhn* – Weber-Grellet, EStG, zu § 4 Rdn. D 10 m.w.N.; *Zenthöfer/Schulze zur Wiesche*, Einkommensteuer, 1997, S. 348; *Blümich*, EStG, zu § 5 Rdn. 67.

[305] Auch in einem Praxisratgeber für Ärzte ist ausgeführt, daß die Aufzeichnungen zeitnah, vollständig und nachvollziehbar sein sollten – vgl. *Pütz-Reuter/Zdarta/Zellmann*, Ärztliche Kooperationen, 1998, S. 60.

[306] Vgl. *Kirchhof/Söhn* – Weber-Grellet, EStG, zu § 4 Rdn. D 37: Ist zweifelhaft, ob Aufzeichnungen des Steuerpflichtigen als Buchführung anzusehen sind (z.B. bei fehlendem Abschluß), so ist auf das Gesamtbild des Buchführungszwecks abzustellen. Dabei kann im allgemeinen davon ausgegangen werden, daß der Steuerpflichtige nur die Aufzeichnungen zu führen bereit ist, die im Interesse der Besteuerung verlangt werden, zumal letztlich beide Gewinnermittlungsarten zu demselben Gesamtgewinn führen müssen. Bei Freiberuflern werden strenge Anforderungen an die Annahme gestellt, daß Buchführung und Abschluß vorliegen – daher kann nicht jedes „Mehr an Aufzeichnungen“ in dem Sinne gewertet werden, daß sich der Steuerpflichtige für die Gewinnermittlung durch Vermögensvergleich entschieden hat – so auch BFH vom 2.3.1978 – IV R 45/73, BStBl. II 1978, S. 431.

5.2.4 STEUERRECHTLICHE ASPEKTE[307]

Gegenstand aller nachfolgenden steuerrechtlichen Betrachtungen sollen im wesentlichen die Steuern, die sich im Rahmen der Einkommens- und Ertragserzielung ergeben, namentlich die Einkommensteuer, die Körperschaftsteuer und die Gewerbesteuer, sein. Bezüglich der Steuern, die sich im Rahmen der Einkommens- und Vermögensverwendung ergeben, wird ausschließlich die „größte" dieser Steuern, die Umsatzsteuer, in die Betrachtung mit einbezogen, es bleiben die Grunderwerbsteuer, die Kfz-Steuer sowie alle anderen Verbrauchsteuern außer Acht. Auf die Steuern, die sich im Rahmen der Besteuerung der Vermögenssubstanz ergeben, wird allenfalls am Rande hinsichtlich der Erbschaftsteuer oder der Grundsteuer eingegangen. Die Vermögensteuer als eine Steuer auf die Vermögenssubstanz[308] fällt mittlerweile ganz aus der Betrachtung heraus:

Das Bundesverfassungsgericht hat mit Beschluß vom 22.6.1995[309] festgestellt, daß die Regelungen des Vermögensteuergesetzes wegen der ungleichen Behandlung von Grundvermögen und sonstigem Vermögen nicht mit dem Gleichheitsgrundsatzes des Grundgesetzes vereinbar sind[310]. Folge davon ist, daß das VStG in seiner bisherigen Fassung nur noch bis einschließlich 31.12.1996 angewendet werden darf. Da eine Neuregelung des VStG bisher ausgeblieben ist, ist die Vermögensteuer ab 1.1.1997 nicht mehr zu erheben, die Geltung des VStG ausgesetzt. Es wird daher im folgenden nicht weiter auf die Vermögensteuer eingegangen.

5.2.4.1 EINKOMMENSTEUER

Der Grundtatbestand des EStG setzt als Steuersubjekt gem. § 1 Abs. 1 EStG eine natürliche Person voraus. Der Einzel-Arzt ist Mensch und damit natürliche

[307] Die nachfolgenden steuerrechtlichen Betrachtungen erfolgen im wesentlichen in Anlehnung an die Lehre vom Stufenbau von Bayer. Vgl. dazu grundlegend *Bayer*, Stufenbau des Steuertatbestandes, in: FR 1985, S. 337ff.; weiter dazu *Bayer*, Grundbegriffe des Steuerrechts, 1992, Rdn. 57ff. Nachzuvollziehen im Aufbau der Übersichtsbögen bei *Bayer*, Grundbegriffe des Steuerrechts, 1992 sowie insbesondere bei *Bayer*, Steuerlehre, 1997, Rdn. 392. Bei den nachfolgenden steuerlichen Betrachtungen sei grundsätzlich davon ausgegangen, daß der räumliche Anwendungstatbestand, also die Inlandszugehörigkeit im Falle der unbeschränkten Steuerpflicht, erfüllt ist – zum Steuerraum ausführlich *Bayer*, Steuerlehre, 1997, Rdn. 400ff.

[308] Zur Einteilung in die drei Gruppen der Besteuerung der Einkommens- und Ertragserzielung, der Vermögenssubstanz und der Einkommens- und Vermögensverwendung als eine typischerweise vom Betriebswirt vorgenommene Einteilung vgl. *Bayer*, Steuerlehre, 1997, Rdn. 7.

[309] BVerfG, Beschluß vom 22.6.1995 2 BvL 37/91 (BStBl. II, S. 655).

[310] Zur weiteren Begründung des BVerfG vgl. *Halaczinsky*, Zweifelsfragen zum Wegfall der Vermögensteuer, in: NWB 1997, Fach 9, S. 2769.

Person und Steuersubjekt des EStG[311] und damit – im Umkehrschluß – gerade nicht Steuersubjekt der Körperschaftsteuer.

Der Steuergegenstand des Einkommensteuerrechts knüpft das Entstehen des Einkommensteueranspruchs daran an, daß die natürliche Person eine Erwerbstätigkeit i.S.d. § 2 Abs. 1 EStG ausübt[312], sie also entweder einem der vier Berufe des § 2 Abs. 1 Nr. 1 bis 4 EStG nachgeht, namentlich einen Betrieb der Land- und Forstwirtschaft oder Gewerbebetrieb betreibt, selbständige Arbeit oder einen Freien Beruf ausübt oder einer nicht selbständigen Arbeit nachgeht, oder einem der drei Nebenerwerbe des § 2 Abs. 1 Nr. 4 bis 7 EStG nachgeht[313]. Der Arzt erfüllt den Steuergegenstand, indem er Einkünfte aus selbständiger Arbeit i.S. von § 2 Abs. 1 Nr. 3 EStG i.V.m. § 18 Abs. 1 Nr. 1 Satz 2 EStG (ausdrückliche Nennung des Arztes) erzielt[314].

Im Rahmen des Einkommensteuerrechts bemißt sich die Höhe der Schuld nach dem Einkommen gem. § 2 Abs. 5 EStG oder einer dem ähnlichen Größe[315], so im Falle des Arztes bei der Erzielung von Einkünften aus selbständiger Arbeit nach dem Gewinn gem. § 2 Abs. 2 Nr. 1 i.V.m. §§ 4ff. EStG[316]. Natürlich kann der Arzt auch einen Verlust erwirtschaften. In diesem Fall kann zunächst mit möglichen positiven Einkünften aus einer anderen Erwerbstätigkeitsart verrechnet werden[317]. Bleibt der Gesamtbetrag der Einkünfte negativ, so darf ein Ausgleich in der Weise stattfinden, daß der Arzt diesen Verlust gem. § 10d Abs. 1 EStG im Wege des sog. Verlustrücktrags oder gem. § 10d Abs. 2 EStG im Wege des sog. Verlustvortrags wie Sonderausgaben vom (positiven) Gesamtbetrag der Einkünfte der vorangegangenen zwei bzw. der nachfolgenden Veranlagungszeiträume zum Abzug oder Ausgleich bringt[318].

Die Einkommensteuerschuld bemißt sich schließlich durch Anwendung eines progressiv verlaufenden Einkommensteuersatzes auf das insgesamt zu versteuernde Einkommen gem. § 2 Abs. 5 i.V.m. § 32a Abs. 1 EStG[319]. Der Einzel-Arzt

311 Vgl. dazu auch *Bayer*, Steuerlehre, 1997, Rdn. 461.

312 Sog. Erwerbstätigkeitstheorie. Vgl. *Bayer*, Steuerlehre, 1997, Rdn. 524 m.w.N.

313 Vgl. *Bayer*, Steuerlehre, 1997, Rdn. 525ff., auch bezüglich der Nebenerwerbe.

314 Vgl. *Bayer*, Steuerlehre, 1997, Rdn. 527 i.V.m. Rdn. 674ff.; *Bayer/Imberger*, Rechtsformen freiberuflicher Tätigkeit, in: DZWiR 1993, S. 312; *Schmidt*, Einkommensteuergesetz, 1997, zu § 18, Rdn. 60; *Schick*, Die freien Berufe im Steuerrecht, 1973, S. 48.

315 Vgl. *Bayer*, Steuerlehre, 1997, Rdn. 1126 i.V.m. Rdn. 1139ff.

316 Zur Gewinnermittlung vgl. bereits Kap. 5.2.3, S. 68.

317 Sog. vertikaler oder externer Verlustausgleich. Vgl. *Bayer*, Steuerlehre, 1997, Rd. 1203 m.w.N.

318 Vgl. *Bayer*, Steuerlehre, 1997, Rdn. 1235ff.

319 Vgl. *Bayer*, Steuerlehre, 1997, Rdn. 1458f. sowie zum Verlauf des Einkommensteuertarifes mit seiner Spitze bei 53 % Schema 69.

unterliegt keiner Deckelung des Höchstsatzes, wie es beim Einzel-Unternehmer mit gewerblichen Einkünften i.S.d. § 32c EStG i.V.m. § 7 und § 8 Nr. 4 GewStG der Fall ist. Die Spitze des Einkommensteuertarifs hört hier bereits bei 47% auf, während sie beim Einzel-Arzt bis 53% reichen kann[320].

Für den Fall der Praxisveräußerung ermäßigt sich der Steuersatz gem. § 18 Abs. 3 i.V.m. § 16 i.V.m. § 34 Abs. 1 und 2 EStG auf die Hälfte des durchschnittlichen Steuersatzes, der sich ergäbe, wenn die tarifliche Einkommensteuer nach dem gesamten zu versteuernden Einkommen zuzüglich der dem Progressionsvorbehalt unterliegenden Einkünfte zu bemessen wäre. Die Veräußerung einer freiberuflichen Praxis umfaßt die Veräußerung der vorhandenen Einrichtung und die Veräußerung eines etwaigen Praxiswertes[321]. Dieser Praxiswert beruht auf dem sich im Laufe der Zeit entwickelten persönlichen Vertrauensverhältnis zwischen – im Falle einer Arztpraxis – den Patienten und dem Arzt als Praxisinhaber[322]. Zudem orientiert er sich an erzielbaren Einnahmen und der Ertragslage[323]. Strittig ist zur Frage, ob auch das Entgelt für die Aufnahme eines Partners in eine Einzelpraxis – analog zur Aufnahme eines neuen Partners in eine Personengesellschaft – als Veräußerungsgewinn zu behandeln ist oder den laufenden Einkünften aus selbständiger Arbeit zuzurechnen ist[324].

5.2.4.2 Umsatzsteuer

Der Einzel-Freiberufler erfüllt grundsätzlich den Grundtatbestand der Umsatzsteuer. Er ist Steuersubjekt („wer" als jedermann i.S. von § 2 Abs. 1 UStG, hierunter fällt auch die natürliche Person). Er erbringt eine sonstige Leistung, als Angehöriger eines Freien Berufs eine Dienstleistung[325], tätigt also einen Umsatz gem. § 1 UStG und erfüllt den Steuergegenstand.

---

320 *Wendt*, Leben des gespaltenen Einkommensteuertarifs, in: FR 1997, S. 298, hat erhebliche verfassungsrechtliche Bedenken im Hinblick auf den Gleichheitssatz. Besser wäre es seiner Ansicht nach stattdessen gewesen, hätte man eine vollkommene Abschaffung der Gewerbesteuer vorgenommen.

321 Das Übernahmeentgelt für eine Arztpraxis betrug 1996/97 durchschnittlich 208.114,- DM (*o.V.*, Finanzvolumen, in: DÄBl. 1998, S. A-1982).

322 Vgl. *Bayer*, Steuerlehre, 1997, Rdn. 701 m.w.N.

323 Vgl. *Pütz-Reuter/Zdarta/Zellmann*, Ärztliche Kooperationen, 1998, S. 59.

324 Vgl. BFH-Beschluß vom 22.4.1998 – XI R 97/97 (BStBl. II, 1998, S. 475), Vorlage an den großen Senat. Vgl. diesbezüglich auch *Hutter*, Aufnahme eins Sozius in eine Einzelpraxis, in: NWB 1998, Fach 3, S. 10533ff.; *o.V.*, Aufnahme eines Sozius in eine Einzelpraxis, in: BB 1998, S. 1515ff.

325 Vgl. *Bayer*, Grundbegriffe des Steuerrechts, 1992, Bogen 15 mit Verweis auf BFHE 92, 144, 146: Auch bei „geistigen Leistungen" trifft der „eigentliche Besteuerungsgrund für die Umsatzsteuer" zu. Ebenfalls zu Überlegungen bzgl. der Freien Berufe im Umsatzsteuerrecht vgl. *Schick*, Die freien Berufe im Steuerrecht, 1973, S. 169ff.

Der Arzt nimmt bei den Umsatzsteuerbestimmungen unter den Freiberuflern allerdings eine Sonderstellung ein: Es liegt eine sachliche Steuerbefreiung gemäß § 4 Nr. 14 UStG („Von den [...] Umsätzen sind steuerfrei: die Umsätze aus der Tätigkeit als Arzt, Zahnarzt, Heilpraktiker, Krankengymnast, Hebamme oder [...]"), so daß seine Umsätze zwar steuerbar nach § 1 Abs. 1 Satz 1 Nr. 1 UStG, nicht jedoch steuerpflichtig, da steuerbefreit gem. § 4 Nr. 14 UStG, sind.

Gem. Abschnitt 88 Abs. 4 Nr. 6 der UStR soll jedoch keine sachliche Steuerbefreiung für die entgeltliche Nutzungsüberlassung medizinischer Großgeräte an Dritte vorliegen. Folge ist die Steuerpflicht diesbezüglicher Umsätze gem. § 1 UStG. Allerdings ist in diesem Fall den Ärzten das Recht eingeräumt, die ihnen von anderen Unternehmern im Zusammenhang mit der Überlassung der medizinischen Großgeräte in Rechnung gestellte Umsatzsteuer gem. § 15 Abs. 1 UStG von ihrer eigenen Umsatzsteuerschuld in Abzug zu bringen – sog. Vorsteuerabzug[326]. Mit BMF-Schreiben vom 16.10.1997[327] wurde den Umsatzsteuerrichtlinien allerdings widersprochen: „Nach § 4 Nr. 16 UStG sind die mit dem Betrieb der [...] genannten Einrichtungen eng verbundenen Umsätze [...] steuerfrei. Zu diesen eng verbundenen Umsätzen gehört unter anderem die Überlassung von medizinisch-technischen Großgeräten [...] an niedergelassene Ärzte zur Mitbenutzung." Folge ist nun die Steuerbefreiung derartiger Umsätze mit dem Resultat, daß auch der Vorsteuerabzug für damit im Zusammenhang stehende Umsätze nicht mehr möglich ist.

5.2.4.3 Gewerbesteuer

Nach § 5 Abs. 1 Satz 2 GewStG ist „der, für dessen Rechnung das Gewerbe betrieben wird", gewerbesteuerpflichtig. Bezogen auf das Gewerbesteuersubjekt fällt das GewStG damit unter die typischen „Jedermannsteuergesetze"[328]. Der Arzt als Einzel-Freiberufler mit seiner Einzelpraxis besitzt grundsätzlich Unternehmerfähigkeit, hat so die Eigenschaft eines gewerbesteuerfähigen „Jedermanns" und kommt als Steuersubjekt der Gewerbesteuer in Frage.

Der Gewerbesteuergegenstand knüpft gem. § 2 Abs. 1 Satz 2 GewStG i.V.m. § 15 Abs. 2 Satz 1 EStG an eine Art der „Betätigung" an[329], die im einzelnen fol-

[326] Vgl. dazu auch die Ausführungen bei *App*, Umsatzsteuerpflicht bei entgeltlicher Überlassung und Nutzung medizinischer Großgeräte, in: MedR 1995, S. 230ff.; *Bayer*, Steuerlehre, 1997, Rdn. 860. Ebenfalls nicht von der Umsatzsteuer befreit sind nach dem Abschnitt 88 Abs. 4 Ziffern 1 bis 5 UStR: 1. die schriftstellerische Tätigkeit, 2. Vortragstätigkeiten, 3. Lehrtätigkeiten, 4. Lieferungen von Hilfsmitteln, 5. Verkauf von Medikamenten.

[327] Bundesministerium der Finanzen, Schreiben (koordinierter Ländererlaß) vom 16.10.1997 – IV C 4 – S – 7172 – 23/97, z.T. abgedruckt in: LEXinform aktuell, Nr. 45, 1997 vom 7.11.1997, S. 11.

[328] *Bayer*, Steuerlehre, 1997, Rdn. 486 und 488ff.

[329] Vgl. *Bayer*, Steuerlehre, 1997, Rdn. 504.

gendermaßen aussehen muß: Es muß eine Tätigkeit selbständig und nachhaltig mit Gewinnerzielungsabsicht ausgeübt werden. Mit dieser Tätigkeit muß weiterhin eine Beteiligung am allgemeinen Wirtschaftsverkehr vorliegen. Im einzelnen darf diese Tätigkeit nicht im Betrieb einer Land- und Forstwirtschaft und auch nicht in der Ausübung eines Freien Berufes oder der privaten Vermögensverwaltung bestehen[330].

Die ärztliche Tätigkeit besteht gem. § 18 Abs. 1 Nr. 1 Satz 2 EStG in der Ausübung eines Freien Berufes. Die Betätigung des Arztes fällt gerade nicht unter die Tatbestandsvoraussetzungen des Gewerbesteuergegenstandes[331]. Der Arzt hat keine Gewerbesteuer zu zahlen. Bezüglich der Frage nach Ausnahmen vgl. bereits Kap. 2.3.4, S. 30.

5.2.5 Zusammenfassung

Die Einzelpraxis ist die traditionelle Form, in der der Arzt seit jeher seine Tätigkeit ausübt[332]. In seiner Tätigkeit als Kassenarzt ist er gegenüber der Kassenärztlichen Vereinigung allein abrechnungsberechtigt, in seiner Tätigkeit als Privatarzt ebenso gegenüber dem Privatpatienten. Der Privatpatient hat einen Anspruch auf Erstattung seiner Auslagen bei seiner privaten Krankenversicherung.

Der Einzel-Arzt führt sein „Unternehmen" ähnlich dem eines Einzelunternehmers, ist jedoch von der Buchführungspflicht ausgenommen. Dem Handelsrecht ist der Einzel-Arzt in seiner Eigenschaft als Freiberufler und Nicht-Kaufmann fremd – ein freiberufliches Rechnungswesen ähnlich dem des handelsrechtlichen Rechnungswesens existiert nicht. Allerdings sind die handelsrechtlichen GoB zumindest bei freiwilliger Bilanzierung analog anzuwenden.

Steuerrechtlich ist der Einzel-Arzt insbesondere zur Zahlung von Einkommensteuer verpflichtet. Er ist nicht gewerbesteuerpflichtig. Umsatzssteuerpflichtig ist er nur dann, wenn er keine typisch ärztlichen Leistungen erbringt, sondern andere Leistungen, wie z.B. das Abhalten von Lehrtätigkeiten, die Lieferung von Hilfsmitteln oder den Verkauf von Medikamenten.

Der Arzt haftet in der Regel gleichzeitig aus vertraglichen und deliktischen Ansprüchen. Eine Möglichkeit der Haftungsbeschränkung steht ihm nicht zu, es sei denn, ausdrückliche Vereinbarungen erlangen Wirksamkeit.

---

330 Vgl. dazu insbesondere *Bayer*, Steuerlehre, 1997, Rdn. 784ff. m.w.N.

331 Vgl. *Bayer*, Steuerlehre, 1997, Rdn. 789; *Bayer/Imberger*, Rechtsformen freiberuflicher Tätigkeit, in: DZWiR 1993, S. 313; *Fleischmann*, Die freien Berufe im Rechtsstaat, 1969, S. 19ff.

332 Dies ist die Haupterscheinungsform bei Freien Berufen überhaupt (vgl. *Westermann*, Gesellschaftsrecht, 1994, S. 57)

5.3 Personengesellschaften

Die Personengesellschaften im weiten Sinne kann man unterteilen in die Personengesellschaften i.e.S. und die Personenhandelsgesellschaften. Zu den Personenhandelsgesellschaften zählen die OHG und die KG. In beiden Gesellschaftsformen kann der Arzt seine freiberufliche Tätigkeit mangels Vorliegen eines Handelsgewerbes nicht ausüben[333]. Gegenstand der Untersuchung sind hier daher die Personengesellschaften i.e.S., dies sind die GbR und die Partnerschaftsgesellschaft[334].

5.3.1 Die Gesellschaft bürgerlichen Rechts

Die GbR ist, anders als die OHG und die KG z.B., keine typische Unternehmensform. Ihre Bedeutung liegt in der Vielfalt der Zwecke und der weitgehenden Gestaltungsfreiheit, für die sie und wie sie verwendet werden kann[335]. So schließen sich auch Gewerbetreibende nicht selten in dieser Form zusammen. Für Freiberufler ist sie die wichtigste Organisationsform für Zusammenschlüsse, da sie bislang, bevor eine eigene Rechtsform für Freiberufler geschaffen wurde, die einzige nicht rein gewerbliche Personengesellschaft war. Zudem war der Weg zur Gründung einer Kapitalgesellschaft aus standesrechtlichen Gründen oft nicht möglich oder ist es zum Teil immer noch nicht[336].

Die GbR wird auch häufig als Hilfsinstrument im Rahmen anderer Gesellschaftsverhältnisse angewandt[337]. Ebenso gehören die „Gelegenheitsgesellschaften des täglichen Lebens“[338] dazu, z.B. gemeinsame Autofahrt, Ferienreise oder Lotteriegemeinschaft.

5.3.1.1 Allgemein gesellschaftsrechtliche Aspekte[339]

Die GbR oder, wie sie auch genannt wird, die BGB-Gesellschaft, ist eine Personenvereinigung. Sie beruht auf Vertrag, dem Gesellschaftsvertrag, der grund-

---

[333] Vgl. bereits Kap. 4.3, S. 62.

[334] Zu einer schematischen Übersicht bezüglich der Einteilung der Gesellschaften vgl. *Bayer*, Steuerlehre, 1997, Rdn. 459 mit Schema 28 und Rdn. 680 mit Schema 41.

[335] Vgl. z.B. *Zacher*, Steuerliche Haftungsrisiken, in: DStR 1993, S. 652; *Kübler*, Gesellschaftsrecht, 1994, S. 41.

[336] Vgl. *Kübler*, Gesellschaftsrecht, 1994, S. 41; *Bösert/Braun/Jochem*, Partnerschaftsgesellschaft, 1996, S. 23.

[337] Vgl. *Kübler*, Gesellschaftsrecht, 1994, S. 42, z.B. als Vorgründungsgesellschaft, reine Innengesellschaft, Stimmrechtsbindungsvertrag oder als Gesellschafterin einer GmbH oder AG.

[338] BGHZ 46 , 213 (gemeinsame Autofahrt) oder BGH WM 1974, 876 (Lotterie- und Totogemeinschaft).

[339] Es kann hier nur ein allgemeiner Überblick gegeben werden. Ausführlicher und detaillierter wird die Gesellschaft bürgerlichen Rechts z.B. behandelt in *Schmidt*, Gesellschaftsrecht, 1997, insb. S. 1693ff.; *Kübler*, Gesellschaftsrecht, 1994.

sätzlich formfrei geschlossen werden kann[340]. In dem Vertrag verpflichten sich alle Gesellschafter, das Erreichen eines gemeinsamen Zweckes zu fördern[341]. Gesetzliche Grundlage bilden die §§ 705 bis 740 BGB. Diese Vorschriften gelten zum Teil auch für die OHG, KG und die stille Gesellschaft gemäß §§ 105 Abs. 2, 161 Abs. 2, 233 Abs. 2 und 234 HGB. Es handelt sich demgemäß um allgemeine Regeln, die auch für andere Gesellschaftsformen eine Grundlage bilden.

Kraft Gesellschaftsvertrag wird ein Schuldverhältnis begründet, durch das alle Gesellschafter grundsätzlich in gleicher Weise berechtigt und verpflichtet werden (§§ 706, 709, 711, 722, 734, 735 BGB). Die Geschäftsführung steht allen Gesellschaftern gemeinschaftlich zu, ferner besteht bei Beschlüssen das Einstimmigkeitsprinzip[342]. Diese Bestimmungen sind jedoch nicht zwingend, sondern dispositiv, d.h., daß sie durch abweichende Regelungen im Gesellschaftsvertrag verdrängt werden können[343]. Die Geschäftsführungsbefugnis kann auf z.B. einen der Gesellschafter gem. § 714 BGB übertragen werden. Wichtig ist, daß dieser Gesellschafter, wenn er im Namen der GbR auftritt, im Zweifel einen Vertrag mit einem Dritten abschließt, bei dem alle Gesellschafter gemeinsam Vertragspartner werden. Eine Ausnahme besteht dann, wenn ausdrücklich mit dem fremden Dritten etwas Abweichendes vereinbart wurde[344].

Ein heftig diskutiertes und umstrittenes Thema ist die Frage nach der Rechtsfähigkeit der GbR. Teilweise wird die Rechtsfähigkeit gänzlich abgelehnt, teilweise wird eine Teilrechtsfähigkeit angenommen[345]. In der Begründung zum PartGG wurde zu diesem Problem wie folgt Stellung bezogen:

„Die Gesellschaft bürgerlichen Rechts [...] besitzt eine rechtlich zu wenig verfestigte und dauerhafte Innenstruktur. Sie ist nicht vollwertig rechtsfähig und ins-

[340] Vgl. z.B. *Boin*, Partnerschaftsgesellschaft für Rechtsanwälte, 1996, S. 9; *Kübler*, Gesellschaftsrecht, 1994, S. 40.
[341] Vgl. statt vieler *Kübler*, Gesellschaftsrecht, 1994, S. 39.
[342] Vgl. statt vieler *Palandt-Thomas*, BGB, 1998 zu § 709 Rdn.1.
[343] Vgl. *Kübler*, Gesellschaftsrecht, 1994, S. 43.
[344] Vgl. BGHZ 56, 355; BGH, MDR 1994, S. 308; BGH, NJW 1994, S. 2302; BGH, NJW 1995, S. 1841; *Boin*, Partnerschaftsgesellschaft für Rechtsanwälte, 1996, S. 16; *Laufs*, Arztrecht, 1993, Rdn. 14.
[345] Die überwiegende Meinung verneint die Rechtsfähigkeit – vgl. *Palandt-Thomas*, BGB, 1998 zu § 705 Rdn. 17; BGH, NJW 1981, S. 1213. Allerdings wird im *Münchener Kommentar* - Ulmer, BGB, 1997, zu § 705, Rdn. 131 von einem „besonderen Zuordnungsobjekt“ gesprochen. Ansonsten vgl. z.B. auch *Boin*, Partnerschaftsgesellschaft für Rechtsanwälte, 1996, S. 11; *Bösert/Braun/Jochem*, Partnerschaftsgesellschaft, 1996, S. 23; *Stuber*, Partnerschaftsgesellschaftsgesetz unter besonderer Berücksichtigung der Belange der Anwaltschaft, in: Wirtschaftsrechtliche Beratung 1994, S. 21; *Michalski/Römermann*, Partnerschaftsgesellschaftsgesetz, 1995, S. 27ff.

besondere nicht voll namensrechtsfähig. So kann eine Gesellschaft bürgerlichen Rechts prozessual aktiv und passiv nur durch Benennung aller Gesellschafter, nicht aber unter dem gewählten Namen auftreten oder sich ins Grundbuch eintragen lassen“[346].

Da der GbR nach wie vor sowohl die Partei-, Konkurs- als auch Wechsel-, oder Eigentumerwerbsfähigkeit verwehrt bleibt, ist zu Recht mit h.M. von einer fehlenden Rechtsfähigkeit und nicht nur von einer nicht vollwertigen Rechtsfähigkeit auszugehen. Dies wird auch deutlich, wenn über die GbR geschrieben wird, es handele sich bei ihr lediglich um ein „angereichertes Schuldverhältnis“[347], das „Etikett (wäre) ohne inhaltliche Aussagekraft“[348] oder sie stelle nur einen „losen Verband“[349] dar.

5.3.1.2 Speziell haftungsrechtliche Aspekte[350]

Die Frage nach der Haftungssituation in der GbR ist sicherlich keine neue[351]. 1979 hat der BGH Stellung dazu genommen, was für eine Haftung beim Handeln namens der GbR bei dem GbR-Geschäftsführer überhaupt begründet wird. Dabei hat sich der BGH der sogenannten Doppelverpflichtungstheorie angeschlossen[352]. Diese baut auf dem Gedanken auf, daß beim Handeln namens der Gesellschaft nicht nur eine Haftung der Gesamthand, sondern zugleich auch eine solche der Gesellschafter persönlich begründet wird, es entsteht also eine gesamtschuldnerische Haftung[353]. Grundsätzlich gilt daher der Grundsatz der un-

---

346 Vgl. amtliche Begründung zum Partnerschaftsgesellschaftsgesetz: BT-Drucksache 12/6152, S. 7; allerdings hat der BGH in der GbR 1992 noch eine „jedenfalls teilweise verselbständigte Organisation [...], die eigene Gläubiger haben kann“, gesehen (Vgl. BGH, ZIP 1992, S. 695, 698).

347 *Ulmer*, Rückbesinnung als Fortschritt, in: ZGR 1984, S. 314.

348 *Wüst*, Ausbaubedürfnisse im Gesellschaftsrecht, in: JZ 1989, S. 271.

349 *Bösert/Braun/Jochem*, Partnerschaftsgesellschaft, 1996, S. 25.

350 Vgl. dazu auch Wolf, 1990; ganz allgemein: *Schmidt*, Haftungsstatus unternehmenstragender BGB-Gesellschaften, in: FS Fleck, 1988; *Heckelmann*, GbRmbH, in: FS Quack, 1991; *Schmidt*, Gesellschaft bürgerlichen Rechts, 1983. Auf eine Unterscheidung in deliktische und vertragliche Haftung wird an dieser Stelle verzichtet. Vgl. dazu aber z.B. *Altmeppen*, Haftung der Gesellschafter einer Personengesellschaft, in: NJW 1996, S. 1017ff.

351 Vgl. auch *Heckelmann*, GbRmbH, in: FS Quack, 1991, S. 243.

352 Vgl. BGHZ 74, 240, 242f.; dazu auch *Heermann*, Haftungsbeschränkung in der BGB-Außengesellschaft, in: BB 1994, S. 2421. Übersichten und Erläuterungen zu den Unterschieden zwischen der sogenannten Doppelverpflichtungstheorie und der Einheitstheorie finden sich z.B. bei *Lehmann*, Haftung des BGB-Gesellschafters, in: DB 1991, S. 2409; *Habersack*, Haftungsverfassung der GbR, in: JUS 1993, S. 1ff.; *Boin*, Partnerschaftsgesellschaft für Rechtsanwälte, 1996, S. 22f.; *Meurer*, Partnerschaftsgesellschaft 1997, S. 99ff.

353 Vgl. beispielsweise *Schroeder*, Die GbRmbH, in: DStR 1992, S. 508; *Westermann*, Gesellschaftsrecht, 1994, S. 57; *Ehlers/Broglie*, Praxis des Arzthaftungsrechts, 1994, S. 182; *Heer-*

mittelbaren, persönlichen, primären und unbeschränkten gesamtschuldnerischen Haftung auf das Ganze.

Bereits 1930 jedoch empfahl ein Beitrag in der Juristischen Wochenschrift, die Gesellschaft bürgerlichen Rechts mit beschränkter Haftung (GbRmbH) „mehr als bisher in die Praxis einzuführen, denn sie hat erhebliche steuerrechtliche Vorteile und entspricht den wirtschaftlichen Bedürfnissen.“[354] Das Reichsgericht hatte diese Möglichkeit auch schon anerkannt[355].

Es soll hier nicht auf die sehr reichhaltige und heftige Diskussion bezüglich der Haftungsverfassung der GbR eingegangen werden. Wichtig erscheint jedoch darauf einzugehen, ob die Gesellschafter überhaupt und wie sie ihre persönliche Haftung beschränken können und welche Bedenken ggf. geäußert werden.

5.3.1.2.1 Haftungsbeschränkung aufgrund gesellschaftsvertraglicher Modifikationen?

Ist per Gesellschaftsvertrag die Vertretungsmacht des geschäftsführenden Gesellschafters in der Weise beschränkt, daß er die anderen Gesellschafter persönlich nicht verpflichten kann, so kann eine (einseitige) Haftungsbeschränkung auf das Gesellschaftsvermögen entstehen[356]. In der Regel hat eine derartige Beschränkung ohne weiteres Außenwirkung, denn grundsätzlich ist es, nach den Regeln des Vertretungsrechts, Sache des Dritten, Bestand und Umfang der Vertretungsmacht zu prüfen[357]. Der gute Glaube an die Vertretungsmacht kommt lediglich im Rahmen des § 179 BGB beim vollmachtlosen Vertreter in Betracht[358].

---

mann, Haftungsbeschränkung in der BGB-Außengesellschaft, in: BB 1994, S. 2421; *Laufs*, Arztrecht, 1993, Rdn. 14.

[354] *Pommer*, in: JW 1930, S. 309.

[355] RGZ 155, S. 75ff, 87, die es im Hinblick auf BGB-Gesellschaften für zulässig hielten, „daß die Vertretungsmacht der geschäftsführenden Gesellschafter in einer Dritten erkennbaren Weise beschränkt wird“.

[356] Sog. „einseitige Haftungsbeschränkung“. Vgl. *Arnold*, Tragweite des § 8 Abs. 2 PartGG, in: BB 1996, S. 604; *Sotiropoulos*, Haftung der Partner und Haftungsbeschränkungswege, in: ZIP 1995, S. 1885; *Stuber*, Partnerschaftsgesellschaft, 1995, S. 51; *Sandberger/Müller-Graff*, Rechtliche Form freiberuflicher Zusammenarbeit, in: Zeitschrift für Rechtspolitik 1975, S. 3; *Schwark*, Persönliche Gesellschafterhaftung in der GbR, in: DZWiR 1992, S. 443; *Heermann*, Haftungsbeschränkung in der BGB-Außengesellschaft, in: BB 1994, S. 2423; *Schirmer*, Berufsrechtliche und kassenarztrechtliche Fragen - Teil 1, in: MedR 1995, S. 351.

[357] Vgl *Schwark*, Persönliche Gesellschafterhaftung in der GbR, in: DZWiR 1992, S. 443; *Heermann*, Haftungsbeschränkung in der BGB-Außengesellschaft, in: BB 1994, S. 2423.

[358] Vgl. *Schwark*, Persönliche Gesellschafterhaftung in der GbR, in: DZWiR 1992, S. 443; *Heermann*, Haftungsbeschränkung in der BGB-Außengesellschaft, in: BB 1994, S. 2423.

Es stellt sich allerdings die Frage, ob nicht gerade bei der GbR bei nicht einschlägig vorgebildeten Vertragspartnern die Auffassung als vorherrschend angesehen werden muß, daß die Gesellschafter einer GbR grundsätzlich unbeschränkt persönlich haften[359], sofern nicht offensichtlich, aufgrund anderer Umstände, etwas anderes anzunehmen ist. Im Zweifel gelten zugunsten der Gesellschaftsgläubiger die Grundsätze der Anscheins- und Duldungsvollmacht[360]. Der Rechtsschein spricht für eine persönliche Haftung, gerade auch wegen der fehlenden Publizitätspflicht der GbR, solange für Außenstehende nichts Gegenteiliges zu erkennen ist[361].

Der BGH hat mit Urteil vom 25.06.1992 entschieden, daß „die Mitglieder einer BGB-Gesellschaft ihre Haftung auf das Gesellschaftsvermögen auch in der Weise begrenzen (können), daß die Vertretungsmacht des geschäftsführenden Gesellschafters (§ 714 BGB) gesellschaftsvertraglich entsprechend beschränkt wird und diese Beschränkung der Vertretungsmacht – zumindest nach einer Prüfung – für Dritte erkennbar ist."[362]

Dieses Stichwort der Erkennbarkeit nach außen wurde in der Literatur mehrfach aufgegriffen und diskutiert. So wird die am unteren Briefkopfrand versteckt angebrachte Haftungsbeschränkungsklausel als nicht erkennbar gewertet[363], wohingegen ein deutlicher Hinweis im Briefkopf als erkennbar anerkannt wird[364]. Heermann faßt diese Auffassung sehr prägnant zusammen:

---

359 Vgl. *Heermann*, Haftungsbeschränkung in der BGB-Außengesellschaft, in: BB 1994, S. 2423 m.w.N.; kritisch *Heckelmann*, GbRmbH, in: FS Quack, 1991, S. 251: „Ein besonderer Gutglaubensschutz bezüglich des Umfangs der Vertretungsmacht kann daher allein aus der Zugehörigkeit der BGB-Gesellschaft zu den Personengesellschaften nicht abgeleitet werden. Danach hätte die Beschränkung der Vertretungsmacht hier ohne weiteres Außenwirkung."

360 Vgl. *Münchener Kommentar* – Ulmer, BGB, 1997, zu § 714 Rdn. 36; *Wüst*, Ausbaubedürfnisse im Gesellschaftsrecht, in: JZ 1989, S. 270; *Schroeder*, Die GbRmbH, in: DStR 1992, S. 510; *Heermann*, Haftungsbeschränkung in der BGB-Außengesellschaft, in: BB 1994, S. 2423; *Sandberger/Müller-Graff*, Rechtliche Form freiberuflicher Zusammenarbeit, in: Zeitschrift für Rechtspolitik, 1975, S. 3.

361 Vgl. z.B. auch *Stuber*, Partnerschaftsgesellschaft, 1995, S. 51; *Boin*, Partnerschaftsgesellschaft für Rechtsanwälte, 1996, S. 35.

362 Vgl. BGH, NJW 1992, S. 3037, 3039. In diesem Sinne: BGH, NJW 1995, S. 619; BGH, NJW-RR 1990, S. 701, 703; noch enger gefaßt: BGH, NJW 1979, S. 2304, 2306.

363 Vgl. auch BGH-Urteil vom 25. Juni 1992 (I ZR 120/90), in StB Heft 1, 1993, S. 7ff.; BGH, ZIP 1992, S. 1500ff, 1502f.; BGH, NJW 1992, S. 3037 = BB 1992, 2526f.

364 Vgl. insbesondere *Gummert*, Zulässigkeit einseitiger Haftungsbeschränkung, in: ZIP 1993, S. 1063ff.; *Gail/Overlack*, Anwaltsgesellschaften, 1996, Rdn. 314; *Stuber*, Partnerschaftsgesellschaft, 1995, S. 51; *Zacher*, Steuerliche Haftungsrisiken, in: DStR 1993, S. 652 m.w.N. und S. 656; *Arnold*, Tragweite des § 8 Abs. 2 PartGG, in: BB 1996, S. 598, der sich auch mit der sprachlich korrekten Ausgestaltung befaßt hat (seiner Meinung nach korrekt: GbR mit Haftungsbeschränkung; Gefahr der Kollision bei GbRmbH); *Schroeder*, Die GbRmbH, in:

„In einer GbR sind Dritten gegenüber gesellschaftsvertragliche Haftungsbeschränkungen rechtswirksam, wenn die Abweichung vom gesetzlichen Vertretungs- und Haftungsleitbild und der damit übereinstimmenden allgemeinen Verkehrsauffassung – jeweils gerichtet auf die unbeschränkte persönliche Haftung sämtlicher BGB-Gesellschafter – nach außen erkennbar ist. In diesem Fall lebt die zunächst von Rechtsscheintatbeständen überlagerte vertretungsrechtliche Prüfungsobliegenheit Dritter hinsichtlich Bestand und Umfang der Vertretungsmacht wieder auf."[365]

Offen bleibt dabei, wie es um die Haftung des handelnden Gesellschafters bestellt ist. Nach herrschender Meinung haftet dieser weiterhin in vollem Umfang persönlich, es sei denn, er vereinbart ausdrücklich mit dem Vertragspartner eine Haftungsfreistellung[366]. Regelmäßig wird jedoch darauf hingewiesen, daß diese Haftungsrisiken ja durchaus durch eine entsprechende Haftpflichtversicherung einschränkbar sind, wenn auch mit der Konsequenz einer wirtschaftlichen Mehrbelastung[367].

DStR 1992, S. 507; *Habersack*, Haftungsverfassung der GbR, in: JUS 1993, S. 8; *Boin*, Partnerschaftsgesellschaft für Rechtsanwälte, 1996, S. 34; *Heckelmann*, GbRmbH, in: FS Quack, 1991, S. 252; *Heermann*, Haftungsbeschränkung in der BGB-Außengesellschaft, in: BB 1994, S. 2430f.

[365] Vgl. *Heermann*, Haftungsbeschränkung in der BGB-Außengesellschaft, in: BB 1994, S. 2425.

[366] Vgl. z.B. *Habersack*, Haftungsverfassung der GbR, in: JUS 1993, S. 8; *Heckelmann*, GbRmbH, in: FS Quack, 1991, S. 250; *Schroeder*, Die GbRmbH, in: DStR 1992, S. 510; *Schwark*, Persönliche Gesellschafterhaftung in der GbR, in: DZWiR 1992,S. 442; *Arnold*, Tragweite des § 8 Abs. 2 PartGG, in: BB 1996, S. 599 und 602.

[367] Vgl. z.B. *Ehlers/Broglie*, Praxis des Arzthaftungsrechts, 1994, S. 172.

5.3.1.2.2 Haftungsbeschränkung aufgrund ausdrücklicher Vereinbarung?

Grundsätzlich möglich und zulässig sind ausdrückliche Haftungsbeschränkungen zwischen Vertragspartnern. Ein derartiges Vorgehen ist gerade Resultat der Vertragsfreiheit[368].

Obschon die Möglichkeit rechtlich offen steht, ist sie in der Praxis doch eher unüblich[369]. Zum einen ist sie vom Verfahren sehr aufwendig und umständlich, denn es muß in jedem Einzelfall eine solche Beschränkung ausgehandelt und vertraglich fixiert werden[370]. Zum anderen könnte dadurch der Ruf einer Gesellschaft stark in Mitleidenschaft gezogen werden. Haftungsbeschränkungen fördern sicherlich nicht gerade das Vertrauen zwischen den Vertragspartnern, z.B. hinsichtlich der Fähigkeiten eines Arztes oder der Kreditwürdigkeit gegenüber Banken oder Geräteherstellern. Dies insbesondere dann nicht, wenn eine Beschränkung der Haftung eigentlich gerade als unüblich oder untypisch für diese Gesellschaftsform gilt. Die Frage nach der Akzeptanz spielt daher eine große Rolle[371]. Die Angst der Mithaftung für die Fehler der anderen kann jedoch trotzdem ausgeschaltet werden, denn prinzipiell möglich ist immer eine Vereinbarung der Freistellung im Innenverhältnis für Fehler des anderen. Für die haftungsrechtliche Inanspruchnahme im Außenverhältnis spielt das jedoch zunächst keine Rolle[372].

---

[368] Vgl. *Heermann*, Haftungsbeschränkung in der BGB-Außengesellschaft, in: BB 1994, S. 2422; *Stuber*, Partnerschaftsgesellschaft, 1995, S. 51; *Schwark*, Persönliche Gesellschafterhaftung in der GbR, in: DZWiR 1992, S. 442; *Arnold*, Tragweite des § 8 Abs. 2 PartGG, in: BB 1996, S. 597; *Sandberger/Müller-Graff*, Rechtliche Form freiberuflicher Zusammenarbeit, in: Zeitschrift für Rechtspolitik, 1975, S. 3; *Boin*, Partnerschaftsgesellschaft für Rechtsanwälte, 1996, S. 24-27; *Gail/Overlack*, Anwaltsgesellschaften, 1996, Rdn. 313.

[369] Vgl. z.B. *Heckelmann*, GbRmbH, in: FS Quack, 1991, S. 257; *Flume*, Allgemeiner Teil des Bürgerlichen Rechts, 1977, S. 328

[370] Vgl. *Arnold*, Tragweite des § 8 Abs. 2 PartGG, in: BB 1996, S. 597.

[371] Vgl. auch *Schroeder*, Die GbRmbH, in: DStR 1992, S. 512.

[372] Vgl. *Gantefährer/Ricken*, Vertragsgestaltung bei Gemeinschaftspraxen, in: Arzt und Wirtschaft 1988, S. 30 und 32 sowie ein entsprechendes Vertragsmuster bei *Rieger*, Verträge zwischen Ärzten, 1993, S. 36 und S. 39: „ [...] im Innenverhältnis sind sie einander nach dem Grad ihres Verschuldens zum Ausgleich verpflichtet, soweit der Schaden nicht durch die Berufshaftpflichtversicherung gedeckt wird."

5.3.1.2.3 Haftungsbeschränkung für gesetzliche Ansprüche, insbesondere für Steuerschulden der Gesellschaft?

Wie bereits weiter oben ausgeführt wurde, ist es grundsätzlich möglich, wenn auch z.T. noch sehr umstritten, die Haftung in einem gewissen Maße zu beschränken.

Es stellt sich nun die Frage, ob sich diese Haftungsbeschränkungsmöglichkeiten auch auf gesetzliche Verpflichtungen, also z.B. auf die Entrichtung von Steuern, erstrecken. Es liegt auf der Hand, daß zunächst die Fälle ausscheiden, in denen der Gesellschafter selbst Steuerschuldner ist, also insbesondere bei der Einkommensteuer. Hier haftet er grundsätzlich alleine und unbeschränkt.

Wie ist es nun aber mit den Steuerschulden der Gesellschaft, namentlich mit der Gewerbesteuer, Umsatzsteuer oder Grunderwerbsteuer, falls überhaupt fällig? Kann sich hier eine Haftungsbeschränkung zugunsten der Gesellschafter ergeben?

Die Rechtsprechung und auch die steuerrechtliche Rechtswissenschaft sind sich überwiegend dahingehend einig[373], daß eine Beschränkung hier nicht greift, sondern daß eine Haftung unmittelbar kraft Gesetz anzunehmen ist. Die Begründungen basieren auf unterschiedlichen Argumenten, insbesondere aber darauf, daß es sich um ein gesetzliches Schuldverhältnis handelt, das nicht vertraglich beschränkt werden kann, sondern allenfalls gesetzlichen Einschränkungen unterliegt[374].

5.3.1.2.4 Haftung bei Gesellschafterwechsel

Bei der GbR haftet der Neueintretende grundsätzlich nicht für Verbindlichkeiten, die vor seinem Eintritt entstanden sind[375], es sein denn, wiederum aufgrund der freien Vertragsgestaltung, es wird vertraglich etwas anderes vereinbart[376].

Bei Ausscheiden eines Gesellschafters ergibt sich folgende Rechtslage: Es besteht eine Haftung für diejenigen Verbindlichkeiten, die während seiner Mitgliedschaft entstanden sind, es sei denn, diese sind bereits verjährt[377]. Für neue Verbindlichkeiten, die nach Austritt des Gesellschafters entstehen, haftet dieser

---

[373] Kritisch dazu *Zacher*, Steuerliche Haftungsrisiken, in: DStR 1993, S. 652.

[374] Vgl. zu dieser Diskussion: *Boin*, Partnerschaftsgesellschaft für Rechtsanwälte, 1996, S. 57; *Zacher*, Steuerliche Haftungsrisiken, in: DStR 1993, S. 653 und 656; *Rasenack*, Zur Haftungsbeschränkung von BGB-Gesellschaften, in: BB 1990, S. 2457; *Buciek*, Haftung der BGB-Gesellschafter für Steuerschulden, in: DStZ 1986, S. 370ff.

[375] BGHZ 74, 240; *Palandt-Thomas*, BGB, 1998, zu § 736 Rdn. 6; vgl. auch *Zacher*, Steuerliche Haftungsrisiken, in: DStR 1993, S. 656; *Stuber*, Partnerschaftsgesellschaft, 1995, S. 51.

[376] Vgl. *Boin*, Partnerschaftsgesellschaft für Rechtsanwälte, 1996, S. 40f.

[377] Vgl. *Boin*, Partnerschaftsgesellschaft für Rechtsanwälte, 1996, S. 45; *Zacher*, Steuerliche Haftungsrisiken, in: DStR 1993, S. 656.

grundsätzlich nicht, es sein denn, es liegt ein Fall der Rechtsscheinhaftung vor[378].

Das Ausscheiden eines Gesellschafters führt in der Regel grundsätzlich zum Auflösen der gesamten Gesellschaft. Es ist daher empfehlenswert, eine sogenannte Fortsetzungsklausel im Gesellschaftsvertrag gem. § 736 Abs. 1 BGB zu vereinbaren[379].

5.3.1.3 Allgemein berufsrechtliche Aspekte

Bezogen auf die Ärzte wird sowohl die Praxisgemeinschaft als auch die Gemeinschaftspraxis in der Rechtsform der GbR geführt. In der weiteren Behandlung sei grundsätzlich von der Form einer Gemeinschaftspraxis ausgegangen, denn nur dort lassen sich die steuerrechtlichen und haftungsrechtlichen Besonderheiten vollständig aufzeigen, da hier nicht nur ein Teilgebiet in die GbR ausgegliedert wird, sondern die gesamte gemeinsame Berufsausübung Gesellschaftszweck ist.

Grundsätzlich ändert der Zusammenschluß in der Gesamthandsgemeinschaft nichts an dem Vorrang des jeweils geltenden Berufsrechts[380]. So kennen das Zulassungsrecht des SGB V und der Ärzte-ZV für die Berechtigung zur Teilnahme an der vertragsärztlichen Versorgung prinzipiell auch keine „Gesellschafts"-Zulassung. Zulassungsfähig ist nur der Arzt nach § 95 SGB V, § 18 Ärzte-ZV. Möglich ist nach § 33 Ärzte-ZV mittlerweile jedoch auch die „gemeinschaftliche Berufsausübung" unter Vertragsärzten, wenn jeder einzelne Arzt die Zulassung erteilt bekommen hat[381]. Auf ähnliche Weise sind die Leistungen, die im Rahmen einer GbR erbracht werden, erstattungsfähig bei den privaten Krankenversicherungen. Die Versicherer haben hier auf eine strenge Auslegung des Niederlassungsbegriffes nach § 4 Abs. 2 Satz 1 MBKK (Musterbedingungen der privaten Krankenversicherungen) verzichtet[382], so daß auch Privatärzte, die gemeinsam in einer GbR tätig werden, jeweils als selbständig niedergelassen gelten[383].

---

378 Vgl. *Boin*, Partnerschaftsgesellschaft für Rechtsanwälte, 1996, S. 47.

379 Vgl. dazu *Boin*, Partnerschaftsgesellschaft für Rechtsanwälte, 1996, S. 41.

380 Vgl. *Kempter*, Partnerschaftsgesellschaftsgesetz, in: BRAK-Mitt. 1994, S. 123; BGHZ 70, 158, 167; BGH, in: WiB 1994, S. 270 mit Anmerkung Pötzmann.

381 Vgl. dazu auch *Schirmer*, Berufsrechtliche und kassenarztrechtliche Fragen - Teil 2, in: MedR 1995, S. 388.

382 Vgl. *Dreher*, Ärztliche Berufsausübung in Gesellschaften in: VersR 1995, S. 253.

383 Zur gesamten Auslegungsproblematik des Niederlassungsbegriffs, auch bezogen auf die Partnerschaftsgesellschaft und die GmbH, vgl. Kap. 5.3.2.5.4, S. 139 und 5.4.1.3.3, S. 163 sowie allgemein auch *Dreher*, Ärztliche Berufsausübung in Gesellschaften in: VersR 1995, S. 246, 248.

5.3.1.4 Allgemein steuerrechtliche Aspekte[384]

Wenn auch der GbR zivilrechtlich grundsätzlich keinerlei Rechtsfähigkeit zugesprochen wird, so z.B. insbesondere keine Partei-, Wechsel- oder Konkursfähigkeit[385], so heißt das nicht, daß im Steuerrecht dieser Auffassung gefolgt wird und der GbR demnach eine Subjektfähigkeit im Steuerrecht versagt wird. Die Steuerrechtsfähigkeit ist, im Gegenteil, als eine von der BGB-Rechtsfähigkeit losgelöste Sonderrechtsfähigkeit ausgestaltet[386]. Erschwerend kommt hinzu, daß sich diese steuerrechtseigene Subjektfähigkeit nicht einheitlich über das gesamte Steuerrecht erstreckt, sondern von Steuerart zu Steuerart verschieden definiert ist[387].

Das personengesellschaftsrechtliche Steuerrecht zerfällt zudem in zwei Teile. Man unterscheidet zwei Gruppen von Steuertatbeständen[388]. Es sind dies zum einen diejenigen, die das Entstehen des Steueranspruches davon abhängig machen, daß „jemand" Gesellschafter einer Personengesellschaft ist, diesen jemand also in seiner Eigenschaft als Personengesellschafter steuerpflichtig machen. Zum anderen sind es jene, die, genau umgekehrt, den Steueranspruch immer nur dann entstehen lassen, wenn „jemand" Personengesellschaft ist, in diesem Fall die Eigenschaften einer GbR erfüllt.

Es läßt sich daher eine Untergliederung vornehmen in einen Bestand an Personengesellschafter-Steuerrechten und in einen Bestand an Personengesellschafts-Steuerrechten, die in ihrer Gesamtheit das personengesellschaftsrechtliche Steuerrecht ergeben.

---

384 Vgl. zu allem auch *Bunjes,* Steuer-ABC für Freiberufler, 1990, insbesondere auch zu den Besonderheiten bei der Gründung, Anteilsveräußerung oder Auflösung (S. 62-66).

385 Vgl. z.B. *Wüst*, Ausbaubedürfnisse im Gesellschaftsrecht, in: JZ 1989, S. 275.

386 Vgl. *Tipke/Lang*, Steuerrecht, 1996, zu § 6 Rdn. 12; *Bodden*, Einkommensteuerrechtliche Subjektfähigkeit der Personengesellschaft, in: DStZ 1996, S. 73.

387 Vgl. *Bodden*, Einkommensteuerrechtliche Subjektfähigkeit der Personengesellschaft, in: DStZ 1996, S. 73; *Zacher*, Steuerliche Haftungsrisiken, in: DStR 1993, S. 652.

388 Vgl. *Bayer/Imberger*, Nochmals: Die Rechtsformen freiberuflicher Tätigkeit, in: DZWiR 1995, S. 181; *Bayer*, Steuerlehre, 1997, Rdn. 459ff.; *Korts/Korts*, Heilberufsgesellschaften, 1996, S. 27; ausführlich: *Bayer*, Grundbegriffe des Steuerrechts, 1992, Rdn. 66ff.und 76.

5.3.1.4.1 Das Personengesellschafter-Steuerrecht

5.3.1.4.1.1 Einkommensteuer

Die Mitglieder der Personengesellschaft, im Falle der Gemeinschaftspraxis die einzelnen Ärzte, schulden Einkommensteuer. Sie sind natürliche Personen und betätigen sich als freiberufliche Mitunternehmer[389] i.S.d. § 18 Abs. 4 i.V.m. § 15 Abs. 1 Satz 1 Nr. 2 EStG[390], indem sie Mitglied einer freiberuflich tätigen Personengesellschaft sind, da sie selbst ausschließlich Tätigkeiten i.S.v. § 18 Abs. 1 Nr. 1 EStG nachgehen[391].

Im Falle der Veräußerung eines Mitunternehmeranteils entsteht ein Veräußerungsgewinn, der begünstigt ist und mit dem halben durchschnittlichen Steuersatz – analog zur Veräußerung einer Einzelpraxis – zu besteuern ist[392].

5.3.1.4.1.2 Körperschaftsteuer

Die Gesellschafter einer GbR schulden keine Körperschaftsteuer. Als natürliche Personen sind sie Einkommensteuersubjekt und schulden daher diese und nicht die Körperschaftsteuer.

---

389 Zum Begriff des Mitunternehmers vgl. BFHE 171, 246ff., 257: „Der Mitunternehmer unterscheidet sich vom Einzelunternehmer dadurch, daß er seine unternehmerische Tätigkeit nicht allein, sondern zusammen mit anderen (Mit-)Unternehmern in gesellschaftlicher Verbundenheit ausübt." Analog unterscheidet sich also ein freiberuflicher Mitunternehmer vom Einzel-Freiberufler dadurch, daß er seine freiberufliche Tätigkeit nicht allein, sonder zusammen mit anderen freiberuflich tätigen (Mit-)Unternehmern in gesellschaftlicher Verbundenheit ausübt.

390 Vgl. *Bayer*, Steuerlehre, 1997, Rdn. 677.

391 Vgl. *Bayer*, Steuerlehre, 1997, Rdn. 678. Allerdings gilt auch hier die gesamte Mitunternehmerschaft als Gewerbebetrieb (Stichwort Abfärbetheorie, vgl. bereits Kap. 2.3.2, S. 28), wenn an der Gesellschaft auch nur eine berufsfremde (nicht-freiberufliche) Person beteiligt ist oder gewerbliche Einkünfte in auch nur geringem Umfang erzielt werden – vgl. *Kratzer*, Gewerbesteuererklärung, in: NWB 1998, Fach 5, S. 1394. Dies hat Paus bereits 1986 kritisiert. Er vertritt die Auffassung, daß eine Tätigkeit einer Gesellschaft, die z.B. aus einem Arzt und einem nicht aktiv tätigen Geldgeber besteht, trotz der gewerblichen Einkünfte des Geldgebers ihrer Art nach weiterhin als freiberuflich anzusehen ist – vgl. *Paus*, Freiberufliche Tätigkeit einer Personengesellschaft, in: DStZ 1986, S. 120. Ebenfalls kritisch *Korn*, Abgrenzung zwischen freier Berufstätigkeit und Gewerbe, in: DStR 1995, S. 1254f.

392 Vgl. Kap. 5.2.4.1, S. 75.

5.3.1.4.2 Das Personengesellschafts-Steuerrecht

5.3.1.4.2.1 Einkommensteuer

Bei der Einkommensteuer entstehen hinsichtlich der steuerrechtlichen Rechtsfähigkeit der GbR keine Abweichungen zum Zivilrecht. Die Personengesellschaft scheitert bereits an den Voraussetzungen des Steuersubjekts. Sie ist keine natürliche Person und damit kein Einkommensteuersubjekt. Sie kann nicht unter dieses Tatbestandsmerkmal subsumiert werden. Natürlich heißt dies nicht, daß Einkommensteuer gar nicht anfällt. Die Steuern, die die Personengesellschaft selbst nicht zu entrichten braucht, müssen von anderen entrichtet werden. Im Bereich der Einkommensteuer wird auf die Gesellschafterebene durchgegriffen (s.o.)[393].

5.3.1.4.2.2 Körperschaftsteuer

Im Bereich der Körperschaftsteuer liegen die Dinge wie im Zivilrecht. Die Personengesellschaft ist keine juristische Person i.S. des § 1 KStG und damit kein Körperschaftsteuersubjekt[394]. Der Grundtatbestand ist nicht erfüllt.

5.3.1.4.2.3 Umsatzsteuer

Im Bereich der Umsatzsteuer findet man die erste Abweichung zum Zivilrecht. Der GbR wird in diesem Fall eine eigene Subjektfähigkeit zugesprochen. Die GbR als Personenvereinigung kann Unternehmereigenschaft i.S.d. § 2 UStG besitzen. Sie zählt wie die natürliche Person beim Einzelunternehmen zu dem Kreis des „jedermann". Sie erfüllt die Tatbestandsvoraussetzungen ebenso wie der Einzel-Freiberufler oder andere Rechtsgebilde und macht sich mit den von ihr erbrachten Leistungen grundsätzlich umsatzsteuerpflichtig[395] gemäß § 2 Abs. 1 i.V.m. § 1 UStG. Auch hier handelt es sich um die Erbringung sonstiger Leistungen, genauer um Dienstleistungen.

Im Falle der Ärzteschaft, hier der Gemeinschaftspraxis, greift jedoch wieder die sachliche Steuerbefreiung des § 4 Nr. 14 UStG, denn der GbR wird Arztfähigkeit grundsätzlich zugesprochen[396].

---

[393] Vgl. *Bayer/Imberger*, Rechtsformen freiberuflicher Tätigkeit, in: DZWiR 1993, S. 315.

[394] Vgl. auch *Boin*, Partnerschaftsgesellschaft für Rechtsanwälte, 1996, S. 84.

[395] Vgl. BFH Urteil vom 23.10.1985, BB 1986, S. 121; vgl. auch *Bayer*, Grundbegriffe des Steuerrechts, 1992, Bogen 15 unter Steuersubjekt und Steuergegenstand; *Boin*, Partnerschaftsgesellschaft für Rechtsanwälte, 1996, S. 58; *Bayer*, Steuerlehre, 1997, Rdn. 833ff.

[396] Vgl. BFH Urteil vom 26.8.1993, BStBl. II, S. 887; Abschnitt 93 Satz 1 UStR; vgl. auch *Bayer/Imberger*, Rechtsformen freiberuflicher Tätigkeit, in: DZWiR 1993, S. 314; *Boin*, Partnerschaftsgesellschaft für Rechtsanwälte, 1996, S. 59. An dieser Stelle geht es noch nicht um die prinzipiell auch in der Rechtsform der GbR mögliche medizinische Kooperationsgemeinschaft des § 23a MBO und deren umsatzsteuerliche Behandlung. Vgl. zu den Besonderheiten dabei Kap. 5.3.2.5.2.2, S. 133 und Kap. 5.3.2.6.1.2.2.2, S. 143.

5.3.1.4.2.4 Gewerbesteuer

Die GbR kann grundsätzlich Gewerbesteuersubjekt sein. Es fehlt ihr nicht an einer Subjektfähigkeit. Im Falle der Freiberufler-GbR fehlt es ihr jedoch, wieder analog zum Einzel-Freiberufler[397], an der Ausübung eines Gewerbes. Die Erbringung reiner freiberuflicher Leistungen führt zur Gewerbesteuerfreiheit[398].

Übte die GbR ein Gewerbe aus, z.B. bei einem Zusammenschluß von Gewerbetreibenden, so erfüllte sie den Grundtatbestand der Gewerbesteuer. Diese fiele dann bei ihr an und nicht bei den einzelnen Gesellschaftern[399].

5.3.1.4.3 Sonstige steuerrechtliche Besonderheiten

Die GbR ist nicht rechtsfähig im Sinne des Erbschaftsteuerrechts[400]. Stirbt z.B. ein Gesellschafter und wächst sein Gesellschaftsanteil den übrigen Gesellschaftern zu, so muß jeder Gesellschafter den ihm zuwachsenden Anteil gem. § 3 Abs. 1 Nr. 2 Satz 2 ErbStG versteuern (soweit der Wert des Anteils eventuelle Abfindungsansprüche gegenüber Erben z.B. übersteigt)[401].

Dagegen ist im Rahmen des Grunderwerbsteuerrechts[402] die GbR im Gegensatz zum zivilrechtlichen und erbschaftsteuerrechtlichen Standpunkt rechtsfähig. Nach neuerer Rechtsprechung ist die GbR auch im Lohnsteuerrecht[403] als rechts-

---

[397] Vgl. *Bayer*, Steuerlehre, 1997, Rdn. 805. Eine sehr ausführliche, auch historisch durchleuchtete Analyse, ob die Tatbestandsvoraussetzungen für die Gewerbesteuerpflicht erfüllt sind, allerdings mit Schwerpunkt auf dem Anwaltsberuf, hat *Boin*, Partnerschaftsgesellschaft für Rechtsanwälte, 1996, S. 59ff. vorgenommen.

[398] Gewerbesteuer kann bei den Freiberuflern auch anfallen, wenn z.B. der § 15 Abs. 3 Nr. 1 EStG einschlägig ist – Stichwort Abfärbetheorie (Vgl. auch *Schulze zur Wiesche*, Personengesellschaften in der neueren Rechtsprechung, in: FR 1996, S. 237 und *Bordewin*, Besteuerung der Personengesellschaften, in: NWB 1996, Fach 18, S. 3479 sowie Kap. 2.3.2, S. 28 und Kap. 2.3.4, S. 30).

[399] Es gibt keine Mitunternehmerschaft im Gewerbesteuerrecht – der Gesellschaft selbst kommt die Rolle des gewerblich Tätigen zu. Vgl. *Bayer*, Steuerlehre, 1997, Rdn. 802 m.w.N.

[400] BFH Urteil vom 14.9.1994, II RZ95/92, BStBl. II, 1995, S. 81. Es käme allerdings nicht darauf an, wer Schenkungs- oder Erbschaftsempfänger sei, die Personengesellschaft oder aber ihr Gesellschafter. Vermögensmäßig bereichert sei jeweils allein der einzelne Gesellschafter. Dieser und nicht die Gesamthand sei deshalb auch Erwerber und damit Steuerschuldner i.S.v. § 20 ErbStG.

[401] Vgl. dazu *Boin*, Partnerschaftsgesellschaft für Rechtsanwälte, 1996, S. 84f.; *Gosch*, Zugriff auf Gesellschafter, in: DStZ 1996, S. 420; *Bayer*, Steuerlehre, 1997, Rdn. 484; BFHE 155, 395ff.: Die Personengesellschaft ist als solche nicht erbschaftsteuerpflichtig.

[402] Vgl. BFHE 73, 429, 431: „Nach ständiger Rechtsprechung [...] sind die [...] und die GbR [...] für die Grunderwerbsteuer als selbständige Rechtsträger anzusehen.“; BFHE 125, 569, 571; BFH Urteil vom 11.2.1987, BStBl. II, 325ff.; *Lothmann*, Vermögensverwaltende Personengesellschaft, in: DStR 1992, S. 1232; *Bayer*, Steuerlehre, 1997, Rdn. 1091.

[403] Vgl. BFH Urteil vom 11.2.1995, BStBl. 1995 II, 390ff.

fähig anzusehen und gilt als Besteuerungssubjekt, auch wenn sie zivilrechtlich nach wie vor nicht Vertragspartnerin eines Arbeitsvertrages sein kann[404].

5.3.1.4.4 Gewinnermittlungsvorschriften und Aufzeichnungspflichten

Die GbR als Ärztezusammenschluß ist ein Freiberuflerzusammenschluß. Sie ist damit nicht Kaufmann und auch nicht aufzeichnungspflichtig i.S.d. §§ 238ff. HGB. Dem Handelsrecht ist die freiberufliche Personengesellschaft fremd. Analog zum Einzel-Freiberufler fällt sie als Freiberuflergesellschaft auch nicht unter die §§ 140, 141 AO[405]. Auch die Freiberufler-GbR hat demnach ein Wahlrecht, ob sie ihren Gewinn nach § 4 Abs. 1 EStG oder nach § 4 Abs. 3 EStG ermittelt[406].

Bei überschaubaren Gesellschaftsverhältnissen kann es ratsam sein, die Einnahmen-Überschuß-Rechnung zu wählen, da sie letzten Endes auch einen geringeren buchungstechnischen Aufwand erfordert. Insbesondere sind, wie beim Einzel-Arzt auch, gegen Jahresbeginn keine umfangreichen Abgrenzungsarbeiten hinsichtlich der Zuordnung von Aufwendungen und Erträgen zum Vorjahr vorzunehmen.

In bestimmten Fällen kann sich jedoch - auch bei Freiberuflern, die ihren Gewinn grundsätzlich nach § 4 Abs. 3 EStG ermitteln können – trotzdem die Pflicht zur Erstellung einer Bilanz ergeben, so z.B. bei Gesellschaftsgründungen mit Sacheinlagen in Form von Eröffnungsbilanzen bei einer bereits bestehenden Praxis oder bei der Auflösung in Form von Liquidationsbilanzen[407]. Dabei ist dann ein sogenannter ggf. nicht unerheblicher Übergangsgewinn zu ermitteln[408]. Ist man sich einer solchen Entwicklung der Praxis schon im Vorfeld bewußt, ist die freiwillige Bilanzierung gem. § 4 Abs. 1 EStG eventuell von vornherein von Vorteil[409]. Zudem ist der „betriebswirtschaftliche Erkenntniswert der Bilanzrechnung“[410] ggf. von nicht unerheblicher Bedeutung. Im Rahmen der GuV werden Erfolgsanalysen möglich, im Rahmen der Bilanz z.B. direkt der Stand der Verbindlichkeiten und etwaiger Rücklagen ersichtlich. Dagegen sprechen

[404] Vgl. *Bodden*, Einkommensteuerrechtliche Subjektfähigkeit der Personengesellschaft, in: DStZ 1996, S. 74.
[405] Vgl. bereits Kap. 5.2.3, S. 68.
[406] Vgl. dazu Kap. 5.2.3.1, S. 69 und Kap. 5.2.3.2, S. 71.
[407] Vgl. *Nentwig/Bonvie/Hennings*, Partnerschaftsgesellschaftsgesetz, 1995, S. 131; Vgl. *Castan*, Partnerschaftsgesellschaft, 1997, S. 138.
[408] Ausführlich zu den vorzunehmenden Gewinnkorrekturen z.B. *Segebrecht*, Die Einnahme-Überschußrechnung, 1996, S. 241ff.; *Gunsenheimer*, Wechsel der Gewinnermittlungsart, in: NWB 1996, Fach 17, S. 1419ff.
[409] So auch *Nentwig/Bonvie/Hennings*, Partnerschaftsgesellschaftsgesetz, 1995, S. 131.
[410] *Castan*, Partnerschaftsgesellschaft, 1997, S. 156.

wiederum der höhere Aufwand und die möglicherweise auch höheren Beratungskosten.

Sollte im Zuge einer Neuordnung des Gesellschaftsrechts die Zulässigkeit von Pensionsrückstellungen auch für Gesellschafter von Personengesellschaften erklärt werden, so könnte die freiwillige Bilanzierung durchaus von Interesse sein, da dort Rückstellungen gebildet werden können[411].

An der GbR sind mehrere Personen beteiligt, und diesen Personen sind die Einkünfte aus der GbR steuerlich zuzurechnen. Gem. § 180 Abs. 1 Nr. 2a AO werden die einkommensteuerpflichtigen Einkünfte gesondert und einheitlich festgestellt.

5.3.1.5 Zusammenfassung

Die GbR ist eine Personengesellschaft, die keine eigene Rechtsfähigkeit hat. Sie besitzt ein Gesamthandsvermögen. Grundsätzlich sind alle Gesellschafter in gleicher Weise berechtigt und verpflichtet. Aufgrund der nur sehr wenigen und dazu allgemein gehaltenen gesetzlichen Vorschriften, ist die Ausgestaltung spezieller Regelungen in großem Maße der eigenen Vertragsgestaltung überlassen.

Auf der Grundlage der Lehre von der Doppelverpflichtungstheorie sind Gestaltungsvarianten denkbar, die es ermöglichen, zumindest teilweise eine BGB-Gesellschaft mit Haftungsbeschränkung auch Dritten gegenüber wirksam durchzusetzen. Der Umfang dieser Beschränkung ist allerdings auf die rechtsgeschäftlich begründeten Verbindlichkeiten begrenzt, zudem nur bezogen auf die vertretenen Gesellschafter. Die Haftungsbeschränkung greift nur bei Kenntnis bzw. ausdrücklicher Vereinbarung mit außenstehenden Dritten und kann im Zweifel an den Grundsätzen der Anscheins- und Duldungsvollmacht scheitern. Zudem ist es fraglich, ob im tatsächlichen Rechtsverkehr eine GbRmbH akzeptiert wird.

Ausdrückliche Vereinbarungen von Haftungsbeschränkungen sind grundsätzlich möglich, werden berufsrechtlich z.T. jedoch als generell unzulässig angesehen.

Im Bereich der Ärzte werden die traditionellen Formen der Gemeinschaftspraxis und der Praxisgemeinschaft in der Rechtsform der GbR geführt. Die Ärzte können dabei vertraglich bestimmte Gewinnverteilungsregeln, Fortsetzungsklauseln oder auch Haftungsvereinbarungen im Innenverhältnis treffen, haben also sehr weitreichende Vertragsgestaltungsmöglichkeiten.

Sowohl bezüglich der Kassenärztlichen Versorgung als auch im Rahmen der privaten Versicherungen gibt es keine Probleme hinsichtlich der Abrechnung

---

[411] Vgl. *Seibert*, Die Partnerschaft, 1994, S. 51; *Castan*, Partnerschaftsgesellschaft, 1997, S. 138.

oder der Erstattungsfähigkeit ärztlicher Leistungen. Die GbR wird in diesem Fall dem Einzel-Arzt gleichgestellt.

Bezogen auf das Steuerrecht läßt sich festhalten, daß ertragsteuerlich nicht von der zivilrechtlichen Auffassung der fehlenden Rechtsfähigkeit der GbR abgewichen wird, obwohl man gerade das hätte vermuten können, macht doch der Bundesfinanzhof die Personengesellschaft zum „Subjekt der Gewinnermittlung“[412]. Die Gesellschafter der Freiberufler-GbR sind jedoch insbesondere zur Zahlung von Einkommensteuer verpflichtet.

Im Bereich anderer Steuern wird der Personengesellschaft Subjektfähigkeit zugesprochen. Sie kann Schuldnerin der Grunderwerbsteuer sein. Sie wäre Schuldnerin der USt, läge nicht bei den Ärzten eine sachliche Umsatzsteuerbefreiung vor[413], und sie wäre auch Schuldnerin der GewSt, handelte es sich nicht um einen Freiberufler-Zusammenschluß[414].

Man kann folgern, daß die GbR solange Steuersubjekt bleibt, als nicht „für Zwecke der richtigen Besteuerung auf den `Kopf des Gesellschafters´ durchgegriffen werden muß“[415].

[412] BFHE 141, 405, 425ff.; BFHE 163, 1, 16; BFH Urteil vom 25.6.84, DB 1985, 2476, 2528ff.; *Bayer/Imberger*, Rechtsformen freiberuflicher Tätigkeit, in: DZWiR 1993, S. 315 m.w.N.; *Schulze zur Wiesche*, Personengesellschaften in der neueren Rechtsprechung, in: FR 1996, S. 237.

[413] Auf Ausnahmen wurde bereits in Kap. 5.2.4.2, S. 77 hingewiesen.

[414] Auch hier wurde auf die Ausnahmen bereits hingewiesen (vgl. Kap. 2.3, S. 26).

[415] Vgl. *Bodden*, Einkommensteuerrechtliche Subjektfähigkeit der Personengesellschaft, in: DStZ 1996, S. 83 m.w.N., der weiter ausführt: „Die Verselbständigung der Personengesellschaft auf der ersten Betrachtungsstufe ist damit lediglich als `Vorstufe´ der Einkünfteermittlung und Einkünftequalifizierung anzusehen. Auf dieser Vorstufe werden durch eine gemeinsame Tätigkeit Gewinne und Überschüsse erzielt, aber keine Einkünfte – diese erzielt nur der Gesellschafter.“

5.3.2 Die Partnerschaftsgesellschaft[416]

Bevor das Partnerschaftsgesellschaftsgesetz in seiner derzeit gültigen Fassung vorgestellt wird, soll ein Überblick über die Entwicklungsstadien gegeben werden. Es wird dabei deutlich werden, daß Dreh- und Angelpunkt immer wieder die Fragen waren, „wieviel" an Rechtsfähigkeit der Partnerschaftsgesellschaft zugesprochen werden sollte, wie weit eine Haftungsbeschränkung aus fehlerhafter Berufsausübung reichen sollte und wer potentieller Partner einer Partnerschaftsgesellschaft werden dürfte.

5.3.2.1 Entstehungsgeschichte

Der Wunsch nach einer eigenen Rechtsform für die Freien Berufe ist nicht erst in den letzten Jahren entstanden, sondern zieht sich bereits über einige Jahrzehnte hinweg. Begonnen hatte diese Diskussion 1956 durch eine Anregung des Instituts für Wirtschaftsprüfer in Deutschland e.V. gegenüber dem Bundesjustizministerium, für die Angehörigen der Freien Berufe und deren berufliche Zusammenarbeit eine neue Gesellschaftsform zu schaffen. Das Institut hatte sich in diesem Zusammenhang sogar angeboten, hierbei gegebenenfalls Vorarbeiten zu leisten. Es ist jedoch bei dieser Anregung geblieben, da die Nachfrage des Bundesjustizministeriums, ob denn überhaupt solch ein Bedürfnis vorliege, von den Angehörigen der Freien Berufe bzw. deren Organisationen nicht zufriedenstellend beantwortet wurde[417].

---

[416] Für einen Gesamtüberblick und zur Vertiefung wird verwiesen auf *Feddersen/Meyer-Landrut*, Partnerschaftsgesellschaftsgesetz, 1995; *Meilicke/Westphalen/Hoffmann/Lenz*, Partnerschaftsgesellschaftsgesetz, 1995; *Michalski/Römermann*, Partnerschaftsgesellschaftsgesetz, 1995; *Bösert/Braun/Jochem*, Partnerschaftsgesellschaft, 1996; *Ring*, Partnerschaftsgesellschaft, 1997; *Ulmer*, Gesellschaft bürgerlichen Rechts und Partnerschaftsgesellschaft, 1997; *Gores*, Partnerschaftsgesellschaft als Rechtsform der Zusammenarbeit von Rechtsanwälten, 1996; *Henssler*, Partnerschaftsgesellschaftsgesetz, 1997; *Castan*, Partnerschaftsgesellschaft, 1997; *Meurer*, Partnerschaftsgesellschaft 1997; *Riegger*, BGB-Gesellschaft, offene Handelsgesellschaft, Partnerschaftsgesellschaft, 1995; *Eggesiecker*, Partnerschaftsgesellschaft, 1998, insb. Allgemeiner Teil Fach C und Kommentierung Fach D. Ein detaillierter Kurzüberblick findet sich z.B. bei *Seibert*, Die Partnerschaft, 1994, S. 36-61. Zum Gesetzgebungsverfahren vgl. auch *Seibert*, Die Partnerschaft, 1994, S. 37ff.; *Michalski/Römermann*, Partnerschaftsgesellschaftsgesetz, 1995, S. 15ff.; *Boin*, Partnerschaftsgesellschaft für Rechtsanwälte, 1996, S. 131ff.; *Bösert/Braun/Jochem*, Partnerschaftsgesellschaft, 1996, S. 10ff.

[417] Vgl. dazu *Thümmel*, Partnerschaft, in: Die Wirtschaftsprüfung 1971, S. 399 sowie z.B. die Schreiben des Bundesverbandes der Freien Berufe vom 29.5.1957 und des Deutschen Anwaltvereins vom 24.6.1957.

5.3.2.1.1 Entwurf 1971 (BT-Drucks. VI/2047)

Volmer eröffnete erneut die Diskussion um eine eigene Gesellschaftsform für die Freien Berufe, indem er 1967 einen Entwurf eines Partnerschaftsgesetzes veröffentlichte und zur Diskussion stellte[418]. Die Freien Berufe waren zu dieser Zeit bereits wesentlich aufgeschlossener gegenüber Teamarbeit, so daß daraufhin auch der Berufsverband der Freien Berufe dieses Thema in einem Sonderausschuß erörterte, aufbauend auf dem Entwurf von Volmer[419].

Ende 1970 wurde der Gesetzgeber angesprochen - der erste Entwurf entstand[420].

Die Partnerschaft (oder Partnerschaftsgesellschaft[421]) sollte eine voll rechtsfähige Gesellschaft sein, d.h. es sollte insbesondere Vermögensfähigkeit, Parteifähigkeit und die Trennung von Gemeinschaftsvermögen und Privatvermögen gewährleistet sein[422]. Mit voller Rechtsfähigkeit ausgestattet, erfüllte sie alle Merkmale einer juristischen Person[423].

Ermöglicht werden sollte mit ihr die uneingeschränkte interprofessionelle Zusammenarbeit von Angehörigen Freier Berufe, denn es wurde kein Vorbehalt aufgenommen, wer sich gegebenenfalls mit wem zusammenschließen dürfe und wer nicht (§ 1 Abs. 1 Entwurf 1971).

Es wurde eine allgemeine Haftungsbeschränkung der Partnerschaft für Schäden aus Berufsausübung der Partner auf 500.000 DM eingeführt, dies jedoch mit der gleichzeitigen Pflicht zum Abschluß einer entsprechenden Versicherung in glei-

418 Vgl. *Volmer*, Partnerschaft als Gesellschaftsform für die Teamarbeit, in: Der Steuerberater 1967, S. 25ff.

419 Vgl. *Thümmel*, Partnerschaft, in: Die Wirtschaftsprüfung 1971, S. 399. Ebenfalls zur Vorgeschichte vgl. z.B. *Beckmann*, Für eine Partnerschaft, in: FS Kleinert, S. 210ff.; *Frangenberg*, Haftungsbeschränkung, 1996, S. 131.

420 Vgl. dazu und für die folgenden Ausführungen BT-Drucks. VI/2047 vom 1.4.1971. Des weiteren z.B. *Bayer/Imberger*, Nochmals: Die Rechtsformen freiberuflicher Tätigkeit, in: DZWiR 1995, S. 177ff.; *Krieger*, Partnerschaftsgesellschaftsgesetz, in: MedR 1995, S. 95; *Wüst*, Ausbaubedürfnisse im Gesellschaftsrecht, in: JZ 1989, S. 276f.; *Beckmann*, Für eine Partnerschaft, in: FS Kleinert, 1992, S. 210ff.; *Thümmel*, Partnerschaft, in: Die Wirtschaftsprüfung 1971, S. 399ff; *Sandberger/Müller-Graff*, Rechtliche Form freiberuflicher Zusammenarbeit, in: Zeitschrift für Rechtspolitik, 1975, S. 6; *Frangenberg*, Haftungsbeschränkung, 1996, S. 132; *Castan*, Partnerschaftsgesellschaft, 1997, S. 38ff. Sehr ausführlich zur gesamten Entstehungsgeschichte *Meurer*, Partnerschaftsgesellschaft 1997, S. 21ff.; *Münchener Kommentar* – Ulmer, BGB 1997, vor § 1 PartGG, Rdn. 1-8.

421 Die Begriffe Partnerschaft und Partnerschaftsgesellschaft werden hier synonym verwandt. Der Gesetzgeber selbst verfährt nicht anders. Vgl. dazu auch die Anmerkungen bei *Bösert/Braun/Jochem*, Partnerschaftsgesellschaft, 1996, S. 7.

422 Vgl. *Wüst*, Ausbaubedürfnisse im Gesellschaftsrecht, in: JZ 1989, S. 276.

423 Vgl. *Bayer/Imberger*, Nochmals: Die Rechtsformen freiberuflicher Tätigkeit, in: DZWiR 1995, S. 178.

cher Höhe. Daneben sollte eine subsidiäre und gesamtschuldnerische Haftung der Partner bis zu einem Höchstbetrag von 30.000 DM für alle Verbindlichkeiten treten, die sich auf die nicht zur Berufsausübung gehörenden Geschäfte beschränken sollte. Zudem konnte eine Haftung der einzelnen Partner entstehen, dies jedoch nur bei entsprechender Vereinbarung (dazu insgesamt § 9 Entwurf 1971).

Zur Errichtung der Partnerschaft im Innenverhältnis war ein schriftlicher Vertrag notwendig; im Außenverhältnis sollte die Partnerschaft erst mit Eintragung in ein entsprechendes Partnerschaftsregister Wirkung entfalten. Vorzulegen war dabei ein Nachweis über eine ausreichende Haftpflichtversicherung sowie über die Berufszugehörigkeit der Partner (§ 2 Abs. 1 Nr. 6 und Abs. 3 Entwurf 1971).

Des weiteren mußte die eigenverantwortliche Berufsausübung jedes einzelnen Partners gewährleistet sein, denn das Wesen der Freiberuflichkeit sollte erhalten bleiben (§ 4 Abs. 1 Entwurf 1971)[424]. Die Geschäftsführung sollte auf im Partnerschaftsvertrag benannte Partner übertragen werden. Diese waren dann auch für Rechtsverhältnisse gegenüber Dritten vertretungsbefugt (§ 5 und § 8 Entwurf 1971). Zudem war die Berufstätigkeit eines Partners außerhalb der Partnerschaft abhängig von der Genehmigung durch die anderen Partner (§ 7 Entwurf 1971).

Die Partnerschaft konnte insbesondere durch Zeitablauf, einstimmigen Beschluß der Partner oder Eröffnung des Konkursverfahrens aufgelöst werden (§ 13 Entwurf 1971). Weitere Gründe waren das Erlöschen der Haftpflichtversicherung oder der Gerichtsentscheid.

Ein Partner konnte zum einen automatisch durch Verlust seiner Berufszulassung ausscheiden. Zum anderen konnte ein Partner zum Ende eines Geschäftsjahres ausscheiden, bei fristgerechtem Zugang einer diesbezüglichen Erklärung – die Möglichkeit, aus wichtigem Grund fristlos durch Gerichtsentscheid auszuscheiden, wäre davon unberührt geblieben (§§ 15 und 16 Entwurf 1971)[425].

Im Steuerrecht sollte die Partnerschaft als freiberufliche Personengesellschaft gelten (§ 26 Entwurf 1971), d.h. daß insbesondere keine Gewerbesteuer und keine Körperschaftsteuer angefallen wäre; obschon aufgrund der vollen Rechtsfähigkeit auch an eine steuerrechtliche Behandlung ähnlich der juristischen Person zu denken gewesen wäre.

---

[424] Bezüglich der Ärzte wurde ein besonderer Passus aufgenommen: Die Ärzte sollten grundsätzlich ihre Berufstätigkeit selbständig, eigenverantwortlich und leitend im Rahmen der Partnerschaftsgesellschaft ausführen können (§ 4 Abs. 1 Entwurf 1971).

[425] Gem. § 16 Abs. 2 Entwurf 1971 war ein solcher Grund insbesondere dann gegeben, „wenn der Partner eine ihm obliegende wesentliche Verpflichtung vorsätzlich oder aus grober Fahrlässigkeit verletzt oder wenn die Erfüllung einer solchen Verpflichtung unmöglich wird".

Bezüglich der Ärzte wurde bei der Namensgebung eine gewisse Strenge hereingebracht. Der Name der Partnerschaft sollte die Namen aller Ärzte enthalten. Bei Ausscheiden eines Partners sollte eine Namensfortführung nicht vorgenommen werden dürfen[426] (§ 1 Abs. 2 Entwurf 1971).

Dieser Entwurf blieb nicht ohne Kritik und Einwände:

- Die Haftungsbegrenzungen wurden als zu niedrig angesehen und die mangelnde Differenzierung für verschiedene Berufsgruppen wurde bemängelt[427].
- Es wurde beanstandet, daß eine freie Kombination verschiedener Berufe möglich wurde[428].
- Die zu enge Verknüpfung mit dem Standes- und Berufsrecht wurde beanstandet[429].
- Die Notare sollten ganz ausgeschlossen werden, zudem befürchtete man die „Ökonomisierung“ des Anwaltstandes[430].
- Gerade bei Ärzten wäre die Verbindung verschiedener Ausbildungsstufen schlecht und sogar gefährlich[431].
- Die ursprünglichen Zielvorstellungen seien dadurch nicht verwirklicht[432].
- Die Notwendigkeit einer neuen Gesellschaftsform überhaupt und die dadurch entstehende Bevorzugung der Freien Berufe wurde in Frage gestellt[433].

Der Entwurf wurde daraufhin verworfen.

5.3.2.1.2 Entwurf 1975 (BT-Drucks. 7/4089)

Im Jahr 1975 wurde die Idee der Schaffung einer neuen Gesellschaftsform erneut aufgegriffen. Der vorhergehende Entwurf wurde modifiziert und es entstand ein neuer, der dann in den Bundestag eingebracht wurde[434].

---

[426] Vgl. dazu auch *Thümmel*, Partnerschaft, in: Die Wirtschaftsprüfung 1971, S. 400.

[427] Vgl. *Sandberger/Müller-Graff*, Rechtliche Form freiberuflicher Zusammenarbeit, in: Zeitschrift für Rechtspolitik, 1975, S. 6.

[428] Insbesondere wurde die Verbindung von Rechtsanwälten, Steuerberatern und Wirtschaftsprüfern kritisiert. Vgl. *Wüst*, Ausbaubedürfnisse im Gesellschaftsrecht, in: JZ 1989, S. 276.

[429] Vgl. *Schmidt*, Gesellschaft bürgerlichen Rechts, 1983, S. 504.

[430] Vgl. *Wüst*, Ausbaubedürfnisse im Gesellschaftsrecht, in: JZ 1989, S. 276.

[431] Vgl. *Wüst*, Ausbaubedürfnisse im Gesellschaftsrecht, in: JZ 1989, S. 276, auch schon unter Bezugnahme auf die Bundesrats-Drucksachen 444/1/76 und 444/2/76.

[432] Vgl. *Sandberger/Müller-Graff*, Rechtliche Form freiberuflicher Zusammenarbeit, in: Zeitschrift für Rechtspolitik, 1975, S. 6.

[433] Vgl. *Meurer*, Partnerschaftsgesellschaft 1997, S. 31f.

[434] Vgl. zu den folgenden Ausführungen BT-Drucks. 7/4089 vom 2.10.1975. Sehr ausführlich dazu auch *Meurer*, Partnerschaftsgesellschaft 1997, S. 33f.

Insgesamt enthielt dieser allerdings nur wenige Änderungen gegenüber dem Vorentwurf und hielt insbesondere weiter an der Partnerschaftsgesellschaft als einer juristischen Person fest. Die einzigen Änderungen bestanden darin, daß im Bereich der Angehörigen der Freien Berufe lediglich die verkammerten Freien Berufe als partnerschaftsgesellschaftsfähig aufgenommen wurden (§ 1 Entwurf 1975). Zudem wurde im Gegensatz zur Geschäftsführung durch vorher festgelegte Partner die Einzelgeschäftsführungsbefugnis in den § 7 Entwurf 1975 aufgenommen.

Bezüglich der Haftungsbegrenzung, die allerdings auf Fahrlässigkeit beschränkt sein sollte, sollten die einzelnen Berufskammern die Höhe festlegen (§ 10 Abs. 2 und 3 Entwurf 1975). In Fällen grober Fahrlässigkeit oder Vorsatz sollte grundsätzlich keine Haftungsbeschränkung greifen. Außerdem sollte ein Rückgriffsrecht der Partnerschaft gegenüber dem schädigenden Partner möglich sein (§ 10 Abs. 1 Entwurf 1975). Die Haftungsbegrenzung für nicht zur Berufsausübung gehörende Schäden wurde gestrichen. Als Auflösungsgrund kam die Löschung im Register hinzu; das Erlöschen der Haftpflichtversicherung war nicht mehr ausdrücklich aufgenommen (§ 13 Entwurf 1975).

Bezüglich der steuerrechtlichen Behandlung wurde definitiv festgelegt, daß die Einkünfte aus der Beteiligung an einer Partnerschaft zu den Einkünften aus freiberuflicher Tätigkeit i.S.v. § 18 Abs. 1 Nr. 1 EStG zählen (§ 26 Nr. 3 Entwurf 1975). Die Partnerschaft sollte bei der Besteuerung als freiberufliche Personengesellschaft gelten. Die steuerliche Belastung sollte durch die neue Gesellschaftsform nicht erhöht werden[435].

Aufgrund der Tatsache, daß die Meinung vorherrschte, daß damit die wesentlichen Mängel und Kritikpunkte immer noch nicht beseitigt wären[436], wurde auch dieser Plan verworfen und es folgte ziemlich bald darauf ein neuer Entwurf.

5.3.2.1.3 Entwurf 1976 (BT-Drucks. 7/5402 und 7/5413)

Der Entwurf 1976 war vollständig überarbeitet und wich in wesentlichen Punkten von den vorherigen Entwürfen ab[437].

---

[435] Vgl. BT-Drucks. 7/4089 in der Einleitung den Punkt B. Lösung.

[436] Vgl. *Schmidt*, Gesellschaft bürgerlichen Rechts, 1983, S. 503ff.

[437] Vgl. dazu und zu den folgenden Ausführungen BT-Drucks. 7/5402 und 7/5413. Ebenfalls dazu z.B. *Bayer/Imberger*, Nochmals: Die Rechtsformen freiberuflicher Tätigkeit, in: DZWiR 1995, S. 178; *Stuber*, Partnerschaftsgesellschaftsgesetz unter besonderer Berücksichtigung der Belange der Anwaltschaft, in: Wirtschaftsrechtliche Beratung 1994, S. 705; *Wüst*, Ausbaubedürfnisse im Gesellschaftsrecht, in: JZ 1989, S. 276; *Seibert*, Zum neuen Entwurf eines Partnerschaftsgesellschaftsgesetzes, in: AnwBl. 1993, S. 155; *Leutheusser-Schnarrenberger*, Partnerschaftsgesellschaft - nationale und EG-rechtliche Bestrebungen, in: FS Helmrich, 1994, S. 677; *Lenz*, Partnerschaft, in: MDR 1994, S. 741; *Henssler*, Regierungsentwurf, in:

Der Zusammenschluß von Freiberuflern wurde zwar grundsätzlich erlaubt, jedoch unter den Vorbehalt des Berufs- und Standesrechts gestellt, ausdrücklich zumindest bei der Namensgebung (§ 3 Abs. 2 Entwurf 1976). Zudem wurde eine beispielhafte Aufzählung der partnerschaftsgesellschaftsfähigen Freien Berufe ähnlich dem Katalog des § 18 Abs. 1 Nr. 1 EStG vorgenommen (§ 1 Abs. 2 Entwurf 1976).

Zur Rechtsfähigkeit wurde nichts gesagt, man erklärte jedoch die Vorschriften des BGB für anwendbar (§ 2 Entwurf 1976), das heißt, man hatte es hier jetzt im Grunde mit einer GbR mit gewissen OHG-Zügen zu tun[438]. Lediglich die Parteifähigkeit sollte der Partnerschaftsgesellschaft ausdrücklich vorbehalten sein (§ 15 Abs. 1 Entwurf 1976).

Die Begrenzung der Haftung auf einen Höchstbetrag wurde grundsätzlich gestrichen und stattdessen eine gesamtschuldnerische Haftung der Partner mit einer entsprechenden Ausgleichspflicht im Innenverhältnis eingeführt (§18 Abs. 1 und Abs. 2 Entwurf 1976).

Die Eintragung ins Partnerschaftsregister war weiterhin vorgesehen, jedoch wurde der Passus über die Beibringung von Nachweisen über die Versicherung gestrichen, insbesondere wohl aus Gründen der Verfahrenserleichterung (§ 5 Abs. 1 und Abs. 2 Entwurf 1976).

Die Partner sollten grundsätzlich einzelgeschäftsführungsbefugt sein (§ 9 Abs. 1 Entwurf 1976) und damit gegenüber Dritten auch einzelvertretungsbefugt (§ 16 Abs. 1 Entwurf 1976).

Die Auflösungsgründe waren nach wie vor ähnlich gefaßt wie in den Vorentwürfen. Beim Antrag auf Ausscheiden eines Partners wurde jedoch die Möglichkeit der 6-Monate-„Kündigung“ gestrichen und nur noch der wichtige Grund beibehalten (§ 20 Abs. 1 Entwurf 1976).

Bezüglich der steuerrechtlichen Behandlung war keine gesonderte Regelung erforderlich, da die Partnerschaftsgesellschaft nun wie eine freiberufliche Personengesellschaft ausgestattet war und dementsprechend auch besteuert werden sollte.

Dieser Entwurf wurde in dritter Lesung im Bundestag einstimmig angenommen, danach ist er jedoch aufgrund heftiger Kritik der betroffenen Kreise, insbeson-

---

WiB 1994, S. 53; *Henssler*, Rechtsanwalts-GmbH, in: JZ 1992, S. 701; *Henssler*, Anwaltsgesellschaften, in: NJW 1993, S. 2142; *Beckmann*, Für eine Partnerschaft, in: FS Kleinert, 1992, S. 210ff.; *Meurer*, Partnerschaftsgesellschaft 1997, S. 34ff.; *Castan*, Partnerschaftsgesellschaft, 1997, S. 41ff.

[438] Vgl. *Wüst*, Ausbaubedürfnisse im Gesellschaftsrecht, in: JZ 1989, S. 276.

dere der Verbände der Freien Berufe[439], und wohl auch aus Kostengründen[440] im Bundesrat gescheitert[441]. Es wäre insbesondere kaum ein Unterschied zur GbR festzustellen gewesen[442].

5.3.2.1.4 REFERENTENENTWURF 1993 (BMJ 7050/2)

Nachdem der Entwurf 1976 gescheitert war, dauerte es einige Jahre[443], bis wieder ein neuer Entwurf, diesmal in enger Zusammenarbeit mit den einzelnen Standesvertretungen der Freien Berufe[444], vorlag. Der Referentenentwurf[445] sah im einzelnen folgende Regelungen, die insbesondere die Defizite der GbR wettmachen sollten[446], vor:

Ganz wesentlicher Unterschied im Vergleich zu den vorhergehenden Entwürfen war, daß der Partnerschaftsgesellschaft weder die volle Rechtsfähigkeit (Ent-

---

[439] Vgl. (rückblickend) BT-Drucks. 12/6152, S. 7; *Stuber*, Partnerschaftsgesellschaftsgesetz unter besonderer Berücksichtigung der Belange der Anwaltschaft, in: Wirtschaftsrechtliche Beratung 1994, S. 705.

[440] Vgl. *Kempter*, Partnerschaftsgesellschaftsgesetz, in: BRAK-Mitt. 1994, S. 122.

[441] Vgl. BR-Drucks. 444/1/76 sowie das Protokoll der 437. Sitzung am 16. Juli 1976.

[442] Vgl. *Meurer*, Partnerschaftsgesellschaft 1997, S. 42ff.; *Frangenberg*, Haftungsbeschränkung, 1996, S. 132.

[443] Ein neuer Versuch wurde erst Anfang der achtziger Jahre wieder unternommen. Am 16.1.1991 wurde schließlich in die Koalitionsvereinbarung der Regierungsparteien (CDU/CSU und FDP) eine entsprechende Absicht zur Vorbereitung eines Partnerschaftsgesetzes aufgenommen. Vgl. *Castan*, Partnerschaftsgesellschaft, 1997, S. 43; *Meurer*, Partnerschaftsgesellschaft 1997, S. 47.

[444] Vgl. *Stuber*, Partnerschaftsgesellschaftsgesetz unter besonderer Berücksichtigung der Belange der Anwaltschaft, in: Wirtschaftsrechtliche Beratung 1994, S. 705; *Leutheusser-Schnarrenberger*, Partnerschaftsgesetz, in: der freie beruf 1993, S. 10f.; *Meurer*, Partnerschaftsgesellschaft 1997, S. 47; *Bösert*, Regierungsentwurf, in: DStR 1993, S. 1332.

[445] Vgl. hierzu und zu den folgenden Ausführungen BMJ 7050/2 vom 8.1.1993. Ebenfalls dazu z.B. *Bayer/Imberger*, Nochmals: Die Rechtsformen freiberuflicher Tätigkeit, in: DZWiR 1995, S. 178f.; *Seibert*, Partnerschaft für die Freien Berufe, in: DB 1994, S. 2381ff.; *Seibert*, Zum neuen Entwurf eines Partnerschaftsgesellschaftsgesetzes, in: AnwBl. 1993, S. 155ff.; *Michalski*, Regierungsentwurf, in: ZIP 1993, S. 1210ff.; *Stuber*, Partnerschaftsgesellschaftsgesetz unter besonderer Berücksichtigung der Belange der Anwaltschaft, in: Wirtschaftsrechtliche Beratung 1994, S. 705ff.; *Lenz*, Partnerschaft, in: MDR 1994, S. 742ff.; *Leutheusser-Schnarrenberger*, Partnerschaftsgesetz, in: der freie beruf 1993, S. 9ff.; *Kupfer*, Freiberufler-Gesellschaften, in: KÖSDI 1995, S. 10130ff.; *Kempter*, Partnerschaftsgesellschaftsgesetz, in: BRAK-Mitt. 1994, S. 122ff.; *Henssler*, Anwaltsgesellschaften, in: NJW 1993, S. 2142f.; *Bösert*, Regierungsentwurf, in: DStR 1993, S. 1332; *Wüst*, Ausbaubedürfnisse im Gesellschaftsrecht, in: JZ 1989, S. 276; *Castan*, Partnerschaftsgesellschaft, 1997, S. 44f.

[446] Vgl. *Leutheusser-Schnarrenberger*, Partnerschaftsgesellschaft - nationale und EG-rechtliche Bestrebungen, in: FS Helmrich, 1994, S. 679; *Leutheusser-Schnarrenberger*, Ein wichtiger Tag für die freien Berufe, in: AnwBl. 1994, S. 334.

würfe 1971 und 1975) noch eine absolut fehlende Rechtsfähigkeit (Entwurf 1976) zugedacht wurde, sondern, daß man sie mit einer gewissen Teilrechtsfähigkeit ausstatten wollte. Sie sollte nach wie vor Personengesellschaft bleiben und ein Gesamthandsvermögen besitzen (§ 1 Abs. 1 i.V.m. § 15 Abs. 1 Referentenentwurf), ansonsten jedoch mit fast identischen Rechten wie eine juristische Person ausgestattet sein, also insbesondere Partei- und Grundbuchfähigkeit sowie die Fähigkeit besitzen, Rechte zu erwerben oder Verbindlichkeiten einzugehen (§ 13 Abs. 1 Referentenentwurf)[447]. Zum Teil wurde hier kritisch die Frage geäußert, wo dann noch der Unterschied zur juristischen Person liegen sollte[448].

Bei der Benennung der partnerschaftsfähigen Personen blieb es bei der bereits im Entwurf 1976 erwähnten Aufzählung ähnlich zu der des § 18 Abs. 1 Nr. 1 EStG (§ 1 Abs. 2 Referentenentwurf).

Bezüglich der Haftung wurde zunächst die Haftung der Partnerschaft angenommen. Zusätzlich sollten die Partner jedoch, analog zum Entwurf 1976, daneben gesamtschuldnerisch und unbeschränkt haften (§ 15 Abs. 1 Referentenentwurf). Als Novum wurden zwei weitere Haftungskonstellationen eingeführt: zum einen eine Haftungsbeschränkung auf den jeweils handelnden Partner, zum anderen auch eine summenmäßige Haftungsbeschränkung und zwar für den Fall, daß das jeweilige Berufsrecht eine solche vorsieht (§ 15 Abs. 2 und 3 Referentenentwurf). Neu eintretende Partner sollten, anders als bei der GbR, auch für alte Verbindlichkeiten vor Eintritt haften (§ 15 Abs. 1 Referentenentwurf unter Verweis auf die §§ 119, 130 HGB).

An dem Erfordernis des schriftlichen Vertrages wurde festgehalten, auch bei der Eintragung in ein Partnerschaftsregister sollte es bleiben[449] (§ 4 Abs. 1 Referentenentwurf), wieder mit Berufszugehörigkeitsnachweis (§ 4 Abs. 2 Referentenentwurf).

Die eigenverantwortliche Berufsausübung sollte wie in allen anderen Entwürfen gewährt bleiben, dies ausdrücklich unter Beachtung des jeweils für die Partner geltenden Berufsrechts (§ 1 Abs. 3 i.V.m. § 9 Abs. 1 Referentenentwurf). Wie in den Entwürfen 1975 und 1976 blieb es bei der Einzelgeschäftsführungsbefugnis und auch bei der Einzelvertretungsbefugnis (hier mit Verweis auf das OHG-

[447] Vgl. dazu z.B. *Seibert*, Zum neuen Entwurf eines Partnerschaftsgesellschaftsgesetzes, in: AnwBl. 1993, S. 156; *Bayer/Imberger*, Nochmals: Die Rechtsformen freiberuflicher Tätigkeit, in: DZWiR 1995, S. 178.

[448] Vgl. *Seibert*, Zum neuen Entwurf eines Partnerschaftsgesellschaftsgesetzes, in: AnwBl. 1993, S. 156.

[449] Die Partnerschaft sollte damit im Verhältnis zu Dritten erst mit Eintragung in das Partnerschaftsregister wirksam werden (§ 12 Referentenentwurf).

Recht) (§ 9 Referentenentwurf). Gestrichen wurde jedoch die in allen anderen Entwürfen enthaltene Vorschrift, daß eine Berufstätigkeit einen Partners außerhalb der Partnerschaft der Einwilligung bedürfe.

Für die Auflösung der Partnerschaft genügte nach dem Referentenentwurf der Gerichtsentscheid nach der Auflösungsklage eines Partners (§ 19 Referentenentwurf). Weiterhin sollte der Beschluß aller Partner zur Auflösung führen sowie die Eröffnung des Konkurses über das Vermögen der Partnerschaft (§ 20 Abs. 1 Referentenentwurf).

Das Ausscheiden eines einzelnen Partners sollte nicht nur bei Verlust der Berufszulassung geschehen, sondern zusätzlich zu den bisherigen Entwürfen auch bei Eröffnung des Konkursverfahrens über das Vermögen eines Partners (§ 18 Abs. 1 Referentenentwurf). Das Ausscheiden auf Antrag blieb auf den wichtigen Grund, wie im Entwurf 1976, beschränkt (§ 17 Abs. 1 Referentenentwurf).

Neu war, daß der Ausschluß eines Partners auch ohne Gerichtsentscheid durch Beschluß der anderen bei Vorliegen eines wichtigen Grundes ausreichend sein sollte (§ 16 Abs. 1 Referentenentwurf), dies gegebenenfalls mit entsprechenden Abfindungsansprüchen (§ 16 Abs. 2 Referentenentwurf).

Ebenfalls neu aufgenommen wurde eine Regelung hinsichtlich der Möglichkeit der Übertragung von Partnerschaftsbeteiligungen, die nur an solche Dritte gegeben sein sollte, die auch Partner einer Partnerschaft sein könnten, das heißt nur an solche, die die beruflichen Voraussetzungen für die Beteiligung an der jeweiligen Partnerschaftsgesellschaft erfüllen. Das gleiche sollte für die Vererbung gelten (§ 10 Abs. 1 Referentenentwurf).

Es wurden keine steuerrechtlichen Vorschriften in den Referentenentwurf aufgenommen. Die Tatsache, daß es sich um eine freiberufliche Personengesellschaft handeln sollte, die kein Handelsgewerbe ausübt (§ 1 Abs. 1 Referentenentwurf), hätte zur Folge gehabt, daß keine Körperschaftsteuerpflicht und auch keine Gewerbesteuerpflicht entstanden wäre.

Der Referentenentwurf bestand aus 27 Paragraphen[450]. Er wurde bis zur endgültigen Fassung des Gesetzentwurfes (BT-Drucks. 12/6152) auf 11 Paragraphen reduziert, nachdem diverse Stellungnahmen von verschiedenen Ausschüssen eingeholt worden waren. Im großen und ganzen wurden jedoch keine wesentlichen Änderungen vorgenommen. Es wurden lediglich mehr Querverweise zum

[450] Einen 9-Punkte-Katalog bzw. eine Zusammenstellung in 5 Eckpunkten haben *Beckmann*, Für eine Partnerschaft, in: FS Kleinert, 1992, S.214f. bzw. *Henssler*, Regierungsentwurf, in: WiB 1994, S. 53 vorgenommen.

HGB eingefügt, insb. zum OHG-Recht. Zudem wurde eine klarere Trennung zwischen Berufsrecht und Gesellschaftsrecht geschaffen[451].

Kritik wurde bis zuletzt an der Errichtung eines Partnerschaftsregisters geübt[452], und es wurde empfohlen, es nicht einzurichten. Dieser Empfehlung wurde jedoch nicht gefolgt – das Partnerschaftsregister ist nach wie vor Bestandteil des Gesetzes und auch schon bei den Amtsgerichten eingerichtet[453].

5.3.2.2 Intention des Gesetzgebers bei der Schaffung des PartGG 1995

Ziel des Gesetzgebers war es, den Freiberuflern eine eigene, auf ihre Bedürfnisse zugeschnittene Organisationsform zur Verfügung zu stellen, dies nicht zuletzt aufgrund der Tatsache, daß sich auch die Freien Berufe zunehmend, auch internationaler, Konkurrenz stellen müssen.

Weiteres Ziel war es, eine Gesellschaftsform zu schaffen, die zum einen dem herkömmlichen und traditionellen Bild des Freien Berufes und seinen Wesensmerkmalen[454] entspricht und gerecht wird und die zum anderen eine flexible und an die heutigen Verhältnisse angepaßte Organisationsform bietet. Daher sollte eine Gesellschaftsform geschaffen werden, die nicht als anonyme Kapitalgesellschaft ausgestattet ist. Vielmehr sollte der Grundsatz der Selbstorganschaft und der Einzelvertretung erhalten bleiben.

Um den besonderen Stand der Freien Berufe zu schützen und zu erhalten, sollte die Partnerschaft auf einem Freien Beruf angehörende natürliche Personen beschränkt sein und auch nur auf solche, die diesen Beruf aktiv ausüben. Bloße Kapitalanlagen oder stille Beteiligungen sollten damit ausgeschlossen werden.

---

[451] Vgl. z.B. den Gesetzentwurf BT-Drucks. 12/6152 mit der amtlichen Begründung sowie die Stellungnahmen vom Bundesrat vom 24.9.1993, die Gegenäußerung der Bundesregierung vom 11.11.1993 sowie die Beschlußempfehlung des Rechtsausschusses vom 20.5.1994 (BT-Drucks. 12/7642). Eine Zusammenstellung des Entwurfs sowie der Beschlüsse des Rechtsausschusses hat *Seibert*, Die Partnerschaft, 1994, S. 134 ff. in sehr übersichtlicher Form vorgenommen. Zur klareren Trennung zwischen Berufs- und Gesellschaftsrecht vgl. *Frangenberg*, Haftungsbeschränkung, 1996, S. 133 m.w.N. sowie *Castan*, Partnerschaftsgesellschaft, 1997, S. 45 und *Schmidt*, Partnerschaftsgesetzgebung zwischen Berufsrecht, Schuldrecht und Gesellschaftsrecht, in: ZIP 1993, S. 1198.

[452] Vgl. BR-Drucks. 505/1/94. Konsequenzen aus der Errichtung eines Partnerschaftsregisters sah man insbesondere in einer Mehrbelastung durch laufende Ersteintragungen, fluktuationsbedingten Änderungen sowie Überwachungsfunktionen. Der derzeitige Personalbestand wäre nicht in der Lage, dies Mehrbelastung zu kompensieren.

[453] Vgl. Kapitel 5.3.2.4.3.2, S. 112.

[454] Genannt werden insbesondere: Eigenverantwortung, Weisungsfreiheit bzw. Weisungsungebundenheit, besondere Vertrauensstellung zu den Mandanten/Patienten/Klienten/Kunden, qualifizierte Ausbildung sowie „das über die rein gewerbliche Motivation hinausgehende Berufsethos" und z.T. auch die berufsrechtliche Bindung. Vgl. BT-Drucks. 12/6152 in der Begründung, S. 7.

Der einzelne Partner soll seinen Beruf in eigener Verantwortung ausüben und für eventuelle Schäden auch grundsätzlich persönlich haften, zumindest für die von ihm verursachten.

Um eine Organisationsform zu erhalten, die den modernen Anforderungen gerecht wird, sollten insbesondere Voraussetzungen geschaffen werden, unter denen die Freien Berufe ihre Dienstleistungen interprofessionell, überregional und gegebenenfalls auch international ausüben könnten. Dabei sollte bezüglich der Haftung eine Regelung geschaffen werden, daß diese auf einen oder wenige Partner konzentriert werden könnte.

Ziel war nicht die Verdrängung bereits bestehender möglicher Kooperationsformen, namentlich der GbR[455]. Sie wird weiterhin als sinnvolle Zusammenschlußform gesehen, insbesondere bei kleineren Sozietäten, regionalem Wirkungskreis oder einfachen Bürogemeinschaften. Im Bereich der größeren Zusammenschlüsse sollte die Partnerschaftsgesellschaft dagegen, so die Intention, ihre Vorzüge entfalten. Des weiteren sollten allgemeine Rechtsunsicherheiten vermieden werden durch die eindeutige Definition des erweiterten gesellschaftsrechtlichen Spielraums für die Freien Berufe.

Umgesetzt werden sollte dieses Vorhaben auf möglichst einfache Weise, indem so wenig Sonderrecht wie möglich geschaffen werden und – wo möglich – auf bereits bestehende Regelungen zurückgegriffen werden sollte, hier insbesondere auf das OHG-Recht. Wichtig schien es dem Gesetzgeber zu betonen, daß die Partnerschaftsgesellschaft lediglich als ein zusätzliches Angebot gesehen werden sollte[456]. Insbesondere sollte es dem jeweiligen Berufsrecht überlassen sein zu entscheiden, ob diese Gesellschaft sinnvoll und nutzbar für ihre Berufsgruppe wäre. Aus diesem Grunde wurde bewußt auf einzelne Detailregelungen verzichtet.

Ausdrücklich betont wurde, daß auch die Kapitalgesellschaften grundsätzlich nebenher zur Verfügung stehen sollten, da diese insbesondere bei hohem Kapital- und Investitionsbedarf von Vorteil seien, um die Möglichkeiten der Eigenkapitalbeschaffung auszunutzen. Auch hier obliegt es den Berufsrechten, zu entscheiden, ob diese Gesellschaftsform sinnvoll und nutzbar für ihre Berufsgruppe wäre.

---

[455] Vgl. z.B. auch *Leutheusser-Schnarrenberger*, Partnerschaftsgesellschaft - nationale und EG-rechtliche Bestrebungen, in: FS Helmrich 1994, S. 681.

[456] Vgl. BT-Drucks. 12/6152 in der Begründung, S. 7 sowie bereits *Leutheusser-Schnarrenberger*, Partnerschaftsgesellschaft – nationale und EG-rechtliche Bestrebungen, in: FS Helmrich 1994, S. 681.

Ebenfalls denkbar und möglich wären Mischformen aus verschiedenen Gesellschaften[457].

5.3.2.3 Reaktion der Ärzteschaft

Die Ärzteschaft bzw. deren Lobby sahen der Partnerschaftsgesellschaft am Anfang mit viel Skepsis entgegen. Der Hartmannbund befürchtete, daß ein Zusammenschluß von Ärzten zu einer Partnerschaft gegen die Zulassungsverordnung verstoßen könnte[458]. Die Meinungsbildung schlug jedoch zu dem Punkt um, daß, da die Partnerschaftsgesellschaft keine juristische Person ist, die Tätigkeit in dieser Gesellschaft nach wie vor als Tätigkeit in freier Praxis anzusehen sei[459]. Ebenfalls umstritten war die Frage, ob man es zulassen sollte, daß auch andere Berufe mit Ärzten kooperieren könnten[460].

Aufgrund dieses sehr heterogenen Meinungsbildes wurde zum einen der Gesetzgeber aufgerufen, einen allgemeinen Berufsrechtsvorbehalt einzufügen. Zum anderen wurden auch die Ärztekammern aufgefordert, entsprechende Richtlinien zu erlassen oder die MBO so zu ergänzen, daß ein Konsens gefunden werden könnte[461]. Die Ärztekammern haben sich diesem Problem angenommen, indem sie insbesondere eine abschließende Aufzählung in die MBO aufgenommen haben, die bestimmt, welche Berufe überhaupt eine Partnerschaft mit Ärzten eingehen dürfen[462].

Probleme wurden zudem in der Fortführung einer Partnerschaftsgesellschaft in zulassungsgesperrten Gebieten bei Ausscheiden eines Partners gesehen[463]. Da dies jedoch auch ein Problem bei der Fortführung von Gemeinschaftspraxen ist, kann es kaum als Argument gegen die Einführung der Partnerschaftsgesellschaft herhalten.

---

[457] Vgl. dazu das Sonderkapitel Gestaltungsvarianten 5.5, S. 175.
[458] Vgl. *Krieger*, Partnerschaftsgesellschaftsgesetz, in: MedR 1995, S. 95.
[459] Vgl. *Krieger*, Partnerschaftsgesellschaftsgesetz, in: MedR 1995, S. 96.
[460] Vgl. *Krieger*, Partnerschaftsgesellschaftsgesetz, in: MedR 1995, S. 96.
[461] Vgl. *Krieger*, Partnerschaftsgesellschaftsgesetz, in: MedR 1995, S. 98; auch Begründung BT-Drucks. 516/93, S. 15.
[462] Vgl. dazu das Kapitel 5.3.2.5, S. 130.
[463] Vgl. *Krieger*, Partnerschaftsgesellschaftsgesetz, in: MedR 1995, S. 98 und *Krieger*, Fortführung der Arztpraxis, in: MedR 1994, S. 240.

5.3.2.4 Das partnerschaftsrechtliche Gesellschaftsrecht

5.3.2.4.1 Die Partnerschaftsgesellschaft als solche

Die Partnerschaftsgesellschaft ist die erste neue nationale Gesellschaftsform, die in diesem Jahrhundert vom deutschen Gesetzgeber geschaffen wurde[464]. Sie ist als reine Berufsausübungsgemeinschaft konzipiert, nicht nur als Kooperationsform[465]. Eine bloße Kapitalbeteiligung soll nicht möglich sein; dies geht aus der Formulierung „zur Ausübung" in § 1 Abs. 1 Satz 1 PartGG hervor, die man als „Mitarbeitsklausel" interpretieren kann[466].

Für die Partnerschaftsgesellschaft hat sich die Bezeichnung „Schwesterfigur zur OHG"[467] durchgesetzt, da sie dieser durch den Verweis auf § 124 HGB (vgl. § 7 Abs. 2 PartGG) gleichgestellt wird[468].

Der Partnerschaftsgesellschaft wird insbesondere Grundbuch-, Namens- und Parteifähigkeit verliehen, und sie wird insoweit mit einem gewissen Mehr an Rechtsfähigkeit - im Gegensatz zur GbR z.B. - ausgestattet und damit der juristischen Person angenähert[469]. Sie erlangt jedoch nicht die volle Rechtsfähigkeit[470]

---

[464] Vgl. *Schaub*, Partnerschaftsregister, in: NJW 1996, S. 625.

[465] Vgl. z.B. *Schmidt*, Freiberufliche Partnerschaft, in: NJW 1995, S. 2; *Taupitz*, Partnerschaft als Kooperationsform für Ärzte, in: Arztrecht 1995, S. 123f.; *Schirmer*, Berufsrechtliche und kassenarztrechtliche Fragen - Teil 1, in: MedR 1995, S. 342; *Seibert*, Die Partnerschaft, 1994, S. 52; *Eggesiecker*, Partnerschaftsgesellschaft, 1998, Fach E Arzt, 4.030.

[466] Vgl. *Stuber*, Partnerschaftsgesellschaftsgesetz unter besonderer Berücksichtigung der Belange der Anwaltschaft, in: Wirtschaftsrechtliche Beratung 1994, S. 706; *Kupfer*, Partnerschaftsgesellschaft als Alternative, 1994, S. 106.

[467] Vgl. statt aller erstmals *Schmidt*, Partnerschaftsgesetzgebung zwischen Berufsrecht, Schuldrecht und Gesellschaftsrecht, in: ZIP 1993, S. 635.

[468] Dazu auch *Bayer/Imberger*, Nochmals: Die Rechtsformen freiberuflicher Tätigkeit, in: DZWiR 1995, S. 179; *Knoll/Schüppen*, Partnerschaftsgesellschaft (I), in: DStR 1995, S. 610; *Kempter*, Partnerschaftsgesellschaftsgesetz, in: BRAK-Mitt. 1994, S. 123; *Feddersen/Meyer-Landrut*, Partnerschaftsgesellschaftsgesetz, 1995, zu § 1 Rdn. 1. *Tödtmann*, Existenzgründung, in: NWB 1998, Fach 18, S. 754 bezeichnet sie als eine „Variante der OHG".

[469] Vgl. z.B. *Sommer*, Anwalts-GmbH oder Anwalts-Partnerschaft, in: GmbHR 1995, S. 250; *Kupfer*, Partnerschaftsgesellschaft als Alternative, 1994, S. 115.

[470] Die Meinungen bezüglich der Rechtsfähigkeit differieren: *Bayer/Imberger*, Nochmals: Die Rechtsformen freiberuflicher Tätigkeit, in: DZWiR 1995, S. 179; *Stuber*, Partnerschaftsgesellschaftsgesetz unter besonderer Berücksichtigung der Belange der Anwaltschaft, in: Wirtschaftsrechtliche Beratung 1994, S. 708; *Knoll/Schüppen*, Partnerschaftsgesellschaft (I), in: DStR 1995, S. 610, sprechen allenfalls von einer „(Teil)-Rechtsfähigkeit", wohingegen *Seibert*, Partnerschaft für die Freien Berufe, in: DB 1994, S. 2382f. sowie *Leutheusser-Schnarrenberger*, Wichtiger Tag für die freien Berufe, in: AnwBl. 1994, S. 334, und *Kupfer*, Freiberufler-Gesellschaften, in: KÖSDI 1995, S. 10131, ihr diese eher voll zusprechen. *Kempter*, Partnerschaftsgesellschaftsgesetz, in: BRAK-Mitt. 1994, S. 123 m.w.N., hat hierzu folgendes ausgeführt: „Die Partnerschaft ist als Rechtssubjekt anzusehen und Träger des Part-

wie diese, sondern bleibt, wie die OHG, „eine Gesamthand mit der Fähigkeit der selbständigen Rechtsträgerschaft“[471].

Ein wesentliches Merkmal ist ferner die Tatsache, daß die Partnerschaftsgesellschaft im § 1 Abs. 3 PartGG unter einen allgemeinen Berufsrechtsvorbehalt gestellt wird und daß damit grundsätzlich der Vorrang des Berufs- bzw. Standesrechts geklärt wird[472].

5.3.2.4.2 Partner der Partnerschaftsgesellschaft

Der Kreis der potentiellen Partner einer Partnerschaftsgesellschaft ist in dreifacher Weise eingeschränkt:

- Partner kann nur und ausschließlich eine natürliche Person sein (§ 1 Abs. 1 Satz 2 PartGG)[473].
- Diese natürliche Person muß zudem Angehöriger eines Freien Berufes i.S. von § 1 Abs. 2 PartGG sein[474]. Die Definition, wer hierzu gehört, ist nicht abschließend. Sie besteht vielmehr, analog zu § 18 EStG aus einem Katalogteil und einem diesen Katalogberufen „ähnlich“ gestellten Teil[475]. Ausdrücklich

---

nerschaftsvermögens. Sie ist voll rechtsgrundbuch- und parteifähig, und zwar unabhängig von der dogmatischen Diskussion zur Rechts- und Teilrechtsfähigkeit der Gesamthandsgemeinschaften. Insoweit ist die Partnerschaft als Gesamthandsgemeinschaft keine juristische Person, dieser aber weitgehend angenähert. Man mag die Partnerschaft deshalb als Rechtsform eigener Art ansehen.“

[471] *Bayer/Imberger*, Nochmals: Die Rechtsformen freiberuflicher Tätigkeit, in: DZWiR 1995, S. 179.

[472] Im Entwurf war diese Trennung noch nicht so eindeutig vollzogen. Dort wurde eher noch der Versuch unternommen, Einfluß auf standes- oder berufsrechtliche Regeln zu nehmen, vgl. *Feddersen/Meyer-Landrut*, Partnerschaftsgesellschaftsgesetz, 1995, zu § 1 Rdn. 41.

[473] Insbesondere soll also keine Beteiligung von Personengesellschaften oder juristischen Personen möglich sein. Außerdem soll diese Bestimmung zusammen mit der Feststellung, daß Partnerschaftsgesellschaften kein Handelsgewerbe ausüben, sicherstellen, daß nicht § 15 Abs. 3 Nr. 2 EStG für anwendbar erklärt wird und aus der Partnerschaftsgesellschaft eine gewerblich geprägte Personengesellschaft gemacht wird. So zumindest *Kempter*, Partnerschaftsgesellschaftsgesetz, in: BRAK-Mitt. 1994, S. 122. Kritisch dazu: *Feddersen/Meyer-Landrut*, Partnerschaftsgesellschaftsgesetz, 1995, zu § 1, Rdn. 6, die diese Regelung unpassend, da auf das Berufsrecht vorgreifend, sehen.

[474] Zum Teil wird diese Festlegung des Personenkreises der Freien Berufe als gesellschaftsrechtlich unplausibel kritisiert. Vgl. dazu z.B. *Schmidt*, Freiberufliche Partnerschaft, in: NJW 1995, S. 2 sowie *Knoll/Schüppen*, Partnerschaftsgesellschaft (I), in: DStR 1995, S. 609.

[475] Allerdings wurde zum 1.8.1998 das PartGG bezüglich des § 1 PartGG dahingehend geändert, daß der Versuch einer Definition eines Freien Berufs gemacht wird (BGBl. I, 1998, S. 1881): In § 1 Abs. 2 PartGG wird folgender neuer Satz eingefügt: „Die Freien Berufe haben im allgemeinen auf der Grundlage besonderer beruflicher Qualifikation oder schöpferischer Begabung die persönliche, eigenverantwortliche und fachlich unabhängige Erbringung von

genannt aus dem medizinischen Bereich sind die Ärzte, Zahnärzte, Tierärzte, Heilpraktiker, Krankengymnasten, Hebammen und Diplompsychologen[476].

Nicht hierzu zählt allerdings der Apotheker. Er ist „das wohl schlagendste Beispiel dafür, daß jemand Freiberufler sein kann, ohne daß das Gesetz ihn auch nur einer seiner drei Gruppen unterfallen läßt"[477].

- Der Beruf in der Partnerschaftsgesellschaft muß aktiv ausgeübt werden (§ 1 Abs. 1 Satz 1 „zur Ausübung"), d.h. das bloße Halten einer Beteiligung oder die bloße Namenszurverfügungstellung sind nicht zulässig[478]. Problematisch ist allerdings, daß dem Gesetz nichts entnommen werden kann hinsichtlich des Umfangs dieser aktiven Berufsausübung. So ist auch durchaus eine lediglich teilweise ausgeübte Mitarbeit denkbar. Mangels tauglicher Bemessungskriterien erscheint es daher bei entsprechender Duldung seitens der anderen Mitarbeiter möglich, daß es in bestimmten Grenzfällen eben doch zu Situationen kommen kann, in denen Gesellschafter völlig ohne aktive Berufstätigkeit Partner einer Partnerschaftsgesellschaft werden[479].

Konsequenz aus diesen Einschränkungen ist, daß z.B. der endgültige Verlust der Berufszulassung auch zum endgültigen Ausscheiden aus der Gesellschaft führt (§ 9 Abs. 2 PartGG). Der Gesetzgeber hat bewußt die nicht vollkaufmännischen und damit auch nicht OHG-fähigen Gewerbetreibenden nicht als Partner einer

---

Dienstleistungen höherer Art im Interesse der Auftraggeber und der Allgemeinheit zum Inhalt."

[476] *Michalski/Römermann*, Partnerschaftsgesellschaftsgesetz, 1995, S. 117ff., haben ein sogenanntes „Stichwortverzeichnis zu den freien Berufen" entwickelt. So kommen im medizinischen Bereich zu den bereits genannten Freien Berufen über das Ähnlichkeitsmerkmal in ihrer Aufstellung z.B. noch der Krankenpfleger, die Krankenschwester, der Logopäde, die medizinisch-technische Assistenten, Medizinische Fußpfleger oder auch der Zahnarztpraktiker hinzu. Ähnliche Abgrenzungsüberlegungen haben *Meilicke/Westphalen/Hoffmann/Lenz*, Partnerschaftsgesellschaftsgesetz, 1995, S. 22ff., insbesondere für die ähnlichen Berufe S. 36ff.; *Bösert/Braun/Jochem*, Partnerschaftsgesellschaft, 1996, S. 84ff. sowie *Feddersen/Meyer-Landrut*, Partnerschaftsgesellschaftsgesetz, 1995, zu § 1 Rdn. 9ff. angestellt.

[477] *Bayer/Imberger*, Nochmals: Die Rechtsformen freiberuflicher Tätigkeit, in: DZWiR 1995, S. 181 m.w.N.

[478] Vgl. z.B. *Bayer/Imberger*, Nochmals: Die Rechtsformen freiberuflicher Tätigkeit, in: DZWiR 1995, S. 179; *Kupfer*, Freiberufler-Gesellschaften, in: KÖSDI 1995, S. 10132.

[479] Vgl. z.B. auch *Feddersen/Meyer-Landrut*, Partnerschaftsgesellschaftsgesetz, 1995, zu § 1 Rdn. 4; *Stuber*, Partnerschaftsgesellschaftsgesetz unter besonderer Berücksichtigung der Belange der Anwaltschaft, in: Wirtschaftsrechtliche Beratung 1994, S. 707; *Schmidt*, Partnerschaftsgesetzgebung zwischen Berufsrecht, Schuldrecht und Gesellschaftsrecht, in: ZIP 1993, S. 640; *Eggesiecker*, Partnerschaftsgesellschaft, 1998, Fach E Arzt, 4.060. Der Normalfall sei jedoch wohl eher der, daß die Partner sich im Partnerschaftsvertrag verpflichten, ihre gesamte Arbeitskraft der Partnerschaft zur Verfügung zu stellen. Vgl. dazu *Kupfer*, Partnerschaftsgesellschaft als Alternative, 1994, S. 106.

Partnerschaftsgesellschaft zugelassen. Diese Kleingewerbetreibenden können – im Gegensatz zu den meisten Freiberuflern – eine GmbH gründen und diese zum Träger ihres Unternehmens machen. Sie sind von daher nicht auf die Partnerschaftsgesellschaft als denkbare Alternative zur GbR angewiesen[480].

Eine Ein-Mann-Partnerschaftsgesellschaft ist nicht zulässig – es müssen immer mindestens zwei Gesellschafter vorhanden sein[481]. Das Wort „Partner" an sich zielt auf zumindest eine weitere Person (Drittbezogenheit).

5.3.2.4.3 ERRICHTUNG DER PARTNERSCHAFTSGESELLSCHAFT

Die Errichtung der Partnerschaftsgesellschaft ist an zwei Bedingungen geknüpft: Es muß ein Partnerschaftsgesellschaftsvertrag geschlossen sein, und die Partnerschaftsgesellschaft muß zusätzlich im Partnerschaftsregister eingetragen sein.

5.3.2.4.3.1 PARTNERSCHAFTSGESELLSCHAFTSVERTRAG[482]

Der Partnerschaftsgesellschaftsvertrag bedarf gem. § 3 Abs. 1 PartGG der Schriftform, nicht aber der notariellen Beurkundung, und muß bestimmte Mindestangaben enthalten. Dazu gehören

- Name und Sitz der Partnerschaftsgesellschaft (§ 3 Abs. 2 Nr. 1 PartGG),
- Namen, Vornamen und Wohnort der Partner sowie ihr in der Partnerschaft ausgeübter Beruf (§ 3 Abs. 2 Nr. 2 PartGG),
- sowie der Gegenstand der Partnerschaftsgesellschaft (§ 3 Abs. 2 Nr. 3 PartGG).

Ansonsten gilt der Grundsatz der freien Vertragsgestaltung[483].

---

[480] So auch Amtliche Begründung zum PartGG (BT-Drucks. 12/6152, S. 8); zustimmend auch *Bösert*, Regierungsentwurf, in: DStR 1993, S. 1336; *Bayer/Imberger*, Nochmals: Die Rechtsformen freiberuflicher Tätigkeit, in: DZWiR 1995, S. 179. Kritisch: *Henssler*, Freiberufler-GmbH, in: ZIP 1994, S. 844ff.

[481] Die Mindestanzahl von zwei Personen bei der Gründung geht allein schon aus dem Wort „Zusammenschluß" hervor. Vgl. auch *Sommer*, Anwalts-GmbH oder Anwalts-Partnerschaft, in: GmbHR 1995, S. 251; *Boin*, Partnerschaftsgesellschaft für Rechtsanwälte, 1996, S. 135 m.w.N.

[482] Partnerschaftsgesellschaftsvertragsmuster, z.T. auch direkt zugeschnitten auf die Bedürfnisse von Medizinern, finden sich z.B. bei *Feddersen/Meyer-Landrut*, Partnerschaftsgesellschaftsgesetz, 1995, S. 99ff.; *Stuber*, Partnerschaftsgesellschaft, 1995, S. 6-17 und 19ff.; *Bösert/Braun/Jochem*, Partnerschaftsgesellschaft, 1996, S. 225ff., insb. S. 234-250; *Korts/Korts*, Heilberufsgesellschaften, 1996, S. 5ff.; *Naegele/Jürgensen*, Zusammenschlüsse von Freiberuflern, 1995, S. 77ff. Ganz allgemein zu Gruppenpraxen *Rieger*, Verträge zwischen Ärzten, 1993, S. 32ff.

[483] Vgl. dazu auch weiter unten den Abschnitt über die Rechtsbeziehungen, Kap. 5.3.2.4.4, S. 115.

Zwar führt die Partnerschaftsgesellschaft keine „Firma“, wie die Handelsgesellschaften, sondern einen „Namen“. Auf diesen Namen ist jedoch ein großer Teil firmenrechtlicher Bestimmungen anwendbar (nicht zuletzt die Tatsache, daß die Partnerschaftsgesellschaft unter ihrem Namen Rechte erwerben und Verbindlichkeiten eingehen kann), insbesondere die Firmenwahrheit, -beständigkeit und –ausschließlichkeit. Der Name der Partnerschaft genießt den Schutz der Rechtsordnung[484]. Zusätzlich dient die Registrierung dem Gläubigerschutz.

Der Name muß gemäß § 2 Abs. 1 PartGG enthalten[485]:

- den Namen mindestens eines Partners,
- den Zusatz „und Partner“ oder „Partnerschaft“,
- sowie die Berufsbezeichnungen aller in der Partnerschaftsgesellschaft vertretenen Berufe.

Eine Weiterführung ist grundsätzlich ohne zeitliche Begrenzung möglich, also auch, wenn der namensgebende Partner ausscheidet oder verstirbt[486], allerdings setzt dies die vorherige Einwilligung des Partners in die Fortführung voraus. Zusätzlich müssen auch hier ggf. abweichende berufsrechtliche Regelungen beachtet werden.

5.3.2.4.3.2 Partnerschaftsregister

Die Partnerschaftsgesellschaft ist bei dem Partnerschaftsregister des (Amts-) Gerichtes, in dessen Bezirk sie ihren Sitz hat, anzumelden (§ 4 Abs. 1 PartGG i.V.m. §§ 106 Abs. 1 und 108 HGB). Diese Anmeldung bedarf über § 5 Abs. 2 PartGG i.V.m. § 12 HGB der notariell beglaubigten Form (im Gegensatz zum Partnerschaftsvertrag)[487]. Nach § 5 Abs. 1 PartGG sowie § 5 Abs. 2 und Abs. 3 der Partnerschaftsregisterverordnung (PRV) muß die Eintragung die Mindestangaben, die schon fester Bestandteil des Vertrags sind, ebenfalls enthalten.

---

[484] Vgl. *Seibert*, Partnerschaft für die Freien Berufe, in: DB 1994, S. 2383; *Knoll/Schüppen*, Partnerschaftsgesellschaft (I), in: DStR 1995, S. 611.

[485] Ausführlich dazu z.B. *Feddersen/Meyer-Landrut*, Partnerschaftsgesellschaftsgesetz, 1995, zu § 2 Rdn. 1ff., S. 43-48.

[486] Vgl. BT-Drucks. 12/6152, S. 12; *Kupfer*, Partnerschaftsgesellschaft als Alternative, 1994, S. 107; *Seibert*, Partnerschaft für die Freien Berufe, in: DB 1994, S. 2383; *Stuber*, Partnerschaftsgesellschaftsgesetz unter besonderer Berücksichtigung der Belange der Anwaltschaft, in: Wirtschaftsrechtliche Beratung 1994, S. 707; *Taupitz*, Partnerschaft als Kooperationsform für Ärzte, in: Arztrecht 1995, S. 124.

[487] Vgl. z.B. *Feddersen/Meyer-Landrut*, Partnerschaftsgesellschaftsgesetz, 1995, zu § 4 Rdn. 9.

Zweck der Führung eines Partnerschaftsregisters ist, wie beim Handelsregister auch, das Prinzip der Publizität und Transparenz[488]. Aus diesem Grunde ist auch jede spätere Änderung, z.B. die Neuaufnahme eines Gesellschafters oder das Ausscheiden eines Partners, gem. § 4 Abs. 2 Satz 3 PartGG zur Eintragung anzumelden. Aufgrund der, über § 5 Abs. 2 PartGG i.V.m. § 15 Abs. 1 HGB, auch für die Partnerschaftsgesellschaft geltenden Publizitäts-Regelungen bei der Registereintragung, insbesondere bezüglich der Vertretungsverhältnisse (§ 7 Abs. 3 PartGG), der Haftung (§ 8 PartGG) und der Nachhaftung (§ 10 Abs. 2 PartGG), wird ein nicht unwesentlicher Druck auf die Partnerschaftsgesellschaftsbeteiligten ausgeübt, eintretende Änderungen auch tatsächlich beim Partnerschaftsregister anzumelden[489].

Solange dem Registergericht nichts anderes bekannt ist, kann es die Angaben der Anmeldenden grundsätzlich ungeprüft übernehmen (§ 4 Abs. 2 PartGG), dies sicherlich auch aus Gründen der Entlastung der Antragsteller und des Registergerichtes[490].

Aus dem Verweis aus § 5 Abs. 2 PartGG auf die §§ 8-12, 13h, 14-16 HGB ergibt sich die Prüfungspflicht des Registergerichtes[491]. Aus dem Verweis auf die §§ 13, 13c und 13d HGB ergibt sich die grundsätzliche Zulässigkeit der Errichtung von Zweigniederlassungen[492]. Allerdings ist hier der Berufsrechtsvorbehalt des § 1 Abs. 3 PartGG zu beachten[493].

---

[488] Vgl. *Bayer/Imberger*, Nochmals: Die Rechtsformen freiberuflicher Tätigkeit, in: DZWiR 1995, S. 180. Allerdings muß beim Partnerschaftsregister kein Jahresabschluß hinterlegt werden (vgl. z.B. *Bösert/Braun/Jochem*, Partnerschaftsgesellschaft, 1996, S. 17). Kritisch zur Führung eines eigenen Registers: *Castan*, Partnerschaftsgesellschaft, 1997, S. 85f. Er hält es für unnötig und meint, ein Eintrag in das – ggf. umzubenennende – Handelsregister hätte auch genügt. Es stellt sich nur die Frage, wo dann noch der Unterschied zum Partnerschaftsregister besteht. Geführt wird das Partnerschaftsregister auch jetzt schon bei der jeweiligen für das Handelsregister zuständigen Stelle.

[489] Vgl. *Schaub*, Partnerschaftsregister, in: NJW 1996, S. 616; *Knoll/Schüppen*, Partnerschaftsgesellschaft (I), in: DStR 1995, S. 612; *Bayer/Imberger*, Nochmals: Die Rechtsformen freiberuflicher Tätigkeit, in: DZWiR 1995, S. 180; Kritisch zur Anwendbarkeit des § 15 HGB: *Stuber*, Partnerschaftsgesellschaftsgesetz unter besonderer Berücksichtigung der Belange der Anwaltschaft, in: Wirtschaftsrechtliche Beratung 1994, S. 707.

[490] Vgl. *Kupfer*, Freiberufler-Gesellschaften, in: KÖSDI 1995, S. 10133.

[491] Dazu ausführlich z.B. *Feddersen/Meyer-Landrut*, Partnerschaftsgesellschaftsgesetz, 1995, zu § 4 Rdn. 16.

[492] Vgl. z.B. auch *Kempter*, Partnerschaftsgesellschaftsgesetz, in: BRAK-Mitt. 1994, S. 123; *Schmidt*, Freiberufliche Partnerschaft, in: NJW 1995, S. 3; *Schaub*, Partnerschaftsregister, in: NJW 1996, S. 626.

[493] Vgl. weiter unten unter Berufsrecht, Kap. 5.3.2.5, S. 130.

Die am 16.6.1995 erlassene Partnerschaftsregisterverordnung, die zeitgleich mit dem PartGG in Kraft getreten ist (1.7.1995), trifft nähere Regelungen bezüglich der Errichtung sowie der Führung eines Partnerschaftsregisters[494].

Auch die PRV folgt dem „lean law“[495] -Konzept des PartGG[496], indem sie weitgehend auf die Bestimmungen der Handelsregisterverfügung verweist (§ 1 Abs. 1 PRV) und Bezug nimmt auf das Recht der OHG und der BGB-Gesellschaft (§ 1 Abs. 2 PRV). Auch hier wird z.B. noch einmal explizit darauf hingewiesen, daß die Partnerschaftsgesellschaft der OHG gleichsteht.

In § 2 PRV wird die Einrichtung und Gestaltung des Registers festgelegt und in § 5 PRV noch genauer definiert. Ein Beispiel für diese Form findet sich im Anhang, unter dem Punkt Partnerschaftsregisterverordnung im Anhang in den Anlagen 1 bis 4[497].

Ergänzend zu dem bereits weiter o.g. Mindestinhalt bei der Anmeldung tritt hinzu, daß gem. § 3 PRV zusätzlich ein Berufsnachweis beigebracht werden soll, wenn die Berufsausübung der staatlichen Zulassung oder Prüfung bedarf[498].

Alle Neueintragungen, Veränderungen oder Löschungen der Partnerschaftsgesellschaft erscheinen im Bundesanzeiger und mindestens einem weiteren Bekanntmachungsblatt (§ 7 Abs. 1 PRV)[499], bei dessen Auswahl vorher jedoch die Berufskammern zu hören sind (§ 7 Abs. 2 PRV). § 3 Abs. 2 und 3 sowie §§ 4 und 6 PRV regeln das weitere Verhältnis zu den jeweiligen Berufskammern[500].

Eintragungen im Partnerschaftsregister sind gebührenpflichtig und richten sich nach einem Mindestgeschäftswert von 50.000 DM (§ 26 a KostO), aus dem eine Mindestgebühr von 320,00 DM für eine Ersteintragung resultiert[501]. Für spätere

---

[494] Vgl. dazu auch die Ausführungen bei *Schaub*, Partnerschaftsregister, in: NJW 1996, S. 625.

[495] Vgl. *Schaub*, Partnerschaftsregister, in: NJW 1996, S. 626 bzgl. der PRV sowie *Seibert*, Die Partnerschaft, 1994, S. 45 bzgl. des PartGG.

[496] Verweise im PartGG z.B. §§ 1 Abs. 4, 4 Abs. 1, 6 Abs. 3, 7 Abs. 2 und 3, 8 Abs. 1, 9 Abs. 1 sowie 10 Abs. 1 und 2 PartGG.

[497] Beschrieben hat diese Einteilung des Registers im Detail *Schaub*, Partnerschaftsregister, in: NJW 1996, S. 626f.

[498] Dies steht im Gegensatz zu dem in § 4 Abs. 2 Satz 2 PartGG erklärten Grundsatz, daß das Registergericht ohne Nachprüfung auf die gemachten Angaben vertrauen darf. Wie die Handhabung in der Praxis aussieht, ist noch offen. Es spricht jedoch einiges dafür, zunächst, bis die Rechtsunsicherheit sich ein wenig gelegt hat, für einen reibungslosen Ablauf gemäß der PRV vorzugehen. Ebenso *Feddersen/Meyer-Landrut*, Partnerschaftsgesellschaftsgesetz, 1995, zu § 4 Rdn. 13.

[499] So z.B. in der Welt vom 12.4.1997, S. 6 unten Mitte unter „Amtliche Bekanntmachungen“.

[500] Vgl. dazu weiter unten unter Berufsrecht.

[501] Vgl. *Castan*, Partnerschaftsgesellschaft, 1997, S. 190.

Anmeldungen oder Eintragungen ohne wirtschaftliche Bedeutung für die Partnerschaftsgesellschaft, sowie bei Anmeldung oder Eintragung einer Zweigniederlassung, können niedrigere Stufensätze angesetzt werden[502].

5.3.2.4.4 Rechtsbeziehungen

Rechtsbeziehungen der Partnerschaftsgesellschaft können sich sowohl auf das Verhältnis der einzelnen Gesellschafter untereinander (Innenverhältnis) als auch auf das Verhältnis zwischen Gesellschaftern und fremden Dritten (Außenverhältnis) beziehen. Haftungsfragen können sich sowohl aus dem Außen- als auch aus dem Innenverhältnis ergeben. Die Frage nach Haftungskonstellationen im Partnerschaftsgesellschaftsgesetz wird daher in einem dritten Abschnitt gesondert untersucht.

5.3.2.4.4.1 Innenverhältnis

Entsprechend dem „Grundsatz der Vertragsfreiheit“[503] ist es den Partnern weitgehend selbst überlassen, wie sie ihre rechtlichen Beziehungen ausgestalten. Grundsätzlich ist das Recht der OHG also nur dann anwendbar[504], wenn keine abweichende Vereinbarung entgegensteht (§ 6 Abs. 3 Satz 2 PartGG). Steht nichts entgegen, so gelten insbesondere das Wettbewerbsverbot des § 112 HGB[505], das Kontrollrecht des § 118 HGB sowie das Einstimmigkeitsprinzip des § 119 HGB. Ausgenommen sind die handelsrechtlichen Vorschriften über die Prokura (§ 116 Abs. 3 HGB) sowie die Gewinnverteilungsregeln (§§ 120-122 HGB); hier existiert keine ausdrückliche Verweisungsnorm[506].

Einige Einschränkungen bezüglich der Gestaltung der Rechtsbeziehungen ergeben sich allerdings direkt aus dem PartGG.

---

[502] Vgl. *Schaub*, Partnerschaftsregister, in: NJW 1996, S. 627; *Feddersen/Meyer-Landrut*, Partnerschaftsgesellschaftsgesetz, 1995, zu § 5 Rdn. 3. So ermäßigt sich die Gebühr z.B. bei einer späteren Änderung (unter Zugrundelegung des Mindestgeschäftswertes) auf 160,00 DM (vgl. *Castan*, Partnerschaftsgesellschaft, 1997, S. 190).

[503] Vgl. Amtliche Begründung zum PartGG (BT-Drucks. 12/6251), S. 15.

[504] Ausführlicher zu den anwendbaren Gesetzesvorschriften z.B. *Feddersen/Meyer-Landrut*, Partnerschaftsgesellschaftsgesetz, 1995, zu § 1 Rdn. 42f. sowie zu § 6 Rdn. 2ff.

[505] *Krieger*, Partnerschaftsgesellschaftsgesetz, in: MedR 1995, S. 97 spricht von Konkurrenzschutz.

[506] Vgl. *Kupfer*, Partnerschaftsgesellschaft als Alternative, 1994, S. 115; *Kupfer*, Freiberufler-Gesellschaften, in: KÖSDI 1995, S. 10135.

5.3.2.4.4.1.1 Geschäftsführung

Im Gegensatz zur OHG[507] ist es den Partnern einer Partnerschaftsgesellschaft verboten, einzelne Partner von der berufsausübenden Geschäftsführung auszuschließen. Dies folgt aus dem § 6 Abs. 1 i.V.m. Abs. 2 PartGG, in dem ein Ausschluß lediglich von der Geschäftsführung der „sonstigen Geschäfte“, z.B. beim Erwerb von Grundbesitz oder dem Abschluß von Miet- oder Arbeitsverträgen, für statthaft erklärt wird[508]. Allerdings wird in der amtlichen Begründung zum Partnerschaftsgesellschaftsgesetz noch davon gesprochen, daß auch die Möglichkeit besteht, diese berufsausübende Geschäftsführung einzuschränken (über § 117 HGB), dies jedoch lediglich zeitlich begrenzt, da sonst der vollständige Ausschluß des Gesellschafters die Folge wäre[509].

5.3.2.4.4.1.2 Wechsel im Gesellschafterbestand

Entgegen § 131 HGB legt § 9 Abs. 2 PartGG fest, daß die sonst in der Person eines Gesellschafters liegenden Gründe für die Auflösung der gesamten Gesellschaft - z.B. Tod, Konkurs über das Vermögen dieses Partners, Kündigung des Partners oder Kündigung des Privatgläubigers - hier nicht zur Auflösung der Gesellschaft führen, sondern lediglich zum Ausscheiden des Partners aus dieser Gesellschaft[510].

Ein weiterer Ausscheidensgrund ist der Verlust der erforderlichen Berufszulassung zu dem in der Partnerschaftsgesellschaft ausgeübten Freien Beruf (§ 9 Abs. 3 PartGG)[511].

---

[507] Vgl. *Baumbach/Duden/Hopt*, HGB, 1995, zu § 117, Rdn. 12.

[508] Vgl. dazu auch *Bayer/Imberger*, Nochmals: Die Rechtsformen freiberuflicher Tätigkeit, in: DZWiR 1995, S. 180; *Kempter*, Partnerschaftsgesellschaftsgesetz, in: BRAK-Mitt. 1994, S. 123; *Knoll/Schüppen*, Partnerschaftsgesellschaft (I), in: DStR 1995, S. 612; *Sommer*, Anwalts-GmbH oder Anwalts-Partnerschaft, in: GmbHR 1995, S. 252; *Feddersen/Meyer-Landrut*, Partnerschaftsgesellschaftsgesetz, 1995, zu § 6 Rdn. 10-13. *Lenz*, Partnerschaft, in: MDR 1994, S. 743 sieht ein Abgrenzungsproblem der übrigen Geschäfte wegen der Vielschichtigkeit der in § 1 Abs. 2 PartGG genannten Berufe.

[509] Vgl. Amtliche Begründung (12/6152) zu § 6, S. 14. Ebenfalls abgedruckt bei *Seibert*, Die Partnerschaft, 1994, S. 110.

[510] Grundsatz des „Ausscheidens statt Auflösens“. Vgl. dazu *Kupfer*, Partnerschaftsgesellschaft als Alternative, 1994, S. 116; *Stuber*, Partnerschaftsgesellschaftsgesetz unter besonderer Berücksichtigung der Belange der Anwaltschaft, in: Wirtschaftsrechtliche Beratung 1994, S. 709; *Feddersen/Meyer-Landrut*, Partnerschaftsgesellschaftsgesetz, 1995, zu § 9 Rdn. 2ff. mit einer Aufzählung der Ausscheidensgründe. Im Zuge des Handelsrechtsreformgesetzes zum 1.7.1998 wurde der § 131 HGB dahingehend geändert, das er nun inhaltsgleich mit § 9 Abs. 2 PartGG ist und letzterer deshalb aufgehoben werden konnte. Vgl. zu den Änderungen auch die Anmerkungen im Gesetzestext im Anhang, S. 217ff.

[511] Erforderlich ist dabei der – unanfechtbar – festgestellte endgültige Verlust der Berufszulassung. Es geht nicht um ein lediglich vorübergehendes Ruhen oder die zeitweise Aufhebung

Die Partnerschaftsgesellschaft wird grundsätzlich unter den verbleibenden Partnern fortgeführt[512]. Verbleibt lediglich ein Partner, so gilt über § 9 Abs. 1 PartGG der § 142 HGB bezüglich der Übernahme des Geschäfts.

Der Ausschluß eines einzelnen Partners durch die anderen Partner aus wichtigem Grund ist nur möglich im Wege der Ausschließungsklage (§ 9 Abs. 1 PartGG i.V.m. § 140 HGB). Aufgrund der sich hierbei möglicherweise ergebenden prozessualen Schwierigkeiten[513], ist es durchaus denkbar, daß im Rahmen des Partnerschaftsvertrages entsprechende Regelungen aufgenommen werden, die den Ausschluß z.B. durch Beschluß und Erklärung erleichtern und überhaupt erst ermöglichen[514].

Der Eintritt neuer Partner in eine bestehende Partnerschaftsgesellschaft ist grundsätzlich möglich. Dies ergibt sich aus den allgemeinen Grundsätzen des Personengesellschaftsrechts[515]. Voraussetzung ist, daß auch dieser Partner einen Freien Beruf ausübt und keine berufsrechtlichen Bestimmungen entgegenstehen[516]. Hinsichtlich der Rechtsfolgen, z.B. hinsichtlich der Gewinnverteilung oder der Stimmrechte, besteht grundsätzlich individuelle Gestaltungsfreiheit, soweit im Gesetz keine anderweitigen Regeln entgegenstehen[517].

Grundsätzlich ist die Übertragung von Anteilen an der Partnerschaftsgesellschaft nicht möglich[518]. Allerdings kann von diesem Grundsatz abgewichen werden,

---

dieser. Vgl. dazu BT-Drucks. 12/6152, S. 20; *Kupfer*, Partnerschaftsgesellschaft als Alternative, 1994, S. 107 mit Verweis auf die §§ 6 und 13 BÄO.

512 Zu möglichen nachvertraglichen Wettbewerbsverboten vgl. *Römermann*, Nachvertragliche Wettbewerbsverbote bei Freiberuflern, in: BB 1998, S. 1489f.

513 Vgl. z.B. *Schmidt*, Mehrseitige Gestaltungsprozesse bei Personengesellschaften, 1992, S. 32ff., 82ff.

514 Vgl. *Schmidt*, Freiberufliche Partnerschaft, in: NJW 1995, S. 4; entsprechendes Vertragsmuster bei *Stucken*, Mustervertrag einer Partnerschaftsgesellschaft, in: WiB 1994, S. 746 unter § 12; zu allem *Knoll/Schüppen*, Partnerschaftsgesellschaft (II), in: DStR 1995, S. 648; *Kupfer*, Partnerschaftsgesellschaft als Alternative, 1994, S. 116f.; *Michalski*, Regierungsentwurf, in: ZIP 1993, S. 1214; *Stuber*, Partnerschaftsgesellschaftsgesetz unter besonderer Berücksichtigung der Belange der Anwaltschaft, in: Wirtschaftsrechtliche Beratung 1994, S. 709; insbesondere auch hinsichtlich möglicher Kündigungsklauseln für Partner. Zu möglichen Abfindungsregelungen vgl. z.B. *Notthoff*, Abfindungsregelungen, in: DStR 1998, S. 210ff.

515 Vgl. *Schmidt*, Freiberufliche Partnerschaft, in: NJW 1995, S. 4; *Knoll/Schüppen*, Partnerschaftsgesellschaft (II), in: DStR 1995, S. 649; allgemein *Schmidt*, Gesellschaftsrecht, 1997, S. 1083.

516 Vgl. z.B. *Taupitz*, Partnerschaft als Kooperationsform für Ärzte, in: Arztrecht 1995, S. 125.

517 So darf insbesondere keine Beschränkung der Vertretungsmacht hinsichtlich der Berufsausübung vorgenommen werden.

518 Vgl. *Knoll/Schüppen*, Partnerschaftsgesellschaft (II), in: DStR 1995, S. 649; *Stucken*, Mustervertrag einer Partnerschaftsgesellschaft, in: WiB 1994, S. 748.

wenn der Partnerschaftsvertrag die Übertragung zuläßt oder wenn alle Partner einer Übertragung zustimmen[519]. Wie bei der Gründung muß auch im Falle der Anteilsübertragung sichergestellt sein, daß der Übernehmer partnerschaftstauglich i.S.v. § 1 Abs. 1 und Abs. 2 PartGG ist[520].

5.3.2.4.4.1.3 VERERBLICHKEIT VON BETEILIGUNGEN

Gem. § 9 Abs. 4 Satz 1 PartGG ist die Beteiligung an einer Partnerschaftsgesellschaft grundsätzlich nicht vererblich. Hintergrund dieser Regelung ist, daß die verbleibenden Partner einen Einfluß auf die Person des Nachfolgers haben sollen. Eine abweichende Regelung entspräche nicht dem besonderen Vertrauensverhältnis, in dem die Partner zueinander stehen[521]. Dieses Vertrauensverhältnis wird allerdings dann nicht mißbraucht, wenn im Partnerschaftsvertrag eine entsprechende Vererblichkeitsregel[522] enthalten ist. In diesem Fall ist der Einfluß der Partner gewährleistet, denn es müssen alle zustimmen. Diese Möglichkeit der Vererbung einer Beteiligung mittels Festschreibung im Partnerschaftsvertrag ist so auch im § 9 Abs. 4 Satz 2 PartGG ausdrücklich enthalten und gestattet, soweit der Neueintretende auch ein Freiberufler i.S.v. § 1 Abs. 1 und 2 PartGG und damit partnerschaftsfähig ist. Zusätzliche Einschränkungen hinsichtlich der Person des Erben können sich wiederum aus den einzelnen Berufsrechten oder weiteren im Vertrag benannten Anforderungen ergeben[523].

5.3.2.4.4.2 AUßENVERHÄLTNIS

Die Partnerschaftsgesellschaft entsteht schließlich und entfaltet Rechtswirkung nach außen erst in dem Augenblick, in dem sie in das Partnerschaftsregister eingetragen worden ist (§ 7 Abs. 1 PartGG). Nach dieser Eintragung gilt sie auch dann als wirksam entstanden, wenn der Gründungsvertrag, z.B. wegen fehlender

---

519 Vgl. *Schmidt*, Freiberufliche Partnerschaft, in: NJW 1995, S. 4; *Knoll/Schüppen*, Partnerschaftsgesellschaft (II), in: DStR 1995, S. 649; *Feddersen/Meyer-Landrut*, Partnerschaftsgesellschaftsgesetz, 1995, zu § 9 Rdn. 12.

520 Vgl. ebenfalls *Feddersen/Meyer-Landrut*, Partnerschaftsgesellschaftsgesetz, 1995 zu § 9 Rdn. 12.

521 Statt vieler *Taupitz*, Partnerschaft als Kooperationsform für Ärzte, in: Arztrecht 1995, S. 125.

522 Zu den verschiedenen Möglichkeiten von Vererbungsklauseln (Eintrittsklausel, qualifizierte Nachfolgeklausel) vgl. z.B. *Feddersen/Meyer-Landrut*, Partnerschaftsgesellschaftsgesetz, 1995, zu § 9 Rdn. 10f. oder *Meurer*, Partnerschaftsgesellschaft 1997, S. 130ff.

523 Zu allem vgl. z.B. *Taupitz*, Partnerschaft als Kooperationsform für Ärzte, in: Arztrecht 1995, S. 125; *Schmidt*, Freiberufliche Partnerschaft, in: NJW 1995, S. 4f.; *Kempter*, Partnerschaftsgesellschaftsgesetz, in: BRAK-Mitt. 1994, S. 124; *Stuber*, Partnerschaftsgesellschaftsgesetz unter besonderer Berücksichtigung der Belange der Anwaltschaft, in: Wirtschaftsrechtliche Beratung 1994, S. 709. Bezüglich der Möglichkeit von Anteilsübertragungen vgl. *Castan*, Partnerschaftsgesellschaft, 1997, S. 137.

Schriftform, nichtig ist[524]. Es spricht alles dafür, daß die Partnerschaftsgesellschaft vor ihrer Eintragung der Regelung des § 705 BGB unterworfen wird, sie also eine GbR darstellt[525].

Aufgrund der ihr verliehenen (Teil)-Rechtsfähigkeit ist die Partnerschaftsgesellschaft selbst Partner aller Verträge, die zwischen ihr und Dritten (im Falle der Ärzte-Partnerschaftsgesellschaft so z.B. mit den Patienten) geschlossen werden. Aus diesem Grunde sei nochmals auf die Anforderungen an den Namen der Partnerschaftsgesellschaft und dessen Registrierung hingewiesen, so daß ein potentieller Gläubiger z.B. über den Eintrag im Register in Erfahrung bringen kann, an wen er sich zur Befriedigung seiner Forderung halten kann.

Bezüglich der Vertretung der Partnerschaftsgesellschaft nach außen gelten die Vorschriften zum OHG-Recht analog (§ 7 Abs. 3 PartGG). Es gilt gem. § 125 Abs. 1 HGB insbesondere der Grundsatz der Einzelvertretungsbefugnis. Auch hier können jedoch spezielle vertragliche Abreden getroffen werden[526].

---

[524] Vgl. dazu z.B. *Bayer/Imberger*, Nochmals: Die Rechtsformen freiberuflicher Tätigkeit, in: DZWiR 1995, S. 180 m.w.N. sowie *Knoll/Schüppen*, Partnerschaftsgesellschaft (I), in: DStR 1995, S. 612.

[525] So *Bayer/Imberger*, Nochmals: Die Rechtsformen freiberuflicher Tätigkeit, in: DZWiR 1995, S. 179f., die von einer „Vor-Partnerschaft" nach § 705 BGB sprechen; *Schmidt*, Freiberufliche Partnerschaft, in: NJW 1995, S. 4 bekräftigt dies; ebenso *Mittelsteiner*, Berufsrecht der Steuerberater, in: DStR 1994, S. 38; *Kempter*, Partnerschaftsgesellschaftsgesetz, in: BRAK-Mitt. 1994, S. 123; *Lenz*, Partnerschaft, in: MDR 1994, S. 743; *Feddersen/Meyer-Landrut*, Partnerschaftsgesellschaftsgesetz, 1995, zu § 4 Rdn. 7f.; nicht eindeutig allerdings *Stuber*, Partnerschaftsgesellschaftsgesetz unter besonderer Berücksichtigung der Belange der Anwaltschaft, in: Wirtschaftsrechtliche Beratung 1994, S. 708.

[526] Vgl. hierzu insb. *Bayer/Imberger*, Nochmals: Die Rechtsformen freiberuflicher Tätigkeit, in: DZWiR 1995, S. 180; *Kempter*, Partnerschaftsgesellschaftsgesetz, in: BRAK-Mitt. 1994, S. 124; *Lenz*, Partnerschaft, in: MDR 1994, S. 743; *Schmidt*, Freiberufliche Partnerschaft, in: NJW 1995, S. 5; *Feddersen/Meyer-Landrut*, Partnerschaftsgesellschaftsgesetz, 1995, zu § 3 Rdn. 3 und zu § 7 Rdn. 6ff.

5.3.2.4.4.3 Die Haftungskonstellationen nach dem PartGG[527]

Mögliche Haftungskonstellationen sind im § 8 PartGG verankert. So wird hier insbesondere zwischen dem Grundsatz (§ 8 Abs. 1 PartGG) und einer Spezialnorm dazu (§ 8 Abs. 2 PartGG) unterschieden. Eine weitere Spezialnorm, die ausdrücklich unter einem allgemeinen Berufsrechtsvorbehalt steht, ergibt sich aus § 8 Abs. 3 PartGG.

5.3.2.4.4.3.1 Der Grundsatz des § 8 Abs. 1 PartGG

Grundsätzlich sieht der § 8 Abs. 1 PartGG vor, daß neben dem Vermögen der Partnerschaftsgesellschaft die Partner für Verbindlichkeiten der Partnerschaftsgesellschaft gesamtschuldnerisch haften. Vertragspartner ist grundsätzlich die Partnerschaftsgesellschaft. Daher haftet zunächst auch immer diese; die persönliche Haftung der Partner tritt, analog zu § 128 Satz 1 HGB, akzessorisch daneben[528].

5.3.2.4.4.3.2 Haftung bei Gesellschafterwechsel

Bezüglich der Haftung von neu eintretenden Partnern wird auf den § 130 HGB (§ 8 Abs. 1 Satz 2 PartGG) verwiesen. Dieser sieht vor, daß, im Gegensatz zur GbR, der neu eintretende Partner auch für die vor seinem Eintritt begründeten Verbindlichkeiten zu haften hat. Entgegenstehende Vereinbarungen sind Dritten gegenüber unwirksam (§ 130 Abs. 2 HGB), d.h. daß ein fremder Dritter sich mit einer Forderung an den neu eingetretenen Partner wenden und von ihm auch deren Begleichung verlangen kann. Eventuelle Ausgleichsansprüche im Innenverhältnis bleiben davon unberührt[529]. Diese Regelung der Haftungssituation gemäß § 130 HGB wird vielfach als „völlig unangemessene Haftungsverschärfung“ bezeichnet[530].

---

527 Vgl. zur Vertiefung insbesondere auch die Ausführungen in den Kommentaren, z.B. *Feddersen/Meyer-Landrut*, Partnerschaftsgesellschaftsgesetz, 1995, zu § 8 Rdn. 1-12; ansonsten auch *Frangenberg*, Haftungsbeschränkung, 1996, S. 131-163; *Henssler*, Partnerschaftsgesellschaftsgesetz, 1997, zu § 8; *Michalski/Römermann*, Partnerschaftsgesellschaftsgesetz, 1995, zu § 8.

528 Vgl. *Baumbach/Duden/Hopt*, HGB, 1995, zu § 128 Rdn. 1; *Ulmer/Habersack*, Haftungsverfassung der Partnerschaftsgesellschaft, in: FS Brandner, 1996, S. 152; *Michalski/Römermann*, Partnerschaftsgesellschaftsgesetz, 1995, zu § 8 Rdn. 11; ansonsten auch *Schmidt*, Freiberufliche Partnerschaft, in: NJW 1995, S. 5.

529 Vgl. *Castan*, Partnerschaftsgesellschaft, 1997, S. 121f; *Kupfer*, Partnerschaftsgesellschaft als Alternative, 1994, S. 114. Stucken spricht sich dafür aus, den handelnden Partner in Fällen leichter Fahrlässigkeit und fehlender Versicherungsdeckung von der Haftung freizusprechen.

530 So wörtlich *Stuber*, Partnerschaftsgesellschaftsgesetz unter besonderer Berücksichtigung der Belange der Anwaltschaft, in: Wirtschaftsrechtliche Beratung 1994, S. 708. Erwähnung ebenfalls bei *Ulmer/Habersack*, Haftungsverfassung der Partnerschaftsgesellschaft, in: FS Brandner, 1996, S. 163; *Bayer/Imberger*, Nochmals: Die Rechtsformen freiberuflicher Tätig-

Der ausscheidende Partner haftet grundsätzlich über § 10 Abs. 2 PartGG gemäß den §§ 159, 160 HGB; d.h. bei Auflösung oder Ausscheiden haften die Partner noch weitere fünf Jahre für die Altverbindlichkeiten unter Rücksichtnahme auf besondere Haftungsvereinbarungen aus § 8 PartGG oder Individualabsprachen[531]. Diese Vereinbarungen über Haftungsbegrenzungen wirken fort, d.h. eine einmal vereinbarte Haftungskonzentration z.B. wirkt auch noch nach dem Nichtmehrbestehen der Gesellschaft fort[532].

5.3.2.4.4.3.3 Haftungskonzentration nach § 8 Abs. 2 PartGG

Die vielfach als „Kernstück“[533] des PartGG bezeichnete Regelung ist die des § 8 Abs. 2 PartGG. Hier soll der wesentliche Vorteil der Partnerschaftsgesellschaft gegenüber der GbR liegen. Die grundsätzlich unbeschränkte persönliche Haftung aller Gesellschafter für Ansprüche aus Schäden wegen fehlerhafter[534] Berufsausübung soll durch die Regelung des § 8 Abs. 2 PartGG in angemessenem Maße eingedämmt werden und damit gleichsam die Lücke schließen zwischen der Personengesellschaft und der Kapitalgesellschaft[535].

Ziel war, eine Möglichkeit so zu schaffen, daß nur noch derjenige persönlich haften müsse, der die Leistung auch tatsächlich erbracht hat, dies insbesondere mit Blick auf das zunehmend überregionale und auch internationale Betätigungsfeld von Freiberuflern und die damit einhergehenden steigenden Haftungsrisiken[536]. Die restlichen Partner sollten von der Haftung befreit sein. Resultieren sollte so die Haftungsbeschränkung einzig und allein auf die verantwortliche Person. Allerdings sollte, aufgrund des besonderen Vertrauensverhältnisses, das

---

keit, in: DZWiR 1995, S. 180; *Knoll/Schüppen*, Partnerschaftsgesellschaft (II), in: DStR 1995, S. 647; *Mazza*, Haftung des neu eintretenden Partners, in: BB 1997, S. 750.

[531] Vgl. *Ulmer/Habersack*, Haftungsverfassung der Partnerschaftsgesellschaft, in: FS Brandner, 1996, S. 166; *Lenz*, Partnerschaft, in: MDR 1994, S. 744; *Schmidt*, Freiberufliche Partnerschaft, in: NJW 1995, S. 6.

[532] Vgl. *Feddersen/Meyer-Landrut*, Partnerschaftsgesellschaftsgesetz, 1995, zu § 10 Rdn. 7. Zur Fortwirkung der Haftungsvereinbarungen bereits Amtliche Begründung (BT-Drucks. 12/6152), S. 22.

[533] Vgl. z.B. *Bösert*, Regierungsentwurf, in: DStR 1993, S. 1333; *Arnold*, Tragweite des § 8 Abs. 2 PartGG, in: BB 1996, S. 597; *Knoll/Schüppen*, Partnerschaftsgesellschaft (II), in: DStR 1995, S. 646; *Ulmer/Habersack*, Haftungsverfassung der Partnerschaftsgesellschaft, in: FS Brandner, 1996, S. 183ff.

[534] Fehlerhaft ist die Berufsausübung dann, wenn die zum Schadensersatz verpflichtende Handlung als objektive Pflichtverletzung in einem sachlichen Zusammenhang zu der Berufsausübung steht (vgl. *Meilicke/Westphalen/Hoffmann/Lenz*, Partnerschaftsgesellschaftsgesetz, 1995, zu § 8 Rdn. 48 sowie *Castan*, Partnerschaftsgesellschaft, 1997, S. 105).

[535] Vgl. erstmals BT-Drucks. 12/6152, S. 1. Statt vieler auch *Kupfer*, Partnerschaftsgesellschaft als Alternative, 1994, S. 103.

[536] Vgl. *Arnold*, Tragweite des § 8 Abs. 2 PartGG, in: BB 1996, S. 602.

zwischen Freiberuflern und ihren Mandanten, Patienten oder Klienten besteht, die persönliche und unbeschränkte Haftung dieses einzelnen erhalten bleiben[537].

So wurde dieses Vorhaben folgendermaßen in das Gesetz aufgenommen:

> § 8 Abs. 2 PartGG: „Die Partner können ihre Haftung gemäß Absatz 1 Satz 1 (die gesamtschuldnerische nämlich) für Ansprüche wegen fehlerhafter Berufsausübung auch unter Verwendung vorformulierter Vertragsbedingungen auf den von ihnen beschränken, der innerhalb der Partnerschaft die berufliche Leistung zu erbringen oder verantwortlich zu leiten und zu überwachen hat."

Diese Formulierung, so klar sie auf den ersten Blick auch erscheinen mag, enthält doch einige Schwierigkeiten und Schwächen.

Die Haftungskonzentration kann nach dem Wortlaut des Gesetzes „auch unter Verwendung vorformulierter Vertragsbedingungen" vorgenommen werden. Diese Bestimmung zeigt, daß der Gesetzgeber die Konzentrationsabrede als eine vertragliche Vereinbarung zwischen der Partnerschaft und dem jeweiligen Mandanten/Patienten verstanden hat[538]. Entgegen dem eventuell etwas mißverständlichen Wortlaut kann daher nicht angenommen werden, daß die Haftungskonzentration durch schlichte Vereinbarung zwischen den Partnern Wirksamkeit entfaltet[539].

---

[537] Dazu auch *Ulmer/Habersack*, Haftungsverfassung der Partnerschaftsgesellschaft, in: FS Brandner, 1996, S. 154; *Taupitz*, Partnerschaft als Kooperationsform für Ärzte, in: Arztrecht 1995, S. 126; *Sotiropoulos*, Haftung der Partner und Haftungsbeschränkungswege, in: ZIP 1995, S. 1880 m.w.N.: „Die Legitimation für die Haftungskonzentration ist also in den Besonderheiten der freiberuflichen Tätigkeit zu sehen [...] Es ist somit den einzelnen, ggf. unterschiedlichen Berufszweigen angehörenden Partnern vor allem aus praktischen Gründen nicht zuzumuten, die Berufsausübung der übrigen zu kontrollieren."

[538] Vgl. *Stuber*, Partnerschaftsgesellschaftsgesetz unter besonderer Berücksichtigung der Belange der Anwaltschaft, in: Wirtschaftsrechtliche Beratung 1994, S. 708: „[...], die sich freilich nicht auf Absprachen der Partner untereinander bezieht."; *Knoll/Schüppen*, Partnerschaftsgesellschaft (II), in: DStR 1995, S. 647; *Seibert*, Partnerschaft für die Freien Berufe, in: DB 1994, S. 2384: „So kann beim Abschluß eines Mandatsvertrages in den AGB festgelegt werden,[...]"; *Sotiropoulos*, Haftung der Partner und Haftungsbeschränkungswege, in: ZIP 1995, S. 1887 spricht von einem „Vertrag zugunsten Dritter"; *Taupitz*, Partnerschaft als Kooperationsform für Ärzte, in: Arztrecht 1995, S. 126; *Meurer*, Partnerschaftsgesellschaft 1997, S. 104.

[539] Vgl. z.B. *Frangenberg*, Haftungsbeschränkung, 1996, S. 143. Für den rein schuldrechtlichen Charakter sprechen sich auch *Michalski/Römermann*, Partnerschaftsgesellschaftsgesetz, 1995, zu § 8 Rdn. 19 aus. Anderer Ansicht dagegen *Kupfer*, Freiberufler-Gesellschaften, in: KÖSDI 1995, S. 10135 und *Kupfer*, Partnerschaftsgesellschaft als Alternative, 1994, S. 113.

Die Zulässigkeit vorformulierter Vertragsbedingungen hat insbesondere zur Konsequenz, daß die richterliche Inhaltskontrolle gem. §§ 9-11 AGBG nicht stattfindet[540].

Das Wörtchen „auch" läßt darauf schließen, daß der Gesetzgeber in der Zulassung der Verwendung der Allgemeinen Geschäftsbedingungen lediglich ein Angebot zur Erleichterung schafft, daß jedoch die Möglichkeit zu vertraglichen Einzelabreden auch weiter offen steht[541].

Unabhängig davon, welche Haftungsbeschränkungs- oder Haftungskonzentrationsabrede im einzelnen getroffen wird: es empfiehlt sich, zwecks eventueller Beweisgründe, auf jeden Fall die Schriftform[542], auch wenn keine besondere Form vorgeschrieben ist und eine reine Unterrichtung des Patienten gegebenenfalls ausreichen würde[543].

Ein weiteres Problem taucht bezüglich der Benennung desjenigen Partners auf, auf den die Haftung beschränkt werden soll. § 8 Abs. 2 PartGG gibt keinen Aufschluß darüber, welche Anforderungen möglicherweise an diese Benennung zu stellen sind. Im Schrifttum ist dieses Problem umstritten. Die Lösungsvor-

---

540 Vgl. *Kupfer*, Partnerschaftsgesellschaft als Alternative, 1994, S. 113; *Bösert*, Regierungsentwurf, in: DStR 1993, S. 1333; *Seibert*, Partnerschaft für die Freien Berufe, in: DB 1994, S. 2384; *Sotiropoulos*, Haftung der Partner und Haftungsbeschränkungswege, in: ZIP 1995, S. 1882; *Castan*, Partnerschaftsgesellschaft, 1997, S. 114ff. Ganz allgemein zur Wirkung formularmäßiger Haftungsfreizeichnungsklauseln vgl. z.B. *Koller*, Wirksamkeit formularmäßiger Haftungsfreizeichnungsklauseln, in: ZIP 1986, S. 1589ff.; *Arnold*, Tragweite des § 8 Abs. 2 PartGG, in: BB 1996, S. 602.

541 Vgl. statt vieler *Knoll/Schüppen*, Partnerschaftsgesellschaft (II), in: DStR 1995, S. 647; kritisch jedoch *Stuber*, Partnerschaftsgesellschaftsgesetz unter besonderer Berücksichtigung der Belange der Anwaltschaft, in: Wirtschaftsrechtliche Beratung 1994, S. 709: „Die Regelung in § 8 II PartGG wird man wohl als abschließend verstehen müssen, daß eine weitergehende Haftungsbeschränkung, [...],nicht, d.h. auch nicht einzelvertraglich, vereinbart werden kann."

542 Vgl. *Sotiropoulos*, Haftung der Partner und Haftungsbeschränkungswege, in: ZIP 1995, S. 1882; *Krieger*, Partnerschaftsgesellschaftsgesetz, in: MedR 1995, S. 97; *Kupfer*, Partnerschaftsgesellschaft als Alternative, 1994, S. 113; *Schirmer*, Berufsrechtliche und kassenarztrechtliche Fragen - Teil 1, in: MedR 1995, S. 351. *Pütz-Reuter/Zdarta/Zellmann*, Ärztliche Kooperationen, 1998, S. 38, sehen bei Ärzten Probleme bei einer ausdrücklichen Haftungsvereinbarung mit dem jeweiligen Patienten – diese könnte möglicherweise das Vertrauensverhältnis zwischen Arzt und Patient stören.

543 Dies ergäbe sich aus dem § 2 Abs. 1 AGBG (vgl. *Sommer*, Anwalts-GmbH oder Anwalts-Partnerschaft, in: GmbHR 1995, S. 251); „[...] einer gesonderten Unterschrift des Patienten bedarf es aber nicht" (vgl. *Taupitz*, Partnerschaft als Kooperationsform für Ärzte, in: Arztrecht 1995, S. 127).

schläge reichen von einer ausdrücklichen Namensnennung bis hin zu einer „den, den es angeht“[544]-Einstellung.

Eine namentliche Benennungspflicht im Gegensatz zur eher abstrakten wird damit begründet, daß andernfalls praktische Schwierigkeiten und ggf. lange gerichtliche Aufklärungsarbeiten bei der Ermittlung des tatsächlich Handelnden auftreten könnten[545].

Andererseits ist es nun einmal so, daß es häufig im voraus gar nicht möglich ist, denjenigen Partner zu bestimmen, welcher letzten Endes der tatsächlich Handelnde sein wird, so z.B. bei einem Patienten, der mit Halsschmerzen zu einer Partnerschaft kommt, zunächst an den Hals-Nasen-Ohren-Arzt verwiesen wird, aber dann doch vom Zahnarzt - das Einverständnis des Patienten vorausgesetzt - behandelt wird, da die Weisheitszähne entzündet waren und die Halsschmerzen daher rührten.

Als eine Art Mittelweg wird daher vorgeschlagen, und dem ist wohl auch zu folgen, daß es völlig ausreichen würde, wenn der Kreis der verantwortlichen Partner eindeutig bestimmbar sei[546] – und diese Voraussetzung würde durch den Eintrag im Partnerschaftsregister geschaffen, denn dort sind alle potentiell Haftenden aufgeführt[547]. Optimale ärztliche Betreuung ergibt sich nun einmal da, wo der fachkundigste die Leistung erbringt und nicht ein anderer, nur weil er zuvor namentlich genannt wurde.

---

[544] Dagegen: *Schmidt*, Freiberufliche Partnerschaft, in: NJW 1995, S. 6; dafür: *Michalski*, Regierungsentwurf, in: ZIP 1993, S. 1213.

[545] Vgl. z.B. *Korts/Korts*, Heilberufsgesellschaften, 1996, S. 24; *Arnold*, Tragweite des § 8 Abs. 2 PartGG, in: BB 1996, S. 602; *Schmidt*, Freiberufliche Partnerschaft, in: NJW 1995, S. 6; *Seibert*, Zum neuen Entwurf eines Partnerschaftsgesellschaftsgesetzes, in: AnwBl. 1993, S. 156f.; *Meilicke/Westphalen/Hoffmann/Lenz*, Partnerschaftsgesellschaftsgesetz, 1995, zu § 8 Rdn. 63.

[546] So wird man davon ausgehen können, daß bei einer erfolgten Zahnbehandlung i.d.R. nur die in der Partnerschaft tätigen Zahnärzte als Verantwortliche in Frage kommen. *Castan*, Partnerschaftsgesellschaft, 1997, S. 114 schlägt vor, im Einvernehmen mit dem Patienten, den oder die persönlich haftenden Partner auszutauschen oder zu ergänzen, sobald absehbar ist, welcher Partner die Leistung erbringt bzw. verantwortlich leitet und überwacht.

[547] Vgl. *Ulmer/Habersack*, Haftungsverfassung der Partnerschaftsgesellschaft, in: FS Brandner, 1996, S. 157 m.w.N.: die verantwortliche Person muß „zwar nicht bestimmt, wohl aber konkret bestimmbar sein“; *Michalski*, Regierungsentwurf, in: ZIP 1993, S. 1213: „Auf die namentliche Benennung kann daher ohne weiteres verzichtet und lediglich die Haftung des tatsächlich Tätigen angeordnet werden.“; *Stuber*, Partnerschaftsgesellschaftsgesetz unter besonderer Berücksichtigung der Belange der Anwaltschaft, in: Wirtschaftsrechtliche Beratung 1994, S. 709; *Knoll/Schüppen*, Partnerschaftsgesellschaft (II), in: DStR 1995, S. 647; *Sotiropoulos*, Haftung der Partner und Haftungsbeschränkungswege, in: ZIP 1995, S. 1881: Eine generalklauselartige Haftungsbegrenzung „to whom it may concern“ genüge allerdings auch nicht.

Arnold bemängelt diese unterschiedlichen Auslegungsmöglichkeiten und führt aus, daß hierbei große Rechtsunsicherheit entstehen kann, die in letzter Konsequenz vertrauensschädigend für das Verhältnis zwischen Freiberufler und Patient, Mandant oder Klient sein kann[548].

Eine weitere Frage, die sich aufdrängt, ist die, was passiert, wenn der benannte Partner (falls eine namentliche Benennung erfolgt war) und der tatsächlich tätige Partner auseinanderfallen, was eigentlich nicht geschehen dürfte, aber doch sicherlich vorkommen könnte[549]. Möglich wäre zum einen die Unwirksamkeit des geschlossenen Vertrages. Dies hätte zur Folge, daß die gesamtschuldnerische Haftung aller Partner wieder aufleben würde, was aber nicht Intention der Regelung des § 8 Abs. 2 PartGG gewesen sein kann. Vielmehr ist darauf abzustellen, daß der tatsächlich Tätige zu dem Benannten hinzutritt und der Auftraggeber es nun haftungsrechtlich mit zwei Partnern zu tun hat (dem im Vertrag genannten und dem tätigen), nicht jedoch mit sämtlichen Partnern. So oder so ist jedoch eine Haftungsausweitung die Folge, die sicherlich so nicht gewollt war[550]. Ziel war ja gerade eine Haftung nur des Handelnden.

Fraglich ist ebenfalls, wie es mit der Haftungskonzentration aussieht, wenn ein Dritter in die Partnerschaft hinzutritt. Gilt diese automatisch auch für ihn? Die diesbezügliche Meinungsbildung ist noch im Fluß. Mazza führt in ihrer Argumentation aus, daß dem Wortlaut nach die Konzentration zunächst nicht für einen neuen greift, kritisiert dies jedoch als ungerecht und kommt zu dem Ergebnis, daß Abhilfe durch eine Änderung des Inhalts des § 130 HGB[551] möglich

---

[548] Vgl. *Arnold*, Tragweite des § 8 Abs. 2 PartGG, in: BB 1996, S. 602. Ebenso kritisch *Meurer*, Partnerschaftsgesellschaft 1997, S. 112.

[549] Vgl. auch *Sotiropoulos*, Haftung der Partner und Haftungsbeschränkungswege, in: ZIP 1995, S. 1881 mit Verweis auf *Michalski*, Regierungsentwurf, in: ZIP 1993, S. 1213; *Michalski/Römermann*, Partnerschaftsgesellschaftsgesetz, 1995, zu § 8 Rdn. 56ff. Ein ähnliches Problem ergibt sich, wenn mehrere Partner verantwortlich waren. Haftet nur einer von ihnen? Kann man sich aussuchen, wer haften soll? Wer könnte es sich aussuchen? Haften alle Verantwortlichen? Zu dieser Problematik vgl. *Michalski/Römermann*, Partnerschaftsgesellschaftsgesetz, 1995, zu § 8 Rdn. 56ff.; *Burret*, Partnerschaftsgesellschaftsgesetz, in: WPK-Mitt. 1994, S. 205; *Sotiropoulos*, Haftung der Partner und Haftungsbeschränkungswege, in: ZIP 1995, S. 1881 und 1885; *Ulmer/Habersack*, Haftungsverfassung der Partnerschaftsgesellschaft, in: FS Brandner, 1996, S. 163; *Michalski*, Regierungsentwurf, in: ZIP 1993, S. 1213.

[550] Vgl. zu dieser Diskussion z.B. *Ulmer/Habersack*, Haftungsverfassung der Partnerschaftsgesellschaft, in: FS Brandner, 1996, S. 159ff.; *Arnold*, Tragweite des § 8 Abs. 2 PartGG, in: BB 1996, S. 603; *Sotiropoulos*, Haftung der Partner und Haftungsbeschränkungswege, in: ZIP 1995, S. 1881; *Knoll/Schüppen*, Partnerschaftsgesellschaft (II), in: DStR 1995, S. 647; *Mazza*, Haftung des neu eintretenden Partners, in: BB 1997, S. 746.

[551] Etwa in der Form, daß der „Wortlaut des § 130 HGB [...] dahingehend korrigiert wird, daß der neu eintretende Partner nicht gleich den anderen Gesellschaftern haftet, sondern gleich der

wäre[552]. Allerdings sollte man doch eine Auslegung dahingehend annehmen, daß nur noch der „A“ z.B. handelt und die anderen, und zwar insbesondere auch die Hinzutretenden, nicht. Ansonsten erscheint es einfacher, anstatt den § 130 HGB zu ändern, eine Änderung direkt im PartGG vorzunehmen[553].

Eine letzte Frage, die sich stellt, ist die, für welche Verbindlichkeiten überhaupt die Möglichkeit einer Haftungskonzentration besteht. Grundsätzlich außen vor bleibt das Partnerschaftsvermögen. Es gehört stets zur Haftungsmasse[554]. Das Tatbestandsmerkmal „fehlerhafte Berufsausübung“ des § 8 Abs. 2 PartGG weist darauf hin, daß hierbei in erster Linie an die vertraglichen Ansprüche zwischen der Partnerschaft (und ihren Partnern als Sekundärschuldnern) und dem Mandanten, Patienten oder Klienten gedacht wurde[555]. Denn hauptsächlich in diesem Bereich kann der Beruf überhaupt fehlerhaft ausgeübt werden. Mit hierunter fallen aber auch die deliktischen Ansprüche, solange sie auf das Handeln eines Partners im Zusammenhang mit der freiberuflichen Tätigkeit zurückzuführen sind[556].

---

einen oder der anderen Kategorie von Gesellschaftern (nämlich der der haftenden oder der der nicht haftenden).“ (vgl. *Mazza*, Haftung des neu eintretenden Partners, in: BB 1997, S. 750).

552 Vgl. *Mazza*, Haftung des neu eintretenden Partners, in: BB 1997, S. 746 und 750. Dazu auch *Ulmer/Habersack*, Haftungsverfassung der Partnerschaftsgesellschaft, in: FS Brandner, 1996, S. 164, die ein wenig anders (nämlich über die verschiedenen Modalitäten des Eintritts im Sinne des § 130 Abs. 1 HGB) argumentieren.

553 Eine eindeutigere Formulierung des § 8 Abs. 2 PartGG könnte z.B. dahingehend lauten: „Die Partner können ihre Haftung gemäß Absatz 1 Satz 1 für Ansprüche aus fehlerhafter Berufsausübung auch unter Verwendung vorformulierter Vertragsbedingungen mit Wirkung auch für zukünftig eintretende Partner auf den bzw. diejenigen von ihnen beschränken, der/die gegenüber der dritten Person die berufliche Leistung zu erbringen, verantwortlich zu leiten und zu überwachen hat/haben. Einer namentlichen Benennung der nach Abs. 2 Satz 1 haftenden Personen bedarf es nicht. Die Beschränkung bedarf der Schriftform.“

554 Statt vieler vgl. z.B. *Arnold*, Tragweite des § 8 Abs. 2 PartGG, in: BB 1996, S. 597; *Mazza*, Haftung des neu eintretenden Partners, in: BB 1997, S. 746.

555 Vgl. *Ulmer/Habersack*, Haftungsverfassung der Partnerschaftsgesellschaft, in: FS Brandner, 1996, S. 153f. mit Verweis auf BT-Drucks. 12/6152, S. 18. Nach ihnen zählen hierzu insbesondere Ansprüche, die auf Unmöglichkeit, Verzug, Positiver Vertragsverletzung oder Gewährleistungsrecht beruhen.

556 Vgl. BT-Drucks. 12/6152, S. 18; *Ulmer/Habersack*, Haftungsverfassung der Partnerschaftsgesellschaft, in: FS Brandner, 1996, S. 153f m.w.N.; *Seibert*, Die Partnerschaft, 1994, S. 58; *Sotiropoulos*, Haftung der Partner und Haftungsbeschränkungswege, in: ZIP 1995, S. 1880 mit folgender Erläuterung: „Nach dem Referentenentwurf konnte Gegenstand der Haftung nur die vertragliche sein, nicht jedoch die deliktische, [...] Bereits im Regierungsentwurf wurde auf diese Differenzierung (auf das Wort `vertragliche´) verzichtet. Angesichts dieser klaren gesetzgeberischen Entscheidung ist auch bezüglich der deliktischen Haftung den unbeteiligten Partnern eine Freizeichnung zuzuerkennen.“. Zur Frage einer möglichen Dritthaftung vgl. z.B. *Arnold*, Tragweite des § 8 Abs. 2 PartGG, in: BB 1996, S. 603; zum Problem

Nicht zu den auf einen Partner beschränkungsfähigen Verbindlichkeiten gehören dürften die „übrigen“ Verbindlichkeiten, analog zu den „sonstigen Geschäften“ des § 6 Abs. 2 PartGG, also insbesondere Verbindlichkeiten aus Miet- oder Arbeitsverhältnissen, aber auch gesetzliche Verbindlichkeiten wie z.B. Steuerschulden[557].

Aufgrund dieser häufig in der Literatur als unpraktikabel kritisierten Ausgestaltung der Haftungskonzentration[558], wurde bereits eine Neuformulierung des § 8 Abs. 2 PartGG in der Weise in Aussicht gestellt und vorgeschlagen, daß letzten Endes eine gesetzlich fixierte Haftungskonzentration entstünde, etwa in der Form:

> „(1) Vor der Eintragung in das Partnerschaftsregister haften die Partner den Partnerschaftsgläubigern als Gesamtschuldner. Eine entgegenstehende Vereinbarung ist Dritten gegenüber unwirksam.
>
> (2) Nach der Eintragung der Partnerschaft in das Partnerschaftsregister haftet den Partnerschaftsgläubigern nur der handelnde Partner als Gesamtschuldner mit der Partnerschaft. Die gesamtschuldnerische Haftung der nicht handelnden Partner gegenüber den Partnerschaftsgläubigern ist ausgeschlossen.“[559]

Hierdurch würde ein Teil der o.g. Barrieren und Unsicherheiten entfallen[560]. Allerdings stellt sich die Frage, ob eine solche gesetzliche Regelung nicht dem Vertrauensschutz des Dritten (Patient z.B.) entgegensteht. So sollte vielleicht, trotz der gesetzlichen Fixierung, auch ein Hinweis dahingehend erfolgen, daß auch hier eine „Erkennbarkeit“ wie bei der einseitigen Haftungsbeschränkung der GbR gegeben ist[561].

---

der Haftung für Angestellte vgl. z.B. *Krieger*, Partnerschaftsgesellschaftsgesetz, in: MedR 1995, S. 97.

[557] Vgl. *Sotiropoulos*, Haftung der Partner und Haftungsbeschränkungswege, in: ZIP 1995, S. 1880; *Ulmer/Habersack*, Haftungsverfassung der Partnerschaftsgesellschaft, in: FS Brandner, 1996, S. 154.

[558] Statt vieler z.B. *Frangenberg*, Haftungsbeschränkung, 1996, S. 164 oder *Knoll/Schüppen*, Partnerschaftsgesellschaft (II), in: DStR 1995, S. 651, die von einer „Verkomplizierung ohne eindeutige Verbesserung und Problemlösung“ sprechen.

[559] Formulierungsvorschlag der Bundesrechtsanwaltskammer (unveröffentlichte Stellungnahme zum Entwurf des PartGG – bezugnehmend darauf *Frangenberg*, Haftungsbeschränkung, 1996, Fußnote 618).

[560] Vgl. zu diesen Novellierungsvorschlägen insb. *Frangenberg*, Haftungsbeschränkung, 1996, S. 166f.; *Römermann*, Anwalts-GmbH als theoretische Variante, in: GmbHR 1997, S. 536; *Seibert*, Gesellschaften mit Partner-Zusatz, in: ZIP 1997, S. 1047.

[561] Mittlerweile hat der Gesetzgeber die ursprünglich vertragliche Haftung in der Partnerschaftsgesellschaft im Rahmen des § 8 Abs. 2 PartGG in eine gesetzliche Haftung umgewandelt. Vgl. zum Vorentwurf bereits BT-Drucks. 13/10955 vom 16.6.1998, S. 10. Zur Änderung ab 1.8.1998 bezüglich § 8 PartGG (BGBl. I, 1998, S. 1881): § 8 Abs. 2 PartGG wird wie folgt

5.3.2.4.4.3.4 Haftungsbeschränkung auf einen Höchstbetrag nach § 8 Abs. 3 PartGG

Der § 8 Abs. 3 PartGG räumt die Möglichkeit ein, die Haftung auf einen Höchstbetrag zu beschränken, wenn dies durch (Berufs-)gesetze ausdrücklich zugelassen ist und gleichzeitig die Pflicht begründet wird, eine Haftpflichtversicherung in angemessener Höhe abzuschließen. Mehrere Autoren finden diese Regelung hier fehl am Platze. Es handele sich dabei ausschließlich um ein berufsrechtliches Problem, das in diesem Gesetz seinen Platz verfehlt hätte[562]. An dieser Stelle ist wohl versäumt worden, den Vorsatz der sauberen Trennung zwischen Gesellschafts- und Berufsrecht durchzuhalten[563]. Man könnte jedoch auch argumentieren, daß es sich letzten Endes auch nur um eine Ausformulierung des Berufsrechtsvorbehaltes von § 1 Abs. 3 und § 6 Abs. 1 PartGG handelt.

5.3.2.4.4.4 Haftungskonstellationen außerhalb des PartGG?

5.3.2.4.4.4.1 Haftungsbeschränkung aufgrund gesellschaftsvertraglicher Modifikationen?

Es stellt sich die Frage, ob, wie bei der GbR, die Möglichkeit besteht, durch Beschränkung der Vertretungsmacht und Kenntlichmachung im Briefkopf, eine Haftungsbeschränkung in der Form der „PartGmbH" durchzusetzen. Dies wird wohl zu verneinen sein; im Gegensatz zur GbR ist eine entsprechende Gestaltung der Vertretungsbefugnis wegen der zwingenden Haftung aller Partner[564] in der Partnerschaftsgesellschaft kaum durchführbar[565]. Eine Begrenzung der Vertretungsmacht ist nur auf die sonstigen Geschäfte und gerade nicht hinsichtlich der Berufsausübung möglich. Die einseitige Haftungsbeschränkung ist bei der PartG also gerade nicht durchführbar[566].

---

gefaßt: „(2) Waren nur einzelne Partner mit der Bearbeitung eines Auftrags befaßt, so haften nur sie gemäß Absatz 1 für berufliche Fehler neben der Partnerschaft; ausgenommen sind Bearbeitungsbeiträge von untergeordneter Bedeutung." Diese Regelung könnte einen deutlichen Attraktivitätsgewinn der Partnerschaftsgesellschaft zur Folge haben.

562 Vgl. z.B. *Schmidt*, Partnerschaftsgesetzgebung zwischen Berufsrecht, Schuldrecht und Gesellschaftsrecht, in: ZIP 1993, S. 647; *Schmidt*, Die Freiberufliche Partnerschaft, in: NJW 1995, S. 6; *Sotiropoulos*, Haftung der Partner und Haftungsbeschränkungswege, in: ZIP 1995, S. 1879.

563 Ebenso *Feddersen/Meyer-Landrut*, Partnerschaftsgesellschaftsgesetz, 1995, zu § 8 Rdn. 11.

564 Vgl. *Stuber*, Partnerschaftsgesellschaftsgesetz unter besonderer Berücksichtigung der Belange der Anwaltschaft, in: Wirtschaftsrechtliche Beratung 1994, S. 709.

565 Vgl. *Sotiropoulos*, Haftung der Partner und Haftungsbeschränkungswege, in: ZIP 1995, S. 1884.

566 Vgl. *Frangenberg*, Haftungsbeschränkung, 1996, S. 138f.; *Stuber*, Partnerschaftsgesellschaftsgesetz unter besonderer Berücksichtigung der Belange der Anwaltschaft, in: Wirtschaftsrechtliche Beratung 1994, S. 709; *Schirmer*, Berufsrechtliche und kassenarztrechtliche

5.3.2.4.4.4.2 Haftungsbeschränkung aufgrund ausdrücklicher Vereinbarung?

Selbstverständlich kann eine Haftungsbeschränkung aufgrund ausdrücklicher Vereinbarung, also aufgrund eines zweiseitigen Vertrages, zwischen einem Patient und seinem behandelnden Arzt z.B., herbeigeführt werden[567]. Nichts anderes ist ja im Grunde genommen die Möglichkeit der Haftungskonzentration, die man als einen Vertrag zugunsten Dritter (zugunsten der Nicht-Handelnden) auffassen kann[568]. Ebenso kann ein Vertrag zugunsten des Handelnden geschlossen werden.

Allerdings greift hier, wie bei der GbR, das besondere berufsrechtliche Problem der Ärzte: Darf ein Arzt überhaupt seine Haftung beschränken?

5.3.2.4.4.4.3 Haftungsbeschränkung für gesetzliche Ansprüche, insb. für Steuerschulden der Gesellschaft?

Analog zur GbR kann eine Haftungsbeschränkung für gesetzliche Ansprüche nicht wirksam erfolgen (vgl. Kap. 5.3.1.2.3, S. 87). Auch eine Haftungskonzentration greift dort, wie eben unter 5.3.2.4.4.3.3, S. 121 ausgeführt, nicht.

5.3.2.4.5 Sonstige Vorschriften

5.3.2.4.5.1 Liquidation

Bezüglich der Liquidation der Partnerschaftsgesellschaft wird gänzlich auf die für das OHG-Recht geltenden Vorschriften (§§ 145 – 158 HGB über § 10 Abs. 1 PartGG) verwiesen. Diese Vorschriften werden jedoch ggf. durch eine andere Art der Auseinandersetzung verdrängt, wenn die Partner dies entsprechend beschließen[569].

5.3.2.4.5.2 Übergangsvorschrift

Die Bezeichnung „Partner“ oder „Partnerschaft“ ist ausschließlich der Partnerschaftsgesellschaft i.S.d. PartGG vorbehalten. Bis zum 30.6.1997 galt noch eine gewisse Übergangsregelung bzw. Schonfrist. Ab dem 1.7.1997 darf der Zusatz

---

Fragen - Teil 1, in: MedR 1995, S. 351; *Schmidt*, Haftungsstatus unternehmenstragender BGB-Gesellschaften, in: FS Fleck, 1988, S. 291f.; *Sotiropoulos*, Haftung der Partner und Haftungsbeschränkungswege, in: ZIP 1995, S. 1883f.

[567] Kritisch jedoch: *Stuber*, Partnerschaftsgesellschaftsgesetz unter besonderer Berücksichtigung der Belange der Anwaltschaft, in: Wirtschaftsrechtliche Beratung 1994, S. 709.

[568] Vgl. dazu z.B. *Sotiropoulos*, Haftung der Partner und Haftungsbeschränkungswege, in: ZIP 1995, S. 1882, der noch eine Unterscheidung in „Erlaßvertrag“ oder „pactum de non petendo“ vornimmt. Ebenso *Mazza*, Haftung des neu eintretenden Partners, in: BB 1997, S. 748.

[569] Vgl. z.B. *Feddersen/Meyer-Landrut*, Partnerschaftsgesellschaftsgesetz, 1995, zu § 10 Rdn. 3, die diesbezüglich auch noch auf einen Widerspruch hinsichtlich der Erstellung einer Liquiditätsbilanz hinweisen.

„und Partner“ oder „Partnerschaft“ aus Gründen des Verwechslungsschutzes[570] bei einer Nicht-Partnerschaftsgesellschaft nur noch dann verwendet werden, wenn ein ausdrücklicher Hinweis auf die Rechtsform erfolgt. Dies gilt nicht nur für die GbR, sondern auch für alle anderen Gesellschaftsformen. Eine OHG, die sich bisher „Müller & Partner“ nannte, muß sich mit Wirkung vom 1.7.1997 z.B. „Müller & Partner OHG“ nennen.

5.3.2.5 Das partnerschaftsrechtliche Berufsrecht

Im Partnerschaftsgesellschaftsgesetz selbst finden sich lediglich Verweise auf das jeweils geltende Berufsrecht für die einzelnen Freien Berufe. Man wird daher keine Vorschrift im PartGG finden, die exklusiv für Ärzte gilt. Diesbezüglich muß auf die berufsrechtlichen Spezialvorschriften für Ärzte, namentlich die MBO, verwiesen werden, die ausdrückliche Vorschriften enthält, wie bezüglich der ärztlichen Berufsausübung in Partnerschaftsgesellschaften zu verfahren ist.

5.3.2.5.1 Die Verweisungsnormen

Das PartGG steht unter dem in § 1 Abs. 3 PartGG ausdrücklich festgeschriebenen „Berufsrechtsvorbehalt“. Um dieses besonders hervorzuheben, wurde im PartGG gleich mehrfach auf diese vorrangigen Vorschriften hingewiesen. Als Normen sind insgesamt zu nennen:

> § 1 Abs. 3 PartGG: „Die Berufsausübung in der Partnerschaft kann in Vorschriften über einzelne Berufe ausgeschlossen oder von weiteren Voraussetzungen abhängig gemacht werden.“
>
> § 6 Abs. 1 PartGG: „Die Partner erbringen ihre beruflichen Leistungen unter Beachtung des für sie geltenden Berufsrechts.“
>
> § 8 Abs. 3 PartGG: „Durch Gesetz kann für einzelne Berufe [...]“

In der PRV finden sich ebenfalls Verweise:

> § 3 Abs. 2 PRV: „[...] sollen eine Erklärung [...] abgeben, daß Vorschriften über einzelne Berufe, [...] nicht entgegenstehen.“
>
> § 3 Abs. 3 PRV: „[...] aufgrund von Vorschriften über einzelne Berufe [...]“

Zudem beschäftigen sich die §§ 4, 5 und 7 Abs. 2 PRV mit dem Verhältnis zu den jeweiligen Berufskammern.

Diese Vorschriften sind bewußt abstrakt gehalten, um den einzelnen Berufsrechten keine Vorschriften zu machen, diesen also die Vorrangstellung zu spezifischen Regelungen zu geben und die Möglichkeit offen zu halten, die Form der Partnerschaftsgesellschaft für „ihre“ Berufsangehörigen nutzbar zu machen.

---

[570] So die Formulierung bei *Feddersen/Meyer-Landrut*, Partnerschaftsgesellschaftsgesetz, 1995, zu § 1 Rdn. 2.

Allerdings darf man nicht ganz pauschal sagen, das Berufsrecht habe grundsätzlich immer Vorrang. Abzustellen ist wohl je nach Lage der Dinge auf die jeweils „engere" Vorschrift. Das PartGG kann nicht grundsätzlich immer als subsidiär gegenüber den Berufsrechten gelten[571]; so ist der juristischen Person der Zugang zur Partnerschaftsgesellschaft verwehrt, während in den Berufsrechten der Steuerberater und Wirtschaftsprüfer diese Form der Berufsausübung durchaus zulässig ist[572].

5.3.2.5.2 Die Partnerschaftsgesellschaftsformen der MBO

Die MBO[573] hat hinsichtlich der Ärzteschaft drei verschiedene Formen der Partnerschaft für zulässig erklärt. Sie unterscheidet:

- in eine Partnerschaft, in der sich ausschließlich Ärzte[574] zusammenschließen, § 23 MBO[575], im folgenden Ärztepartnerschaft.

---

[571] Vgl. *Burret*, Partnerschaftsgesellschaftsgesetz, in: WPK-Mitt. 1994, S. 204; *Gilgan*, Auswirkungen des Partnerschaftsgesellschaftsgesetzes, in: Stbg 1995, S. 30.

[572] Vgl. zu dieser Argumentation *Michalski/Römermann*, Partnerschaftsgesellschaftsgesetz, 1995, zu § 8 Rdn. 74; *Castan*, Partnerschaftsgesellschaft, 1997, S. 52.

[573] Die Vorschriften dieser Musterberufsordnung sind nicht verbindlich. Das zeigt bereits die Anmerkung in der MBO selbst: „Rechtswirkung entfaltet diese Musterberufsordnung, wenn sie durch die Kammerversammlung der Ärztekammern beschossen und von den Aufsichtsbehörden genehmigt wurde." Die Regelungen müssen also erst in die Landesberufsordnungen übernommen werden. Im allgemeinen kann jedoch von dieser Übernahme ausgegangen werden, da die Ärztekammern insgesamt ein einheitliches Berufsrecht anstreben. Dazu auch *Schirmer*, Berufsrechtliche und kassenarztrechtliche Fragen - Teil 1, in: MedR 1995, S. 345f.; *Eggesiecker*, Partnerschaftsgesellschaft, 1998, Fach E Arzt, 2.050. Vgl. z.B. auch *Bösert/Braun/Jochem*, Partnerschaftsgesellschaft, 1996, S. 104, die ausführen, daß bereits vor Umsetzung der Regelungen in die einzelnen Berufsordnungen die bisherigen Regelungen dieser für den Zusammenschluß von Ärzten in einer Partnerschaftsgesellschaft gelten, namentlich die der Gemeinschaftspraxis.

[574] *Feddersen/Meyer-Landrut*, Partnerschaftsgesellschaftsgesetz, 1995, zu § 1 Rdn. 13 führen aus, daß prinzipiell auch Ärzte, die Staatsangehörige der Mitgliedsstaaten der EU sind, prinzipiell partnerschaftsfähig sind, ggf. jedoch zu strengeren Überprüfungen und Auflagen Anlaß geben könnten.

[575] Die Behandlung aller Partnerschaftsformen unter den §§ 23, 23a und 23b MBO findet sich nicht mehr in der jüngst erschienenen MBO in der Fassung vom 100. Deutschen Ärztetag. Hier hat eine Umstellung der Paragraphen stattgefunden. Die gemeinsame Berufsausübung findet sich dort nun im § 22 i.V.m. Kapitel D Nr. 7 bis 11 wieder. Dabei entspricht der ehemalige § 23 MBO (i.d.F. des 98. und 99. Dt. Ärztetages) nun dem § 22 i.V.m. Kapitel D Nr. 8 MBO (i.d.F. des 100. Dt. Ärztetages); entsprechend der § 23a MBO (i.d.F. des 98. und 99. Dt. Ärztetages) dem § 22 i.V.m. Kap. D Nr. 9 (i.d.F. des 100. Dt. Ärztetages) und der § 23b MBO (i.d.F. des 98. und 99. Dt. Ärztetages) dem § 22 i.V.m. Kap. D Nr. 10 MBO (i.d.F. des 100. Dt. Ärztetages). Aufgrund des Bezuges aller bisher erschienenen Literatur auf die Fassung vom 98. Deutschen Ärztetag soll dieser auch hier gefolgt werden. Im Anhang wird jedoch die „neue" und aktuell gültige Fassung abgedruckt, vgl. S. 217.

- in eine Partnerschaft, in der sich Ärzte mit bestimmten anderen Heilberufen zusammenschließen, § 23a MBO, im folgenden medizinische Kooperationsgemeinschaft oder Heilberufepartnerschaft.
- in eine Partnerschaft, in der sich Ärzte auch mit Nicht-Medizinern, also Heilkundefremden, zusammenschließen, § 23b MBO, im folgenden Nichtbehandlungspartnerschaft[576].

Bezüglich dieser drei Partnerschaftsformen gelten, zusätzlich zu allgemeinen berufsrechtlichen Vorschriften, jeweils ganz spezifische berufsrechtliche Regelungen und Auflagen, die Gegenstand nachfolgender Abschnitte sind[577].

5.3.2.5.2.1 Die Ärztepartnerschaft

Bislang erfolgten fachidentische oder auch fachübergreifende Zusammenschlüsse als Gemeinschaftspraxis in der Form der BGB-Gesellschaft[578]. Seit dem 1.7.1995 ist diese gemeinsame ärztliche Berufsausübung nun auch gem. § 23 Abs. 1 MBO in der Form der Partnerschaftsgesellschaft möglich.

Den Begriff der Gemeinschaftspraxis hat die MBO im § 23 Abs. 2 ausdrücklich mit der Rechtsform der BGB-Gesellschaft verknüpft und das Pendant dazu im Rahmen der Partnerschaftsgesellschaft als Ärztepartnerschaft bezeichnet.

Nicht aufgenommen wurden konkrete Regelungen bezüglich fachübergreifender Ärztepartnerschaften, so daß davon auszugehen ist, daß diese grundsätzlich zulässig sind, das Kassenarztrecht jedoch, wie bei der Gemeinschaftspraxis auch, die Einhaltung der Mindestanforderungen freie Arztwahl, keine Fachgebietsüberschreitungen und eindeutige Abrechnung, fordern kann.

Grundsätzlich bleibt es bei der Anzeigepflicht gegenüber den Ärztekammern (§ 23 Abs. 5 MBO).

Zusätzlich wird bestimmt, daß ein Arzt nur an einer Ärztepartnerschaft beteiligt sein darf (§ 23 Abs. 2 Satz 4 MBO)[579].

---

[576] „Nichtbehandlungspartnerschaft" in Anlehnung an *Eggesiecker*, Partnerschaftsgesellschaft, 1998, Fach E Arzt, 2.040, da das Charakteristikum hier gerade darin liegt, daß der Arzt in diesem Fall keine Heilkunde am Menschen ausüben darf.

[577] Dazu auch *Bösert/Braun/Jochem*, Partnerschaftsgesellschaft, 1996, S. 109-115.

[578] Vgl. Kapitel 4.2, S. 59 und 4.3, S. 62.

[579] Mit der Regelung der Beteiligung nur an einer Ärztepartnerschaft soll insbesondere vermieden werden, daß ein Arzt an mehreren verschiedenen Orten die Heilkunde am Menschen ausübt (vgl. *Nentwig/Bonvie/Hennings*, Partnerschaftsgesellschaftsgesetz, 1995, S. 46).

5.3.2.5.2.2 Die Medizinische Kooperationsgemeinschaft

5.3.2.5.2.2.1 Rechtslage vor dem 98. Deutschen Ärztetag (Mai 1995)

Bislang war es nach den Regeln der MBO und, das sei hier nochmals betont, den inhaltlich weitestgehend übereinstimmenden Regeln der einzelnen Landesberufsordnungen den Ärzten untersagt, zusammen mit anderen Personen, die weder Ärzte sind noch zu dem berufsbedingten Mitarbeiterstab des Arztes zählen, Dritte (also Patienten) zu untersuchen oder zu behandeln (§ 29 Abs. 1 MBO). Ein derartiger Zusammenschluß zwischen Arzt und Nichtarzt war generell unzulässig[580].

5.3.2.5.2.2.2 Neuregelungen des 98. Deutschen Ärztetages (Mai 1995)

Die beschlossenen Neuregelungen der Berufsordnung lassen ab 1.7.1995 nun auch Zusammenschlüsse zwischen Ärzten und Nicht-Ärzten zu[581].

Nach § 23a MBO können sich Ärzte jetzt mit folgenden Berufen zur kooperativen Berufsausübung in einer Partnerschaftsgesellschaft[582] zusammenschließen:

1. Akademische Berufe
   a) Zahnärzte
   b) Psychologische Psychotherapeuten, Kinder- und Jugendlichenpsychotherapeuten, Diplompsychologen
   c) Klinische Chemiker und andere Naturwissenschaftler
   d) Diplom-Sozialpädagogen, Diplom-Heilpädagogen
2. Staatlich anerkannte Berufe und weitere Berufe im Gesundheitswesen
   a) Hebamme
   b) Logopäden und Angehörige gleichgestellter sprachtherapeutischer Berufe
   c) Ergotherapeuten
   d) Angehörige der Berufe in der Physiotherapie
   e) Medizinisch-technische Assistenten
   f) Angehörige staatlich anerkannter Pflegeberufe
   g) Diätassistenten.

---

[580] Vgl. dazu auch *Bösert/Braun/Jochem*, Partnerschaftsgesellschaft, 1996, S. 112 m.w.N.

[581] Eine dementsprechende Ergänzung hat daher der § 29 MBO durch einen Absatz 2 erfahren: „Ein unzulässiges Zusammenwirken [...] liegt nicht vor, wenn [...] Dies gilt insbesondere für das Zusammenwirken in einer medizinischen Kooperationsgemeinschaft gemäß § 23a."

[582] Der Zusammenschluß in einer GbR soll ebenfalls möglich sein (vgl. bereits Kap. 4.2.2, S. 60). Zwingende Voraussetzung ist dann allerdings ein schriftlicher Kooperationsvertrag, der der Ärztekammer zur Prüfung vorzulegen ist (§ 23a Abs. 5 Satz 2 MBO). Kritisch: *Nentwig/Bonvie/Hennings*, Partnerschaftsgesellschaftsgesetz, 1995, S. 45f., die ihre Zweifel haben, ob multi-spezialisierte Berufsausübungsgemeinschaften in der Form der BGB-Gesellschaft zulässig sind.

Für Zahnärzte gilt eine Sonderregelung. Gem. § 16 Abs. 4 MBO-Zahnärzte gilt: „Zahnärzte dürfen nicht Mitglied einer Partnerschaft sein, der außer Ärzten auch Angehörige anderer Berufe angehören“[583].

Grundsätzlich unzulässig sind alle anderen – nicht genannten – Konstellationen, insbesondere auch weiterhin der Zusammenschluß zwischen Ärzten und Heilpraktikern[584]. Ebenfalls nicht enthalten sind die Optiker, obwohl hier sicherlich ein Interesse an einer Kooperation mit Augenärzten bestünde. Die Optiker zählen aber nun einmal zu den Gewerbetreibenden und nicht zu dem Kreis der partnerschaftsfähigen Freien Berufe und auch nicht zu dem noch engeren Kreis des § 23a MBO.

Im Gegensatz zur reinen Ärztepartnerschaft werden hier konkret weitere berufsrechtliche Vorschriften aufgestellt, deren Einhalten Voraussetzung für die Zulässigkeit ist. Eine diesbezügliche Prüfung nimmt die Ärztekammer vor, denn in diesem Falle wird nicht nur die Anzeige gem. § 23 Abs. 5 MBO, sondern auch eine zusätzliche Genehmigung der Ärztekammer gem. § 23a Abs. 5 MBO gefordert[585].

Im einzelnen werden folgende Mindestanforderungen[586] gem. § 23a MBO an die medizinische Kooperationsgemeinschaft gestellt:

---

583 Allerdings hat z.B. die Berufsordnung für Zahnärzte im Land Brandenburg diesen Paragraphen abgewandelt in der Form, daß er ähnlich wie der § 23a MBO-Ärzte auch die Zusammenarbeit mit Nicht-Ärzten gestattet. (vgl. *Eggesiecker*, Partnerschaftsgesellschaft, 1998, Fach E Zahnarzt, 4.050). Es verstößt eindeutig gegen den Gleichheitsgrundsatz, daß ein Zahnarzt in Brandenburg mit einem Nicht-Arzt kooperieren darf, während dies für einen Arzt in Niedersachsen nicht zulässig ist (vgl. *Eggesiecker*, Partnerschaftsgesellschaft, 1998, Fach E Zahnarzt, 4.024). Bezüglich der Vorschriften bei Tierärzten vgl. *Nentwig/Bonvie/Hennings*, Partnerschaftsgesellschaftsgesetz, 1995, S. 55.

584 Vgl. zur Problematik der Zusammenarbeit zwischen Ärzten und Heilpraktikern den Exkurs bei *Bösert/Braun/Jochem*, Partnerschaftsgesellschaft, 1996, S. 113.

585 Dazu auch: *Nentwig/Bonvie/Hennings*, Partnerschaftsgesellschaftsgesetz, 1995, S. 52; *Bösert/Braun/Jochem*, Partnerschaftsgesellschaft, 1996, S. 113. In Nordrhein-Westfalen soll die Genehmigung der Ärztekammern nicht ausdrücklich vorgeschrieben sein. Hier besteht also ein Unterschied zwischen Landesberufsordnung und Musterberufsordnung. Vgl. *Eggesiecker*, Partnerschaftsgesellschaft, 1998, Fach E Arzt, Rdn. 5.110.

586 *Schirmer*, Berufsrechtliche und kassenarztrechtliche Fragen - Teil 2, in: MedR 1995, S. 383, spricht von einer Kennzeichnung dieser Regelung durch „3 Elemente“: 1. Es können nur Personen aus einem ganz bestimmten Berufskreis kooperieren; 2. Der Arzt als Kooperationspartner ist insbesondere mit all seinen berufsrechtlichen Besonderheiten zu respektieren; 3. Es muß ein gemeinsamer Zweck im Bereich der medizinischen Versorgung vorliegen und auch erfüllt werden. Für eine weitere Zusammenstellung dieser Mindestanforderungen vgl. auch *Bösert/Braun/Jochem*, Partnerschaftsgesellschaft, 1996, S. 113f.

- Hauptgebot ist, daß die Kooperationspartner mit dem Arzt – entsprechend seinem Fachgebiet – „einen gemeinschaftlich erreichbaren medizinischen Zweck nach der Art ihrer beruflichen Kompetenz zielbezogen erfüllen können" (§ 23a Abs. 1 Satz 3 i.V.m. Abs. 2 letzter Halbsatz).
- Die Kooperation darf nur mit den bereits o.g. Berufszweigen stattfinden (§ 23a Abs. 2 MBO).
- Angestellte Ärzte dürfen nur der Weisungsbefugnis ärztlicher Partner unterstellt sein (§ 23a Abs. 3 MBO).
- Auch hier, parallel zu § 23 Abs. 2 MBO, darf der Arzt nur einer medizinischen Kooperationsgemeinschaft angehören (§ 23a Abs. 4 MBO).
- Zusätzlich zu den auch für die reine Ärztepartnerschaft geltenden Mindestanforderungen der freien Arztwahl (hier Nr. 4), des Einhaltens der Fachgebietsgrenzen (hier Nr. 2) sowie einer eindeutigen Abrechnung (hier Nr. 6), treten folgende explizit hinzu (§ 23a Abs. 1 Nr. 1-7):
    - Die eigenverantwortliche und selbständige Berufsausübung des Arztes muß stets gewahrt bleiben (Nr. 1).
    - Die Verantwortungsbereiche müssen stets klar abgegrenzt sein (Nr. 2).
    - Medizinische Entscheidungen, insbesondere bezüglich Diagnostik und Therapie, sollen ausdrücklich dem Arzt vorbehalten sein (Nr. 3).
    - Der Arzt muß jederzeit die Möglichkeit haben, auch andere als die Kooperationspartner, zwecks therapeutischer oder diagnostischer Maßnahmen, hinzuzuziehen (Nr. 5).
    - Die berufsrechtlichen Bestimmungen des Arztes, insbesondere das Verbot der Zweigpraxis, die Dokumentationspflichten, das Werbeverbot sowie besondere Abrechnungsvorschriften, müssen von allen anderen Partnern respektiert und eingehalten werden (Nr. 6).
    - Im Rechtsverkehr müssen alle Namen und sämtliche Berufsbezeichnungen angegeben werden und, sofern es sich um eine Partnerschaftsgesellschaft handelt, auch der Zusatz „Partnerschaft" (Nr. 7).

5.3.2.5.2.3 Die Nichtbehandlungspartnerschaft

Das bisherige Berufsrecht enthielt keine Vorschriften – und damit auch keine ausdrücklichen Verbote – bezüglich der Frage, ob Ärzte, solange sie nicht heilkundliche Behandlungen vornehmen, sich mit anderen Berufen, z.B. aus dem rechts-, wirtschaftsberatenden oder technischen Bereich, zusammenschließen dürfen.

Die im folgenden dargestellte Neuerung des § 23b MBO dient daher insbesondere der Rechtssicherheit der betroffenen Ärzte. Grundsätzlich zulässig und generell unbedenklich ist nun der Zusammenschluß eines Arztes mit Nicht-Ärzten immer dann, wenn der Arzt „in der Partnerschaft nicht die Heilkunde am Menschen ausübt" (§ 23b MBO)[587]. Zweck ist somit gerade nicht die Heilbehandlung. Der Arzt kann vielmehr sein „außerhalb der eigentlichen Heilkunde angesammeltes, spezifisches Fachwissen als Beratungsleistung anbieten"[588]. Dies mag sehr abstrakt klingen. Folgende Beispiele mögen den Praxisbezug jedoch herstellen:

- Ein Arzt, der jahrelang in einem Krankenhaus tätig war und daher auch Kenntnisse über typische Probleme des Krankenhausmanagements erlangt hat, schließt sich mit einem Unternehmensberater zusammen, um betriebswirtschaftliche Beratung von Krankenhausträgern anzubieten[589]. Ein anderer Arzt schließt sich mit einem Unternehmensberater zur Auswahl von ärztlichen Mitarbeitern oder zur Erstellung von Wirtschaftlichkeitsanalysen in der Praxis zusammen[590].
- Ein Arzt hat jahrelang in zahlreichen Praxen gearbeitet und dabei Kenntnisse und Erfahrungen über die optimale Gestaltung von Praxisräumen gesammelt. Er gründet mit einem Architekten eine Partnerschaftsgesellschaft, deren Gegenstand die Planung und der Bau von Praxisräumen und Krankenhäusern ist[591].
- Ein Arzt schließt sich mit einem Ingenieur zu einer Partnerschaftsgesellschaft zusammen, um medizinische Geräte zu optimieren oder zu entwickeln[592].

Die Gründung bzw. der Eintritt in eine solche Nichtbehandlungspartnerschaft ist der Ärztekammer anzuzeigen (§ 23b Satz 2 MBO).

5.3.2.5.3 Sonstige berufsrechtliche Vorschriften für Partnerschaften i.S.d. MBO

Obschon es im Bereich der partnerschaftsrechtlichen Vorschriften ausreicht, daß zumindest ein Name eines Kooperationspartners in den Namen der Partnerschaftsgesellschaft aufgenommen wird, gelten im Bereich des ärztlichen Berufs-

---

[587] In Nordrhein-Westfalen existiert eine Abweichung zwischen der Landes- und der Musterberufsordnung. Die Vorschrift bzgl. der Nichtbehandlungspartnerschaft wurde nicht übernommen. Vgl. *Eggesiecker*, Partnerschaftsgesellschaft, 1998, Fach E Arzt, 6.050.

[588] Vgl. *Bösert/Braun/Jochem*, Partnerschaftsgesellschaft, 1996, S. 114.

[589] Beispiel bei *Bösert/Braun/Jochem*, Partnerschaftsgesellschaft, 1996, S. 114f.

[590] Beispiel bei *Nentwig/Bonvie/Hennings*, Partnerschaftsgesellschaftsgesetz, 1995, S. 53.

[591] Beispiel bei *Bösert/Braun/Jochem*, Partnerschaftsgesellschaft, 1996, S. 115 und *Nentwig/Bonvie/Hennings*, Partnerschaftsgesellschaftsgesetz, 1995, S. 53.

[592] Beispiel bei *Nentwig/Bonvie/Hennings*, Partnerschaftsgesellschaftsgesetz, 1995, S. 53.

rechts strengere Vorschriften[593]. Es tritt ergänzend hinzu, daß gemäß § 34 Abs. 7 MBO in Berufsausübungsgemeinschaften zumindest auf dem Praxisschild die Namen und Arztbezeichnungen aller in der Berufsausübungsgemeinschaft zusammengeschlossenen Ärzte anzuzeigen sind[594]. Bei Nichtbehandlungspartnerschaften darf der Arzt gemäß § 34 Abs. 8 MBO lediglich den Zusatz Arzt oder eine führbare Facharztbezeichnung als Zusatz auf dem Praxisschild gestatten[595].

Die Fortführung des Namens eines ausgeschiedenen, verstorbenen oder nicht mehr berufstätigen Partners ist entgegen § 2 Abs. 2 PartGG i.V.m. §§ 21ff. HGB gemäß § 34 Abs. 7 Satz 3 MBO nicht zulässig[596].

Grundsätzlich ist die Berufsausübungsgemeinschaft gem. § 23 Abs. 3 MBO nur an einem gemeinsamen Praxissitz gestattet. „Zweigpraxen" stehen unter dem Genehmigungsvorbehalt des § 13 Abs. 3 MBO und kommen so gut wie nie vor[597]. Es findet daher faktisch eine Unterbindung der grundsätzlichen Erlaubnis der Filial- bzw. Zweigstellenbildung nach § 5 Abs. 2 PartGG i.V.m. §§ 8 ff. HGB statt[598].

Regelmäßig ist für jeden einzelnen Beruf einer geplanten Kooperation zu klären, ob diese nach seinem speziellen Berufsrecht überhaupt zulässig ist und welche Regeln gegebenenfalls zu beachten sind[599]. Es geht also nicht nur ausschließlich um die Achtung des Berufsrechts der Ärzte durch die anderen, sondern auch umgekehrt um die Achtung des Berufsrechts der anderen durch die Ärzte. So

593 Ausführlich zu namensrechtlichen Besonderheiten vgl. statt vieler *Nentwig/Bonvie/Hennings*, Partnerschaftsgesellschaftsgesetz, 1995, S. 61-74.

594 So wörtlich im § 34 Abs. 7 MBO: „[...] unbeschadet des Namens einer Partnerschaftsgesellschaft" – woraus zu schließen ist, daß der Name durchaus eine kürzere oder andere Form haben kann. Allerdings erstreckt sich diese Praxisschildvorschrift bei der medizinischen Kooperationsgemeinschaft auf den gesamten Rechtsverkehr, so daß sich die Frage stellt, wo denn überhaupt der ggf. abweichende Name der Partnerschaftsgesellschaft noch auftauchen kann? Vgl. dazu auch *Eggesiecker*, Partnerschaftsgesellschaft, 1998, Fach E Arzt, 4.110, 4.120 und 5.070; *Bösert/Braun/Jochem*, Partnerschaftsgesellschaft, 1996, S. 118 und 127; *Korts/Korts*, Heilberufsgesellschaften, 1996, S. 20.

595 Vgl. z.B. *Schirmer*, Berufsrechtliche und kassenarztrechtliche Fragen - Teil 1, in: MedR 1995, S. 344.

596 Vgl. auch *Schirmer*, Berufsrechtliche und kassenarztrechtliche Fragen - Teil 1, in: MedR 1995, S. 344; *Nentwig/Bonvie/Hennings*, Partnerschaftsgesellschaftsgesetz, 1995, S. 68f.; *Eggesiecker*, Partnerschaftsgesellschaft, 1998, Fach E Arzt, 4.140.

597 Vgl. *Schirmer*, Berufsrechtliche und kassenarztrechtliche Fragen - Teil 1, in: MedR 1995, S. 349.

598 Vgl. auch *Bösert/Braun/Jochem*, Partnerschaftsgesellschaft, 1996, S. 117; *Eggesiecker*, Partnerschaftsgesellschaft, 1998, Fach E Arzt, 5.060.

599 Vgl. *Korts/Korts*, Heilberufsgesellschaften, 1996, S. 17; *Schirmer*, Berufsrechtliche und kassenarztrechtliche Fragen - Teil 2, in: MedR 1995, S. 383.

kann es einem Arzt gem. § 23a MBO zwar erlaubt sein, sich mit einem Zahnarzt und einer Medizinisch-technischen Assistenten (MTA) zu einer medizinischen Kooperationsgemeinschaft zusammenzuschließen. Dem Zahnarzt ist jedoch[600] nur der Zusammenschluß mit anderen Ärzten, nicht jedoch mit einer MTA gestattet. Die Partnerschaftsgesellschaft kann so nicht gegründet werden. Ähnlich sieht es aus, wenn sich ein Arzt mit einem Rechtsanwalt zu einer Nichtbehandlungspartnerschaft zusammenschließen möchte. Dies mag im Rahmen des ärztlichen Berufsrechts keine Schwierigkeiten machen, im Rahmen der BRAO jedoch schon[601].

Weiterhin gilt das Gebot des § 29 Abs. 3 MBO, daß ein Arzt sich weder durch einen Nichtarzt vertreten lassen noch eine Krankenbehandlung oder Untersuchung durch einen Nichtarzt mit seinem Namen decken darf. Zudem dürfen, auch in der Form der medizinischen Kooperationsgemeinschaft oder über § 23b MBO, nicht irgendwelche „Misch-Unternehmen" entstehen, die keinem gemeinsamen Zweck dienen[602].

Gemäß § 21 MBO sind die Ärzte zum Abschluß einer Haftpflichtversicherung für Berufsfehler verpflichtet. Bezüglich einer bestimmten Höhe wird nichts gesagt. Die Versicherung müsse die möglichen Ansprüche „hinreichend" abdekken. Eine Begrenzung auf einen Höchstbetrag ist nicht vorgesehen, ebenfalls keine Erlaubnis zu einer Beschränkung der Haftung auf diesen. § 8 Abs. 3 PartGG findet, bezogen auf die Ärzteschaft, keine Anwendung[603].

Grundsätzlich in vollem Umfang gilt weiterhin das Werbeverbot[604] für Ärzte und damit diesbezüglich auch für die Partnerschaftsgesellschaft (§ 25 MBO)

---

600 Vgl. bereits Fußnote 583.

601 Vgl. Nachweise bei *Bösert/Braun/Jochem*, Partnerschaftsgesellschaft, 1996, S. 115 in den Fußnoten zum § 59a BRAO.

602 Vgl. *Korts/Korts*, Heilberufsgesellschaften, 1996, S. 21; *Schirmer*, Berufsrechtliche und kassenarztrechtliche Fragen - Teil 1, in: MedR 1995, S. 348; *Eggesiecker*, Partnerschaftsgesellschaft, 1998, Fach E Arzt, 5.040 spricht davon, daß „aber nicht ein 'medizinischer Gemischtladen' entstehen" darf.

603 Vgl. auch *Eggesiecker*, Partnerschaftsgesellschaft, 1998, Fach E Arzt, 7.100; *Schirmer*, Berufsrechtliche und kassenarztrechtliche Fragen - Teil 1, in: MedR 1995, S. 352. *Korts/Korts*, Heilberufsgesellschaften, 1996, S. 25 sieht die einzige Möglichkeit in dem Versuch, „neben der Haftungskonzentration i.S.v. § 8 Abs. 2 PartGG eine Haftungsbeschränkung auf den typischerweise vorhersehbaren Schaden in Allgemeinen Geschäftsbedingungen zu vereinbaren und dieses Risiko versicherungsmäßig abzudecken". Ebenso *Meilicke/ Westphalen/Hoffmann/Lenz*, Partnerschaftsgesellschaftsgesetz, 1995, zu § 8 Rdn. 16.

604 Ausgenommen sind lediglich sachliche Informationen i.S. d. § 27 Abs. 1 i.V.m. Kap. D Nr. 1-6 MBO (Fassung des 100. Deutschen Ärztetages).

sowie alle weiteren Vorschriften bezüglich der Geschäftsführung, berufsrechtlich unzulässiger Bindungen oder der Anstellung von Ärzten[605].

5.3.2.5.4 Einbindung der Partnerschaftsgesellschaft in das Kassenarztrecht und die Versicherungsbedingungen der privaten Krankenversicherungen

Bezüglich der Erstattungsfähigkeit von Aufwendungen sowohl bei der kassenärztlichen Tätigkeit als auch bei der privatärztlichen, kommt es in entscheidendem Maße darauf an, ob, trotz des Zusammenschlusses, immer noch eine Tätigkeit „in persönlicher freier Praxis“[606] bezüglich des Kassenarztrechts vorliegt und ob, bezüglich der privaten Krankenversicherung, immer noch das Tatbestandsmerkmal der „niedergelassenen approbierten“ Ärzte i.S.v. § 4 Abs. 2 Satz 1 Musterbedingungen der privaten Krankenversicherung (MBKK) erfüllt ist[607]. Nur dann besteht gegenüber den Kassen ein Abrechnungs- und gegenüber den privaten Versicherungen ein Erstattungsanspruch der ärztlichen Leistungen.

Aufgrund der einer Partnerschaftsgesellschaft verliehenen (Teil-) Rechtsfähigkeit könnte man sich auf den Standpunkt stellen[608], die Partnerschaftsgesellschaft sei mehr der juristischen Person zuzuordnen und daher abrechnungstechnisch wie eine GmbH zu behandeln. Dies würde erhebliche Probleme aufwerfen[609]. Nach h.M. wird jedoch die, wohl auch gerechtfertigte, Auffassung vertreten, daß die Partnerschaftsgesellschaft aufgrund ihrer personalistischen Struktur so zu behandeln ist wie die Gemeinschaftspraxis in der Form der BGB-Gesellschaft[610]. Dafür spricht auch deren Gleichstellung in der MBO. Dies hat

---

605 Vgl. dazu *Schirmer*, Berufsrechtliche und kassenarztrechtliche Fragen - Teil 1, in: MedR 1995, S. 350.

606 Vgl. § 32 der Zulassungsverordnung für Kassenärzte bzw. § 32 der Zulassungsverordnung für Kassenzahnärzte.

607 Vgl. z.B. *Bösert/Braun/Jochem*, Partnerschaftsgesellschaft, 1996, S. 74. Ausführlich zum Kassenarztrecht: *Schirmer*, Berufsrechtliche und kassenarztrechtliche Fragen - Teil 2, in: MedR 1995, S. 388ff.; ausführlich zum § 4 Abs. 2 Satz 1 MBKK: *Dreher*, Ärztliche Berufsausübung in Gesellschaften in: VersR 1995, S. 245ff.

608 Vgl. dazu z.B. auch *Schirmer*, Berufsrechtliche und kassenarztrechtliche Fragen - Teil 2, in: MedR 1995, S. 388.

609 Vgl. weiter unten die Situation bei der GmbH Kap. 5.4.1.3.3, S. 163.

610 Vgl. z.B. *Dreher*, Ärztliche Berufsausübung in Gesellschaften in: VersR 1995, S. 253; *Eggesiecker*, Partnerschaftsgesellschaft, 1998, Fach E, 8.020; *Seibert*, Die Partnerschaft, 1994, S. 53; *Bösert/Braun/Jochem*, Partnerschaftsgesellschaft, 1996, S.74; *Feddersen/Meyer-Landrut*, Partnerschaftsgesellschaftsgesetz, 1995, zu § 1 Rdn. 13. *Preißler*, Zulassung neuer Kooperationsformen, in: MedR 1995, S. 110 argumentiert, daß die Zulassung die einzelnen Ärzte erteilt bekommen und nicht die Partnerschaftsgesellschaft. Daher würden hier keine Bedenken entgegenstehen. *Korts/Korts*, Heilberufsgesellschaften, 1996, S. 18 und S. 26 argumentieren ähnlich, auch bezüglich der Approbation. *Schirmer*, Berufsrechtliche und kas-

zur Folge, daß die Partner nach § 95 Abs. 1 SGB V die Kassenzulassung erhalten können und damit die Abrechnungsgrundlage gegeben ist. Ebenso werden analog zur Argumentation für die GbR auch die Tatbestandsmerkmale der Niederlassung sowie der Approbation i.S.d. § 4 Abs. 2 Satz 1 MBKK erfüllt[611].

Ungewiß ist die Frage, wie sich das Verhältnis zu den Kassen gestaltet, wenn eine Partnerschaftsgesellschaft zum einen aus vertragsärztlich zugelassenen und zum anderen aus nicht zugelassenen Ärzten besteht[612]. Bezüglich der Fragen der Zulassung des an einer medizinischen Kooperationsgemeinschaft beteiligten Arztes sei auf die Ausführungen bei Schirmer verwiesen, der hier grundsätzlich keine Bedenken hat oder Probleme sieht[613]. Es sprechen auch keine Gründe dagegen, warum einem Arzt die Zulassung verweigert werden sollte, nur weil z.B. ein Masseur mit ihm zusammenarbeitet. Letzterer erhält dadurch ja keine Zulassung und wird auch nicht anstelle des Arztes ärztliche Leistungen erbringen oder einen Abrechnungsanspruch geltend machen.

5.3.2.6 Das partnerschaftsrechtliche Steuerrecht

Anders als noch in den ersten Partnerschaftsentwürfen, sieht das Partnerschaftsgesellschaftsgesetz davon ab, sich zu Fragen bezüglich der Besteuerung der Partnerschaftsgesellschaft oder der Partner zu äußern. Es gibt keine Vorschriften mit steuerrechtlichem Inhalt in diesem Gesetz.

Der Gesetzgeber folgt stattdessen auch hier dem Gedanken des „lean law“ und läßt, zwecks fehlender entgegengesetzter Regelung, die steuerrechtlichen Vor-

---

senarztrechtliche Fragen - Teil 2, in: MedR 1995, S. 388 stellt ganz auf den personalistischen Charakter der Partnerschaftsgesellschaft ab, der den Analogieschluß zur GbR zuließe.

611 *Dreher*, Ärztliche Berufsausübung in Gesellschaften in: VersR 1995, S. 246 weist bei seiner Untersuchung bzgl. des Niederlassungsbegriffes im § 4 Abs. 2 Satz 1 MBKK darauf hin, daß, bei strenger Auslegung des Begriffes lt. BGH (BGHZ 70, 158 (161) = VersR 78, 267 (268)), selbst die Ärzte einer BGB-Gesellschaft nicht unter diesen Niederlassungsbegriff zu subsumieren sind. De facto auch nicht bei der Partnerschaftsgesellschaft (S. 247) und schon gar nicht bei der GmbH (S. 247). Jedoch gelte nach h.M. ein wesentlich weiter gefaßter Niederlassungsbegriff, der im Ergebnis dazu führt, daß sowohl die Ärzte in der Gemeinschaftspraxis als auch die in einer Partnerschaftsgesellschaft das Niederlassungserfordernis erfüllen und die Kostenerstattung seitens der privaten Versicherungen somit gewährleistet wird (S. 253). Bezüglich der GmbH wird jedoch die gegenteilige Auffassung vertreten und der Begriff wieder enger ausgelegt (S. 253).

612 *Korts/Korts*, Heilberufsgesellschaften, 1996, S. 27 läßt diese Frage offen stehen. *Schirmer*, Berufsrechtliche und kassenarztrechtliche Fragen - Teil 2, in: MedR 1995, S. 388, ist der Meinung, daß jeder Arzt einer ärztlichen Zulassung bedarf, damit die Ärzte überhaupt als Partner in der vertragsärztlichen Versorgung tätig werden können.

613 Vgl. *Schirmer*, Berufsrechtliche und kassenarztrechtliche Fragen - Teil 2, in: MedR 1995, S. 389. Kritisch dagegen *Lenz*, Partnerschaft, in: MDR 1994, S. 746, der zumindest Schwierigkeiten hinsichtlich einer Gesamtzulassung sieht (z.B. beim Arzt und Masseur).

schriften, die allgemein für die Personengesellschaften gelten, auch auf die Partnerschaftsgesellschaft Anwendung finden. Aus dem steuerrechtlichen Blickwinkel ist die Partnerschaftsgesellschaft damit nichts anderes als eine besondere Ausprägung der GbR[614].

5.3.2.6.1 Die einzelnen Steuerarten

Ebenso wie das personengesellschaftsrechtliche Steuerrecht der GbR zerfällt auch das partnerschaftsrechtliche Steuerrecht in zwei Teile. Man kann auch hier eine Untergliederung in einen Bestand an Personengesellschafter-Steuerrechten und in einen Bestand an Personengesellschafts-Steuerrechten vornehmen[615].

5.3.2.6.1.1 Das partnerschaftsrechtliche Personengesellschafter-Steuerrecht

5.3.2.6.1.1.1 Einkommensteuer

Der Gesellschafter einer Personengesellschaft ist im Einkommensteuerrecht dann steuerpflichtig, wenn er zunächst einmal eine natürliche Person i.S. des § 1 EStG ist[616]. Dies ist bei der Partnerschaftsgesellschaft immer gegeben, denn Gesellschafter können gem. § 1 Abs. 1 Satz 3 PartGG nur natürliche Personen sein.

Der Personengesellschafter ist zum anderen dann einkommensteuerpflichtig, wenn er außerdem i.S.v. § 15 Abs. 1 Nr. 2 EStG Mitunternehmer einer OHG, einer KG oder einer „anderen Gesellschaft" ist und hieraus gewerbliche Einkünfte i.S.v. § 15 Abs. 1 Nr. 2 EStG, land- und forstwirtschaftliche Einkünfte i.S.v. § 13 Abs. 1 Nr. 1 Satz 5 EStG oder freiberufliche Einkünfte i.S.v. § 18 Abs. 4 EStG, der explizit auf den § 15 Abs. 1 Nr. 2 EStG verweist, bezieht.

Es spricht alles dafür, daß die Partner einer Partnerschaftsgesellschaft analog zur GbR[617] stets auch das zweite Merkmal erfüllen, also freie Mitunternehmer dieser Partnerschaftsgesellschaft („andere Gesellschaft") sind und das Ziel verfolgen, im Rahmen dieser Mitunternehmerschaft einem Freien Beruf im Sinne des § 18 EStG nachzugehen[618].

---

[614] Vgl. auch die Argumentation bei *Bayer/Imberger*, Nochmals: Die Rechtsformen freiberuflicher Tätigkeit, in: DZWiR 1995, S. 181; *Korts/Korts*, Heilberufsgesellschaften, 1996, S. 27.

[615] Vgl. bereits Kap. 5.3.1.4, S. 89.

[616] Ausführlich dazu: *Bayer*, Der Mensch, sein Leben, sein Einkommen, in: BB 1991, S. 423ff.

[617] Vgl. bereits Kap. 5.3.1.4.1.1, S. 90.

[618] Zu dieser Argumentation z.B. auch *Korts/Korts*, Heilberufsgesellschaften, 1996, S. 28; *Bayer/Imberger*, Nochmals: Die Rechtsformen freiberuflicher Tätigkeit, in: DZWiR 1995, S. 182; *Bayer*, Steuerlehre, 1997, Rdn. 677, 679.

Die Partner einer Partnerschaftsgesellschaft sind als natürliche Personen und freiberufliche Mitunternehmer einkommensteuerpflichtig[619]. Bezüglich der Veräußerung von Mitunternehmeranteilen gilt das zur GbR Ausgeführte entsprechend[620].

5.3.2.6.1.1.2 KÖRPERSCHAFTSTEUER

Nach dem Körperschaftsteuergesetz ist Steuersubjekt die juristische Person (§ 1 Abs. 1 Nr. 1 KStG, insbesondere die Kapitalgesellschaft). Der Gesellschafter einer Personengesellschaft ist demnach dann körperschaftsteuerpflichtig, wenn er die Eigenschaften einer juristischen Person erfüllt. Der Partner einer Partnerschaftsgesellschaft als natürliche Person erfüllt diese gerade nicht.

Die Partner einer Partnerschaftsgesellschaft sind als nicht-juristische Personen nicht körperschaftsteuerpflichtig.

5.3.2.6.1.1.3 ERBSCHAFTSTEUER

Bezüglich der Erbschaftsteuer kann auf die Ausführungen bei der GbR verwiesen werden (vgl. Kap. 5.3.1.4.3, S. 92).

5.3.2.6.1.2 DAS PARTNERSCHAFTSRECHTLICHE PERSONENGESELLSCHAFTS-STEUERRECHT

5.3.2.6.1.2.1 KÖRPERSCHAFTSTEUER

Wie unter 5.3.1.4.1.2, S. 90 bereits erwähnt, ist Körperschaftsteuersubjekt die juristische Person. Die Partnerschaftsgesellschaft ist Personengesellschaft und nicht juristische Person.

Die Partnerschaftsgesellschaft ist nicht steuerpflichtig im Sinne des Körperschaftsteuergesetzes.

5.3.2.6.1.2.2 UMSATZSTEUER

Das Umsatzsteuergesetz knüpft die Umsatzsteuerpflicht daran an, daß, analog zur GbR, ein „jemand", also auch die Partnerschaftsgesellschaft, gem. § 2 Abs. 1 Satz 1 UStG eine „gewerbliche oder berufliche Tätigkeit" ausübt und in diesem Rahmen gem. § 1 Abs. 1 Nr. 1 UStG Lieferungen oder sonstige Leistungen ausführt.

Die Partnerschaftsgesellschaft erfüllt diese Voraussetzungen grundsätzlich in dem gleichen Maße wie auch die GbR sie erfüllt.

---

[619] So auch *Bayer/Imberger*, Nochmals: Die Rechtsformen freiberuflicher Tätigkeit, in: DZWiR 1995, S. 182; *Bayer*, Steuerlehre, 1997, Rdn. 679; *Stuber*, Partnerschaftsgesellschaft, 1995, S. 23; *Bösert/Braun/Jochem*, Partnerschaftsgesellschaft, 1996, S. 65f.

[620] Vgl. Kap. 5.3.1.4.1.1, S. 90.

Die grundsätzlich steuerbaren Leistungen könnten jedoch, so wie bei der GbR, im Falle von Ärztebeteiligung bei Partnerschaften einer sachlichen Steuerbefreiung unterliegen.

5.3.2.6.1.2.2.1 Umsatzsteuerbefreiung bei der Ärztepartnerschaft?

Es dürfte auf der Hand liegen, daß im Rahmen der reinen Ärztepartnerschaft kein Unterschied bestehen darf zu dem bisher Gesagten bezüglich der Gemeinschaftspraxis in Form der GbR.

Die Umsätze aus der Ärztepartnerschaft sind über § 4 Nr. 14 UStG umsatzsteuerbefreit, solange die Heilkunde am Menschen und nicht z.B. der Verkauf von Medikamenten o.ä. betrieben wird.[621].

5.3.2.6.1.2.2.2 Umsatzsteuerbefreiung bei der Medizinischen Kooperationsgemeinschaft?

Im Rahmen der medizinischen Kooperationsgemeinschaft kann man eine Umsatzsteuerbefreiung von vornherein nicht so eindeutig bejahen wie bei der reinen Ärztepartnerschaft. Grundsätzlich unproblematisch ist wohl auch hier, daß die Partner die Leistungen im Rahmen einer Gesellschaft erbringen. Hier dürfte der gleiche Analogieschluß greifen, mit dem man auch schon die Umsatzsteuerbefreiung im Falle der ärztlich tätigen GbR und der reinen Ärztepartnerschaft begründet hat[622].

Die Frage, die sich jedoch stellt, ist die, ob jeder der potentiell kooperationsfähigen Partner, d.h. jeder der in § 23a MBO aufgezählten, für sich mit seiner Tätigkeit auch unter die Umsatzsteuerbefreiung des § 4 Nr. 14 UStG oder eine andere Befreiungsvorschrift fällt.

Unproblematisch gestaltet es sich sicherlich für die in § 23a MBO genannten Berufe, die sich mit der Aufzählung in § 4 Nr. 14 UStG decken, das sind: Arzt, Zahnarzt, Krankengymnast, Hebamme sowie klinische Chemiker. Offen bleibt jedoch, welche Berufsgruppen den Tatbestand der „ähnlichen heilberuflichen Tätigkeit" des § 4 Nr. 14 UStG erfüllen. Im Rahmen einer Untersuchung zur Umsatzsteuerfreiheit für Sprachheilpädagogen und ähnliche Heilhilfsberufe hat Hohmann die Entwicklung in der Rechtsprechung aufgezeigt. Eine Umsatzsteuerbefreiung gilt danach auch für folgende Berufssparten[623]:

---

[621] Vgl. z.B. *Korts/Korts*, Heilberufsgesellschaften, 1996, S. 31; *Nentwig/Bonvie/Hennings*, Partnerschaftsgesellschaftsgesetz, 1995, S. 133; *Eggesiecker*, Partnerschaftsgesellschaft, 1998, Fach C, 7.210.

[622] Vgl. dazu auch UStR 93 Satz 1 (EL 83).

[623] Vgl. *Hohmann*, Umsatzsteuerfreiheit für Sprachheilpädagogen, 1996, S. 6f. sowie zur Entwicklung der Rechtsprechung S. 11ff. Bezüglich der gesetzlichen Grundlagen sei ebenfalls auf die bei Hohmann in den entsprechenden Fußnoten gemachten Angaben verwiesen.

- Krankenschwester, Kinderkrankenschwester, Krankenpflegehelferin
- Hebamme und Entbindungspfleger
- Masseur, medizinischer Bademeister sowie Krankengymnast
- Medizinisch-technischer Laboratoriums- und medizinisch-technischer Radiologieassistent sowie veterinärmedizinisch-technischer Assitent
- Pharmazeutisch-technischer Assistent
- Diätassistent
- Beschäftigungs- und Arbeitstherapeut
- Logopäde[624].

Offen bleibt danach immer noch die Frage nach der umsatzsteuerlichen Behandlung der Leistungen der in § 23a MBO genannten Sprachtherapeuten, Medizinisch-technischen Assistenten, Ergotherapeuten, Psychotherapeuten, Ernährungwissenschaftler und anderer Naturwissenschaftler, Diplom-Sozialpädagogen und Diplom-Heilpädagogen.

Zum Teil liegen hier Anweisungen in den Umsatzsteuerrichtlinien vor. So soll, gem. UStR 90 Abs. 3 (EL 83), die Tätigkeit der nichtärztlichen Psychotherapeuten als eine steuerbefreite ähnliche heilberufliche Tätigkeit im Sinne des § 4 Nr. 14 UStG angesehen werden, soweit eine „durch den Arzt erfolgte Zuweisung der Patienten glaubhaft gemacht wird" (UStR 90 Abs. 3 Satz 7). Man könnte dementsprechend sicherlich argumentieren, daß eine noch engere Verknüpfung vorliegt, wenn eine direkte Zusammenarbeit von Psychotherapeut und Arzt gegeben ist. Es spricht demnach einiges dafür, die im Rahmen einer medizinischen Kooperationsgemeinschaft von einem Psychotherapeuten erbrachten Leistungen auch als umsatzsteuerbefreit i.S. von § 4 Nr. 14 UStG anzusehen.

Bezüglich medizinisch-technischer Assistenten sehen die UStR vor, daß hier eine Umsatzsteuerbefreiung aufgrund ihrer Tätigkeit grundsätzlich nicht greift[625]. Die von ihnen separat erbrachten Leistungen wären demnach der Umsatzsteuer zu unterwerfen.

Das BMF hat in einem Schreiben vom 30.10.1997[626] zur umsatzsteuerlichen Behandlung der Umsätze aus der Tätigkeit als Heilpädagoge folgende Auffassung vertreten: „Die Tätigkeit der Heilpädagogen ist nicht nach § 4 Nr. 14 Satz 1 UStG von der Umsatzsteuer befreit, da diese Berufsgruppe nicht mit einem der

[624] Vgl. auch UStR 90 (EL 83).

[625] Vgl. UStR 90 Abs. 11. Allerdings BFH-Urteil vom 29.1.1998 – VR 3/96, in: NWB 1998, Fach 1, S. 175: Eine medizinisch-technische Assistentin für Funktionsdiagnostik übt eine der in § 4 Nr. 14 Satz 1 UStG genannten Heilhilfsberufen ähnliche Tätigkeit aus.

[626] BMF, Schreiben vom 30.10.1997, IV C 4 – S 7170 – 50/97, in: DStR, 36. Jg., 1998, S. 125.

im Gesetz genannten sog. Katalogberufe (z.B. Krankengymnast, Hebamme) vergleichbar ist.“ Das BVerfG hat mit Urteil vom 26.3.1998[627] zur Umsatzsteuerpflicht von Sprachheilpädagogen ausgeführt, daß gegen die Nicht-Gewährung der Steuerfreiheit nach § 4 Nr. 14 UStG für die Umsätze keine verfassungsrechtlichen Bedenken bestehen, da Sprachheilpädagogen, anders als Logopäden, zur Ausübung ihrer Berufstätigkeit keiner Erlaubnis bedürfen.

Eine generelle Umsatzsteuerbefreiung für die Leistungen der medizinischen Kooperationsgemeinschaft ist aus § 4 Nr. 14 UStG nicht zu begründen. Je nach Zusammensetzung dieser Kooperationsgemeinschaft ist zu prüfen, ob die einzelnen Tätigkeiten umsatzsteuerbefreit sind. Abzustellen ist auch auf den Gegenstand und den Gesellschaftszweck der Kooperationsgemeinschaft.

Im Zweifel ist es durchaus denkbar, daß innerhalb der medizinischen Kooperationsgemeinschaft eine Abrechnung sowohl umsatzsteuerbefreiter als auch umsatzsteuerpflichtiger Leistungen erfolgt; die Gesellschaft also teils umsatzsteuerpflichtige und teils umsatzsteuerbefreite Leistungen erbringt[628]. Es besteht bei Freiberuflern im Gegensatz zum Gewerbetreibenden jedoch grundsätzlich die Möglichkeit, die Umsatzsteuer nach vereinnahmten Entgelten (sog. Ist-Versteuerer) i.S.v. § 20 Abs. 1 Nr. 3 UStG zu entrichten und nicht nach vereinbarten Entgelten (sog. Soll-Versteuerer), wozu hingegen jeder Gewerbetreibende verpflichtet ist, der bestimmte Größenkriterien überschreitet, vgl. § 16 Abs. 1 Satz 1 i.V.m. § 20 Abs. 1 Nr. 1 und 2 UStG.

5.3.2.6.1.2.2.3 Umsatzsteuerbefreiung bei der Nichtbehandlungspartnerschaft?

Relativ eindeutig ist der Fall wiederum bei der Frage nach der Umsatzsteuerpflicht, wenn Ärzte in einer Nichtbehandlungspartnerschaft mitwirken. Da der Arzt die Heilkunde am Menschen hier gerade nicht ausübt, besteht auch keine Befreiungsvorschrift - § 4 Nr. 14 UStG Umkehrschluß. Einen entsprechenden Abschnitt enthalten auch die UStR – dort heiß es ausdrücklich, daß Ärzte dann nicht mit ihren Leistungen unter die Umsatzsteuerbefreiung des § 4 Nr. 14 UStG fallen, wenn sie nicht die Heilkunde am Menschen ausüben (UStR 88 Abs. 4). Gerade diese Nichtausübung der Heilkunde ist ja Merkmal der Nichtbehandlungspartnerschaft.

Die Leistungen, die Ärzte im Rahmen von Nichtbehandlungspartnerschaften erbringen, sind grundsätzlich nicht umsatzsteuerbefreit. Somit besteht auch für die Nichtbehandlungspartnerschaft keine Umsatzsteuerbefreiung aus dieser Vorschrift.

---

[627] BVerfG-Urteil vom 26.3.1998, 1 BvR 2341/95, in: SIS, Nr. 98/10, Seite III.
[628] Vgl. diesbezüglich auch bei der GbR den Abschnitt 93 UStR Satz 2.

5.3.2.6.1.2.3 Gewerbesteuer

Das Gewerbesteuergesetz knüpft die Gewerbesteuerpflicht hinsichtlich des Steuergegenstandes an das Betreiben eines Gewerbebetriebes im Sinne des § 2 Abs. 1 Sätze 1 und 2 GewStG. Die Partnerschaft ist ein Zusammenschluß von Freiberuflern, geht also einer freiberuflichen Tätigkeit nach. Die Tätigkeit, die sie ausübt, ist grundsätzlich kein Gewerbe, sondern ein Freier Beruf[629]. Dies wird dadurch noch unterstrichen, daß im Partnerschaftsgesellschaftsgesetz ausdrücklich festgehalten ist: „Sie (die Partnerschaftsgesellschaft) übt kein Handelsgewerbe aus." (§ 1 Abs. 1 Satz 2 PartGG).

Allerdings sollte man nicht auf die Idee kommen, daß unter diesem „Mäntelchen" (kein Handelsgewerbe[630]) eine Gewerbesteuerbefreiung kraft Rechtsform entsteht[631]. Es ist sicherlich nicht so gedacht, daß man mit der Partnerschaftsgesellschaft nun an sich gewerbesteuerpflichtige Tatbestände realisieren kann, ohne damit dann gleichzeitig der Gewerbesteuer zu unterliegen. Die Vorschrift ist sicherlich so zu verstehen, daß die Partnerschaftsgesellschaft kein Handelsgewerbe ausübt, soweit sie freiberuflichen Tätigkeiten nachgeht.

Des weiteren ist darauf hinzuweisen, daß selbstverständlich auch hier grundsätzlich die Gefahr der „Infizierung" oder der „Abfärbung" gegeben ist. Soweit gewerbliche Einkünfte, und sei es auch nur aus Nebentätigkeit oder in ganz geringem Maße erzielt werden, werden alle Einkünfte als Einkünfte aus Gewerbebetrieb behandelt. Ebenso ist das Resultat, wenn berufsfremde Partner aufgenommen werden[632].

---

[629] Vgl. *Bayer/Imberger*, Nochmals: Die Rechtsformen freiberuflicher Tätigkeit, in: DZWiR 1995, S. 182; *Lenz*, Partnerschaft, in: MDR 1994, S. 746.

[630] *Feddersen/Meyer-Landrut*, Partnerschaftsgesellschaftsgesetz, 1995, zu § 1 Rdn. 8 bezeichnen diese Feststellung als „überflüssige Leerformel".

[631] Zustimmend *Korts/Korts*, Heilberufsgesellschaften, 1996, S. 29: „Die Tätigkeit, die die Partnerschaft, wenn sie sich an die gesetzlichen Vorschriften hält, ausübt, ist ein Freier Beruf und kein Gewerbe". Ebenso *Bösert/Braun/Jochem*, Partnerschaftsgesellschaft, 1996, S. 63; *Nentwig/Bonvie/Hennings*, Partnerschaftsgesellschaftsgesetz, 1995, S. 132; *Eggesiecker*, Partnerschaftsgesellschaft, 1998, Fach C, 7.330 und 7.300: „Es handelt sich hier nicht um eine steuerliche Vergünstigungsvorschrift". Ähnlich *Schmidt*, Einkommensteuergesetz, 1997, zu § 15 Rdn. 334, der von einer allenfalls „indiziellen Wirkung" für eine freiberufliche Partnerschaftsgesellschaft mit Eintrag ins Partnerschaftsregister spricht. Dagegen wird angeführt, daß über § 1 Abs. 1 Satz 2 PartGG gerade eine Nichtgewerblichkeit kraft Rechtsform begründet wird und daher geringe gewerbliche Einkünfte unschädlich wären (vgl. *Bösert/Braun/Jochem*, Partnerschaftsgesellschaft, 1996, S. 64 m.w.N.).

[632] Vgl. auch BFH, Urteil vom 5.10.1989, BFH/NV 1991, S. 319; *Bellstedt*, Steuern der Partnerschaftsgesellschaft, in: NWB 1996, Fach 18, S. 3485; *Stuber*, Partnerschaftsgesellschaft, 1995, S. 23; *Korts/Korts*, Heilberufsgesellschaften, 1996, S. 30; *Eggesiecker*, Partnerschaftsgesellschaft, 1998, Fach C 7.340; *Gail/Overlack*, Anwaltsgesellschaften, 1996, Rdn. 481f.

5.3.2.6.1.2.4 SONSTIGE STEUERLICHE BESONDERHEITEN

Wie bereits ausgeführt, ist die Partnerschaftsgesellschaft grundbuchfähig. Ist sie als Eigentümerin im Grundbuch eingetragen, so wird der Grundsteuerbescheid auch ihr gegenüber erlassen. Sie kann Steuersubjekt der Grundsteuer sein[633].

Eine steuerwirksame Bildung von Pensionsrückstellungen ist in der Partnerschaftsgesellschaft, wie in der GbR auch, nicht möglich, auch nicht bei freiwilliger Bilanzierung[634].

5.3.2.6.2 GEWINNERMITTLUNG

Die Partnerschaft ist ein Freiberuflerzusammenschluß. Gewinnermittlungszeitraum ist stets das Kalenderjahr[635]. Sie ist, wie die freiberuflich tätige GbR, kein Kaufmann[636] und ist somit auch nicht rechnungslegungspflichtig i.S.d. §§ 238, 242 HGB. Entsprechend übt sie kein Handelsgewerbe aus und fällt damit auch nicht unter die Buchführungspflichten der §§ 141 AO oder sonstige Anzeigepflichten der AO[637]. Allerdings ist sie, soweit umsatzsteuerpflichtige Leistungen erbracht werden, aufzeichnungspflichtig i.S.v. § 22 UStG[638].

Zudem können auch nicht steuerliche Gründe bestimmte Aufzeichnungspflichten begründen. So kann eine bestimmte Form der Aufzeichnung von den Krankenkassen verlangt werden. Außerdem könnten detaillierte Aufzeichnungen nötig sein, um eine vereinbarte Gewinnverteilung auch vertragsgetreu vornehmen zu können[639].

Als Freiberuflergesellschaft kann die Partnerschaft, unabhängig von ihrer Größe und den Umsätzen, ihren Gewinn nach der Einnahmen-Überschuß-Rechnung gem. § 4 Abs. 3 EStG ermitteln. Ebenso möglich ist die freiwillige Bilanzierung

---

633 Vgl. *Eggesiecker*, Partnerschaftsgesellschaft, 1998, Fach C, 7.380; *Boin*, Partnerschaftsgesellschaft für Rechtsanwälte, 1996, S. 158f.

634 Vgl. *Bösert/Braun/Jochem*, Partnerschaftsgesellschaft, 1996, S. 66ff; *Stuber*, Partnerschaftsgesellschaftsgesetz unter besonderer Berücksichtigung der Belange der Anwaltschaft, in: Wirtschaftsrechtliche Beratung 1994, S. 705 plädiert für eine steuerwirksame Rücklagenbildung in der Partnerschaftsgesellschaft.

635 Vgl. Begründung bei *Boin*, Partnerschaftsgesellschaft für Rechtsanwälte, 1996, S. 158f.; *Segebrecht*, Die Einnahme-Überschußrechnung, 1996, S. 91.

636 Dem Handelsrecht ist also auch die freiberufliche Partnerschaftsgesellschaft fremd – es gibt keine handelsrechtlichen Rechnungslegungsvorschriften, die auf sie Anwendung fänden.

637 Vgl. bereits Kap. 5.2.3, S. 68.

638 Vgl. statt vieler *Bellstedt*, Steuern der Partnerschaftsgesellschaft, in: NWB 1996, Fach 18, S. 3485.

639 Vgl. ebenfalls *Bellstedt*, Steuern der Partnerschaftsgesellschaft, in: NWB 1996, Fach 18, S. 3485 und auch bereits Kap. 5.2.3.2, S. 71.

durch den Vermögensvergleich nach § 4 Abs. 1 EStG, wobei die handelsrechtlichen GoB analog anzuwenden sind[640].

Wie bei der GbR auch, werden die einkommensteuerpflichtigen Einkünfte aus der Beteiligung an einer Partnerschaftsgesellschaft im Rahmen des § 180 Abs. 1 Nr. 2a AO gesondert und einheitlich durch das zuständige Finanzamt (§ 18 Abs. 1 Nr. 3 AO) festgestellt. Das Verfahren der gesonderten und einheitlichen Gewinnfeststellung liegt auch der Feststellung der Einkünfte aus gewerblicher Mitunternehmerschaft zugrunde[641]. Auch hier sind Parallelen zwischen freiberuflichem Mitunternehmer und gewerblichem Mitunternehmer festzustellen, ähnlich den Parallelen zwischen Einzelunternehmer und Einzel-Freiberufler.

5.3.2.6.3 UMWANDLUNG[642]

Das zum 1.1.1995 in Kraft getretene Umwandlungsrecht hat die Partnerschaft nicht berücksichtigt. In diesem Sinne konnte es bislang keine unmittelbare Umwandlung geben. So wäre der korrekte Weg, wenn z.B. eine bestehende GmbH in die Rechtsform der Partnerschaft wechseln möchte, die formwechselnde Umwandlung zunächst in die GbR über § 226 UmwG vorzunehmen, um sich im

---

640 Vgl. bereits Kap. 5.2.3.1, S. 69 und Kap. 5.2.3.2, S. 71 sowie die Überlegungen zur Vorteilhaftigkeit der unterschiedlichen Gewinnermittlungsarten bei der GbR im Kap. 5.3.1.4.4, S. 93. Eine ausführliche Darstellung der unterschiedlichen Auswirkungen dieser beiden Gewinnermittlungsarten haben *Gail/Overlack*, Anwaltsgesellschaften, 1996, S. 111ff. vorgenommen. Ansonsten vgl. auch *Kupfer*, Partnerschaftsgesellschaft als Alternative, 1994, S. 117ff; *Eggesiecker*, Partnerschaftsgesellschaft, 1998, Fach C, 7.410; *Nentwig/Bonvie/Hennings*, Partnerschaftsgesellschaftsgesetz, 1995, S. 131. Auch in der amtlichen Begründung (BT-Drucks. 12/6152) wurde hierauf bereits in den Erläuterungen zu § 10 Abs. 1 hingewiesen: „Die Partnerschaft unterliegt nicht der in §§ 238, 242 HGB vorgeschriebenen Pflicht zur Jahresrechnungslegung".

641 Vgl. auch *Bayer/Imberger*, Nochmals: Die Rechtsformen freiberuflicher Tätigkeit, in: DZWiR 1995, S. 182 m.w.N.; *Bellstedt*, Steuern der Partnerschaftsgesellschaft, in: NWB 1996, Fach 18, S. 3425; *Stuber*, Partnerschaftsgesellschaft, 1995, S. 23; *Nentwig/Bonvie/Hennings*, Partnerschaftsgesellschaftsgesetz, 1995, S. 132.

642 Ausführlich zu der Umwandlungsproblematik z.B. *Castan*, Partnerschaftsgesellschaft, 1997, S. 138ff.; *Feddersen/Meyer-Landrut*, Partnerschaftsgesellschaftsgesetz, 1995, zu § 4, Rdn. 2ff..; *Boin*, Partnerschaftsgesellschaft für Rechtsanwälte, 1996, S. 159; *Gail/Overlack*, Anwaltsgesellschaften, 1996, Rdn. 300ff. Bezüglich spezieller Fragen hinsichtlich etwaiger unterschiedlicher Neugründungsformen (Bargründung, Einbringung von Einzelunternehmen) oder Erweiterungsmöglichkeiten, vgl. z.B. *Bellstedt*, Steuern der Partnerschaftsgesellschaft, in: NWB 1996, Fach 18, S. 3486ff. oder *Gail/Overlack*, Anwaltsgesellschaften, 1996, Rdn. 402ff. Bzgl. Praxisübertragungen u.ä. siehe auch *Wollny*, Unternehmens- und Praxisübertragungen, 1994; *Seer*, Veräußerbarkeit von freiberuflichen Arzt- und Zahnarztpraxen, in: DStR 1995, S. 377ff. Zur Veräußerung vgl. auch *Ehlers*, Praxisveräußerungen und Sozietätsgründungen, in: NWB 1995, Fach 3, S. 9499ff.

nächsten Schritt durch Eintragung in das Partnerschaftsregister in eine Partnerschaftsgesellschaft „umzufirmieren"[643].

Allerdings findet die Partnerschaftsgesellschaft mittlerweile im neuen Umwandlungsgesetz Berücksichtigung. Der Zwischenschritt über die Umwandlung zunächst in eine GbR ist nun nicht mehr nötig. Es können direkte Umwandlungen vorgenommen werden[644].

5.3.2.7 Zusammenfassung

Die Partnerschaftsgesellschaft ist eine sehr stark der OHG angenäherte Personengesellschaft, die kein Handelsgewerbe ausübt. Sie tritt im Rechtsverkehr unter ihrem eigenen Namen auf. Gesellschafter können nur natürliche Personen sein, die einem bestimmten Freien Beruf angehören und diesen aktiv ausüben[645]. Kernstück soll die Möglichkeit einer Haftungskonzentration auch unter Verwendung vorformulierter Vertragsbedingungen auf den jeweils verantwortlichen Partner sein. Hier werden jedoch Schwierigkeiten in der praktischen Umsetzung gesehen, weshalb bereits Vorschläge bzgl. einer gesetzlich fixierten Regelung gemacht werden[646].

Das Berufsrecht der Ärzte engt den Kreis der partnerschaftsfähigen Berufe noch weiter ein. Grundsätzlich unterscheidet es die Ausprägungen der Ärztepartner-

---

[643] So *Korts/Korts*, Heilberufsgesellschaften, 1996, S. 32. Ähnlich *Carl*, Praxisfragen bei der Partnerschaftsgesellschaft, in: NWB 1995, Fach 18, S. 3422; *Nentwig/Bonvie/Hennings*, Partnerschaftsgesellschaftsgesetz, 1995, S. 59; *Boin*, Partnerschaftsgesellschaft für Rechtsanwälte, 1996, S. 160; *Stuber*, Partnerschaftsgesellschaft, 1995, S. 23; *Seibert*, Die Partnerschaft, 1994, S. 50; *Kupfer*, Freiberufler-Gesellschaften, in: KÖSDI 1995, S. 10138 auch bezüglich Rückumwandlungsfragen; *Seibert*, Die Partnerschaft, 1994, S. 2382. *Bellstedt*, Steuern der Partnerschaftsgesellschaft, in: NWB 1996, Fach 18, S. 3485 kritisiert ebenfalls, daß das Wort „Umwandlung" im Zusammenhang mit der Partnerschaftsgesellschaft rechtstechnisch fehl am Platze wäre, es wäre lediglich eine Registrierung.

[644] BGBl. I, 1998, S. 1878ff, hier S. 1880 mit Einfügung eines neuen Unterabschnitts nach § 225 UmwG: „Zweiter Unterabschnitt – Formwechsel von Partnerschaftsgesellschaften"; vorher zu den Entwürfen auch schon BT-Drucks. 13/10955 vom 16.6.1998 und 13/8808 vom 22.10.1997. Im einzelnen auch zu den seinerzeit geplanten Änderungen *Neye*, Partnerschaft und Umwandlung, in: ZIP 1997, S. 722ff. und *Planck*, Änderung des Umwandlungsgesetzes, in: DStR 1997, S. IX sowie zu den Neuerungen im Überblick *Neye*, Neuerungen im Umwandlungsrecht, in: GmbHR 1998, S. R 213. *Centrale für GmbH*, Neuerungen in GmbH-Gesetzgebung und Rechtsprechung, in: GmbHR 1998, S. 1. Aufgrund der Aufnahme der Partnerschaftsgesellschaft in das UmwG mußte auch die Partnerschaftsregisterverordnung in der Weise geändert werden, daß dort auch die Umwandlung in den §§ 3 und 5 PRV mit erfaßt wurde – vgl. BGBl. I, 1998, S. 1881.

[645] Insbesondere soll es nicht zu einer Überlassung irgendwelcher prominenter Namen oder einer bloßen Kapitalbeteiligung kommen.

[646] Vgl. Kap. 5.3.2.4.4.3.3, S. 121. Zur mittlerweile erfolgten Gesetzesänderung vgl. bereits Fußnote 561, S. 127.

schaft, der Medizinischen Kooperationsgemeinschaft und der Nichtbehandlungspartnerschaft, für die jeweils eine eigene Vorschrift in der MBO existiert. Zudem macht es weitere Einschränkungen im Namensrecht.

Steuerrechtlich kann auf das geltende Steuerrecht für die Personengesellschaften verwiesen werden. Für den Partner ergibt sich die Pflicht insbesondere zur Zahlung von Einkommensteuer, für die Partnerschaft insbesondere die zur Zahlung von Umsatzsteuer, falls keine sachliche Steuerbefreiung vorliegt. Die Partnerschaftsgesellschaft schuldet weder Einkommen- noch Körperschaftsteuer. Weder die Partnerschaftsgesellschaft noch die einzelnen Partner müssen Gewerbesteuer entrichten, soweit ausschließlich freiberufliche Leistungen erbracht werden.

5.3.2.8 Entwicklung im Ausland[647]

Die Frage nach zulässigen oder möglichen neuen Gesellschaftsformen für Freie Berufe ist nicht nur ein deutsches Thema. Die Freien Berufe nehmen auch in vielen anderen Ländern einen gewissen Sonderstatus ein, so daß dort zwangsläufig auch Diskussionen über spezielle Rechtsformen und mögliche Beschränkungen geführt werden.

Welche Möglichkeiten des Zusammenschlusses speziell die Ärzte im Ausland haben, soll in folgendem Kurzüberblick über einige ausgewählte Länder deutlich werden[648].

5.3.2.8.1 Frankreich

In Frankreich haben sich im Laufe der Jahre verschiedene Gesellschaftsformen für verschiedene Gruppen und Zwecke herausgebildet. So gibt es z.B. die société civile professionelle (SCP) und die société civile de moyens (SCM). Diskutiert wird auch die mögliche Bildung eines groupement d'intéret économique (GIE) für Freie Berufe[649].

---

[647] Vgl. *Stoldt*, Organisations- und Kooperationsmöglichkeiten, in: *Seibert*, Die Partnerschaft, 1994, S. 62-81 m.w.N. sowie *Castan*, Partnerschaftsgesellschaft, 1997, S. 141-151. Es ist zu beachten, daß die Entwicklung vielerorts möglicherweise bereits fortgeschritten ist, daß der Beitrag jedoch nur so aktuell sein kann wie die Quellen, die zur Verfügung standen.

[648] Eine sehr ausführliche Darstellung bezogen auf die Möglichkeiten der Kooperation von Rechtsanwälten im englischen und europäischen Recht gibt *Boin*, Partnerschaftsgesellschaft für Rechtsanwälte, 1996, S. 183-342.

[649] Vgl. *Hartard*, Europäische wirtschaftliche Interessenvereinigung, 1991, S. 52f.; ebenfalls zu französischen Gesellschaftsformen vgl. *Wüst*, Ausbaubedürfnisse im Gesellschaftsrecht, in: JZ 1989, S. 272f.; *Beckmann*, Für eine Partnerschaft, in: FS Kleinert, 1992, S. 217. Ausführlich auch *Michalski/Römermann*, Partnerschaftsgesellschaftsgesetz, 1995, S. 45f. und 114.

So können alle Freiberufler zwischen einer bürgerlich-rechtlichen und einer besonders ausgestalteten Handelsgesellschaft wählen. Schon seit 1966 gibt es eine speziell für die reglementierten Freien Berufe errichtete eigene zivilrechtliche Gesellschaftsform, die Rechtspersönlichkeit aufgrund ihrer Registrierung erfährt. Auf diese Gesellschaftsform hat bereits der Deutsche Anwaltsverein in einer Stellungnahme zum damaligen PartGG-Entwurf 1971 hingewiesen. Seit 1992 ist ein neues Freiberuflergesellschaftengesetz in Kraft getreten, wonach auch der Zusammenschluß zu einer – ebenfalls besonders ausgestalteten – Kapitalgesellschaft für Freiberufler möglich sein soll[650].

Speziell für die Ärzteschaft in Frankreich ergibt sich folgendes Bild:

Eine Kooperation zwischen Ärzten ist grundsätzlich zulässig, solange die persönliche Leistungserbringung sowie die berufliche Weisungsungebundenheit gewährleistet sind. Die Rechtsform der Kapitalgesellschaft ist auch für Ärzte seit 1992 erlaubt. Voraussetzung ist, daß eine mögliche Fremdkapitalbeteiligung nicht mehr als maximal 25 % beträgt[651].

Die gemeinschaftliche Ausübung der ärztlichen Tätigkeit steht unter einem Genehmigungvorbehalt der Ärztekammern. Eine gemeinsame Abrechnung, also die Erzielung gemeinsamer Honorare, darf nur vorgenommen werden, wenn alle Ärzte einer Kooperation derselben Fachrichtung entstammen.

5.3.2.8.2 Österreich

In Österreich wurde die Frage nach weiteren Rechtsformen speziell für Freiberufler lange diskutiert. Zum 1.1.1991 trat das Erwerbsgesellschaftsgesetz (EGG) in Kraft[652], das als eine Weiterentwicklung zu einem vorher schon entwickelten Partnerschaftsgesellschaftsentwurf gesehen werden kann, der eine gewisse Ähnlichkeit mit den deutschen Partnerschaftsgesellschaftsentwürfen aufweist[653].

Aufgrund dieses EGG wurde im Prinzip die Öffnung der OHG und der KG für diejenigen Berufsgruppen geschaffen, denen diese Gesellschaftsformen bisher nicht offenstanden.

---

[650] Vgl. z.B. auch *Kupfer*, Partnerschaftsgesellschaft als Alternative, 1994, S. 119 mit Verweis auf *Maier*, Reform des Anwaltsrechts in Frankreich, in: AnwBl. 1991, S. 82 und *Donath*, Rechtsberatungsgesellschaften, in: ZHR 1992, S. 155f.

[651] Vgl. *Nentwig/Bonvie/Hennings*, Partnerschaftsgesellschaftsgesetz, 1995, S. 33; bezüglich der personalistischen Ausgestaltung, die dadurch erhalten bleiben soll: z.B. *Meilicke/Westphalen/Hoffmann/Lenz*, Partnerschaftsgesellschaftsgesetz, 1995, S. 15.

[652] Vgl. für einen Überblick z.B. *Roth*, Kleine Erwerbsgesellschaft, in: ZHR 1991, S. 24-51; ganz kurz: *Kupfer*, Partnerschaftsgesellschaft als Alternative, 1994, S. 119; ausführlich: *Michalski/Römermann*, Partnerschaftsgesellschaftsgesetz, 1995, S. 43f. und 114.

[653] Vgl. *Donath*, Rechtsberatungsgesellschaften, in: ZHR 1992, S. 157.

Haftungsrechtlich ist für die Freiberufler ein Berufsrechtsvorbehalt eingebaut, d.h. eine mögliche Haftungsbegrenzung greift nur dann oder ist nur dann zulässig, wenn diese im Einklang mit dem Berufsrecht steht[654].

Eine weitere Sonderbehandlung erfahren die Freiberufler im Steuerrecht, indem sie explizit von der Buchführungspflicht ausgenommen werden. Als Personengesellschaft gestaltet, entsteht bei der Erwerbsgesellschaft keine Körperschaftsteuerpflicht, im Falle einer reinen Freiberuflergesellschaft entfällt zudem die Entrichtung von Gewerbesteuer[655].

Für die Ärzte stehen auf jeden Fall seit jeher die Praxisgemeinschaft sowie die Gemeinschaftspraxis als Kooperationsformen zur Verfügung[656].

5.3.2.8.3 ANDERE LÄNDER[657]

- In Großbritannien haben die Ärzte die Wahl, ob sie sich in Zivilgesellschaften oder in Handelsgesellschaften zusammenschließen wollen[658], solange sie nicht vertraglich an den staatlichen Gesundheitsdienst gebunden sind.

  Möglich ist ebenfalls die Kooperation mit anderen Heil- oder Heilhilfsberufen. Voraussetzung ist, daß die persönliche Haftung bzw. Verantwortlichkeit des Arztes bestehen bleibt, egal welcher Rechtsform er sich zur Ausübung seines Berufes bedient[659].

- Ärzte unterschiedlicher Fachrichtung können sich in Belgien[660] zu einer Praxisgemeinschaft zusammenschließen, um Praxisausstattung, Büroräume- oder Büroverwaltung gemeinsam zu nutzen. Die alleinige und selbständige Berufsausübung jedes einzelnen Arztes muß jedoch weiterhin gewährleistet werden. Dies beinhaltet insbesondere, daß jeder Arzt für sich abrechnen muß und keine Teilung von Honoraren erfolgt.

  Fachähnliche oder fachgleiche Ärzte dürfen sich zu Gesellschaften gemeinsamer Berufsausübung (ähnlich zu deutschen Gemeinschaftspraxen) oder auch zu Kapitalgesellschaften zusammenschließen. Hier findet dann eine

---

654 Vgl. *Donath*, Rechtsberatungsgesellschaften, in: ZHR 1992, S. 158.

655 Vgl. *Donath*, Rechtsberatungsgesellschaften, in: ZHR 1992, S. 159.

656 Vgl. auch *Nentwig/Bonvie/Hennings*, Partnerschaftsgesellschaftsgesetz, 1995, S. 33.

657 Vgl. *Meilicke/Westphalen/Hoffmann/Lenz*, Partnerschaftsgesellschaftsgesetz, 1995, S. 15-17 sowie *Münchener Kommentar* – Ulmer, BGB, 1997, vor § 1 PartGG, Rdn. 24ff.

658 Vgl. z.B. *Hartard*, Europäische wirtschaftliche Interessenvereinigung, 1991, S. 54; *Stoldt*, Organisations- und Kooperationsmöglichkeiten, in: *Seibert*, Die Partnerschaft, 1994, S. 69.

659 Vgl. *Nentwig/Bonvie/Hennings*, Partnerschaftsgesellschaftsgesetz, 1995, S. 33; *Stoldt*, Organisations- und Kooperationsmöglichkeiten, in: *Seibert*, Die Partnerschaft, 1994, S. 69.

660 Vgl. *Michalski/Römermann*, Partnerschaftsgesellschaftsgesetz, 1995, S. 48f. und 114f.; *Nentwig/Bonvie/Hennings*, Partnerschaftsgesellschaftsgesetz, 1995, S. 33; *Stoldt*, Organisations- und Kooperationsmöglichkeiten, in: *Seibert*, Die Partnerschaft, 1994, S. 64.

gemeinsame Abrechnung und entsprechende Verteilung nach einem bestimmten Honorarschlüssel statt.

Die Haftung des Arztes ist grundsätzlich unbeschränkt, unabhängig davon, welche Form des Zusammenschlusses er gewählt hat.

- In Dänemark unterliegen die Ärzte grundsätzlich keinen Beschränkungen bezüglich der Gesellschaftsformen, in denen sie sich zusammenschließen wollen. Gesellschaften können sowohl zur gemeinsamen Nutzung von diversen Einrichtungen gegründet werden als auch zur gemeinsamen Berufsausübung. Grundsätzlich bestehen bleibt jedoch, wie in Belgien, die persönliche und unbeschränkte Haftung des einzelnen Arztes, auch in der Rechtsform der GmbH[661].
- In Griechenland dürfen Ärzte untereinander keine Gesellschaften bilden. Die Zusammenarbeit oder Kooperation mit anderen Heilhilfsberufen ist ebenfalls grundsätzlich verboten[662].
- Ähnlich wie in Griechenland, wird in Italien die Zusammenarbeit oder Kooperation von Ärzten und Angehörigen von Heilhilfsberufen abgelehnt.

  Die gemeinsame Gründung von Betriebsgesellschaften ist gestattet, Berufsausübungsgesellschaften sind grundsätzlich erlaubt, jedoch nur auf privatrechtlicher Basis und auch nur zwischen fachgleichen Ärzten[663].
- In Luxemburg wird die Standesordnung für den ärztlichen Bereich noch sehr streng ausgelegt. So dürfen sich Ärzte, Zahnärzte und auch Tierärzte weder in Handelsgesellschaften noch in bürgerlich-rechtlichen Gesellschaften zusammenschließen[664].
- In den Niederlanden sind sowohl die Praxisgemeinschaft als auch die Gemeinschaftspraxis unter Ärzten bekannte und zugelassene Organisationsformen. Inwieweit diese Zusammenarbeit noch an weitere Bedingungen geknüpft ist, ist ausschließlich Gegenstand der Standesordnungen.

---

[661] Vgl. *Beckmann*, Für eine Partnerschaft, in: FS Kleinert, 1992, S. 217; *Nentwig/Bonvie/Hennings*, Partnerschaftsgesellschaftsgesetz, 1995, S. 33; *Stoldt*, Organisations- und Kooperationsmöglichkeiten, in: *Seibert*, Die Partnerschaft, 1994, S. 65.

[662] So *Nentwig/Bonvie/Hennings*, Partnerschaftsgesellschaftsgesetz, 1995, S. 33; *Stoldt*, Organisations- und Kooperationsmöglichkeiten, in: *Seibert*, Die Partnerschaft, 1994, S. 72.

[663] Vgl. *Stoldt*, Organisations- und Kooperationsmöglichkeiten, in: *Seibert*, Die Partnerschaft, 1994, S. 74.

[664] Vgl. *Nentwig/Bonvie/Hennings*, Partnerschaftsgesellschaftsgesetz, 1995, S. 33; *Stoldt*, Organisations- und Kooperationsmöglichkeiten, in: *Seibert*, Die Partnerschaft, 1994, S. 74.

Eine Kooperation von Ärzten mit Angehörigen von Heilhilfsberufen kann zumindest in sogenannten Heilzentren beobachtet werden[665].

- Ärzte dürfen sich in Portugal grundsätzlich zu bürgerlich-rechtlichen Gesellschaften zusammenschließen. Eine Kooperation mit Angehörigen von Heilhilfsberufen ist ebenfalls möglich, solange eine getrennte Abrechnung erfolgt.

  Vereinzelt finden sind auch Ärztezusammenschlüsse in der Form von Handelsgesellschaften, über deren Zulassung jedoch noch diskutiert wird[666].

- In Spanien gibt es keine speziellen Vorschriften, in welchen Formen sich Ärzte zusammenschließen dürfen.

  Grundsätzlich bleibt die persönliche und unbeschränkte Haftung des Arztes bestehen, egal, in welcher Gesellschaftsform er seinen Beruf ausübt. Die Verträge müssen zur Genehmigung der Ärztekammer vorgelegt werden.

  Ebenfalls denkbar sind interprofessionelle Zusammenschlüsse, solange ihr Zweck in der Erleichterung der Berufsausübung liegt und sie nicht ausschließlich gewinnorientiert sind[667].

- Bezüglich der Berufsausübung von Ärzten in den Vereinigten Staaten[668] lassen sich keine Pauschalaussagen treffen. Die Regelungen sind hier von Bundesstaat zu Bundesstaat verschieden.

  So dürfen sich in einigen Bundesstaaten die Ärzte mit fachähnlichen anderen Ärzten zusammenschließen, in anderen darf lediglich die Leistung eines Berufes angeboten werden.

  Bezüglich der Kapitalgesellschaften ist das Steuerrecht für Freiberufler so ausgestaltet, daß grundsätzlich kein Anreiz für diese besteht, sich überhaupt in Kapitalgesellschaften zusammenzuschließen[669].

5.4 Kapitalgesellschaften

Die Kapitalgesellschaften sind seit längerer Zeit für einige Berufsgruppen der Freien Berufe bereits geöffnet. Für Ärzte waren sie lange Zeit verboten. Erst die

---

665 Vgl. *Stoldt*, Organisations- und Kooperationsmöglichkeiten, in: *Seibert*, Die Partnerschaft, 1994, S. 75.

666 Vgl. *Nentwig/Bonvie/Hennings*, Partnerschaftsgesellschaftsgesetz, 1995, S. 33; *Stoldt*, Organisations- und Kooperationsmöglichkeiten, in: *Seibert*, Die Partnerschaft, 1994, S. 77.

667 Vgl. *Stoldt*, Organisations- und Kooperationsmöglichkeiten, in: *Seibert*, Die Partnerschaft, 1994, S. 79.

668 Ausführlich dazu *Donath*, Rechtsberatungsgesellschaften, in: ZHR 1992, S. 146ff.; *Stoldt*, Organisations- und Kooperationsmöglichkeiten, in: *Seibert*, Die Partnerschaft, 1994, S. 81.

669 Vgl. *Donath*, Rechtsberatungsgesellschaften, in: ZHR 1992, S. 149.

Rechtsprechung der vergangenen Jahre hat Möglichkeiten auch im Bereich der ärztlichen Berufsausübung aufgetan. Im wesentlichen geht es hier um die Vorstellung der GmbH und die Vermittlung der mit ihr in Zusammenhang stehenden Probleme, insbesondere hinsichtlich des Berufsrechts der Ärzte. Auf die AG wird nur im Analogieschluß eingegangen.

5.4.1 Die Gesellschaft mit beschränkter Haftung (GmbH)

Das GmbH-Recht blickt zurück auf eine lange Tradition. Im Mai 1992 wurde das GmbHG 100 Jahre alt[670]. Seit Inkrafttreten des Gesetzes hat die Zahl der GmbH-Gründungen jährlich zugenommen. Insbesondere seit der Reform der Körperschaftsteuer zum 1.1.1977 kann von einem regelrechten „GmbH-Boom" gesprochen werden, denn die Zahl dieser Gesellschaften stieg von ca. 50.000 im Jahr 1974 auf 300.000 in 1983 an[671]. Seitdem hat sich die Zahl rund alle acht bis zehn Jahre verdoppelt[672].

Eine GmbH kann gem. § 1 GmbHG „zu jedem gesetzlich zulässigen Zweck durch eine oder mehrere Personen errichtet werden"[673]. Vom GmbHG her bestehen also keinerlei Beschränkungen für die Ausübung einer Tätigkeit, die danach auch freiberuflich sein kann. Allerdings ist im Einzelfall zu prüfen, ob dieser gesellschaftsrechtlichen Norm standesrechtliche Verbote oder Bedenken entgegenstehen oder besondere zusätzliche Erfordernisse, z.B. hinsichtlich der Person des Geschäftsführers oder der Gesellschafterzusammensetzung, zu beachten sind[674]. Zunächst geht es allerdings um die Darstellung der reinen gesellschaftsrechtlichen Aspekte, bevor auf berufsrechtliche Sonderregelungen eingegangen wird.

---

[670] Vgl. die Beilage in der GmbHR, 83. Jg., Heft 7/1992 zum 100-jährigen Bestehen der GmbH.

[671] Vgl. *Stehle*, Freiberufler-GmbH, in: DStR 1983, S. 100.

[672] Vgl. *Laufs*, Ärzte-GmbH und das Berufsrecht, in: MedR 1995, S. 11 bzw. *Klunzinger*, Grundzüge des Gesellschaftsrechts, 1997, S. 223. Laut *Hansen*, Anzahl von GmbH, in: GmbHR 1998, S. 584 dürfte im zweiten Quartal 1998 der Bestand an GmbH die Marke von 800.000 Gesellschaften überschritten haben.

[673] Vgl. hierzu auch die Ausführungen von *Sommer*, Anwalts-GmbH oder Anwalts-Partnerschaft, in: GmbHR 1995, S. 251; *Meyer/Kreft*, Arzt-GmbH auf dem Prüfstand, 1997, S. 194; *Taupitz*, GmbH als Organisationsform ambulanter heilkundlicher Tätigkeit, in: NJW 1992, S. 2319; *Stehle*, Freiberufler-GmbH, in: DStR 1983, S. 101.

[674] So unterscheidet *Stehle*, Freiberufler-GmbH, in: DStR 1983, S. 101, drei Fallgruppen freiberuflicher Tätigkeit hinsichtlich der Berufsausübung über eine Kapitalgesellschaft: 1. Keine Zulässigkeit der Berufsausübung über eine Kapitalgesellschaft; 2. Ausdrückliche Zulässigkeit der Berufsausübung über eine Kapitalgesellschaft; 3. Berufsgruppen ohne besondere Vorschriften und standesrechtliche Hindernisse.

5.4.1.1 Allgemein gesellschaftsrechtliche Aspekte

Die GmbH ist eine aus einer oder mehreren Personen bestehende Gesellschaft; Ein-Mann-Gründungen sind grundsätzlich erlaubt[675]. Es muß ein Mindeststammkapital in Höhe von 50.000 DM aufgebracht werden[676] (§ 5 Abs. 1 GmbHG). Grundsätzlich sind auch Sachgründungen zulässig (§ 5 Abs. 4 GmbHG), so z.B. durch Einbringung bestehender Praxiswerte[677].

Die GmbH ist verpflichtet, mindestens einen Geschäftsführer[678] zu haben (§ 6 Abs. 1 GmbHG). Dieser Geschäftsführer muß nicht zwingend Gesellschafter der GmbH sein (§ 6 Abs. 3 GmbHG), er muß allerdings eine natürliche und unbeschränkt geschäftsfähige Person sein (§ 6 Abs. 2 GmbHG)[679]. Im Falle der Ein-Mann-GmbH ist der einzige Gesellschafter zugleich Geschäftsführer und damit immer eine natürliche Person. Trotzdem ist insbesondere hinsichtlich steuerrechtlicher Konsequenzen immer zu unterscheiden zwischen der Gesellschaft (GmbH), dem einzelnen Gesellschafter und dem Geschäftsführer.

Gem. § 13 Abs. 1 GmbHG ist die GmbH als juristische Person voll rechtsfähig[680]. Sie ist außerdem Kaufmann kraft Rechtsform, ohne Rücksicht auf den verfolgten Zweck, da § 13 Abs. 3 GmbHG sie als „Handelsgesellschaft im Sinne des Handelsgesetzbuches" definiert; die GmbH ist damit Formkaufmann i.S.v. § 6 HGB[681].

Der Gesellschaftsvertrag bedarf der notariellen Form (§ 2 GmbHG) und muß mindestens Name und Sitz der Gesellschaft, Gegenstand des Unternehmens, Betrag des Stammkapitals sowie den Betrag der von jedem Gesellschafter zu leistenden Stammeinlage enthalten (§ 3 GmbHG). Die Firma der GmbH muß nicht zwingend die Namen der Gesellschafter enthalten, sie kann auch dem Ge-

---

[675] Vgl. *Lutter/Hommelhoff*, GmbHG, 1995, zu § 1 Rdn. 14. Bei Ein-Mann-Gründungen gelten z.T. jedoch strengere Vorschriften, so insbesondere die Pflicht zur Sicherheitsleistung, soweit die Einlage nicht voll erbracht wird – vgl. § 7 Abs. 2 GmbHG sowie *Lutter/Hommelhoff*, GmbHG, 1995, zu § 1 Rdn. 14.

[676] Es wird häufig davon gesprochen, daß die GmbH unterkapitalisiert ist, da die Mehrzahl der GmbHs nur mit diesem Mindeststammkapital ausgestattet ist. In der Regel ist dieser Betrag, auch bei Kleinunternehmern, durch die Finanzierung von Anlagen bei weitem überschritten, so daß keine ausreichende Haftungsgrundlage vorhanden ist (vgl. z.B. *Kübler*, Gesellschaftsrecht, 1994, S. 217).

[677] Vgl. z.B. *Dierks/Herkenroth*, Praxis-GmbH, in: Arzt und Wirtschaft 1994, S. 1.

[678] Vgl. auch *Sommer*, Anwalts-GmbH oder Anwalts-Partnerschaft, in: GmbHR 1995, 252.

[679] Gesellschafter einer GmbH können nicht nur natürliche Personen sein, sondern auch juristische Personen oder Personengesellschaften und sonstige Gesamthandsgemeinschaften – vgl. *Lutter/Hommelhoff*, GmbHG, 1995, zu § 2 Rdn. 3ff.

[680] Vgl. z.B. *Kübler*, Gesellschaftsrecht, 1994, S. 213 und S. 298ff.

[681] Vgl. zur Begründung z.B. *Bayer/Imberger*, Rechtsformen freiberuflicher Tätigkeit, in: DZWiR 1993, S. 317f. sowie *Kübler*, Gesellschaftsrecht, 1994, S. 213.

genstand des Unternehmens entlehnt sein – sog. Sachfirma im Gegensatz zur Personenfirma[682] (§ 4 GmbHG). Die GmbH ist gem. § 7 Abs. 1 GmbHG bei dem Gericht, in dessen Bezirk sie ihren Sitz hat, zur Eintragung in das Handelsregister anzumelden[683].

Charakteristisch für die GmbH im Wirtschaftsverkehr ist die Beschränkung der Haftung für Verbindlichkeiten gegenüber Gesellschaftsgläubigern auf das Gesellschaftsvermögen (§ 13 Abs. 2 GmbHG). Die Haftungsbeschränkung bewirkt, daß die Gesellschafter gegenüber den Gesellschaftsgläubigern grundsätzlich nicht persönlich haften. Dieser Grundsatz wird jedoch in den Fällen des sog. Haftungsdurchgriffs durchbrochen. Der Durchgriff führt zu einer persönlichen Haftung der Gesellschafter für die Schulden der GmbH[684]. Der Geschäftsführer[685] haftet i.d.R. nur bei Verletzung allgemeiner Sorgfaltspflichten, die ein ordentlicher Geschäftsmann anzuwenden hat (§ 43 Abs. 1 GmbHG)[686] – den Gläubigern gewährt das GmbHG im § 43 keinen eigenen Anspruch[687].

Die Geschäftsanteile an einer GmbH sind gem. § 15 Abs. 1 GmbHG frei veräußerlich und auch vererbbar[688]. Diese freie Veräußerbarkeit wird in der Praxis dadurch erschwert, daß für den Veräußerungsvertrag zwingend die notarielle Form gem. § 15 Abs. 3 und 4 GmbHG vorgeschrieben ist. Zudem kann die Abtretung durch Gesellschaftsvertrag von anderen Voraussetzungen abhängig ge-

---

682 Vgl. *Raiser*, Kapitalgesellschaften, 1992, S. 250.

683 Auf die Besonderheiten der Vorgesellschaft und Vorgründungsgesellschaft soll hier nicht eingegangen sein. Es wird z.B. verwiesen auf *Kübler*, Gesellschaftsrecht, 1994, S. 222ff., 305ff., 315ff. Bezüglich der Haftung der Vor-GmbH wird verwiesen auf *Gummert*, Haftungsverfassung der Vor-GmbH, in: DStR 1997, S. 1007ff. sowie *Gummert*, Haftungskonzept der Vor-GmbH, in: DStR 1997, S. 1612f.; dazu auch *Thalmair*, Haftungskonzept der Vor-GmbH, in: DStR 1997, S. 1611

684 Vgl. zur sogenannten Durchgriffshaftung *Kübler*, Gesellschaftsrecht, 1994, S. 213 sowie *Haack*, Haftungsfragen bei der GmbH-Gründung, in: NWB 1997, Fach 18, S. 1949ff. Vgl. z.B. *Raiser*, Kapitalgesellschaften, 1992, S. 248 auch bezüglich anderer möglicher Fälle, wo das Prinzip der Haftungsbeschränkung durchbrochen wird, z.B. bei der Vorgesellschaft und im Konzernrecht.

685 Grundsätzlich gibt es auch die Möglichkeit, mehrere Personen zu Geschäftsführern zu bestellen.

686 Zur Geschäftsführerhaftung auch *Raiser*, Kapitalgesellschaften, 1992, S. 388; *Heil*, Haftung des GmbH-Geschäftsführers, in: BB 1998, S. 1749ff.

687 Vgl. jedoch *Raiser*, Kapitalgesellschaften, 1992, S. 392 bezüglich zweier Spezialfälle, in denen die Haftung des Geschäftsführers auch gegenüber Gläubigern bejaht wird.

688 Vgl. *Dierks/Herkenroth*, Praxis-GmbH, in: Arzt und Wirtschaft 1994, S. 1; *Sommer*, Anwalts-GmbH oder Anwalts-Partnerschaft, in: GmbHR 1995, S. 250 und 253.

macht werden, insbesondere von der Zustimmung der Gesellschaft (§ 15 Abs. 5 GmbHG)[689].

Die GmbH wird in den in § 60 Abs. 1 GmbHG aufgeführten Fällen aufgelöst. Zu diesen Auflösungsgründen zählen insbesondere der Ablauf einer im Gesellschaftsvertrag bestimmten Zeit, der Beschluß der Gesellschafter, das gerichtliche Urteil sowie die Eröffnung des Konkursverfahrens. Zusätzlich kann der Gesellschaftsvertrag weitere Auflösungsgründe vorschreiben, so z.B. die Auflösung bei Tod eines Gesellschafters, bei Einstellung des Betriebes oder bei Kündigung[690].

5.4.1.2 Speziell haftungsrechtliche Aspekte

Schließt die GmbH alle zur Geschäftsführung notwendigen Verträge (z.B. Praxisanmietung, Dienstverträge, Inventarbeschaffung, aber insbesondere auch die Behandlungsverträge), ist die vertragliche Haftung dadurch auf die GmbH beschränkt. „Ein Arzt, der als Angestellter oder freier Mitarbeiter 'seiner' GmbH praktiziert, haftet gemäß § 11 Abs. 2 GmbHG selbst als Alleingesellschafter nicht für deren Verbindlichkeiten“[691]. Im Hinblick auf Kreditaufnahmen, Miete oder die Anschaffung von Geräten gilt diese Beschränkung der Haftung jedoch nur so lange, wie der Vertragspartner auf persönliche Sicherheiten oder Realsicherheiten aus dem Privatvermögen des einzelnen Gesellschafters verzichtet[692]. Dies ist in der heutigen Praxis aber eher selten der Fall[693].

Bezüglich des Behandlungsvertrages, und hier wird das Hauptinteresse des Arztes hinsichtlich einer Haftungsbegrenzung liegen, haftet die GmbH zwar für die Aufklärungs- und Behandlungsfehler des Arztes, denn über § 278 BGB hat sie Fahrlässigkeit des Arztes und anderen Personals zu vertreten und dafür einzustehen. Allerdings haftet der behandelnde Arzt – egal in welcher Rechtsbeziehung er zu der GmbH steht – selbst für fehlerhafte Berufsausübung de-

[689] Vgl. dazu auch *Raiser*, Kapitalgesellschaften, 1992, S. 338.

[690] Vgl. § 60 Abs. 2 GmbHG sowie *Raiser*, Kapitalgesellschaften, 1992, S. 475; *Lutter/Hommelhoff*, GmbHG, 1995, zu § 60 Rdn. 26ff.

[691] *Meyer/Kreft*, Arzt-GmbH auf dem Prüfstand, in: GmbHR, 1997, S. 194; Ähnlich auch *Taupitz*, Berufsrisiko des Arztes, in: MedR 1995, S. 475.

[692] Vgl. *Meyer/Kreft*, Arzt-GmbH auf dem Prüfstand, in: GmbHR, 1997, S. 193f.

[693] Vgl. *Meyer/Kreft*, Arzt-GmbH auf dem Prüfstand, in: GmbHR, 1997, S. 195.

liktisch, insbesondere aus § 823 Abs. 1 BGB[694]. Diese deliktische Haftung ist nicht auf die Stammeinlage begrenzt[695].

Eine vollständige Risikobegrenzung, insbesondere im Bereich der Berufsausübung, kann demnach allein durch die Rechtsformwahl der GmbH nicht erreicht werden. Zudem kann nur immer wieder auf die umstrittene Frage hingewiesen werden, ob ein Arzt oder Freiberufler überhaupt seine Haftung in irgendeiner Form beschränken darf[696].

5.4.1.3 Berufsrechtliche Aspekte

5.4.1.3.1 Allgemeine Aspekte

Im Bereich der Krankenhäuser sind Kapitalgesellschaften, sowohl die GmbH als auch die AG, als Rechtsform nichts neues. Bereits 1977 entschied der BGH, daß angestellte Ärzte im Rahmen einer Klinik-AG ambulante Heilbehandlungen durchführen könnten[697]. Ebenso müßte eine GmbH Verträge über ambulante Heilbehandlung abschließen dürfen[698]. Im Bereich der Krankenhäuser wurde nie ein Konflikt mit dem Berufsrecht oder irgendwelchen Standesordnungen gesehen. Beamtete und angestellte Ärzte kommen häufig vor und werden vom Gesetzgeber auch in verschiedenen Regelungen gebilligt.[699]

Als problematisch wird die Rechtsform der GmbH jedoch in der freien ärztlichen Niederlassung angesehen[700]. So wurde sie lange Zeit als generell unzulässig für die Ausübung der freien ärztlichen Tätigkeit erklärt. Eine eingehende

---

694 Vgl. *Meyer/Kreft*, Arzt-GmbH auf dem Prüfstand, in: GmbHR, 1997, S. 195 sowie zur deliktischen Haftung des Arztes bereits Kap. 3.4, S. 46. Zur deliktischen Haftung allgemein auch *Raiser*, Kapitalgesellschaften, 1992, S. 332, der ausführt, daß im Falle der Voraussetzungen der deliktischen Haftung „eine gesellschaftsrechtlich begründete Durchgriffshaftung überflüssig" ist.

695 Vgl. z.B. *Meyer/Kreft*, Arzt-GmbH auf dem Prüfstand, in: GmbHR, 1997, S. 195; *Laufs*, Ärzte-GmbH und das Berufsrecht, in: MedR 1995, S. 14; *Taupitz*, Berufsrisiko des Arztes, in: MedR 1995, S. 479; *Weber/Vogt-Weber*, Arztpraxis als GmbH, in: DÄBl. 1998, S. A-1146.

696 Für die grundsätzliche und zwingende Handelnden-Haftung in einer Freiberufler-GmbH vgl. z.B. *Dauner-Lieb*, Durchbruch für die Anwalts-GmbH, in: GmbHR 1995, S. 262ff. Dagegen z.B. *Henssler*, in: DB 1995, S. 1151; *Henssler*, Freiberufler-GmbH, in: ZIP 1994, S. 849.

697 BGHZ 70, 158; dazu auch *Meyer/Kreft*, Arzt-GmbH auf dem Prüfstand, in: GmbHR, 1997, S. 193.

698 Vgl. *Taupitz*, GmbH als Organisationsform ambulanter heilkundlicher Tätigkeit, in: NJW 1992, S. 2320.

699 Vgl. *Henssler*, Freiberufler-GmbH, in: ZIP 1994, S. 845 mit Beispielen.

700 Der Zusammenschluß von Freiberuflern allgemein in einer GmbH wurde lange Zeit als problematisch angesehen. Hier scheint sich mittlerweile jedoch eine Trendwende abzuzeichnen – vgl. zur jüngst erst erfolgten gesetzlichen Regelung der Anwalts-GmbH z.B. *Huff*, Anwalts-GmbH, in: BB 1998, S. 1.

Begründung für diesen Rechtszustand fand nicht statt[701]. „Meist begnügte man sich mit dem Hinweis, standesrechtliche Bestimmungen stünden dieser Form eines Zusammenschlusses entgegen“[702], zudem existiere auch keine ausdrückliche Erlaubnis[703]. Laufs faßt die Bedenken gegenüber einer Ärzte-Kapitalgesellschaft wie folgt zusammen: „Der auf ein Gesellschaftsvermögen beschränkten vertraglichen Einstandspflicht steht die volle persönliche Eigenverantwortlichkeit des selbständigen Arztes gegenüber. Der Angestelltenstatus hat sein Gegenstück in der Weisungsungebundenheit des Niedergelassenen. Die Undurchsichtigkeit der Kapitalgesellschaft kontrastiert mit dem persönlichen Band zwischen dem Patienten und seinem gewählten natürlichen Vertragspartner. Während die GmbH offen gewerblich agiert, gehört zum überlieferten Bild des Arztes die altruistische Motivation. Kann die GmbH ihre gewerbliche Freiheit voll nutzen, so sieht sich der Arzt berufstechnisch streng gebunden, nicht nur bei werbendem Auftreten“[704].

5.4.1.3.2 DAS „ZAHNÄRZTE-URTEIL“

Wie ein „Paukenschlag“[705] hat einige das Urteil des BGH vom 25.11.1993[706] getroffen, in dem er die Zahnärzte-GmbH für grundsätzlich zulässig erklärt hat[707]. Der BGH entschied, daß § 1 Zahnheilkundegesetz (ZHG) dem Angebot einer

---

[701] Vgl. *Ahlers*, GmbH als Zusammenschluß Angehöriger freier Berufe, in: FS Rowedder, 1994, S. 7.; *Henssler*, Freiberufler-GmbH, in: ZIP 1994, S. 845; *Rieger*, Heilkunde-GmbH in der Rechtsprechnung, in: MedR 1995, S. 87ff.; *Fehler*, Partnerschaftliche Zusammenschlüsse, 1970, S. 102f. hatte sie z.B. nie ausdrücklich von für Freien Berufen zur Verfügung stehenden Gesellschaftsformen ausgeschlossen.

[702] *Henssler*, Freiberufler-GmbH, in: ZIP 1994, S. 845.

[703] Vgl. *Bayer/Imberger*, Rechtsformen freiberuflicher Tätigkeit, in: DZWiR 1993, S. 317; *Meilicke/Westphalen/Hoffmann/Lenz*, Partnerschaftsgesellschaftsgesetz, 1995, zu § 1 Rdn. 6 m.w.N.; *Leutheusser-Schnarrenberger*, Partnerschaftsgesetz, in: der freie beruf 1993, S. 10: Kapitalgesellschaften entsprächen nicht den Wesensmerkmalen der Freien Berufe. Das hohe Berufsethos der Freien Berufe sei nicht vereinbar mit der Erscheinung der Kapitalgesellschaft (dieselbe, Ein wichtiger Tag für die freien Berufe, in: AnwBl. 1994, S. 334). Auch *Laufs*, Arztrecht, 1993, Rdn. 80: „Kapitalgesellschaften für Heilbehandlungen begünstigen die Kommerzialisierung und Anonymisierung des ärztlichen Dienstes und werfen die Frage nach der Geltung des standesrechtlichen Werbeverbotes auf.“

[704] *Laufs*, Ärzte-GmbH und das Berufsrecht, in: MedR 1995, S. 11.

[705] *Henssler*, Freiberufler-GmbH, in: ZIP 1994, S. 845; dagegen aber *Laufs*, Ärzte-GmbH und das Berufsrecht, in: MedR 1995, S. 12.

[706] Vgl. BGHZ 124, 224 = NJW 1994, S. 786 = ZIP 1994, S. 381; dazu auch *Kulka*, Freiberufler-Konzern, in: DZWiR 1995, S. 45; *Dreher*, Ärztliche Berufsausübung in Gesellschaften in: VersR 1995, S. 245.

[707] Vgl. ein ähnliches Urteil, bezogen auf Freiberufler, zur generellen Zulässigkeit der Anwalts-GmbH durch das BayObLG vom 24.11.1994, ZIP 1994, 1868. Vgl. dazu auch *Henssler*, Zulässigkeit der Anwalts-GmbH, in: ZIP 1994, S. 1868.

GmbH, ambulante Zahnbehandlungen als eigene vertragliche Leistungen durchzuführen, grundsätzlich nicht entgegenstünde. Nach diesem § 1 ZHG dürfen nur Approbierte die Zahnheilkunde ausüben. Die (nicht-approbierte) Zahnarzt-GmbH übte diese aber auch gar nicht aus, sondern die von ihr angestellten (approbierten) Zahnärzte[708].

Auslöser war die Klage der Zahnärztekammer Nordrhein gegen eine in das Handelsregister Düsseldorf eingetragene GmbH, die neben dem Handel mit Dentalhygienegeräten und -mitteln auch zahnkosmetische Maßnahmen sowie die Ausübung der Zahnheilkunde durch approbierte Zahnärzte durchführte. Die Zahnärztekammer berief sich auf § 1 Zahnheilkundegesetz (ZHG) und war der Auffassung, daß auch der Betreiber einer zahnärztlichen Praxis, in diesem Fall die GmbH, der Approbation bedürfe. Die Beklagte berief sich auf das Grundrecht der Berufsfreiheit aus Art. 12 Abs. 1 GG[709].

Der BGH hat seine Entscheidung im wesentlichen auf verfassungsrechtlichen Erwägungen aufgebaut, insbesondere auf der Freiheit der Berufswahl, wie sie in Art. 12 Abs. 1 GG als Grundrecht verankert ist[710]. Es ließe sich kein sachlicher Grund dafür erkennen, warum eine ambulante ärztliche Tätigkeit innerhalb von Krankenhäusern ohne weiteres für erlaubt gehalten wird – und zwar auch innerhalb gewerblich durch eine GmbH betriebene Anstalten – der gleiche Dienst aber schlechthin untersagt wird, wenn er bei Trägern erfolgt, die in gewerblicher Form allein ambulante Leistungen anbieten[711]. Zudem stünden keine gesetzlich verankerten Verbote entgegen[712].

Die Bundesärztekammer sieht auch nach dem Urteil für die GmbH kein Erfordernis und meint, daß die Formen der GbR und der Partnerschaftsgesellschaft als Zusammenschlußmöglichkeiten völlig ausreichen[713] - demzufolge nahmen einige Ärztekammern in ihre Landesgesetze entsprechende Verbote auf, so z.B.

[708] Vgl. dazu die Besprechungen von *Meyer/Kreft*, Arzt-GmbH auf dem Prüfstand, in: GmbHR, 1997, S. 193; *Henssler*, Freiberufler-GmbH, in: ZIP 1994, S. 845.

[709] Vgl. z.B. auch die Entscheidung und Begründung des OLG Düsseldorf bei *Boin*, Partnerschaftsgesellschaft für Rechtsanwälte, 1996, S. 94ff.

[710] Vgl. zu dieser Diskussion auch *Henssler*, Freiberufler-GmbH, in: ZIP 1994, S. 844ff; *Taupitz*, Zulässigkeit von Freiberufler-GmbHs, in: JZ 1994, S. 1001; *Meyer/Kreft*, Arzt-GmbH auf dem Prüfstand, in: GmbHR, 1997, S. 193f.; *Dreher*, Ärztliche Berufsausübung in Gesellschaften in: VersR 1995, S. 245; *Boin*, Anwalt-GmbH, in: NJW 1995, S. 372.

[711] Vgl. *Laufs*, Ärzte-GmbH und das Berufsrecht, in: MedR 1995, S. 14.

[712] Vgl. nochmals *Taupitz*, Zulässigkeit von Freiberufler-GmbHs, in: JZ 1994, S. 1001, 1002, 1008.

[713] Vgl. *Boin*, Partnerschaftsgesellschaft für Rechtsanwälte, 1996, S. 97; *Pütz-Reuter/Zdarta/Zellmann*, Ärztliche Kooperationen, 1998, S. 21.

die Ärztekammern der Bundesländer Bayern, Brandenburg, Nordrhein-Westfalen und Sachsen[714].

> Art. 18 Abs. 1 des bayerischen Kammergesetzes i.d.F. vom 23.7.1993: „Die Führung einer ärztlichen Praxis in der Rechtsform der juristischen Person des privaten Rechts in nicht statthaft".
>
> § 31 Abs. 2 des Heilberufegesetzes für das Land Brandenburg vom 28.1.1992: „Die Ausübung ambulanter ärztlicher und zahnärztlicher Tätigkeit außerhalb des Krankenhauses [...] ist an die Niederlassung in eigener Praxis gebunden [...]".
>
> § 29 Abs. 3 des nordrhein-westfälischen Heilberufsgesetzes vom 27.4.1994: „Die Ausübung ärztlicher und zahnärztlicher Tätigkeit außerhalb von Krankenhäusern und außerhalb von Privatkrankenanstalten [...] ist an die Niederlassung in eigener Praxis gebunden [...]".
>
> § 16 Abs. 4 des sächsischen Heilberufskammergesetzes vom 24.5.1994: „Es ist nicht statthaft, eine ärztliche, zahnärztliche oder tierärztliche Praxis in der Rechtsform einer juristischen Person des privaten Rechts zu führen".

Schon zuvor war versucht worden, dieser Entwicklung entgegenzuwirken. Die Heilberufskammern hatten die Ärzte unter Androhung standesrechtlicher Aufsichtsmaßnahmen davor gewarnt, als Mitglieder an Heilkunde-GmbHs mitzuwirken und damit entsprechende Berufsausübungsformen zu verhindern versucht[715].

Es stellt sich allerdings die Frage, inwiefern diese Verbote im Hinblick auf Art. 12 GG verfassungsrechtlich angreifbar sind, wurde doch vom BGH die Frage der ambulanten zahnärztlichen Berufsausübung in der Rechtsform der GmbH für zulässig erklärt[716].

Die Frage, die sich weiterhin aufdrängt, ist, ob dieses Urteil zur Zahnärzte-GmbH auch auf ganz normale Ärzte-GmbHs übertragbar ist. Man kann sich wohl nur der Meinung von Henssler anschließen, daß nach der Entscheidung des

---

[714] Vgl. z.B. die Ausführungen bei *Boin*, Partnerschaftsgesellschaft für Rechtsanwälte, 1996, S. 97; *Kupfer*, Freiberufler-Gesellschaften, in: KÖSDI 1995, S. 10140; *Meyer/Kreft*, Arzt-GmbH auf dem Prüfstand, in: GmbHR, 1997, S. 194; *Rieger*, Heilkunde-GmbH in der Rechtsprechung, in: MedR 1995, S. 87ff.; *Meilicke/Westphalen/Hoffmann/Lenz*, Partnerschaftsgesellschaftsgesetz, 1995, zu § 1 Rdn. 8.

[715] Vgl. *Taupitz*, Zulässigkeit von Freiberufler-GmbHs, in: JZ 1994, S. 1101; *Taupitz*, GmbH als Organisationsform ambulanter heilkundlicher Tätigkeit, in: NJW 1992, S. 2318; *Taupitz*, Zulässigkeit einer Zahnheilkunde-GmbH, in: MedR 1994, S. 154f.

[716] Vgl. *Dierks/Herkenroth*, Praxis-GmbH, in: Arzt und Wirtschaft 1994, S. 4; *Taupitz*, Zulässigkeit von Freiberufler-GmbHs, in: JZ 1994, S. 1102; vgl. auch Kap. 6.3.4.

BGH hier eine Differenzierung nicht möglich ist[717]. Das Urteil entfaltet also auch Wirkung und Gültigkeit für Ärzte-GmbHs[718].

5.4.1.3.3 Einbindung der GmbH in das Kassenarztrecht und die Versicherungsbedingungen der privaten Krankenversicherungen?

Schwierigkeiten bezüglich der Ausübung der ärztlichen Tätigkeit in der Rechtsform der GmbH ergeben sich nicht nur aufgrund von entgegenstehenden kammergesetzlichen Verboten oder der fehlenden allgemeinen Akzeptanz, sondern insbesondere im Bereich der Erstattungsfähigkeit der durch die GmbH abgerechneten Leistungen.

Die GmbH hat grundsätzlich ein Liquidationsrecht gegenüber dem Patienten aufgrund vertraglicher Ansprüche. Problematisch gestaltet sich allerdings die Abrechnung mit den Kassen[719].

Die privaten Krankenkassen berufen sich auf § 4 Abs. 2 Satz 1 Musterbedingungen der privaten Krankenversicherung (MBKK), durch den dem Patienten grundsätzlich die freie Wahl unter den niedergelassenen approbierten Ärzten zusteht. Nach traditioneller Auffassung ist der Arzt als Angestellter seiner GmbH aber gerade nicht niedergelassen[720].

Bei den Kassenpatienten sieht die Situation für die abrechnende GmbH ähnlich schlecht aus. Gemäß § 90 Abs. 1 SGB V nehmen nur zugelassene Ärzte an der vertragsärztlichen Versorgung teil. Einer GmbH kann die Zulassung nicht erteilt werden, denn sie selbst ist nicht Arzt. Ein in der GmbH angestellter Arzt kann nach h.M.[721] auch nicht zugelassen werden, da diese Zulassung nur bei persönli-

---

[717] Vgl. *Henssler*, Freiberufler-GmbH, in: ZIP 1994, S. 847.

[718] Vgl. *Henssler*, Freiberufler-GmbH, in: ZIP 1994, S. 848; *Taupitz*, GmbH als Organisationsform ambulanter heilkundlicher Tätigkeit, in: NJW 1992, S. 2317f. m.w.N., auch bezüglich vorangegangener Gerichtsentscheidungen.

[719] Vgl. *Meyer/Kreft*, Arzt-GmbH auf dem Prüfstand, in: GmbHR, 1997, S. 196; *Meurer*, Partnerschaftsgesellschaft 1997, S. 155f.; *Bösert/Braun/Jochem*, Partnerschaftsgesellschaft, 1996, S. 41f.; *Weber/Vogt-Weber*, Arztpraxis als GmbH, in: DÄBl. 1998, S. A-1148.

[720] OLG Hamm, NJW 1993, S. 801; *Dreher*, Ärztliche Berufsausübung in Gesellschaften in: VersR 1995, S. 245ff nennt diesen Zustand in einer sehr ausführlichen Abhandlung zu diesem Paragraphen eine „unangemessene Benachteiligung" für den Versicherungsnehmer und den Versicherten, da im Bereich der GbR und der Partnerschaftsgesellschaft der Begriff der Niederlassung wesentlich weiter gefaßt wird; *Taupitz*, in: NJW, 1992, S. 2324; *Taupitz*, in: VersR, 1992, S. 1066f. m.w.N. der obergerichtlichen Rechtsprechung; *Meyer/Kreft*, Arzt-GmbH auf dem Prüfstand, in: GmbHR, 1997, S. 196; *Preißler*, Zulassung neuer Kooperationsformen, in: MedR 1995, S. 111.

[721] BGHZ 70, 158, 161; OLG Hamm, in: NJW 1993, S. 801; *Schneider*, Handbuch des Kassenarztrechts, 1994, S. 112 und 345; *Laufs*, Ärzte-GmbH und das Berufsrecht, in: MedR 1995, S. 14; *Taupitz*, Nachfragepotential von Heilbehandlungs-GmbHs, in: VersR 1992, S.

cher Ausübung der ärztlichen Tätigkeit in freier Praxis erteilt wird. Dieses träfe beim Angestelltenverhältnis nicht zu[722]. Einzige Ausnahme bildet die Situation, in der ein Notstand in der Weise vorliegt, daß nicht genügend Ärzte zur Verfügung stehen. Dann ist gem. § 95 Abs. 1 Nr. 1 SGB V eine Ermächtigung zur Zulassung auch von Ärzten in Kapitalgesellschaften möglich[723]. Somit ist die Arzt-GmbH zunächst eher in die Gebiete verdrängt, in denen der Patient sowieso selbst bezahlen müßte, also z.B. in Bereiche der kosmetischen Chirurgie.

5.4.1.3.4 Berufsrechtlicher Regelungsbedarf

Um eine möglichst „freiberuflerverträgliche" GmbH zu schaffen, wurden in die freiberuflichen Berufsrechte, die die GmbH ausdrücklich für zulässig erklären, zusätzliche Vorschriften mit aufgenommen. Diese ergänzenden Regelungen machen insbesondere Einschränkungen hinsichtlich der Gesellschafterzusammensetzung, des Geschäftsführers und dem Halten von Anteilen.

So ist gem. § 49 Abs. 1 i.V.m. § 50 Abs. 1 StBerG Voraussetzung für die Anerkennung einer Steuerberatungs-GmbH, daß Geschäftsführer Steuerberater sind – daneben können gem. § 50 Abs. 2 StBerG auch Rechtsanwälte, Wirtschaftsprüfer, vereidigte Buchprüfer und Steuerbevollmächtigte Geschäftsführer sein[724]. Mindestens ein Steuerberater, der Geschäftsführer ist, muß seine berufliche Niederlassung am Sitz der Gesellschaft oder in dessen Nahbereich haben (§ 50 Abs. 1 Satz 2 StBerG). Gesellschafter einer Steuerberatungs-GmbH dürfen gem. § 50a Abs. 1 Nr. 1 StBerG auch nur Steuerberater, Rechtsanwälte, Wirtschaftsprüfer, vereidigte Buchprüfer oder Steuerbevollmächtigte sein[725]. Zudem müssen diesen Personen die Mehrheit der Stimmrechte zustehen (§ 50a Abs. 1 Nr. 5 StBerG), können nur diese Personen zur Ausübung von Gesellschafterrechten befähigt werden (§ 50a Abs. 1 Nr. 6 StBerG) und dürfen auch nur diesen Personen Anteile an der Kapitalgesellschaft gehören (§ 50a Abs. 1 Nr. 3

1066; kritisch aber *Dreher*, Ärztliche Berufsausübung in Gesellschaften in: VersR 1995, S. 245.

[722] Vgl. *Taupitz*, GmbH als Organisationsform ambulanter heilkundlicher Tätigkeit, in: NJW 1992, S. 2318f; *Meyer/Kreft*, Arzt-GmbH auf dem Prüfstand, in: GmbHR, 1997, S. 196; *Taupitz*, Nachfragepotential von Heilbehandlungs-GmbHs, in: VersR 1992, S. 1064ff.; *Preißler*, Zulassung neuer Kooperationsformen, in: MedR 1995, S. 110; *Laufs*, Ärzte-GmbH und das Berufsrecht, in: MedR 1995, S. 16.

[723] Vgl. *Meurer*, Partnerschaftsgesellschaft 1997, S. 155f. m.w.N.; *Weber/Vogt-Weber*, Arztpraxis als GmbH, in: DÄBl. 1998, S. A-1148.

[724] Eine Ausnahmeregelung enthält § 50 Abs. 3 StBerG – nach Anhörung der Berufskammer kann die für die Finanzverwaltung zuständige oberste Landesbehörde auch andere besonders befähigte Personen als Geschäftsführer genehmigen.

[725] Zusätzlich können Gesellschafter auch die im Rahmen der Ausnahmeregelung des § 50 Abs. 3 StBerG besonders befähigten und genehmigten Personen sein.

StBerG) und diese Anteile auch nicht für Rechnung eines Dritten gehalten werden (§ 50a Abs. 1 Nr. 2 StBerG).

Fast gleichlautende Regelungen in Bezug auf mögliche Wirtschaftsprüfer-GmbHs enthalten die §§ 27f. WPO.

Im Bereich der Anwalts-GmbH vollzieht sich eine ähnliche Entwicklung. Der Bundesrat hat am 10. Juli 1998 dem Gesetzesbeschluß des Bundestags zum „Gesetz zur Änderung der Bundesrechtsanwaltsordnung, der Patentanwaltsordnung und anderer Gesetze“[726] zugestimmt. In diesem Beschluß wird die Anwalts-GmbH für zulässig erklärt, allerdings sind auch hier ergänzende Vorschriften – in den §§ 59 c bis 59m BRAO – vorgesehen. Danach sollen nur aktiv tätige Anwälte an der GmbH beteiligt sein, insbesondere aus dem aktiven Berufsleben ausgeschiedene Rechtsanwälte dürfen nicht als Gesellschafter in der GmbH verbleiben. Die Beteiligung eines Anwaltsnotars an der Anwalts-GmbH soll möglich sein. Ebenso wie bei der Steuerberatungs-GmbH und der Wirtschaftsprüfer-GmbH soll das Halten von Anteilen an der GmbH für einen Dritten ausgeschlossen werden[727].

Es liegt auf der Hand, daß gerade im Bereich der ärztlichen Tätigkeit in der GmbH ebenfalls ein Regelungsbedarf besteht. Die Bundesregierung will hierbei jedoch keine Empfehlungen aussprechen, insbesondere um nicht in die Selbstverwaltung der Ärzteschaft einzugreifen. Sollten Regelungen erlassen werden, so hätten diese in der Bundesärzteordnung zu erfolgen[728]. Bezüglich bereits bestehender „Ärzte-Pflege-GmbHs“ hat die Bundesregierung zudem keine Bedenken, insbesondere nicht hinsichtlich negativer Auswirkungen auf die Volksgesundheit durch Gründung solcher GmbHs oder wettbewerbsrechtlicher Vorteile[729].

Allerdings sollten im Bereich der Ausübung der ärztlichen Tätigkeit im Rahmen einer GmbH, möglicherweise auch mit Beteiligung von Nicht-Ärzten[730] ähnliche Regelungen, wie sie sich im StBerG und in der WPO finden, erlassen werden. So kann es insbesondere nicht angehen, daß die Anteile an einer Ärzte-GmbH ohne Einschränkungen frei veräußerbar sind. Es würde bereits ausreichen, die Ärzte-GmbH in der MBO in die Vorschriften über die Berufsausübungsgemeinschaften von Ärzten sowie die medizinische Kooperationsgemeinschaft mit auf-

[726] Vgl. BR-Drucks. 584/98.
[727] Vgl. *Huff*, Anwalts-GmbH, in: BB 1998, S. 1.
[728] Vgl. BT-Drucks. 13/8315, S. 6f. – Antwort der Bundesregierung auf die Kleine Anfrage [...] zur Sonderstellung der Ärzte-GmbHs innerhalb der Gesundheitsversorgung.
[729] Vgl. BT-Drucks. 13/8315, S. 7.
[730] Dies könnte der Fall sein, wenn die GmbH in den Katalog der MBO hinsichtlich der medizinischen Kooperationsgemeinschaften aufgenommen wird.

zunehmen und als Rechtsform zuzulassen. Die Einschränkungen bezüglich der möglichen Mitglieder, der Wahrung der eigenverantwortlichen und weisungsunabhängigen Berufsausübung sowie die allgemeinen Vorschriften bezüglich des Verbots der Bildung von Zweigniederlassungen oder der Werbung u.a. würden dann direkt auch für die ärztliche Berufsausübung in der Rechtsform der GmbH gelten.

Zusätzlich könnten speziell für die GmbH eindeutige Vorschriften analog zum StBerG, zur WPO oder zur BRAO mit aufgenommen werden, die insbesondere darauf abzielen, daß Geschäftsführer einer Ärzte-GmbH z.B. nur ein Arzt sein kann, daß Gesellschafter ebenfalls nur Ärzte sein können oder solche Personen aus den für die medizinische Kooperationsgemeinschaft zulässigen Berufsgruppen. Insbesondere sollten auch hier Anteile an der Kapitalgesellschaft nur Ärzten oder denen gleichgestellte Personen[731] gehören dürfen und auch nicht für Dritte gehalten werden können. Zudem könnte vorgeschrieben werden, daß nur aktiv am Berufsleben Tätige Gesellschafter der GmbH sein dürfen und sonst – analog zu den Regelungen bezüglich der Anwalts-GmbH – ausscheiden. Dies führt insbesondere dazu, daß bloße Kapitalbeteiligungen vermieden werden, so wie es auch für die Partnerschaftsgesellschaft vorgesehen ist[732]. Die Veräußerbarkeit oder Vererbbarkeit der Anteile an der GmbH könnte von der Zustimmung der anderen Gesellschafter abhängig gemacht werden oder diesen z.B. ein Vorkaufsrecht eingeräumt werden.

Mit einer gesetzlichen Regelung analog zu den Vorschriften des StBerG, der WPO oder der BRAO könnten sicherlich einige Vorbehalte gegen die Ärzte-GmbH ausgeräumt werden. So dürfte, analog zu einem Beschluß des OLG Köln bezüglich einer Rechtsanwalts-GmbH[733], eine Arzt-GmbH jedenfalls dann nicht in das Handelsregister eingetragen werden, wenn die im Gesellschaftsvertrag enthaltenen Regelungen mit dem in der BOÄ und der MBO verankerten Berufsbild einer freien und unabhängigen Ärzteschaft nicht zu vereinbaren sind. Eine Eintragung der Ärzte-GmbH in das Handelsregister müßte demnach insbesondere dann ausscheiden, wenn der Gesellschaftsvertrag keine Regelungen enthält, die eine Beschränkung des Gesellschafterkreises auf Ärzte und die nach § 23a MBO kooperationsfähigen Berufe sicherstellt.

---

[731] Wiederum solche Personen, die auch im Rahmen der medizinischen Kooperationsgemeinschaft zur Kooperation mit Ärzten ausdrücklich zugelassen sind.

[732] Vgl. Kap. 5.3.2.4.2, S. 109.

[733] Vgl. OLG Köln, Beschluß vom 12.5.1997 – 2 WX 57/96; unanfechtbar, in: BB, 53. Jg., 1998, S. 1759f.

5.4.1.4 Steuerrechtliche Aspekte

Analog zu der Aufteilung bei den Personengesellschaften kann auch im Bereich der Kapitalgesellschaften, namentlich im Bereich der GmbH, eine Untergliederung in einen Bestand an GmbH-Gesellschafter-Steuerrechten sowie einen Bestand an Kapitalgesellschafts-Steuerrechten vorgenommen werden. Hinzu tritt noch ein Bestand an GmbH-Geschäftsführer-Steuerrechten. Zudem kann ein Arzt z.B. einfach nur Angestellter der GmbH sein oder freier Mitarbeiter. Bei den einzelnen Steuerarten ist daher eine differenzierte Betrachtung nach unterschiedlichen Fallgruppen notwendig.

5.4.1.4.1 Einkommensteuer

Die GmbH ist juristische Person und nicht natürliche Person. Sie erfüllt nicht den Tatbestand des Einkommensteuersubjekts i.S.v. § 1 Abs. 1 EStG und ist daher nicht einkommensteuerpflichtig.

Beim Arzt - oder jeder anderen natürlichen Person – als Gesellschafter einer GmbH muß man zwischen dem Halten der Beteiligung im Betriebsvermögen und dem Halten der Beteiligung im Privatvermögen unterscheiden.

Hält der Gesellschafter die Anteile im Betriebsvermögen seiner Einzelpraxis[734] z.B., so erzielt er bei Ausschüttung von Gewinnanteilen Einkünfte aus selbständiger Arbeit i.S.v. § 2 Abs. 1 Nr. 3 i.V.m. § 18 Abs. 4 i.V.m. § 15 Abs. 1 Nr. 2 i.V.m. § 20 Abs. 3 EStG[735]. Hält der Gesellschafter die Anteile im Privatvermögen, was der Fall ist, wenn er ausschließlich Gesellschafter ist, so erzielt er bei Ausschüttung von Gewinnanteilen Einkünfte aus Kapitalvermögen i.S.v. § 2 Abs. 1 Nr. 5 i.V.m. § 20 EStG.

Damit die ausgeschütteten Gewinnanteile nicht doppelt besteuert werden (im Rahmen der GmbH-Sphäre mit KSt und im Rahmen der Gesellschaftersphäre noch einmal mit ESt), kommt es zur Anwendung des sogenannten Anrechnungsverfahrens[736]. Im Ergebnis richtet sich die festzusetzende Steuer dann nach dem persönlichen Einkommensteuersatz des Gesellschafters, dem die Ausschüttung

[734] Vorausgesetzt, diese Kombination – Betreiber einer Einzelpraxis und zugleich Gesellschafter einer GmbH – wäre berufsrechtlich zulässig.

[735] Die Tarifbegrenzung für gewerbliche Einkünfte auf 47 % im Rahmen des § 32 c EStG greift nicht, da es sich nicht um gewerbliche Einkünfte handelt.

[736] Vgl. *Scheuffler*, Steuerrechtliche Behandlung der Heilkunde-GmbH, in: MedR 1995, S. 100 mit einem Beispiel zum Anrechnungsverfahren oder *Sommer*, Anwalts-GmbH oder Anwalts-Partnerschaft, in: GmbHR 1995, S. 257 mit der Erläuterung, warum es nicht zu einer Doppelbelastung kommt. Das gleiche gilt im Zusammenhang mit dem Solidaritätszuschlag. Ebenfalls angerechnet wird ggf. auch die Kapitalertragsteuer. Vgl. auch *Kießling/Pelikan/Jäger*, Körperschaftsteuer, 1995, S. 380ff.; *Lange*, Körperschaftsteuer, in: NWB 1992, Fach 4, S. 3877ff.

zukommt[737]. Die von der GmbH gezahlte Körperschaftsteuer wirkt quasi wie eine Einkommensteuervorauszahlung beim Anteilseigner, die er sich auf seine persönliche Steuerschuld anrechnen lassen kann[738]. Entsprechendes gilt für den Solidaritätszuschlag und die Kapitalertragsteuer.

Als Geschäftsführer der GmbH bezieht der Arzt mit seinem Gehalt Einkünfte aus nichtselbständiger Arbeit i.S.v. § 2 Abs. 1 Nr. 3 i.V.m. § 19 EStG. Gleiches gilt für das Gehalt des angestellten Arztes einer GmbH, egal ob er zugleich Gesellschafter der GmbH ist oder nicht.

Einkünfte aus selbständiger Tätigkeit im Zusammenhang mit der GmbH kann der Arzt auch dann erzielen, wenn er als freier Mitarbeiter ärztliche Leistungen für die GmbH erbringt und ihr diese in Rechnung stellt. Er ist dann freiberuflich tätig und erzielt Einkünfte aus selbständiger Arbeit i.S.v. § 2 Abs. 1 Nr. 3 i.V.m. § 18 Abs. 1 EStG.

5.4.1.4.2 Körperschaftsteuer

Die GmbH ist ausdrücklich in der Aufzählung der potentiellen Steuersubjekte erwähnt, sie ist Körperschaftsteuersubjekt. Sie erfüllt in gleichem Maße den Körperschaftsteuergegenstand, denn sie übt eine Erwerbstätigkeit i.S.v. § 8 Abs. 1 KStG i.V.m. § 2 Abs. 1 EStG aus – die GmbH übt dabei gem. § 8 Abs. 2 KStG stets ein Gewerbe aus, auch „wenn es ihrer Tätigkeit an dem einen oder anderen der für ein Gewerbe typischen Merkmale fehlt“[739].

Steuermaßstab ist das Einkommen gem. § 8 Abs. 1 KStG, das sich im Falle der GmbH aus dem Gewinn nach Maßgabe des § 2 Abs. 2 i.V.m. § 4 Abs. 1 EStG, gekürzt um die nach § 9 KStG als eine Art Sonderausgabe abzugsfähigen Beträge, ergibt[740].

Der Steuersatz beträgt 45 % bei Thesaurierung (nicht ausgeschütteten Gewinnen)(§ 23 Abs. 1 KStG), 30 % bei ausgeschütteten Gewinnen (§ 27 Abs. 1 KStG)[741].

5.4.1.4.3 Gewerbesteuer

Das Gewerbesteuergesetz knüpft die Steuersubjektsfähigkeit gem. § 5 Abs. 1 Satz 2 GewStG an das Tatbestandsmerkmal des „jedermann“ („der, für dessen Rechnung [...]“). Die GmbH als juristische Person erfüllt dieses Merkmal. Sie ist Gewerbesteuersubjekt.

---

[737] Vgl. *Dierks/Herkenroth*, Praxis-GmbH, in: Arzt und Wirtschaft 1994, S. 2.
[738] Vgl. *Bayer*, Steuerlehre, 1997, Rdn. 1285.
[739] *Bayer*, Steuerlehre, 1997, Rdn. 547.
[740] Vgl. *Bayer*, Steuerlehre, 1997, Rdn. 1298ff.
[741] Vgl. z.B. *Sommer*, Anwalts-GmbH oder Anwalts-Partnerschaft, in: GmbHR 1995, S. 257; *Bayer*, Grundbegriffe des Steuerrechts, 1992, Bogen 8 unter Steuersatz.

Die GmbH erfüllt auch den Steuergegenstand, denn sie ist Gewerbebetrieb kraft Rechtsform und erzielt damit Einkünfte aus Gewerbebetrieb, unabhängig von dem Inhalt ihrer eigentlichen Tätigkeit (§ 2 Abs. 2 Satz 1 GewStG)[742]. Im Rahmen der Gewinnermittlung, also bei der Ermittlung der Körperschaftsteuerbemessungsgrundlage, ist die GewSt allerdings als Betriebsausgabe abzugsfähig[743].

Der Steuermaßstab ist gem. § 11 Abs. 1 i.V.m. § 14 Abs. 1 GewStG der sich nach dem Gewerbeertrag ergebende Steuermeßbetrag[744].

Ein Steuersatz wird im GewStG nicht ausgewiesen. Stattdessen wird dessen Festsetzung den Gemeinden übertragen, indem diese mit dem Hebesatzrecht des § 16 Abs. 1 GewStG betraut werden[745].

5.4.1.4.4 Umsatzsteuer

Hinsichtlich der Umsatzsteuer ist die Rechtslage nicht ganz eindeutig. Unstreitig erfüllt die GmbH die Voraussetzungen des „jedermann" und ist Umsatzsteuersubjekt. Auch die Frage nach der Erfüllung des Steuergegenstandes ist nicht der Streitpunkt, denn es werden ebenso Dienstleistungen erbracht, wie es auch bei den Personengesellschaften der Fall ist[746].

Die Geister scheiden sich jedoch bei der Frage, ob bei einer juristischen Person auch eine sachliche Steuerbefreiung i.S. von § 4 Nr. 14 UStG vorliegt. So wurde bislang in der Regel die Auffassung vertreten, daß eine Umsatzsteuerbefreiung nicht in Frage käme, da Steuersubjekt die GmbH wäre und diese nun einmal die heilkundlichen Leistungen nicht selbst erbrächte. Sie wäre als eigenständiges Steuersubjekt der Umsatzsteuer nicht freiberuflich tätig i.S.d. EStG[747]. Das Finanzgericht Niedersachsen[748] hat entschieden, daß es bei § 4 Nr. 14 UStG nur darauf ankommt, daß ein Arzt die heilberufliche Tätigkeit ausübt, ungeachtet,

---

742 Vgl. auch *Bayer*, Steuerlehre, 1997, Rdn. 807.

743 Vgl. *Dierks/Herkenroth*, Praxis-GmbH, in: Arzt und Wirtschaft 1994, S. 2; *Bunjes*, Steuer-ABC für Freiberufler, 1990, S. 70f.; *Sommer*, Anwalts-GmbH oder Anwalts-Partnerschaft, in: GmbHR 1995, S. 256; *Scheuffler*, Steuerrechtliche Behandlung der Heilkunde-GmbH, in: MedR 1995, S. 101.

744 Vgl. für den Gewerbeertrag die §§ 7 bis 9 und 11 GewStG. Nach Art. 4 des Gesetzes zur Fortsetzung der Unternehmenssteuerreform vom 29.10.1997 (BGBl. I, S. 2590, 2592) ist die Gewerbekapitalsteuer ab dem Erhebungszeitraum 1998 entfallen. In den neuen Bundesländern wurde sie nie erhoben.

745 Vgl. *Bayer*, Steuerlehre, 1997, Rdn. 1456; für einen Gesamtüberblick auch Rdn. 1405ff.

746 Vgl. Kap. 5.3.1.4.2.3, S. 91 und Kap. 5.3.2.6.1.2.2, S. 142.

747 Vgl. *Scheuffler*, Steuerrechtliche Behandlung der Heilkunde-GmbH, in: MedR 1995, S. 102.

748 FG Niedersachsen vom 29.2.1996; Rev. eingel., Az. BFH: X/R 53/96, EFG, 1996, S. 778.

welches „Rechtskleid“ sich dahinter verbirgt[749]. Einen ähnlich gelagerten Fall hat wiederum das Finanzgericht Niedersachsen[750] in gleicher Weise entschieden, indem es die ärztlichen Leistungen einer juristischen Person (in diesem Fall ein eingetragener Verein), die seine Mitglieder (Ärzte) erbringen, für umsatzsteuerbefreit erklärt hat, mit dem Hinweis, daß es sich bei der Vorschrift des § 4 Nr. 14 UStG um eine tätigkeitsbezogene Steuerbefreiungsnorm handelt.

Zudem könnte möglicherweise der § 4 Nr. 16 UStG greifen, wenn die GmbH zu mindestens 40 % Leistungen an ganz bestimmte Personenkreise erbringen würde und zudem eine Einrichtung „ärztlicher Heilbehandlung, Diagnostik oder Befunderhebung“ darstellte[751]. Die GmbH ist jedoch dann umsatzsteuerpflichtig, wenn sie z.B. den Verkauf von Medikamenten betreibt[752].

Im Ergebnis dürfte in der Regel der Fälle auch bei der Ärzte-GmbH eine sachliche Steuerbefreiung bezüglich der ärztlichen Leistungen, die auf die Heilkunde am Menschen ausgerichtet sind, anzunehmen sein. Der Auffassung des tätigkeitsbezogenen Charakters der Steuerbefreiungsvorschrift des § 4 Nr. 14 UStG ist zu folgen. Mit Urteil vom 4.3.1998[753] hat der BFH diese Auffassung bestätigt: „Die Umsätze einer GmbH aus ambulanter Zahnbehandlung, die der alleinige Gesellschafter und Geschäftsführer als approbierter Zahnarzt ausführt, sind steuerfrei.“ Unerheblich sei dabei auch, daß das Angebot ambulanter zahnärztlicher Behandlung durch ein Unternehmen in der Rechtsform der GmbH bisher nicht üblich gewesen ist.

5.4.1.4.5 Sonstige steuerrechtliche Besonderheiten

Die GmbH ist als juristische Person voll rechtsfähig, insbesondere auch grundbuchfähig. Sie kommt als Steuerschuldnerin für die Grunderwerbsteuer damit in Betracht.

Wie bei den Personengesellschaften auch, sind GmbH-Anteile grundsätzlich vererbbar, es kann daher Erbschaftsteuer erhoben werden[754].

---

[749] Vgl. auch den Hinweis bei *Meyer/Kreft*, Arzt-GmbH auf dem Prüfstand, in: GmbHR, 1997, S. 197.

[750] FG Niedersachsen vom 9.5.1996; Az: V 53/95; Rev. eingel., Az. BFH: R 99/96, DStRE 1997, S. 391.

[751] Vgl. *Dierks/Herkenroth*, Praxis-GmbH, in: Arzt und Wirtschaft 1994, S. 2; *Scheuffler*, Steuerrechtliche Behandlung der Heilkunde-GmbH, in: MedR 1995, S. 102.

[752] Vgl. *Scheuffler*, Steuerrechtliche Behandlung der Heilkunde-GmbH, in: MedR 1995, S. 99. Was aber nichts anderes darstellt, als wenn ein einzeln tätiger Arzt nicht die Heilkunde ausübt sondern z.B. Medizin verkauft und daher auch von der Umsatzsteuerbefreiung diesbezüglich ausgeschlossen wird (vgl. bereits Kap. 5.2.4.2, S. 77).

[753] BFH-Urteil vom 4.3.1998, XI R 53/96, in: DStR 1998, S. 763f.

[754] Vgl. *Sommer*, Anwalts-GmbH oder Anwalts-Partnerschaft, in: GmbHR 1995, S. 257.

Bezüglich der möglicherweise steuerbegünstigten Veräußerung von Anteilen ist bei der GmbH zu differenzieren. Werden die Anteile in einem Betriebsvermögen gehalten, so ist der Veräußerungsgewinn den laufenden Einnahmen zuzurechnen, wenn nur der GmbH-Anteil veräußert wird. Wird jedoch die gesamte Praxis z.B. mitsamt dem Anteil an der GmbH veräußert, so entsteht ein begünstigter Veräußerungsgewinn i.S.v. § 16 i.V.m. § 34 EStG. Bei der Veräußerung eines GmbH-Anteils, der im Privatvermögen gehalten wurde, kommt die Anwendung eines ermäßigten Steuersatzes nur bei Vorliegen bestimmter Beteiligungsverhältnisse in Frage – vgl. zu den Voraussetzungen im einzelnen § 17 EStG.

5.4.1.4.6 Gewinnermittlungsvorschriften und Aufzeichnungspflichten

Alle Gewerbetreibenden, und dazu zählt auch die GmbH als Gewerbebetrieb kraft Rechtsform, die verpflichtet sind, Bücher zu führen und regelmäßig Abschlüsse zu machen, wie z.B. alle Vollkaufleute, oder die dies freiwillig tun, müssen einen Vermögensvergleich nach § 5 Abs. 1 EStG vornehmen[755].

Der wichtigste theoretische Unterschied zum Vermögensvergleich nach § 4 Abs. 1 EStG[756] besteht darin, daß die aufzustellende Bilanz gem. § 5 Abs. 1 EStG ausdrücklich die handelsrechtlichen Grundsätze ordnungsmäßiger Buchführung (GoB) zu erfüllen hat[757]. Da in erster Linie die handelsrechtlichen Regeln und die in der Handelsbilanz getroffenen Entscheidungen berücksichtigt werden und nur in Abweichungsfällen[758] steuerliche Vorschriften angewandt werden (vgl. z.B. § 5 Abs. 3 und 4 EStG), bezeichnet man die Reinvermögensaufstellung nach § 5 Abs. 1 EStG als derivative oder abgeleitete Steuerbilanz[759]. Ebenso entnehmen kann man den Gewinn aus der, neben der Bilanz, zum Jahresab-

---

[755] Kritik an dieser Form der Gewinnermittlung z.B. bei *Schneider*, Rechnungswesen, 1994, S. 43, 133, 150-237.

[756] Vgl. bereits Kap. 5.2.3.1, S. 69.

[757] Das HGB verpflichtet den Kaufmann zur Buchführung gemäß §§ 238ff. HGB sowie zur Inventarisierung gem. §§ 240ff. HGB. Des weiteren hat ein Kaufmann gem. § 242 Abs. 1 HGB einen Jahresabschluß, bestehend aus Bilanz und Gewinn- und Verlustrechnung (GuV) zu erstellen

[758] Zu Maßgeblichkeitsgrundsätzen, vgl. z.B. *Streim*, Grundzüge der handels- und steuerrechtlichen Bilanzierung, 1988, S. 160ff.

[759] Vgl. *Kloock*, Betriebliches Rechnungswesen, 1997, S. 148f.; *Rose*, Die Ertragsteuern, 1997, S. 57f. Zu den wesentlichen Unterschieden zwischen Handelsbilanz und Steuerbilanz vgl. *Streim*, Grundzüge der handels- und steuerrechtlichen Bilanzierung, 1988, S. 164f.

schluß[760] gehörenden Gewinn- und Verlustrechnung (GuV), sofern Ertrags- und Aufwandsposten den steuerlichen Anforderungen entsprechen[761].

Im Ergebnis sind zwischen dem Betriebsvermögensvergleich nach § 4 Abs. 1 und dem nach § 5 Abs. 1 EStG jedoch praktische und rechtliche Unterschiede kaum feststellbar. Bei beiden Gewinnermittlungsarten liegen Bilanzen mit mindestens einfacher Buchführung zugrunde, die beide auf den handelsrechtlichen GoB basieren und steuerrechtliche Spezialvorschriften berücksichtigen[762].

Ebenso wie bei der Gewinnermittlung nach § 4 Abs. 1 EStG bestehen bei der nach § 5 Abs. 1 EStG bestimmte Ansatz- und Bewertungswahlrechte[763].

Der Arzt in seiner Eigenschaft als Geschäftsführer der GmbH ist gem. § 41 Abs. 1 GmbHG gesellschaftsrechtlich sowie steuerrechtlich ebenso gem. § 140 AO i.V.m. §§ 238ff. HGB und § 41 Abs. 1 GmbHG verpflichtet, für die ordnungsgemäße Buchführung der Gesellschaft zu sorgen. Der Arzt als Geschäftsführer der GmbH gibt damit das ansonsten für ihn geltende Privileg der Ausnahme von jeglichen Buchführungsvorschriften auf. Aufgrund dieser Verpflichtung, Bücher zu führen, kann nicht mehr das Wahlrecht ausgeübt werden, den Gewinn nach § 4 Abs. 3 EStG zu ermitteln, sondern es besteht über § 5 Abs. 1 EStG[764] die Pflicht zur Bilanzierung unter Berücksichtigung der handelsrechtlichen GoB. Die GmbH muß also zunächst nach §§ 264ff. i.V.m. § 142 HBG einen Handelsbilanzgewinn ermitteln und dann, aus diesem abgeleitet, einen Steuerbilanzgewinn. Zusätzlich besteht, dies folgt aus der Eigenschaft der Kapitalgesellschaft, für die Vertreter die Pflicht, einen Lagebericht i.S. von § 264 HGB zu erstellen[765].

Einhergehend mit der Rechtsform ergeben sich Publizitätspflichten. Es besteht die Verpflichtung zur Offenlegung der wirtschaftlichen Verhältnisse[766], insbe-

---

760 Der Begriff des Jahresabschlusses ist dem Handelsrecht immanent (§ 242 Abs. 3 HGB). Das Steuerrecht kennt diesen Begriff nicht; dort ist lediglich von der (Steuer-)Bilanz die Rede.

761 Steuerrechtlich ist die Aufstellung einer GuV nicht vorgeschrieben – diese ist nur beizufügen, wenn Bücher geführt werden, die den Grundsätzen der doppelten Buchführung entsprechen (§ 60 Abs. 1 EStDV).

762 Vgl. *Blümich*, EStG, zu § 5 Rdn. 61.

763 Vgl. bereits Kap. 5.2.3.1, S. 69.

764 Zu den Unterschieden vgl. bereits Kap. 5.2.3.1, S. 69.

765 Vgl. *Bayer/Imberger*, Rechtsformen freiberuflicher Tätigkeit, in: DZWiR 1993, S. 317.

766 Kritisch zur Publizität für Unternehmen, die nicht – aufgrund ihrer Größe – von volkswirtschaftlicher oder regionaler Bedeutung sind: *Streim/Klaus*, Rechnungslegung, Prüfung und Publizität der GmbH & Co. KG, in: BB 1994, S. 1116.

sondere durch Hinterlegung des Jahresabschlusses beim Handelsregister[767]. Generalnorm bildet hier der § 264 Abs. 2 Satz 1 HGB, nach dem der Jahresabschluß von Kapitalgesellschaften „unter Beachtung der Grundsätze ordnungsmäßiger Buchführung ein den tatsächlichen Verhältnissen entsprechendes Bild der Vermögens-, Finanz- und Ertragslage der Kapitalgesellschaft vermitteln" soll[768]. Für große und mittelgroße Gesellschaften ist zusätzlich eine Abschlußprüfung vorgeschrieben[769].

Dafür tun sich aber gegebenenfalls steuerliche Gestaltungsmöglichkeiten, wie z.B. die Gewährung von Pensionszusagen[770], die steuerliche Anerkennung von Gesellschafterdarlehen in den Grenzen des § 8a KStG[771], eine geschickte Ausschüttungspolitik oder die Mitfinanzierung der Sozialversicherung, auch im Rahmen des Abzugs der Geschäftsführergehälter als Betriebsausgaben, auf, die z.B. im Rahmen der Personengesellschaften nicht ausgeübt werden können[772].

5.4.1.5 Zusammenfassung

Die GmbH als juristische Person ist selbständiges Rechtssubjekt sowohl im Zivil- als auch im Steuerrecht.

Kraft Rechtsform besteht eine Haftungsbeschränkung für Schulden der Gesellschaft in Höhe des Stammkapitals von mindestens 50.000,00 DM.

---

767 Vgl. *Sommer*, Anwalts-GmbH oder Anwalts-Partnerschaft, in: GmbHR 1995, S. 255; *Scheuffler*, Steuerrechtliche Behandlung der Heilkunde-GmbH, in: MedR 1995, S. 103.

768 Zur kritischen Durchleuchtung dieses Gebots vgl. *Streim*, Generalnorm des § 264 Abs. 2 HGB, in: FS Moxter, 1994, S. 393ff., der zu dem Ergebnis kommt, daß dieses Gebot aufgrund der informationsunfreundlichen Gewinnermittlungsregeln nicht zu erfüllen ist. Das eigentliche Informationsinstrument, um ein den tatsächlichen Verhältnissen entsprechendes Bild von der wirtschaftlichen Lage der Gesellschaft zu vermitteln, sei der Lagebericht – vgl. *Streim*, Zum Stellenwert des Lageberichts„ 1995, S. 707ff. und 721. *Weber-Grellet*, Reform des Bilanzsteuerrechts, in: DStR 1998, S. 1343ff., sieht eine große Reformbedürftigkeit des Bilanzsteuerrechts und kommt zu dem Ergebnis, daß „der Königsweg zur Reform des Bilanzsteuerrechts [...] aber seine Abschaffung und die Einführung der Überschußrechnung als alleinige Gewinnermittlungsart [ist]." (S. 1349).

769 Vgl. z.B. *Naegele/Jürgensen*, Zusammenschlüsse von Freiberuflern, 1995, S. 96f.; *Kübler*, Gesellschaftsrecht, 1994, S. 234; *Stehle*, Freiberufler-GmbH, in: DStR 1983, S. 103. Die Prüfungspflicht ist an das Überschreiten bestimmter Größenkriterien gebunden, die sich nach Bilanzsumme, Umsatzerlösen und Anzahl der beschäftigen Arbeitnehmer richten.

770 Allerdings werde hier mittlerweile versucht, die sich ergebenden Steuervorteile einzudämmen (vgl. *Haas*, Neue Gesellschaftsform, in: BRAK-Mitt. 1994, S. 1.

771 Vgl. auch *Castan*, Partnerschaftsgesellschaft, 1997, S. 215.

772 Vgl. *Meyer/Kreft*, Arzt-GmbH auf dem Prüfstand, in: GmbHR, 1997, S. 197, die aber auch Grenzen aufzeigen; *Scheuffler*, Steuerrechtliche Behandlung der Heilkunde-GmbH, in: MedR 1995, S. 100ff. (auch z.B. das Schütt-Aus-Hol-Zurück-Verfahren). Allerdings müßte man aufpassen, daß man nicht in den Bereich der verdeckten Gewinnausschüttungen gerät (vgl. *Scheuffler*, Steuerrechtliche Behandlung der Heilkunde-GmbH, in: MedR 1995, S. 102).

Berufsrechtlich hat spätestens das „Zahnärzte-Urteil“ die Rechtsform der GmbH auch für den ärztlichen Bereich für generell zulässig erklärt. Allerdings ergeben sich bei der Ausübung der ärztlichen Tätigkeit in einer GmbH abrechnungstechnisch Probleme und trotz des Urteils genau gegenteilige Reaktionen der Ärztekammern sowie ein sehr diffuses Meinungsbild, ob diese Rechtsform überhaupt vereinbar sei mit der Person des Arztes. Es sollten ähnlich zu den Vorschriften im StBerG und in der WPO spezielle Regelungen zur Ärzte-GmbH entwickelt werden, die insbesondere Klarheit bezüglich der Zusammensetzung der Gesellschafter sowie der Veräußerbarkeit von Anteilen schaffen.

Die Ängste, die hauptsächlich gesehen werden, sind die einer Haftungsbeschränkung bei Ärzten. Wie jedoch in Kap. 5.4.1.2, S. 158 ausgeführt, wird gerade bei Behandlungsfehlern die deliktische Haftung des behandelnden Arztes parallel greifen, für die es keine Haftungsbeschränkungsmöglichkeit gibt.

Steuerrechtlich schuldet die GmbH Körperschaftsteuer und Gewerbesteuer kraft Rechtsform. Im Bereich der Umsatzsteuer scheint sich die Tendenz zur Anwendung der sachlichen Steuerbefreiung des § 4 Nr. 14 UStG auch für die GmbH abzuzeichnen.

Einkommensteuerpflichtig ist die GmbH nicht, wohl aber die Ärzte in ihrer Eigenschaft als Gesellschafter, als Geschäftsführer, als Angestellte oder als freie Mitarbeiter der GmbH. Im Rahmen der Gewinnausschüttung kommt das Anrechnungsverfahren zur Anwendung mit dem Resultat einer Vermeidung der Doppelbesteuerung des Gewinns mit Körperschaftsteuer und Einkommensteuer.

5.4.2 Die Aktiengesellschaft (AG)[773]

Es mag erstaunen, warum im Zusammenhang von Ärztekooperationen auch die AG Erwähnung findet, ist sie doch die typische Organisationsform für börsennotierte Großunternehmen. Grundsätzlich jedoch kann die AG, ähnlich wie die GmbH, zu jedem gesetzlich zulässigen Zweck gegründet werden, theoretisch also auch als eine Ärzte-AG. Solche Gründungen sind jedoch bisher aufgrund der komplizierten Organisationsstruktur und der sehr strengen Formerfordernisse unterblieben.

Durch das am 10.08.1994 in Kraft getretene Gesetz für kleine Aktiengesellschaften[774] besteht die Möglichkeit der Gründung sogenannter „Kleiner AGs“, die zum einen auch als Einpersonengründungen zulässig sind und die zum an-

[773] Vgl. hierzu die kurzen Überblicke bei *Dierks/Herkenroth*, Praxis-GmbH, in: Arzt und Wirtschaft 1994, S. 3; *Nentwig/Bonvie/Hennings*, Partnerschaftsgesellschaftsgesetz, 1995, S. 27f. sowie *Burhoff*, Die kleine Aktiengesellschaft, in: NWB 1997, Fach 18, S. 3527ff.

[774] Gesetz für kleine Aktiengesellschaften und zur Deregulierung des Aktienrechts vom 2.8.1994, in: BGBl. I, 1994, S. 1961.

deren erhebliche Vereinfachungen hinsichtlich der Organisationsstruktur und Formerfordernissen erfahren haben; so z.B. formlos herbeizuführende Beschlußfähigkeit, Befreiung von der Mitbestimmung der Arbeitnehmer, mehr Freiheiten bei der Gewinnverwendung, wenn nicht börsennotiert.

Theoretisch denkbar wäre somit eine in ihren Formen und Strukturen gegenüber der „eigentlichen AG" vereinfachte „kleine Aktiengesellschaft" als mögliche Gesellschaftsform für Ärzte, Zahnärzte und Tierärzte.

Allerdings gelten für die AG als juristische Person dieselben berufsrechtlichen Bedenken, die bereits für die GmbH aufgezeigt wurden. Auch die AG fällt als juristische Person unter die Verbote einiger Landesberufsordnungen[775]; ebenso dürften sich dieselben Probleme bezüglich der Einbindung der AG in das Kassenarztrecht und die Versicherungsbedingungen der privaten Krankenversicherungen ergeben wie bei der GmbH[776].

Sollte eine Öffnung seitens der Krankenkassen stattfinden, so ist wohl eher damit zu rechnen, daß Ärzte eine GmbH und nicht eine AG gründen. Die Ärzte-AG stellt wohl eher den absoluten Ausnahmefall dar. Nichtsdestotrotz bestünde auch hier ein berufsrechtlicher Regelungsbedarf ähnlich wie bei der GmbH, insbesondere hinsichtlich der Frage, wer Aktionär einer Ärzte-AG werden darf[777].

5.5 Exkurs: Gestaltungsvarianten

Eine Arztpraxis kann nicht nur unter dem Mäntelchen einer bestimmten gewählten Rechtsform betrieben werden, sondern es besteht prinzipiell auch die Möglichkeit der Ausgliederung einzelner Teile des Betriebes in eine andere Gesellschaft.

Denkbar ist so z.B. die Aufspaltung einer Arztpraxis in eine Kapitalgesellschaft als Besitzgesellschaft und eine Partnerschaftsgesellschaft als Berufsausübungsgesellschaft[778]. Die Besitzgesellschaft, vielfach – im Falle einer GmbH – auch als „Kosten-GmbH" bezeichnet[779], verpachtet z.B. Räume oder Apparate oder überläßt Personal an die Betriebsgesellschaft, die dann hauptsächlich nur noch die reine ärztliche Tätigkeit erbringt[780]. Gegen eine solche Kosten-GmbH spre-

[775] Vgl. bereits Kap. 5.4.1.3.2, S. 160.

[776] Vgl. Kap. 5.4.1.3.3, S. 163.

[777] Vgl. Kap. 5.4.1.3.4, S. 164.

[778] Diese Möglichkeit ist z.B. auch ausdrücklich in der amtlichen Begründung zum endgültigen Gesetzentwurf erwähnt. Vgl. BT-Drucks. 12/6152, S. 8.

[779] Vgl. z.B. *Dierks/Herkenroth*, Praxis-GmbH, in: Arzt und Wirtschaft 1994, S. 2; *Meyer/Kreft*, Arzt-GmbH auf dem Prüfstand, in: GmbHR, 1997, S. 2; Beilage zum Seminar „Professionelle Praxisführung" (vgl. Fußnote 178), S. 17.

[780] Vgl. z.B. *Cramer*, Steuerliche Behandlung der Heilkunde-GmbH, in: MedR 1995, S. 104; *Meyer/Kreft*, Arzt-GmbH auf dem Prüfstand, in: GmbHR, 1997, S. 198ff. Diese unterschei-

chen auch keine berufsrechtlichen Regelungen. Eine Kosten-GmbH ist lediglich eine Verwaltungsgesellschaft, der das Praxisvermögen gehört, das an die Ärzte vermietet wird. Es ist eine rein rechtliche Gestaltungsvariante, die zumeist aus steuerlichen Gründen gewählt wird; es handelt sich nicht um eine ärztliche Kooperationsform[781].

Allerdings muß im Rahmen einer Betriebsaufspaltung stets an die Gefahr der Umqualifizierung – möglicherweise sämtlicher Einkünfte - in gewerbliche Einkünfte gesehen werden[782].

Noch weiter geht die Idee der „integrativen Gesundheitszentren"[783], in denen sämtliche Leistungen unter einem Dach angeboten werden sollen – ähnlich wie es im kommerziellen Bereich bereits bei den großen Einkaufszentren geschieht. Ziel ist so eine stärker formalisierte Zusammenarbeit verschiedener Ärzte, aber auch unter Einbeziehung nicht-ärztlicher Bereiche des Gesundheitswesens, z.B. unter dem Dach einer juristischen Person. Resultieren soll auf diesem Wege eine effizientere und effektivere Gesundheitsvorsorge. Es könnten sich für den einzelnen Arzt Standortvorteile durch indirekte Werbung ergeben[784]. Grundsätzlich müßte auch hier allerdings immer die allgemeine professionelle Unabhängigkeit des Arztes gewahrt bleiben und die klare Trennung der Verantwortungsbereiche stets nachvollziehbar sein[785].

Prinzipiell möglich und zulässig – unter Einhaltung der Berufsrechte – sind diese Gestaltungsvarianten. Allerdings tut sich ein anderes Problem auf: Die Leistungen, die die Besitzgesellschaft (oder das „Gesundheitszentrum") an die

den noch weiter in „GmbH statt Einzelpraxis" ; „GmbH neben Einzelpraxis"; „GmbH und Einzelpraxis" sowie „mehrere freie Arztpraxen in einer GmbH" und zeigen Unterschiede auf. In letzterem weisen sie auf die ggf. bestehende Möglichkeit der steuerlich begünstigten Veräußerung einer unwesentlichen Beteiligung hin.

[781] Vgl. *Pütz-Reuter/Zdarta/Zellmann*, Ärztliche Kooperationen, 1998, S. 21.

[782] BFH-Urteil vom 13.11.1997 – IV R 67/96, in: DStR, 36. Jg., 1998, S. 200-203: Ärztegemeinschaft erzielt durch Überlassung von Wirtschaftsgütern an eine Betriebskapitalgesellschaft insgesamt gewerbliche Einkünfte. Vgl. zur Betriebsaufspaltung auch *Höhmann*, Voraussetzungen einer Betriebsverpachtung im ganzen, in: DStR 1998, S. 62; zum Urteil auch *Bordewin*, Gewerbliche Einkünfte der Besitzpersonengesellschaft, in: NWB 1998, Fach 3, S. 10449f. Vgl. auch bereits Kap. 2.3.4.2, S. 33.

[783] Ähnlich zu den ehemaligen Polikliniken zu DDR-Zeiten. Vgl. *Taupitz*, Integrative Gesundheitszentren, in: MedR 1993, S. 367ff.

[784] So wäre es denkbar, daß sich z.B. Fitneßcenter, Sportartikelvertreiber, Apotheken oder Sanitätshäuser über den im gleichen Hause befindlichen Orthopäden lobend äußern. Vgl. *Taupitz*, Integrative Gesundheitszentren, in: MedR 1993, S. 367.

[785] Auf weitere Probleme hinsichtlich des Niederlassungserfordernisses, Honorarzahlungen oder Konkurrenzschutzklauseln geht *Taupitz*, Integrative Gesundheitszentren, in: MedR 1993, S. 367ff. in seinem Beitrag ein.

Betriebsgesellschaft erbringt, also z.B. das Überlassen von Räumlichkeiten und Personal, sind umsatzsteuerpflichtige Tatbestände. Die Besitzgesellschaft muß diese Leistungen der Umsatzsteuer unterwerfen. Die Betriebsgesellschaft kann jedoch, wegen der Umsatzsteuerfreiheit der von ihr erzielten Honorare gem. § 4 Nr. 14 UStG[786], die in Rechnung gestellte Umsatzsteuer nicht als Vorsteuer geltend machen[787]. Dieser Umstand kann ggf. zu nicht unerheblichen Mehrbelastungen führen, die jeweils auf den Einzelfall bezogen zu prüfen und gegen mögliche Standortvorteile o.ä. abzuwägen wären.

[786] Vgl. auch bereits Kap. 5.3.1.4.2.3, S. 91 und 5.3.2.6.1.2.2, S. 142.

[787] Vgl. *Cramer*, Steuerliche Behandlung der Heilkunde-GmbH, in: MedR 1995, S. 104; *Taupitz*, Integrative Gesundheitszentren, in: MedR 1993, S. 367; *Meyer/Kreft*, Arzt-GmbH auf dem Prüfstand, in: GmbHR, 1997, S. 199. Letztere sehen Umgehungsmöglichkeiten durch Gründung einer umsatzsteuerlichen Organschaft. Die berufsrechtliche Akzeptanz dieser Organschaft sei jedoch fraglich.

6 Kritische Würdigung der Partnerschaftsgesellschaft im Vergleich zu den anderen Rechtsformen

6.1 Partnerschaftsgesellschaft – Einzelpraxis

Die Entscheidung, ob die Ausübung der ärztlichen Tätigkeit in einer Einzelpraxis oder der Partnerschaftsgesellschaft durchgeführt werden soll, hängt zunächst einmal – ganz unabhängig von irgendwelchen gesellschaftsrechtlichen, steuerrechtlichen oder berufsrechtlichen Fragen – davon ab, ob der einzelne Arzt überhaupt kooperationsfähig und insbesondere –willig ist. Ist dies nicht der Fall, so steht dem Arzt als einzige Ausübungsform nur die Einzelpraxis zur Verfügung.

6.1.1 Gesellschaftsrechtliche, insbesondere haftungsrechtliche Aspekte

Bei der Einzelpraxis haftet der einzelne Arzt grundsätzlich persönlich und unbeschränkt mit seinem gesamten Vermögen.

Bei der Partnerschaftsgesellschaft soll durch die Regelung des § 8 Abs. 2 PartGG eben diese Situation auch resultieren. Die grundsätzlich gesamtschuldnerische und personengesellschaftstypische Haftung aller Gesellschafter wird mittels der Möglichkeit der Haftungskonzentration durch eine Haftung nur des jeweils Handelnden ersetzt. Ziel sind letzten Endes gleiche „berufsrechtliche" Wettbewerbsbedingungen zwischen der Einzelpraxis und einer Berufsausübungsgemeinschaft – warum sollten Patienten haftungsrechtlich in einer Kooperation mehrerer besser gestellt werden als sie es in der Einzelpraxis sind?[788] Diesem Wunsch scheint die Partnerschaftsgesellschaft momentan allerdings noch nicht gerecht zu werden, da sich die wirksame Haftungskonzentration als schwer durchführbar erweist und insofern dann doch eine gesamtschuldnerische Haftung aller oder zumindest mehrerer Gesellschafter resultiert[789]. Diesen Mangel hat der Gesetzgeber zwischenzeitlich behoben[790].

Allerdings haftet grundsätzlich auch die Partnerschaft mit ihrem Gesamthandsvermögen – und dies beinhaltet nicht nur das des handelnden Partners. Eggesiecker schlägt daher vor, nicht von einer Haftungskonzentration, sondern von einer „Nichtverantwortlichenfreistellung"[791] zu sprechen.

Haftungsfreizeichnungen können sowohl bei der Einzelpraxis als auch bei der Partnerschaftsgesellschaft einzelvertraglich vereinbart werden, allerdings gelten

[788] Vgl. z.B. auch *Eggesiecker*, Partnerschaftsgesellschaft, 1998, Fach D, 8.404 und 8.408.

[789] Es wird z.T. sogar die Meinung vertreten, diese Haftungsbeschränkung käme ausschließlich den Vertragspartnern zugute (vgl. *Lenz*, Partnerschaft, in: MDR 1994, S. 745; *Sotiropoulos*, Haftung der Partner und Haftungsbeschränkungswege, in: ZIP 1995, S. 1886).

[790] Vgl. bei der Haftungskonzentration Fußnote 561, S. 127.

[791] *Eggesiecker*, Partnerschaftsgesellschaft, 1998, Fach C, 8.416.

diese – gerade bei Ärzte – in der Regel als unzulässig, da sie als sittenwidrig oder berufsrechtswidrig empfunden werden.

6.1.2 Berufsrechtliche Aspekte

Vom Berufsrecht der Ärzte her stehen sowohl der Einzelpraxis als auch der Partnerschaftsgesellschaft mit ihren verschiedenen Ausprägungsformen[792] keine Bedenken entgegen. Im Rahmen der §§ 23, 23a und 23b MBO, die den § 1 Abs. 2 PartGG einschränken, sind verschiedene Zusammenschlüsse zwischen Ärzten und anderen Berufsgruppen möglich.

Auch abrechnungstechnisch ergeben sich bei der Partnerschaftsgesellschaft keine Schwierigkeiten. Der Arzt in dieser Gesellschaft erfüllt – wie in der Einzelpraxis – die Voraussetzungen, die im Rahmen des Kassenarztrechts und der privaten Krankenversicherungen gestellt werden. Dies zumindest dann, wenn ein entsprechend weit gefaßter Begriff der „Zulassung“ und „Niederlassung in eigener Praxis“ gewählt wird[793].

Die Einzelpraxis paßt in das historisch gewachsene Bild des Arztes als eines Menschen mit einer besonderen Persönlichkeit und Vertrauensposition, fast schon das eines Übermenschen („Halbgötter in Weiß“), der alles weiß und nicht auf die Hilfe anderer angewiesen ist. Zudem ergänzt sie das Berufsethos des frei Schaffenden. Sie ist Urform des ärztlichen Tuns.

Die Partnerschaftsgesellschaft paßt jedoch auch gut in dieses Bild, da sie in ihrer gesamten Ausgestaltung nicht anders wirkt als die mittlerweile ebenfalls allseits bekannte, akzeptierte und faßt schon traditionelle Gemeinschaftspraxis in der Form der GbR.

6.1.3 Steuerrechtliche Aspekte

Bei der Ausübung der ärztlichen Tätigkeit in der Einzelpraxis und in der Partnerschaftsgesellschaft fallen grundsätzlich die gleichen Steuerarten an und diese bei letzterer im Regelfall auch immer beim einzelnen Partner. Bei beiden Betätigungsformen besteht grundsätzlich ein Wahlrecht, die Gewinnermittlung durch einfache Einnahmen-Überschuß-Rechnung oder durch Betriebsvermögensvergleich durchzuführen[794].

Bei beiden Ausprägungsformen kann unter bestimmten Bedingungen[795] Gewerbesteuer- oder Umsatzsteuerpflicht entstehen. Einziger Unterschied ist, daß

---

[792] Vgl. Kap. 5.3.2.5.2, S. 131.

[793] Vgl. Kap. 5.3.2.5.4, S. 139, wo auch für Partnerschaftsgesellschaften einer weiten Auslegung gefolgt wird.

[794] Zu einer Grobunterscheidung vgl. Kap. 5.2.3, S. 68.

[795] Vgl. Kap. 2.3, S. 26 sowie Kap. 5.2.4.2, S. 77 und 2.3.4, S. 30.

Steuerschuldner bei diesen beiden Steuerarten die Partnerschaftsgesellschaft selbst ist, im Falle der Einzelpraxis der Arzt.

Dies ändert aber nichts an der Tatsache, daß „unter dem Strich“ – bei gleichen Verhältnissen – sowohl bei der Einzelpraxis als auch bei der Partnerschaftsgesellschaft die gleichen Steuerarten anfallen und Steueransprüche in gleicher Höhe entstehen würden. Es gibt keine besonderen Vergünstigungsvorschriften für die eine oder die andere Form der ärztlichen Betätigung.

6.1.4 Zwischenergebnis

Die Frage, ob die Ausübung der ärztlichen Tätigkeit in der Form der Einzelpraxis oder der Partnerschaftsgesellschaft vorzuziehen ist, läßt sich nicht aufgrund gesellschaftsrechtlicher, berufsrechtlicher, oder steuerrechtlicher Aspekte beantworten. Hier treten keine nennenswerten Abweichungen auf.

Einzig entscheidend sind in diesem Fall die allgemeinen Kriterien, die für oder gegen eine kooperative Berufsausübung sprechen könnten. Es muß hier also zunächst einmal abgewogen werden zwischen den möglichen Vorteilen und den möglichen Nachteilen der Gruppenpraxis allgemein. Hierbei sei insbesondere noch einmal auf die bereits in Kap. 4.1, S. 51 aufgeführten Vorteile hingewiesen. Abzuwägen ist insbesondere zwischen einer möglichen Kostensenkung, kollegialem Gedankenaustausch sowie flexibler Zeiteinteilung einerseits und Abstrichen in der Eigenverantwortung, einem höheren Organisationsaufwand sowie Schwierigkeiten bei der geeigneten Partnerwahl andererseits.

Danach erst macht eine Überlegung Sinn, mit welchen anderen rechtlichen Konsequenzen gerade bei der Entscheidung für die Partnerschaftsgesellschaft zu rechnen ist und ob sich diesbezüglich Unterschiede bei anderen Kooperationsformen ergeben.

6.2 Partnerschaftsgesellschaft – GbR

6.2.1 Gesellschaftsrechtliche Aspekte

Sowohl die Partnerschaftsgesellschaft als auch die GbR sind Personengesellschaften. Für beide ist das Vorliegen einer Gesamthand sowie die grundsätzliche gesamtschuldnerische Haftung aller Gesellschafter typisch.

Abgesehen von einzelvertraglichen Abreden kann in der GbR unter Umständen die Haftung einseitig durch eine Beschränkung der Vertretungsmacht des Geschäftsführers bewirkt werden. In der Partnerschaftsgesellschaft ist dies nicht möglich, was jedoch keinen sonderlichen Nachteil darstellt, da dieses Institut allgemein sehr umstritten und insbesondere bei den Ärzten kaum durchsetzbar ist[796].

Die Möglichkeit der Haftungskonzentration in der Partnerschaftsgesellschaft ist dieser nicht exklusiv vorbehalten. Auch im Rahmen der GbR ist dies möglich – durch einzelvertragliche Absprachen. Solange diese Haftung nicht im PartGG gesetzlich fixiert wird, kann hier nicht von einer Haftungserleichterung oder -besserstellung gesprochen werden. Die kürzlich vorgenommene Erhebung der Haftungskonzentration zum gesetzlichen Regelfall bei der Partnerschaftsgesellschaft[797] könnte möglicherweise eine breitere Akzeptanz der Partnerschaftsgesellschaft schaffen.

Bezüglich der Haftung neu eintretender Partner wird die Haftungslage im Rahmen der Partnerschaftsgesellschaft im Vergleich zur GbR verschärft[798]. Dies könnte jedoch positiv im Hinblick auf den Gläubigerschutz gesehen werden.

Grundsätzlich ist die Gründung einer Partnerschaftsgesellschaft mit mehr Aufwand verbunden als die einer GbR. Der Partnerschaftsvertrag bedarf der Schriftform, außerdem ist die Partnerschaftsgesellschaft im Partnerschaftsregister einzutragen, was auch mit zusätzlichen Kosten verbunden ist. Allerdings wird dadurch ein Namensschutz gewährleistet. Hinzu kommt die schon oft erwähnte Rechtsfähigkeit, insbesondere Grundbuch-, Partei-, Wechsel- und Konkursfähigkeit, an der es bei der GbR mangelt und bei ihr dadurch letzten Endes lediglich ein sehr loser Verband entsteht, der Rechtsunsicherheiten birgt[799].

6.2.2 Berufsrechtliche Aspekte

Die GbR unterscheidet traditionell die Berufsausübung in der Gemeinschaftspraxis und in der Praxisgemeinschaft[800]. Im Zuge der Einführung des PartGG wur-

[796] Vgl. Kap. 3.4, S. 46. *Arnold*, Tragweite des § 8 Abs. 2 PartGG, in: BB 1996, S. 604, sieht hier allerdings eindeutige Vorteile bzgl. der Haftungssituation der GbR und zieht sie der Partnerschaftsgesellschaft aus eben diesen Gründen vor. Dagegen aber *Meilicke/ Westphalen/Hoffmann/Lenz*, Partnerschaftsgesellschaftsgesetz, 1995, zu § 1, Rdn. 4 m.w.N.: Die Diskussion über diese „ [...] Haftungsproblematik (etwaige Beschränkung in der BGB-Gesellschaft) wird immer intensiver und kontroverser geführt, ohne daß die durch die Rechtsprechung fortentwickelte gesetzliche Rechtslage eine der Rechtssicherheit zugängliche, für die Praxis brauchbare Rechtsgrundlage bilden würde. Die bestehende Rechtsunsicherheit belastet [...]. Von ihrer Struktur her – dies läßt sich nur schwer leugnen – ist die BGB-Gesellschaft eben nicht auf moderne Dienstleistungs-Gesellschaften zugeschnitten."

[797] Vgl. bereits den Hinweis in Fußnote 561, S. 127.

[798] Vgl. Kap. 5.3.2.4.4.3.2, S. 120.

[799] Ähnlich auch *Münchener Kommentar* – Ulmer, BGB 1997, vor § 1 PartGG, Rdn. 9, der die Vorteile der Partnerschaftsgesellschaft insbesondere in der größeren Bestandskraft und Rechtssicherheit sieht.

[800] Vgl. Kap. 4.2, S. 59.

den interprofessionelle Zusammenschlüsse auch bei Ärzten zugelassen. Dies sog. Medizinische Kooperationsgemeinschaft ist sowohl in der Form der GbR als auch in der Form der Partnerschaftsgesellschaft möglich[801]. Einzige Bedingung bei der GbR ist ein schriftlicher Kooperationsvertrag. Allerdings soll es trotzdem vorkommen, daß bei interprofessionellen Zusammenschlüssen die GbR von den Ärztekammern nicht akzeptiert wird, sondern der Zusammenschluß nur in der Form einer Partnerschaftsgesellschaft zugelassen wird[802].

Die Form der reinen Kooperation von Ärzten ähnlich zu der Gemeinschaftspraxis bei der GbR ist auch in der Partnerschaftsgesellschaft möglich, als sogenannte Ärztepartnerschaft[803].

Die Nichtbehandlungspartnerschaft stellt ebenfalls keine Exklusivregelung für diese Rechtsform dar. Auch vorher schon haben sich Ärzte mit Nichtmedizinern z.B. in der Rechtsform der GbR zusammengeschlossen. Diese Vorschrift nimmt eigentlich nur ggf. bestehende Rechtsunsicherheiten weg.

In der abrechnungstechnischen Behandlung mit den Kassenärztlichen Vereinigungen und den privaten Krankenkassen ist die Partnerschaftsgesellschaft der GbR gleichgestellt. Die Frage nach abrechnungstechnischen Besonderheiten im Rahmen der Medizinischen Kooperationsgemeinschaft[804] stellt sich für die eine wie für die andere Rechtsform.

6.2.3 Steuerrechtliche Aspekte

Steuerrechtlich erfahren die GbR und die Partnerschaftsgesellschaft die gleiche Behandlung. Alles andere wäre auch höchst erstaunlich, handelt es sich doch bei beiden um freiberufliche Personengesellschaften, die auch gesellschaftsrechtlich und berufsrechtlich fast identisch sind. Aus diesem Grunde wäre auch die Folgerung, die Partnerschaftsgesellschaft müßte wegen ihrer verfestigteren Struktur steuerrechtlich wie eine juristische Person behandelt werden, nicht richtig.

Der Gewinn wird bei beiden Gesellschaften gesondert und einheitlich festgestellt. In ihrer Eigenschaft als freiberufliche Personengesellschaft besteht für beide das Wahlrecht, den Gewinn im Rahmen der Einnahmen-Überschuß-Rechnung oder durch Betriebsvermögensvergleich zu ermitteln. Je nach Lage der Dinge besteht bei beiden Gesellschaftsformen Gewerbe-, Umsatz- oder Grunderwerbsteuerpflicht. Auf keinen Fall fällt jedoch Körperschaftsteuer an[805].

[801] Vgl. Kap. 5.3.2.5.2.2, S. 133.
[802] Vgl. Auswertungen im Kap. 7.2.1, S. 206.
[803] Vgl. Kap. 5.3.2.5.2.1, S. 132.
[804] Vgl. Kap. 5.3.2.5.4, S. 139.
[805] Vgl. Kap. 5.3.1.4, S. 89 und Kap. 5.3.2.6, S. 140.

Die einzelnen Partner bzw. Gesellschafter sind insbesondere zur Entrichtung von Einkommensteuer verpflichtet.

6.2.4 Zwischenergebnis

Im direkten Vergleich zwischen Partnerschaftsgesellschaft und GbR sind lediglich gesellschaftsrechtlich Unterschiede festzustellen – einerseits betreffend die Haftungslage, andererseits betreffend die Rechtsfähigkeit.

Die Rechtsform der GbR nur wegen der Möglichkeit einer einseitigen Haftungsbeschränkungsmöglichkeit zu wählen, wäre, abgesehen von den widerstreitenden Theorien, insbesondere im Falle der Ärzte verfehlt. Zum einen ist die Akzeptanz einer GbRmbH äußerst fraglich, zum anderen kann die Beschränkung der Haftung aus fehlerhafter Berufsausübung damit nicht erreicht werden.

Die Rechtsform der Partnerschaftsgesellschaft nur wegen der Möglichkeit einer Haftungskonzentration zu wählen, erscheint bisher auch nicht sinnvoll, da sich in ihrer praktischen Ausgestaltung wohl eher als unpraktikabel erwiesen hat[806]. In Hinblick auf die Einführung einer mittlerweile gesetzlich fixierten Haftungskonzentration auf den oder die jeweils Handelnden, könnten sich hier in Zukunft Vorteile ergeben[807].

In puncto Rechtsfähigkeit und verfestigterer Struktur weist die Partnerschaftsgesellschaft gegenüber der GbR eindeutig Stärken auf. Es sollte jedoch von Einzelfall zu Einzelfall abgewogen werden, ob z.B. Grundbuchfähigkeit und mehr Namenssicherheit eine so wichtige Rolle spielen, daß dafür ein höherer Gründungsaufwand und damit verbundene Kosten in Kauf genommen werden sollen, zumal der GbR in letzter Zeit verstärkt ein „Mehr“ an Rechtsfähigkeit zugesprochen wird, mit BGH-Urteil vom 15.7.1997 z.B. die generelle Scheckfähigkeit[808]. Gerade in reinen Ärztekooperationen von nur zwei Ärzten stellt sich die Frage, ob nicht ein „lockerer“ Zusammenschluß in der Rechtsform der GbR ausreicht. Bei größeren Zusammenschlüssen mag dies schon wieder anders aussehen.

Beide Gesellschaftsformen passen (mittlerweile) zum herkömmlichen Arztbild. Sie tragen – wie jede Kooperationsform – zur Kostensenkung bei und können beide die in Kapitel 4.1, S. 51 aufgezählten Vorzüge gegenüber der Einzelpraxis erfüllen. Sollten sich die Beobachtungen in der Praxis jedoch bestätigen, daß die GbR als Medizinische Kooperationsgemeinschaft von den Ärztekammern nicht

---

[806] So zumindest die Kritik in der Literatur. Zur praktischen Ausgestaltung der Haftungskonzentration bei den Ärzten vgl. Kap. 7.3, S. 211 im Rahmen der empirischen Untersuchung.

[807] Vgl. hierzu bereits Fußnote 561, S. 127.

[808] BGH-Urteil vom 15.7.1997, XI ZR 154/96, DStR 1997, S. 1501ff.: „Eine GbR ist scheckfähig.“

akzeptiert wird, so empfiehlt sich aus berufsrechtlichen Gründen eben doch die Gründung oder die Umwandlung in eine Partnerschaft.

6.3 Partnerschaftsgesellschaft – GmbH

6.3.1 Gesellschaftsrechtliche Aspekte

Die Partnerschaftsgesellschaft ist eine Personengesellschaft, während die GmbH eine Kapitalgesellschaft ist und damit juristische Person und – kraft Rechtsform – Gewerbebetrieb.

Partner der Partnerschaftsgesellschaft können nur natürliche Personen sein, während Gesellschafter einer GmbH grundsätzlich auch andere juristische Personen oder auch Personengesellschaften sein können.

Bezüglich des Gründungsaufwandes ist bei der GmbH ein höherer zu verzeichnen als bei der Partnerschaftsgesellschaft. Allerdings spricht ggf. für die GmbH, daß sich diese von einem Arzt allein gründen ließe, die Partnerschaftsgesellschaft dagegen grundsätzlich mindestens zwei Freiberufler voraussetzt, die Partner werden.

Charakteristisch für die Rechtsform der GmbH ist die grundsätzliche Beschränkung der Haftung auf das Gesellschaftsvermögen[809]. Nicht zuletzt aus diesem Grunde werden entsprechend höhere Publizitätspflichten und strengere Anforderungen an die Buchführung gelegt[810]. Der Eintrag ins Handelsregister hat damit gewichtigere Folgen als der in das Partnerschaftsregister.

Die Möglichkeit der Haftungsbeschränkung auf das Gesellschaftsvermögen läuft bei Ärzten jedoch im Falle der deliktischen Haftung ins Leere, da hierfür der jeweils verantwortliche Arzt, oder allgemein der verantwortliche Gesellschafter, zusätzlich persönlich in Anspruch genommen werden kann. Einzelvertraglichen Abreden, so z.B. auch einer Haftungskonzentration ähnlich zu der der Partnerschaftsgesellschaft, steht grundsätzlich nichts entgegen. Zu beachten ist hier wie dort jedoch auch wieder das Gebot der „Nicht-Sittenwidrigkeit".

6.3.2 Berufsrechtliche Aspekte

Als Haupthinderungsgrund für die Durchsetzung der GmbH in der ärztlichen Praxis dürfte zum einen das sehr schlechte Renommée dieser Gesellschaftsform sowohl bei Ärzten als auch bei Patienten sein und zum anderen die bisherige Haltung der Krankenkassen, ärztliche Leistungen einer GmbH nicht zu erstatten. Es dürfte allerdings fraglich sein, wie lange dieser Zustand noch anhält, denn nachdem die Zahnärzte-GmbH vom BGH für zulässig erklärt wurde, erscheint

---

[809] Allerdings verlangen Banken oft zusätzliche Sicherheiten, wie z.B. die persönliche Haftung der Gesellschafter, so daß GmbHs z.T. wirklich interessant sind nur in Fällen der Produkthaftung.

[810] Vgl. Kap. 5.4.1.4.6, S. 171.

es ungerechtfertigt, eine Ärzte-GmbH dadurch auszuschalten, daß die Landesärztekammern mit Verboten und die Kassen mit Nichterstattung reagieren[811].

Der Partnerschaftsgesellschaft wird allgemein zwar noch mit Zurückhaltung begegnet, es stehen ihr aber keine berufsrechtlichen Schranken entgegen. Dafür spricht auch die Aufnahme der Partnerschaftsgesellschaft als mögliche Kooperationsform zwischen Ärzten in die MBO und die Tatsache, daß die Partnerschaftsgesellschaft auch auf Veranstaltungen der Kassenärztlichen Vereinigungen z.B. als neue und zulässige Gesellschaftsform Erwähnung findet. Bei der GmbH ist das Gegenteil der Fall.

6.3.3 Steuerrechtliche Aspekte

Die Partnerschaftsgesellschaft ist freiberufliche Personengesellschaft. Aufgrund dieser Tatsache besteht insbesondere keine Pflicht zur Führung von Büchern und auch keine Pflicht zum Betriebsvermögensvergleich nach § 4 Abs. 1 EStG.

Die GmbH als Kapitalgesellschaft und Gewerbebetrieb kraft Rechtsform ist dagegen grundsätzlich zur Führung von Büchern und zur Bilanzierung gem. § 5 Abs. 1 i.V.m. § 4 Abs. 1 EStG verpflichtet. Diese strengeren Anforderungen an die Rechnungslegung können eine nicht unerhebliche organisatorische und kostenmäßige Mehrbelastung darstellen durch einen entsprechend höheren Verwaltungsaufwand[812].

Ebenfalls eine Mehrbelastung entsteht durch die grundsätzliche Gewerbesteuerpflicht der GmbH[813]. Diesen steuerlichen Mehrbelastungen gegenüber der Partnerschaftsgesellschaft (und damit genauso natürlich auch gegenüber der GbR oder der Einzelpraxis) stehen ggf. Begünstigungen und steuerliche Gestaltungsmöglichkeiten entgegen, wie z.B. allein schon die Tatsache, daß es der GmbH gestattet ist, die Tätigkeitsvergütungen, die sie ihren Geschäftsführern gewährt, als Betriebsausgabe im Rahmen der steuerlichen Gewinnermittlung abzuziehen sowie eine steuerwirksame Altersversorgung vorzunehmen[814]. Dies ist bei der Partnerschaftsgesellschaft, analog zur GbR, nicht möglich[815].

---

[811] Vgl. Kap. 5.4.1.3.3, S. 163.

[812] Vgl. z.B. *Bösert/Braun/Jochem*, Partnerschaftsgesellschaft, 1996, S. 32; *Scheuffler*, Steuerrechtliche Behandlung der Heilkunde-GmbH, in: MedR 1995, S. 103.

[813] Vergleich Kap. 5.4.1.4.3, S. 168.

[814] Vgl. *Scheuffler*, Steuerrechtliche Behandlung der Heilkunde-GmbH, in: MedR 1995, S. 103. Bei den Personengesellschaften werden die Geschäftsführergehälter wie vorab ausbezahlte Gewinnanteile behandelt (vgl. *Castan*, Partnerschaftsgesellschaft, 1997, S. 152f.).

[815] Unterschiede können sich auch in der Belastung mit Erbschaftsteuer ergeben, da sich hier ggf. Differenzierungen in der Bewertung der Gesellschaftsanteile ergeben. Vgl. *Castan*, Partnerschaftsgesellschaft, 1997, S. 193.

Die Vorteilhaftigkeit in steuerlicher Hinsicht kann nicht pauschal festgestellt werden. Vielmehr müßte hier konkret am Einzelfall[816] entschieden werden, ggf. mit Hilfe eines sog. Steuerbelastungsvergleiches[817]. So kommt Castan[818] in seinen Vergleichsrechnungen sowohl bei Vollausschüttung der Gewinne als auch bei Gewinnthesaurierung zu einer geringeren Steuerbelastung bei der GmbH als bei der Partnerschaftsgesellschaft. In seinem gewählten Beispiel liegt dies in erster Linie an der gewinnmindernden Anerkennung von Miet- und Zinszahlungen an die Gesellschafter sowie von Pensionsrückstellungen[819] bei der GmbH. Ohne schuldrechtliche Verträge zwischen den Gesellschaftern und der Gesellschaft und ohne Pensionsrückstellungen weist die GmbH eine höhere Gesamtsteuerbelastung auf als die Partnerschaft. Zu ähnlichen Ergebnissen kommen auch Gail/Overlack[820], die dies im wesentlichen auf die Pensionsrückstellungen zurückführen und auch auf die damit zusammenhängenden Zins- und Liquiditätsvorteile hinweisen. Cramer[821] kommt in seinem Steuerbelastungsvergleich, bei Unterstellung einer seiner Ansicht nach durchschnittlichen Arztpraxis, zu einer nur geringfügig höheren Gesamtsteuerbelastung bei der GmbH als bei einer (in seinem Fall) Gemeinschaftspraxis, die ja steuerrechtlich gleichzusetzen ist mit der Partnerschaftsgesellschaft.

6.3.4 Zwischenergebnis

Ein Vorteil der GmbH liegt zunächst einmal in der Tatsache, daß hier Ein-Personen-Gründungen zulässig sind, wohingegen der Zusammenschluß in einer Partnerschaftsgesellschaft immer mindestens zwei Personen erfordert. Allerdings können im Falle der Ein-Mann-GmbH auch nicht die Vorteile einer Kooperation ausgeschöpft werden, wie z.B. Kostenersparnisse durch gemeinschaftliche Nutzung von Ressourcen.

Eine wirksame Beschränkung der Haftung, insbesondere für Fehler aus der ärztlichen Berufsausübung, ist auch im Rahmen der GmbH, wegen der stets parallel greifenden deliktischen Anspruchsgrundlage gegenüber dem Arzt selber, nicht

---

816 Vgl. auch *Meyer/Kreft*, Arzt-GmbH auf dem Prüfstand, in: GmbHR, 1997, S. 197; *Scheuffler*, Steuerrechtliche Behandlung der Heilkunde-GmbH, in: MedR 1995, S. 103; *Dierks/Herkenroth*, Praxis-GmbH, in: Arzt und Wirtschaft 1994, S. 2f.

817 Vgl. z.B. die verschiedenen Steuerbelastungsvergleiche bei: *Dierks/Herkenroth*, Praxis-GmbH, in: Arzt und Wirtschaft 1994, S. 2; *Cramer*, Steuerliche Behandlung der Heilkunde-GmbH, in: MedR 1995, S. 104f.; *Gail/Overlack*, Anwaltsgesellschaften, 1996, S. 179ff.; *Castan*, Partnerschaftsgesellschaft, 1997, S. 194f. So ergibt sich auch hier nie eine generelle Vorteilhaftigkeit einer Gesellschaftsform.

818 Vgl. *Castan*, Partnerschaftsgesellschaft, 1997, S. 194ff.

819 Der Vorteil von Pensionsrückstellungen kehrt sich teilweise jedoch wieder um bei Auflösung der Rückstellungen, vgl. *Castan*, Partnerschaftsgesellschaft, 1997, S. 210.

820 Vgl. *Gail/Overlack*, Anwaltsgesellschaften, 1996, S. 179.

821 Vgl. *Cramer*, Steuerliche Behandlung der Heilkunde-GmbH, in: MedR 1995, S. 104f.

möglich. Einzelvertragliche Abreden, wie z.B. eine Haftungskonzentration ähnlich der der Partnerschaftsgesellschaft sind sicherlich möglich.

In steuerrechtlicher Hinsicht kann kein klares Übergewicht der Vorteile oder der Nachteile der GmbH oder der Partnerschaftsgesellschaft ausgemacht werden – die Vorteilhaftigkeit einer der beiden Rechtsformen kann immer nur direkt am Einzelfall festgestellt werden.

Berufsrechtlich wird an der traditionellen Auffassung festgehalten, daß die GmbH nicht mit der besonderen Vertrauensstellung und dem Berufsbild des Arztes vereinbar ist[822]. Wo möglich, werden ihr daher Hürden entgegengebracht, die im Rahmen der Partnerschaftsgesellschaft nicht aufgebaut wurden und die die GmbH eher in Randgebiete der ärztlichen Betätigung[823] verdrängen. Dies erscheint, gerade nach dem Zahnärzte-Urteil nicht gerechtfertigt, und es ist fraglich, ob die Verbote der Heilkunde-GmbH in diversen Landesberufsordnungen für Ärzte dem Verfassungsgrundsatz der Verhältnismäßigkeit im Rahmen der Einschränkung des Grundrechts der Berufsfreiheit genügen[824]:

„In Expertenkreisen gilt es als sicher, daß die Verbote in den Kammergesetzen durch eine Normenkontrolle angreifbar sind.“[825].

6.4 Ergebnis

„Die Partnerschaftsgesellschaft ist nicht vollkommen, aber gegenüber der GbR als der bisher vornehmlich zur Verfügung stehenden Gesellschaftsform das, was sie sein soll: eine Alternative.“[826]

Im Ergebnis kann festgehalten werden, daß die Partnerschaftsgesellschaft nicht alle Erwartungen erfüllt hat, die in sie gesetzt wurden. Insbesondere das „Kernstück“ des § 8 Abs. 2 PartGG, die Haftungskonzentration, wird vielfach als unpraktikabel und letzten Endes nicht als das, was sich viele vorgestellt haben, kritisiert. Nach wie vor bleibt die persönliche unbeschränkte Haftung des (handelnden) Arztes im Rahmen der fehlerhaften Berufsausübung bestehen – dies

[822] So nennt Taupitz insbesondere folgende Gegensätze: Haftungsbeschränkung contra volle und persönliche Eigenverantwortung; Angestelltenstatus contra Weisungsfreiheit; Anonymität der juristischen Person contra personal-vertrauensvolle Beziehung zum Patienten; offen gewerbliches Auftreten contra altruistische Motivation der Berufsausübung; gewerbliche Freiheit contra standesrechtliche Bindung (Vgl. *Taupitz*, Berufsrisiko des Arztes, in: MedR 1995, S. 477).

[823] So z.B. in die Bereiche der kosmetischen Chirurgie (vgl. Kapitel 5.4.1.3.3, S. 163)

[824] Vgl. *Taupitz*, Zulässigkeit von Freiberufler-GmbHs, in: JZ 1994, S. 1102.

[825] *Dierks/Herkenroth*, Praxis-GmbH, in: Arzt und Wirtschaft 1994, S. 4.

[826] *Meurer*, Partnerschaftsgesellschaft 1997, S. 171.

läßt sich auch nicht durch Gründung einer GmbH umgehen[827]. Allerdings kann (und muß) ein Arzt sein Risiko ja durch den Abschluß einer Berufshaftpflichtversicherung minimieren. Hierdurch wird gerade auch das Risiko der Gesamtschuldnerhaftung begrenzt[828]. Die gesamtschuldnerische Haftung kann somit eigentlich nicht gegen den Zusammenschluß in einer GbR oder Partnerschaftsgesellschaft sprechen. Bezüglich der Höhe der Versicherungsbeiträge spielt die Wahl der Rechtsform keine Rolle – diese bleibt davon unberührt[829]. Versicherungstechnisch ist es somit egal, welche Zusammenschlußform gewählt wird. Die Tarife bleiben gleich.

Für Ärzte, die bisher in einer GbR organisiert waren, lohnt es in aller Regel wohl nicht, eine Umwandlung in eine Partnerschaftsgesellschaft vorzunehmen, denn es entstehen zusätzliche Kosten durch den Eintrag in das Partnerschaftsregister und die vorher sich ergebenden Anwalts- und Notarkosten. Zudem darf nicht vergessen werden, daß die GbR aufgrund ihrer einfachen Struktur sehr flexibel zu handhaben ist, z.B. bei Vertragsänderungen[830].

Für sich neu zusammenschließende Ärzte wäre es eine Überlegung wert, ob man sich nicht vielleicht lieber in einer Partnerschaftsgesellschaft als in einer GbR zusammenschließt. Die Partnerschaft weist letzten Endes eine wesentlich verfestigtere Struktur auf als die GbR[831]. Durch die Neugestaltung der ehemals vertraglich zu vereinbarenden Haftungskonzentration in eine gesetzlich verankerte[832] könnten sich ebenfalls Vorteile ergeben. Steuerrechtlich besteht kein Unterschied, obwohl bereits der Wunsch geäußert wurde, die Möglichkeit zur Bildung auch von steuerlich wirksamen Rücklagen zuzulassen[833], was die Partnerschaftsgesellschaft attraktiver machen würde.

Nicht zu verachten ist folgender Aspekt: Durch die Schaffung des PartGG und die dadurch neu angeregten Diskussionen in den einzelnen Berufszweigen sind

---

[827] Im Rahmen anderer Verbindlichkeiten, so z.B. bei der Aufnahme von Darlehen für größere Investitionen, verlangen die Banken oft persönliche Sicherheiten, die das Prinzip der Haftungsbegrenzung der GmbH umgehen. So auch *Weber/Vogt*-Weber, in: DÄBl. 1998, S. A-1146 in Bezug auf die Anschaffung teuren Praxisinventars und medizinischer Geräte – Lieferanten werden hier in der Regel nicht auf zusätzliche Sicherheiten aus dem Privatvermögen der Gesellschafter-Ärzte verzichten.

[828] Dem folgend *Ehmann*, Praxisgemeinschaft/Gemeinschaftspraxis, in: MedR 1994, S. 146.

[829] Nachweis bei *Meyer/Kreft*, Arzt-GmbH auf dem Prüfstand, in: GmbHR, 1997, S. 195.

[830] So auch *Castan*, Partnerschaftsgesellschaft, 1997, S. 221.

[831] Vgl. *Castan*, Partnerschaftsgesellschaft, 1997, S. 235: „Angesichts der Tatsache, daß der Theorienstreit über die Rechtsnatur der GbR noch nicht beendet ist, kommt der Partnerschaft zumindest der Vorteil der größeren Rechtssicherheit zu."

[832] Vgl. bereits Fußnote 561, S. 127.

[833] So zumindest *Stuber*, Partnerschaftsgesellschaftsgesetz unter besonderer Berücksichtigung der Belange der Anwaltschaft, in: Wirtschaftsrechtliche Beratung, 1994, S. 705.

letztendlich die einzelnen Berufsrechte, das Berufsrecht der Ärzte und Zahnärzte hier im besonderen, gelockert und neue Kooperationsformen überhaupt zugelassen worden. Man braucht hierfür zwar nicht unbedingt eine neue Rechtsform[834], aber ohne die Schaffung der Partnerschaftsgesellschaft hätte es zumindest noch wesentlich länger gedauert, bis eine entsprechende Reform des Berufsrechts stattgefunden hätte. So könnte man etwas provozierend sagen: der Zweck heiligt die Mittel[835].

Ganz negativ sind die Stimmen in der Literatur auch nicht. Sie sind weit gestreut und reichen von gänzlicher Ablehnung[836] über Enttäuschung bis hin zu der Annahme, daß die Partnerschaftsgesellschaft die GbR, zumindest für die Freien Berufe, bald vollständig ablösen wird[837]. So wird auch positiv angemerkt, daß die Partnerschaftsgesellschaft durchaus moderner und insgesamt geeigneter erscheint als die GbR[838]. Zudem ist durch die höhere organisationsrechtliche Verselbständigung eine erleichterte Teilnahme am allgemeinen Rechtsverkehr geschaffen, so daß man zumindest zu dem Ergebnis kommen kann, daß die Partnerschaftsgesellschaft im Vergleich zur GbR auf keinen Fall eine Schlechterstellung darstellt.

Unverständlich ist nach wie vor die strenge und harte Linie, die im Rahmen der GmbH berufsrechtlich verfolgt wird. Die Rechtsform der GmbH erweist sich

---

[834] Denn auch die interprofessionelle Kooperation von Ärzten und anderen Heilberufen ist auch in der GbR möglich und zulässig – auch wenn einige Autoren kritisch dazu Stellung beziehen (vgl. *Nentwig/Bonvie/Hennings*, Partnerschaftsgesellschaftsgesetz, 1995, S. 45f.) und, wie in Kapitel 7, S. 197 deutlich werden wird, auch in der Praxis Barrieren entgegenstehen.

[835] Ähnlich positiv bezüglich der Öffnung des Berufsrechts: *Schirmer*, Berufsrechtliche und kassenarztrechtliche Fragen - Teil 2, in: MedR 1995, S. 383; *Bösert/Braun/Jochem*, Partnerschaftsgesellschaft, 1996, S. 52 und 111. Zu dieser Entwicklung sehr kritisch *Sotiropoulos*, Haftung der Partner und Haftungsbeschränkungswege, in: ZIP 1995, S. 1886: „Statt auf der Ebene des Gesellschaftsrechts zu experimentieren, hätte der Gesetzgeber den einfachsten Weg einschlagen sollen. Der ist die generelle berufsrechtliche Zulassung der freiberuflich tätigen GmbH“. Kritisch auch *Schmidt*, Gesellschaftsrecht, 1997, S. 1875ff., der das PartGG als „ein Produkt kurzsichtiger rechtspolitischer Begehrlichkeiten“ bezeichnet und zu dem Schluß kommt, daß „die Furcht der Freiberuflerverbände, mit gewerbesteuerpflichtigen Unternehmern in einen Topf geworfen zu werden, Einfluß auf das System des Gesellschaftsrechts genommen“ hat.

[836] Vgl. *Falkenhausen*, Brauchen die Rechtsanwälte ein Partnerschaftsgesetz, in: AnwBl. 1993, S. 480.

[837] Vgl. *Weyand*, Partnerschaftsgesellschaften als neue Organisationsform, in: INF 1995, S. 27. Einen Überblick über das gesamte Meinungsspektrum bzgl. der Partnerschaftsgesellschaft gibt *Meurer*, Partnerschaftsgesellschaft 1997, S. 164ff.

[838] Sie wurde sogar als „idealer Unternehmensträger“ für die Freien Berufe bezeichnet (vgl. *Leutheusser-Schnarrenberger*, Wichtiger Tag für die freien Berufe, in: Anwbl. 1994, S. 334).

dadurch im Augenblick noch als Außenseiter unter den Ärztekooperationen und ist aufgrund dieser Strenge auch noch keinem Arzt zu empfehlen, der im Rahmen der kassenärztlichen Versorgung teilnehmen möchte oder grundsätzlich erstattungsfähige Leistungen an privat Versicherte erbringen will. Das Kassenarztrecht und die privaten Krankenkassen lassen für die GmbH bislang keinen eigenen Abrechnungsanspruch zu[839]. Dies dürfte allerdings nur noch eine reine Zeitfrage sein. Nicht zu unterschätzen bleibt das nach wie vor schlechte Renommee der GmbH, das sich sicherlich nur langsam abbauen wird[840].

Insgesamt sollte man sich jedoch vor Augen halten, daß die fachliche Qualifikation und die Qualität der ärztlichen Leistung letzten Endes nicht mit der Rechtsform steht und fällt, sondern allein abhängig ist von der Person des Arztes – dieser ist der allein Handelnde; ob er zugleich Gesellschafter oder Geschäftsführer oder sogar Gesellschaftergeschäftsführer einer GmbH oder Partner einer Partnerschaftsgesellschaft ist, ist dabei wohl eher von untergeordneter Bedeutung[841]. Bis sich diese Ansicht jedoch auch bei potentiellen Patienten oder der Ärzteschaft selber durchsetzt, wird wohl noch einige Zeit vergehen. Die Skepsis ist nach wie vor groß.

Daß Ärzte ihr Berufsrisiko in irgendeiner Form beschränken möchten, ist verständlich – und es dürfte grundsätzlich wohl davon auszugehen sein, daß ein Arzt seine Haftung nicht beschränken möchte, um ein risikofreudigeres Verhalten an den Tag legen zu können, sondern um sich selbst (und seine Familie) abzusichern. Ein Behandlungsrisiko ist nun einmal gegeben und wenn Versiche-

---

[839] Man müßte eigentlich eine einheitliche Linie verfolgen. Zulassung und Approbation sind „subjektive Staatsverleihungen" (*Schirmer*, Berufsrechtliche und kassenarztrechtliche Fragen - Teil 1, in: MedR 1995, S. 342). Sie wären damit ganz streng genommen auf gar keine Gesellschaft übertragbar, also weder auf GbR und Partnerschaftsgesellschaft noch auf die GmbH.

[840] Vgl. zum Argwohn z.B. *Bösert/Braun/Jochem*, Partnerschaftsgesellschaft, 1996, S. 36f.; *Stuber*, Partnerschaftsgesellschaftsgesetz unter besonderer Berücksichtigung der Belange der Anwaltschaft, in: Wirtschaftsrechtliche Beratung 1994, S. 22; *Eggesiecker*, Partnerschaftsgesellschaft, 1998, Fach E Arzt, 2.040, der von einer „Gesellschaft mit beschränkter Hochachtung" spricht.

[841] Zustimmend *Damm*, Gesellschaftsrecht der Freien Berufe, in: FS Brandner, 1996, S. 55; *Ahrens*, Praxisgemeinschaften in Ärztehäusern, in:, MedR 1992, S. 143; *Taupitz*, GmbH als Organisationsform ambulanter heilkundlicher Tätigkeit, in: NJW 1992, S. 2323; ähnlich auch bereits BGH 1978: es komme nicht darauf an, „in welchem Rechtsverhältnis und in welcher wirtschaftlichen Form" der Arzt seinen Beruf ausübe (NJW 1978, S. 591; *Ahrens*, Praxisgemeinschaften in Ärztehäusern, in: MedR 1992, S. 143). Sehr treffend auch bei *Taupitz*, Berufsrisiko des Arztes, in: MedR 1995, S. 482 m.w.N.: „Es liegt deshalb auch in der Hand jedes einzelnen Arztes, durch Aufbau und Erhalt eines wirklichen Vertrauensverhältnisses zum Patienten, das sich gerade auch im Konfliktfall bewährt, dazu beizutragen, die Medizin wieder zu „entrechtlichen", ohne damit sich oder die Patienten zu „entrechten"".

rungsprämien immer teurer werden, ist dieser Wunsch einer anderweitigen Risikobegrenzung nachvollziehbar. Davon abgesehen sind bisher auch noch keine Statistiken veröffentlicht worden, daß z.B. in Steuerberatungs-GmbHs schlechtere Beratung stattfindet als beispielsweise in entsprechenden GbRs.

„Dem niedergelassenen Arzt Altruismus zuzubilligen, den man dem Arzt in der GmbH abspricht, kann nicht überzeugen."[842]

Im Vergleich zu anderen Ländern nimmt Deutschland eine Art Mittelposition ein: Bezüglich der Haftung wird fast überall eine gleich strenge Linie verfolgt. Hinsichtlich der Zusammenarbeit mit anderen Heilhilfsberufen ist Deutschland schon relativ fortschrittlich, denn es gibt auch noch einige Länder, in denen Ärztekooperationen absolut unzulässig sind. Weiterhin steht fast durchweg die persönliche und weisungsfreie Berufsausübung der Ärzte an hoher Stelle.

6.5 Auswirkungen auf die Zielpräferenzen des Arztes

Der Arzt, der nun aufgrund der in Kap. 5.1, S. 65 aufgeführten betriebswirtschaftlichen Zielvariablen eine Entscheidung für eine Rechtsform treffen will, sieht sich folgenden Alternativen gegenüber:

Folgen der Rechtsformwahl hinsichtlich der Art der Berufsausübung sowie der Geschäftsführung und Vertretung: Die gesellschaftsrechtlichen Bestimmungen über die Geschäftsführung und auch über die Vertretung stehen weder nach den Regelungen für die GbR und die Partnerschaftsgesellschaft noch nach dem Recht der GmbH der unabhängigen und selbständigen Berufsausübung der Ärzte entgegen. Gesellschaftsrechtlich bestehen bei der GmbH zwar weite Gestaltungsspielräume hinsichtlich der Gesellschafter- und auch der Geschäftsführerzusammensetzung. Hier wären jedoch berufsrechtlich Schranken in der Weise gesetzt, daß das Berufsrecht der Ärzte die selbständige und unabhängige Berufsausübung des Arztes stets vorschreibt. Dies kann nur heißen, daß die Geschäfte des Arztes gerade auch nur von Ärzten geführt werden dürfen. Im weiteren heißt das, daß Gesellschafter und Geschäftsführer einer Ärzte-GmbH entsprechend auch nur Ärzte sein dürfen[843]. Wo also gesellschaftsrechtlich Möglichkeiten der

[842] *Seuffer*, Berufsrisiko des Arztes, in: MedR 1996, S. 367. Dagegen aber *Castan*, Partnerschaftsgesellschaft, 1997, S. 232: „Diese Skepsis resultiert aus der Annahme, daß ein persönlich haftender Freiberufler in seiner Berufsausübung gewissenhafter vorgeht als ein nicht Haftender. Gerade wenn in Fällen fehlerhafter Berufsausübung schwerwiegende finanzielle oder gesundheitliche Folgen zu befürchten sind, wird ein potentieller Mandant/Patient einen Freiberufler bevorzugen, der persönlich haftet. Darüber hinaus befand auch der BGH, daß schon die bloße Vornahme einer Haftungsbeschränkung geeignet ist, das Vertrauen des Mandanten zu beeinträchtigen. Daher können Freiberuflerzusammenschlüsse in der Rechtsform der GbR ohne Haftungsbeschränkung das beste Image für sich beanspruchen."

[843] Vgl. zum berufsrechtlichen Regelungsbedarf auch möglicher interprofessioneller Ärzte-GmbHs bereits Kap. 5.4.1.3.4, S. 164.

Einschränkung der Berufsausübung gewesen wären, verlangt das Berufsrecht bestimmte Voraussetzungen, die Abhängigkeiten vermeiden[844].

Gleiches gilt im Falle der Vertretung. Der gesetzliche Regelfall ist im Falle der GbR der Grundsatz der Gemeinschaftlichkeit. Im Falle der Partnerschaftsgesellschaft sind die Mitglieder einzelvertretungsberechtigt. Per Vertrag kann auch Gesamtvertretung oder die Vertretung durch einzelne Personen vorgesehen werden. Der Ausschluß der Vertretungsmacht einzelner erstreckt sich aber gerade nicht auf den Bereich der Betriebsausübung. Im Falle der GmbH ist zwar grundsätzlich das Einschalten eines Prokuristen möglich, allerdings ist auch hier alles nur insoweit möglich, wie die freie Berufsausübung davon nicht betroffen ist.

Entstehung von rechtsformspezifischen Aufwendungen, etwa Gründungskosten oder rechtsformbedingte Steuern: Bezüglich der Steuern kann bereits auf die oberen Abschnitte verwiesen werden. Die GbR und die Partnerschaftsgesellschaft stehen in der steuerrechtlichen Behandlung gleich da, bei der GmbH fällt zusätzlich Gewerbeertragsteuer an[845]. Des weiteren kann aufgrund der Gewinnermittlung durch den Betriebsvermögensvergleich ein höherer buchungstechnischer Aufwand anfallen.

Bei der Partnerschaftsgesellschaft und der GmbH ist die Schriftform des Vertrages vorgeschrieben, bei der GbR nicht. Allerdings ist die Schriftform auch im Falle der GbR zu empfehlen. Nachteilig für die GmbH wirkt sich das Erfordernis der notariellen Beurkundung gem. §§ 2 Abs. 1, 53 Abs. 2 GmbHG aus mit der Folge höherer Kosten gem. § 45 Abs. 1 KostO.

Die GbR braucht nicht eingetragen oder zu irgendeinem Register angemeldet zu werden. Sie ist gegenüber der Partnerschaftsgesellschaft und der GmbH hier finanziell im Vorteil. Die Eintragungen in das Partnerschaftsregister sind gebührenpflichtig, bei einer Ersteintragung belaufen sich die Kosten auf mindestens 320,00 DM[846]. Ebenso ist die Anmeldung einer GmbH zum Handelsregister gebührenpflichtig. Für die Eintragung wird eine volle Gebühr erhoben, für die Beglaubigung der Anmeldung eine Viertelgebühr, d.h. maximal 250,00 DM[847].

Der Beratungsaufwand dürfte weniger an der Rechtsform gemessen werden, als vielmehr daran, wie komplex die einzelnen Rechtsgestaltungen sind[848].

---

844 Vgl. zu dieser Argumentation auch *Castan*, Partnerschaftsgesellschaft, 1997, S. 188.
845 Auf die Körperschaftsteuer soll hier nicht eingegangen sein, da sie quasi wie eine Vorauszahlung auf die persönliche Einkommensteuer der Gesellschafter wirkt.
846 Vgl. bereits Kap. 5.3.2.4.3.2, S. 112.
847 Vgl. *Castan*, Partnerschaftsgesellschaft, 1997, S. 191.
848 Vgl. *Burkert*, Die GmbH, 1981, S. 466.

Flexibilität der Gesellschaft: Grundsätzlich gilt, daß die Möglichkeit der Reaktion auf neue Zustände mittels gesellschaftsvertraglicher Gestaltungen mit zunehmendem Grad an Disposivität bei den gesetzlichen Bestimmungen erleichtert wird. So ist hier die GmbH deutlich im Nachteil, die GbR eindeutig im Vorteil; Änderungen des Gesellschaftsvertrages einer GbR, also z.B. bei Aufnahme eines neuen Partners, sind an keine Formerfordernisse gebunden. Es ist lediglich das Einstimmigkeitsprinzip die Regel, Mehrheitsentscheidungen können jedoch auch zugelassen werden[849]. Bei der GmbH hingegen bedarf jede Änderung des Gesellschaftsvertrages der notariellen Beurkundung und verursacht damit zusätzliche Kosten. Die Partnerschaftsgesellschaft liegt hinsichtlich der Flexibilität zwischen diesen beiden Gesellschaftsformen. Änderungen des Vertrages bedürfen zwar gem. § 3 Abs. 1 PartGG der Schriftform, nicht jedoch der notariellen Beurkundung. Nicht vergessen werden darf jedoch, daß auch hier Folgekosten durch entsprechenden Änderungseintrag im Partnerschaftsregister entstehen.

Effektivität der Gesellschaft: Hinsichtlich der Möglichkeit des Ausnutzens gemeinsamer Ressourcen oder einer flexiblen Arbeitszeiteinteilung stehen sich die unterschiedlichen Rechtsformen in nichts nach. Ausschlaggebend ist diesbezüglich wohl eher die Anzahl der Gesellschafter[850]. Auch im Hinblick auf eine mögliche Risikobegrenzung kann keine eindeutige Vorteilhaftigkeit ausgemacht werden, da grundsätzlich die persönliche Haftung jedes einzelnen Arztes für Fehler aus seiner eigenen Berufsausübung erhalten bleibt. Inwieweit sich andere Haftungsbeschränkungen oder –vereinbarungen vorteilhaft auswirken können, bleibt Sache des Einzelfalls.

Die Übertragung von Anteilen ist sowohl bei der GbR als auch bei der Partnerschaftsgesellschaft grundsätzlich nicht möglich. Eine Übertragung ist nur dann möglich, wenn dies ausdrücklich im Gesellschaftsvertrag festgehalten wurde oder die anderen Gesellschafter zugestimmt haben. Das Berufsrecht der Ärzte engt im Falle der Partnerschaftsgesellschaft den Kreis der potentiellen Erwerber noch weiter ein[851]. Geschäftsanteile einer GmbH sind gem. § 15 Abs. 1 GmbHG frei veräußerbar und zwar grundsätzlich ohne notwendige Zustimmung der übrigen Gesellschafter. Auch dieser Abtretungsvertrag bedarf der notariellen Beurkundung gem. § 15 Abs. 3 GmbHG i.V.m. § 128 HGB – im Falle der GbR und der Partnerschaftsgesellschaft kann die Übertragung, so sie denn erlaubt ist, formfrei erfolgen.

---

[849] Vgl. *Castan*, Partnerschaftsgesellschaft, 1997, S. 221 m.w.N.

[850] So kann ein erstklassiges Ultraschallgerät mit einem Preis von 100.000,00 DM bis zu 150.000,00 DM wirtschaftlich eingesetzt werden nur von einer Ärztegemeinschaft von 5 bis 10 Benutzern. Vgl. *Munte*, Kooperative Berufsausübung zwischen Ärzten, 1996, S. 12.

[851] Vgl. bereits Kap. 5.3.2.4.4.1.2, S. 116.

Aus betriebswirtschaftlicher Sicht erscheint im Hinblick auf die Veräußerbarkeit der Anteile die GmbH eindeutig im Vorteil. Gerade bei Ärztezusammenschlüssen könnte diese freie Veräußerbarkeit jedoch als Nachteil angesehen werden, denn die zurückbleibenden Gesellschafter haben sicherlich ein nicht unerhebliches Interesse daran, mitzubestimmen, wer als neuer Partner oder Gesellschafter in ihre Kooperation aufgenommen wird[852].

Image der Gesellschaft: Im Hinblick auf das Image der Rechtsform kann nur auf die bereits weiter oben gemachten Ausführungen verwiesen werden. Die GmbH steht hier besonders schlecht da. Die GbR hat gegenüber der Partnerschaftsgesellschaft den Vorteil, daß sie schon länger besteht und ihr kein Mißtrauen entgegengebracht wird was bei der Partnerschaftsgesellschaft als neuer Rechtsform zumindest denkbar ist.

Insgesamt läßt sich beobachten, daß mit steigenden rechtsformspezifischen Aufwendungen gleichzeitig die Rechtssicherheit in Bezug auf eine verfestigtere Struktur, Namensschutz und auch Haftungsregelungen steigt. Dabei müssen jedoch ggf. ein Verlust an Flexibilität sowie zusätzlich im Bereich der GmbH zur Zeit noch ein Imageverlust und weitere Aufwendungen, so z.B. durch anspruchsvollere Buchführungs- und Gewinnermittlungsvorschriften, notarielle Beurkundungspflicht und den Anfall weiterer Steuern, hingenommen werden.

Dem Arzt kann daher insbesondere dann zu einer GbR geraten werden, wenn es sich um einfache Rechtsbeziehungen handelt. Sollte es sich jedoch um komplexere Rechtsgestaltungen handeln, so z.B. aufgrund einer Vielzahl von Personen und/oder verschiedenster Berufsgruppen, wäre hier eine gesteigerte Rechtssicherheit vielleicht nicht von Nachteil und von daher, auch aus berufsrechtlichen Akzeptanzgründen, zu einer Partnerschaftsgesellschaft zu raten.

[852] Vgl. zum berufsrechtlichen Regelungsbedarf bereits Kap. 5.4.1.3.4, S. 164.

7 EMPIRISCHER TEIL

Wie in Kap. 4, S. 51 bereits erwähnt, sprechen nicht nur theoretisch einige Gründe für die Kooperation unter Ärzten, sondern es läßt sich auch in der Realität ein Trend hin zu ärztlichen Zusammenschlüssen feststellen (vgl. Tabelle 5, S. 58 und Tabelle 6, S. 58), allerdings nicht in dem Maße, wie man es aus ökonomischen Gründen vielleicht erwarten würde.

Die Frage, die sich stellt, ist, aus welchen tatsächlichen Gründen die jeweiligen Rechtsformen von den einzelnen Ärzten gewählt wurden. Mittels zweier verschiedener Fragebögen sollte versucht werden, dieser Frage auf den Grund zu gehen.

Zielgruppe eines „allgemeinen Fragebogens“ (vgl. Tabelle 12, S. 249) waren Ärzte, die ihre Tätigkeit entweder in der Form der Einzelpraxis oder in der Form der Gemeinschaftspraxis oder Praxisgemeinschaft ausüben. Ziel war es insbesondere herauszufinden, warum der einzelne Arzt gerade die jeweilige Form der Berufsausübung gewählt hatte und wie bekannt die Partnerschaftsgesellschaft und die Ärzte-GmbH als neue Kooperationsmöglichkeiten sind. Besonders wichtig erschien auch die Frage, ob ein Interesse besteht, sich mit anderen Berufsgruppen und ggf. mit welchen zusammenzuschließen. Von diesem allgemeinen Fragebogen wurden insgesamt 180 Stück verteilt, davon je 40 im Münsterland und in Bremen sowie 80 in Leipzig. Die Regionen wurden unter dem Aspekt ausgewählt, möglicherweise Unterschiede aufzeigen zu können hinsichtlich der Merkmale „Alte Bundesländer – Neue Bundesländer“ und „Städtische Region – Ländliche Region“. Es war ein Rücklauf von insgesamt 97 Stück, also 53,9% zu verzeichnen; im einzelnen lag der Rücklauf im Münsterland bei 45%, in Bremen bei 50% sowie in Leipzig bei 59%.

Hauptadressaten im Münsterland waren Allgemeinmediziner sowie Internisten und Kinderärzte, die z.T. in Einzel- und z.T. in Gemeinschaftspraxen oder auch Praxisgemeinschaften tätig waren[853].

Hauptadressaten in Bremen und in Leipzig waren in beiden Fällen Zahnärzte und Allgemeinmediziner, die ebenfalls z.T. in Einzel- und z.T. in Gemeinschaftspraxen oder auch Praxisgemeinschaften tätig waren[854].

Zielgruppe eines „speziellen Fragebogens für Partnerschaftsgesellschaften“ (vgl. Tabelle 13, S. 250 sowie Tabelle 14, S. 251) waren Ärzte, die sich bereits zu Partnerschaftsgesellschaften zusammengeschlossen haben. Ziel war es insbe-

---

[853] Die Auswahl im einzelnen wurde von einem Pharmareferenten vorgenommen, der die Verteilung übernommen hatte.

[854] Die Auswahl im einzelnen wurde jeweils von einem Steuerberater getroffen, der die Verteilung übernommen hatte.

sondere herauszufinden, warum diese Rechtsform gewählt wurde, wie sich die jeweilige Partnerschaftsgesellschaft im einzelnen zusammensetzt, ob von der Haftungskonzentration Gebrauch gemacht wird und ob man anderen ebenfalls zu dieser Rechtsform raten würde. Besonders wichtig erschien auch die Frage, ob ggf. noch die Zusammenarbeit mit anderen Berufsgruppen als wünschenswert erachtet wird.

Von diesem speziellen Fragebogen wurden 48 Stück an die bis zum 30.9.1997 insgesamt gegründeten Partnerschaftsgesellschaften mit Ärztebeteiligung versendet – die Zusammensetzungen und Anschriften wurden dem Bundesanzeiger entnommen. Auffällig ist, daß verstärkt im nördlichen Bundesgebiet (Bremen/Hamburg/Lübeck) Partnerschaftsgesellschaftsgründungen zu verzeichnen sind. Dies mag seine Ursache darin haben, daß sich die Ärztekammern dort intensiv mit diesem Thema auseinandergesetzt zu haben scheinen; bereits 1995 erschien ein Buch zur Partnerschaftsgesellschaft, welches von Justitiaren der Ärztekammern Bremen und Hamburg herausgegeben worden war[855]. Es war ein Rücklauf von insgesamt 32 Stück, also 66,7% zu verzeichnen. Die nachfolgend aufgeführten Prozentzahlen beziehen sich grundsätzlich jeweils auf die Gruppe derer, die geantwortet haben.

7.1 Allgemeiner Fragebogen

7.1.1 Münsterland

Auf die Fragebögen geantwortet haben im Münsterland Allgemeinmediziner zu 55%, Internisten und Kinderärzte zu je 12%, ansonsten noch Zahnärzte und Gynäkologen. Das Alter liegt in der Regel zwischen 36 und 45 Jahren (55%). Zur Gruppe der Ärzte von 25-35 Jahren zählt niemand; zu denen von 46 bis 55 Jahren 28% und zu denen über 56 Jahre 17%. 55% sind männlich.

Haupterscheinungsform ist die Einzelpraxis (55%), den Rest bilden Gemeinschaftspraxen und eine Praxisgemeinschaft, die i.d.R. immer nur aus zwei Ärzten bestehen (72%), ansonsten aus drei oder vier Ärzten. Als Gründe für die Wahl der Gemeinschaftspraxis werden zu 50% Arbeitsteilung und Risikovermeidung bei Krankheit durch Vertretungsmöglichkeiten genannt, des weiteren, daß es sich um Eheleute handelt, unterschiedliche Fachrichtungen zusammen arbeiten können und daß durch die Kooperation eine Erweiterung des Leistungsspektrums möglich ist.

Als entscheidende Kriterien für die Wahl der Einzelpraxis werden insbesondere folgende Gründe genannt[856]:

---

[855] *Nentwig/Bonvie/Hennings*, Partnerschaftsgesellschaftsgesetz, 1995.

[856] Die Prozentzahlen beziehen sich hierbei immer auf die Anzahl der insgesamt gegebenen Gründe.

- Unabhängigkeit, insbesondere Vermeidung von Reibungspunkten mit Kollegen (56%).
- Praxisübernahme einer alteingesessenen Einzelpraxis (22%).
- Es hätte kein geeigneter Partner zur Verfügung gestanden bzw. keine andere Möglichkeit gegeben (22%).

Die Mitarbeiterzahl schwankt zwischen drei und zehn Mitarbeitern, in der Regel liegt sie bei fünf Mitarbeitern (37,5%). Dabei ist es nicht etwa so, daß in den Gemeinschaftspraxen grundsätzlich mehr Mitarbeiter beschäftigt sind als in den Einzelpraxen. Eine Verdoppelung der Anzahl der tätigen Ärzte führt also nicht auch gleich zu einer Verdoppelung der angestellten Mitarbeiter – ein Zusammenhang kann hier nicht festgestellt werden.

Bis auf zwei Ausnahmen wird der Gewinn mit Hilfe der Einnahmen-Überschuß-Rechnung und nicht mit Hilfe des Betriebsvermögensvergleiches ermittelt.

Bezüglich der Frage nach der Partnerschaftsgesellschaft ergibt sich folgendes Bild:

72% der Befragten haben noch nicht von der Partnerschaftsgesellschaft gehört. Diejenigen, denen diese Rechtsform bekannt ist, haben in der Fachpresse oder durch die Ärztekammer oder ihren Steuerberater etwas darüber erfahren.

Ein Interesse, eine Partnerschaftsgesellschaft zu gründen, besteht in 71% aller Fälle nicht. Folgende Gründe werden insbesondere genannt:

- Man wäre bereits zu alt (28%).
- Es stünden räumliche Grenzen entgegen (15%).
- Man wäre auch so sehr zufrieden (15%).
- Man sähe keine Vorteile gegenüber einer Gemeinschaftspraxis in der Form einer GbR (14%).
- Man hätte diesbezüglich zu wenig Informationen (14%).
- Die berufspolitischen Verhältnisse wären zu unklar (14%).

Als positiv wird in einem Fall angemerkt, daß durch Gründung solcher Partnerschaftsgesellschaften möglicherweise ein größeres diagnostisches und therapeutisches Spektrum entstünde.

Auffällig ist allerdings, daß über die Hälfte der Befragten (61%) Interesse haben, mit anderen Berufsgruppen zusammenzuarbeiten. Es werden insbesondere folgende Berufsgruppen genannt:

- Krankengymnasten
- Logopäden
- Physiotherapeuten

- Kieferchirurgen
- Diätassistenten/Ernährungsberater
- Ambulante Pflegedienste
- Hebamme
- Berufsgruppen aus dem Bereich der Naturheilkunde.

Die GmbH als mögliche Kooperationsform für Ärzte ist bei den Befragten nicht wesentlich bekannter als die Partnerschaftsgesellschaft – 30% haben davon gehört. Bezüglich der eigenen persönlichen Einstellung wird sehr wenig geantwortet, wenn, dann jedoch durchaus nicht negativ. Im einzelnen wird angemerkt:

- Sie wäre interessant für die Zukunft, insbesondere aufgrund der zunehmend unsicheren wirtschaftlichen Situation.
- Sie wäre durchaus sinnvoll für größere Praxen.
- Man wäre auch so zufrieden.

Unter dem Punkt „Sonstige Anmerkungen" werden ebenfalls selten Kommentare abgegeben; hier nur die folgenden:

- die Einzelpraxis hätte keine Zukunft mehr. Dagegen seien Gesundheitszentren im Trend und die zukünftige Form der ärztlichen Versorgung.
- die Umfrage hätte zu weiteren Recherchen angeregt.

7.1.2 Bremen

Auf die Fragebögen geantwortet haben in Bremen Zahnärzte zu 79%, Stomatologen zu 10%, Kieferorthopäden zu 6% sowie Allgemeinmediziner zu 5%. Das Alter liegt in der Regel zwischen 36 und 45 Jahren (42%) sowie zwischen 46 und 55 Jahren (ebenfalls 42%). Die Altersgruppen über 56 Jahre (5%) sowie die von 25 bis 35 Jahren (11%) bilden die Ausnahme. Es sind zu je 50% männliche und weibliche Ärzte.

Haupterscheinungsform ist die Einzelpraxis (88%), den Rest bilden Gemeinschaftspraxen (6%) und Praxisgemeinschaften (6%), die jeweils, wie im Münsterland auch, immer nur aus zwei Ärzten bestehen. Als Gründe für die Praxisgemeinschaft werden steuerliche Vorteile durch Halten des Gebäudeanteils im Privatvermögen genannt. Ansonsten werden keine Gründe angegeben.

Als entscheidende Kriterien für die Wahl der Einzelpraxis werden insbesondere folgende Gründe genannt:

- Eigenverantwortung und Unabhängigkeit (33%).
- Begrenztheit der Räume / regionale (ländliche) Struktur (33%).
- Zur Zeit der Gründung hätte es keine andere Alternative gegeben (33%).

Die Mitarbeiterzahl schwankt zwischen einem (5%) und zehn Mitarbeitern (5%), in der Regel liegt sie bei drei (27%) und vier (32%) Mitarbeitern. Wie im Münsterland, sind in den Gruppenpraxen nicht mehr Mitarbeiter beschäftigt als in den Einzelpraxen auch.

Der Gewinn wird ausnahmslos mit Hilfe der Einnahmen-Überschuß-Rechnung ermittelt.

Bezüglich der Frage nach der Partnerschaftsgesellschaft ergibt sich folgendes Bild:

65% haben noch nie von der Partnerschaftsgesellschaft gehört. Diejenigen, denen diese Rechtsform bekannt ist, haben in der Regel aus der Fachpresse etwas darüber erfahren.

Das Interesse, eine Partnerschaftsgesellschaft zu gründen, ist, wie im Münsterland, gering – in 90% der Fälle besteht kein Interesse. Folgende Gründe werden insbesondere genannt:

- Man wäre auch so zufrieden (31%).
- Man hätte zu wenig Informationen, um darüber zu entscheiden (19%).
- Die räumlichen Gegebenheiten wären nicht ausreichend (z.T. kleiner Einzugsbereich, dörfliche Strukturen) (19%).
- Man sähe Probleme in der Zusammenarbeit mit anderen (19%).
- Man wäre bereits zu alt (12%).

Allerdings werden auch positive Anmerkungen zur neuen Rechtsform gemacht, so z.B. die folgenden:

- Es würde die Zweckmäßigkeit für die Patienten erhöhen sowie sicherlich Einsparungen (z.B. im Bereich Miete usw.) bringen.
- Das Interesse wäre prinzipiell bei einer Neugründung vorhanden, aber bei bereits bestehender Praxis mit bereits getätigten, aber noch nicht getilgten Investitionen vor dem Hintergrund möglicher Patientenabwanderungen, schlechter Zahlungsmoral sowie den nicht vorhersehbaren Auswirkungen der 3. Stufe der Gesundheitsreform, sähe man eine Umstrukturierung als sehr problematisch an.

Auffällig ist, wie im Münsterland auch, der hohe Anteil derjenigen, die durchaus Interesse haben, mit anderen Berufsgruppen zusammenzuarbeiten (hier 59%). Es werden insbesondere folgende Berufsgruppen genannt:

- Zahntechniker
- Kieferorthopäden
- Physiotherapeuten

- Chirurgen
- Naturheilpraktiker
- Logopäden
- Hausarzt/Allgemeiner Arzt/Internist
- Kosmetiker/in

Im Gegensatz zur Partnerschaftsgesellschaft ist die Rechtsform der GmbH in Bremen bereits bekannter (47% haben davon gehört). Bezüglich der eigenen persönlichen Einstellung wird sehr wenig geantwortet, wenn, dann jedoch zwar kritisch, aber auch hier nicht negativ. Im einzelnen wird angemerkt:

- Die GmbH wäre sicherlich eine geeignete Form für Großstädte und Ballungszentren.
- Die GmbH könnte durchaus positive Auswirkungen haben, wenn sie gut organisiert wäre. Ob man diese Form wählt, wäre jedoch sehr stark persönlichkeitsabhängig.
- Sie wirke unübersichtlich und schwierig zu handhaben im Bereich der Gewinnermittlung.

Unter dem Punkt „Sonstige Anmerkungen" wird ebenfalls selten ein Kommentar abgegeben, hier nur der folgende:

- Man hätte einfach zu wenig Wissen über die verschiedenen und möglichen Kooperationsformen (in 20% aller Fälle angemerkt).

7.1.3 Leipzig

Auf die Fragebögen geantwortet haben in Leipzig, wie in Bremen auch, in erster Linie Zahnärzte (zu 83%), ansonsten Allgemeinmediziner zu 7%, Kieferorthopäden zu 4% sowie Gynäkologen und Internisten zu je 3%. Das Alter ist gestreut, am stärksten sind die in der Altersklasse von 25-35 Jahren vertreten (33%), dann die von 36-45 Jahren (31%), die von 46-55 Jahren (21%) und am wenigsten vertreten diejenigen über 56 Jahre (15%). Der Anteil der Ärztinnen (62%) übersteigt den der Ärzte (38%).

Haupterscheinungsform ist auch hier die Einzelpraxis (67%). Den Rest bilden Praxisgemeinschaften (29%) und Gemeinschaftspraxen (4%), die jeweils in der Regel nur aus zwei Ärzten bestehen (75%), in Ausnahmefällen aus drei Ärzten (25%). Als Grund für die Gemeinschaftspraxis wird, wie im Münsterland auch, darauf hingewiesen, daß es sich um Eheleute handelt. Ansonsten wird auf die Möglichkeit der Ausübung der ärztlichen Tätigkeit auch in Teilzeit sowie den besseren Gedankenaustausch und Konkurrenzfähigkeit hingewiesen.

Zugunsten der Praxisgemeinschaften werden insbesondere folgende Gründe angeführt:

- Möglichkeit der gemeinsamen und besseren Nutzung und Auslastung von Investitionen (41%).
- Urlaubsvertretung könnte flexibel und einfach gehandhabt werden (22%).
- Die räumlichen Voraussetzungen wären zur Zeit der Gründung dementsprechend gewesen (22%).
- Die eigene Verantwortung bliebe erhalten (15%).

Zugunsten der Einzelpraxis werden insbesondere folgende Gründe genannt:

- Eigenverantwortung und Unabhängigkeit (50%).
- Zur Zeit der Gründung hätte es keine andere Alternative gegeben (33%).
- Es hätte kein geeigneter Partner zur Verfügung gestanden (11%).
- Man hätte vorher bereits schlechte Erfahrungen in der Zusammenarbeit mit einem Partner gemacht (6%).

Die Mitarbeiterzahl schwankt zwischen einem (4%) und sechs (7%) Mitarbeitern, in der Regel liegt sie bei drei (31%) und vier (25%) Mitarbeitern. Wie im Münsterland und in Bremen auch, sind in den Gruppenpraxen in der Regel nicht mehr Mitarbeiter beschäftigt als in den Einzelpraxen auch.

Der Gewinn wird ausnahmslos mit Hilfe der Einnahmen-Überschuß-Rechnung ermittelt.

Bezüglich der Frage nach der Partnerschaftsgesellschaft ergibt sich folgendes Bild:

70% der Befragten haben noch nie von der Partnerschaftsgesellschaft gehört. Diejenigen, denen diese Rechtsform bekannt ist, haben darüber aus der Fachpresse oder auf Existenzgründungsseminaren gehört.

Ein Interesse, eine Partnerschaftsgesellschaft zu gründen, besteht in 80% aller Fälle nicht. Folgende Gründe werden insbesondere genannt:

- Man hätte zu wenig Informationen, um darüber zu entscheiden (34%).
- Man wäre auch so zufrieden (19%).
- Man wäre bereits zu alt (16%).
- Man wüßte keinen geeigneten Partner bzw. hätte vorher schon einmal schlechte Erfahrungen gemacht (16%).
- Da bereits eine Praxisgemeinschaft bestünde, sähe man keinen Grund zur Umwandlung (9%).
- Es würde völlig ausreichen, Überweisungen auszustellen (6%).

Allerdings werden auch hier positive Anmerkungen zur neuen Rechtsform gemacht, so z.B. die folgenden:

- Mehrfach wird darauf hingewiesen, daß damit sicherlich ein besserer Gedankenaustausch stattfinden würde, der auch wünschenswert sei – insbesondere aus Sicht einer ganzheitlichen Zahnheilkunde.
- Die Partnerschaftsgesellschaft könnte sicherlich zu Kosteneinsparungen beitragen.
- Man könnte sich vorstellen, daß dadurch ein besserer „Service am Patienten“ möglich wäre.
- Die Konkurrenzfähigkeit könnte möglicherweise gesteigert werden.
- Ökonomisch gesehen wäre sicherlich eine bessere Auslastung der Geräte die Folge.

Auffällig ist, daß auch hier, wie in Bremen und im Münsterland, die Zusammenarbeit mit anderen Berufsgruppen durchaus gewünscht wird (51%). Es werden insbesondere folgende Berufsgruppen genannt:

- Zahntechniker (16%)
- Kieferchirurgen (13%)
- Kieferorthopäden (9%)
- Allgemeinmediziner (9%)
- Logopäden (6%)
- Hals-Nasen-Ohren-Ärzte (6%)
- Internisten
- Pädagogen
- Neurologen
- Psychologen
- Ernährungsberater
- Heilpraktiker
- Arbeitsmediziner
- Kosmetiker/in
- Dentalhygieniker
- Hebamme
- Alle Berufsgruppen aus dem weiteren Bereich des Gesundheitswesens.

Die Frage nach der GmbH war im Fragebogen in Leipzig noch nicht enthalten. Dafür war danach gefragt worden, ob prinzipiell weitere Informationen über die

Partnerschaftsgesellschaften gewünscht werden[857] - dies ist in 50% der Fälle der Fall.

7.1.4 Zwischenergebnis

Nach wie vor ist die Einzelpraxis die Haupterscheinungsform der ärztlichen Berufsausübung. Dies insbesondere aus den Gründen, daß die Unabhängigkeit und Selbständigkeit dadurch am stärksten erhalten bleibt und daß im Zeitpunkt der Gründung kein geeigneter Partner zur Verfügung stand. Unabhängig von der gewählten Rechtsform wird der Gewinn fast ausnahmslos im Wege der Einnahmen-Überschuß-Rechnung ermittelt.

Die Partnerschaftsgesellschaft ist, zumindest unter Ärzten, noch eine ziemlich unbekannte Rechtsform. Daß in Bremen immerhin 35% davon bereits gehört haben, mag daran liegen, daß im nördlichen Bundesgebiet auch bereits am meisten Partnerschaftsgesellschaftsgründungen zu verzeichnen sind.

Die GmbH als neue Rechtsform für Ärzte ist bekannter als die Partnerschaftsgesellschaft. Entgegen der vermuteten Auffassung, daß diese Rechtsform evtl. als unpassend empfunden werden könnte, ist eigentlich kaum eine Negativkritik zu erkennen. Die Kommentare, die gemacht werden, sind auf keinen Fall in die Richtung gezielt, daß es nicht die passende Unternehmensform wäre.

Das Interesse, selbst eine Partnerschaftsgesellschaft zu gründen, ist nicht besonders hoch, was jedoch hauptsächlich in dem mangelnden Informationsstand sowie der Zufriedenheit mit der bisherigen Praxisform begründet liegt.

Allerdings ist durchweg das Interesse bei ca. der Hälfte aller Befragten da, mit anderen Berufsgruppen zusammenarbeiten. An Nicht-Ärzten werden hier insbesondere Zahntechniker, Logopäden, Naturheilpraktiker, Kosmetiker/innen, Physiotherapeuten sowie Ernährungsberater und Hebammen genannt. Insbesondere die Zahnärzte scheinen ein gesteigertes Interesse an der Zusammenarbeit mit Zahntechnikern und Logopäden zu haben.

Es ist aufgefallen, daß die Fragebögen in Leipzig ausführlicher und vielleicht auch offener und kritischer beantwortet werden. Um nur ein Beispiel bezüglich der Frage nach dem Grund für die Organisation in der Einzelpraxis zu geben: „Nach DDR-Zwangspoliklinik endlich frei und allein!“ Diese Offenheit kann ihre Ursache zum einen in der insgesamt jüngeren Altersstruktur im Vergleich zu Bremen oder dem Münsterland haben, zum anderen spielt hier jedoch sicherlich auch die Tatsache eine Rolle, daß es sich um ein Gebiet in den neuen Bundesländern handelt. So wird unter dem Punkt „Sonstige Anmerkungen“ darauf hingewiesen, daß bei der Auswertung der Fragebögen nach regionaler Herkunft

---

[857] Hierum hatte der betreuende Steuerberater gebeten, um selbst zu wissen, ob ggf. Informationsbedarf besteht.

unterschieden werden sollte (Ost/West), „da die Lebensbiographien einfach zu unterschiedlich sind auch bezüglich des Rechtswissens“.

Ansonsten können jedoch keine gravierenden Unterschiede zwischen den einzelnen Gebieten festgestellt werden, außer der Tatsache, daß sowohl in Bremen als auch im Münsterland auf das begrenzte Einzugsgebiet (dörfliche Strukturen) bzw. die Vorgabe der Rechtsform durch Praxisübernahme einer alteingesessenen Einzelpraxis hingewiesen wird und daß in Leipzig mehr Ärztinnen unter den Befragten zu verzeichnen sind als Ärzte.

Nach wie vor scheint das Argument der Eigenverantwortung und Unabhängigkeit in allen drei Gebieten das hauptausschlaggebende bei der Entscheidung für eine Einzelpraxis zu sein. Es wird bezeichnenderweise ja auch für die Entscheidung der Zusammenarbeit in einer Praxisgemeinschaft aufgeführt.

7.2 Spezieller Fragebogen für bereits bestehende Partnerschaftsgesellschaften

7.2.1 Beobachtungen

Zwei Jahre nach Einführung des Partnerschaftsgesellschaftsgesetzes sind im gesamten Bundesgebiet erst 48 Partnerschaftsgesellschaften mit Ärztebeteiligung zu verzeichnen (vgl. Tabelle 7, S. 207). So bemerkt auch Ahlich: „Nur wenige Ärzte versuchen bislang ihr Glück in einer Partnerschaft“[858].

Im Bereich der bereits bestehenden Ärztepartnerschaften und Medizinischen Kooperationsgemeinschaften existieren die unterschiedlichsten Zusammensetzungen.

Haupterscheinungsformen im Bereich der reinen Ärztepartnerschaften sind:

- Zahnärzte und/oder Mund-Kiefer-Gesichtschirurgen mit Anästhesisten und Oralchirurgen
- Allgemeinärzte und/oder Internisten und/oder praktische Ärzte
- Orthopäden

Haupterscheinungsformen im Bereich der medizinischen Kooperationsgemeinschaften sind:

- Orthopäden mit Masseur und medizinischem Bademeister und/oder Krankengymnasten
- Allgemeinarzt mit Diplompsychologen und/oder Physiotherapeuten

Nachfolgende Tabelle mag einen Überblick geben:

[858] *Ahlich*, Wenige Ärzte versuchen bislang ihr Glück, in: Ärzte-Zeitung, 1997, „Wirtschaft“.

	Zusammensetzung der reinen Ärztepartnerschaften						(66 % der Partnerschaften mit Ärztebeteiligung)				
	Zahnärzte, Mund-Kiefer-Gesichts-Chirurgen bzw. mit Anästhesisten und Oral-chirurgen	Allgemeinärzte Internisten Praktische Ärzte	Orthopäden	Innere Medizin und Kardiologen	Kinderärzte	Laborärzte	Fachärzte für Anästhesio-logie	Gynäkologen	Radiologen	Hals-Nasen-Ohrenärzte	Zentrum für hyperbare Sauerstoff-therapie (nur Ärzte)
insgesamt:	12	7	4	2	1	1	1	1	1	1	1
davon mit:											
2 Gesellschaftern	9	5	1	1	1		1			1	
3 Gesellschaftern	3	2	2	1		1		1			
7 Gesellschaftern									1		
10 Gesellschaftern											1
16 Gesellschaftern			1								

	Zusammensetzung der Medizinischen Kooperationsgemeinschaften						(33 % der Partnerschaften mit Ärztebeteiligung)				
	Orthopäden mit Masseur und medizini-schem Bade-meister oder Krankengymna sten oder Phy-siotherapeuten	Arzt mit Di-plompsycholo-gen oder Phy-siotherapeuten	Humangene-tiker und Fach-biologen oder mit Kranken-schwester	Ärzte mit Kran-kenschwester	Ärzte mit Ergo- / Physio-therapeuten						
insgesamt:	7	4	3	1	1						
davon mit:											
2 Gesellschaftern	6	4	3								
3 Gesellschaftern	1			1	1						

Tabelle 7: Struktur der Partnerschaftsgesellschaften (zum 30.09.1997)

Von den versendeten Fragebögen wurden 32 Stück beantwortet. Dabei sind aus jeder Sparte obiger Tabelle Antworten vertreten.

Das Alter derer, die geantwortet haben, liegt nicht nur im jüngeren Bereich, wie man vielleicht hätte vermuten können, sondern ist durchaus gestreut. Der Anteil der über 56jährigen liegt bei 12,5%, der derjenigen zwischen 36 und 45 bei 42,5% sowie der derjenigen zwischen 46 und 55 Jahren bei 35%. Zum Schluß kommt der Anteil derjenigen von 25-35 Jahren (10%). 70% sind männlich.

Von der Partnerschaft erfahren haben viele aus der Fachpresse (37%) sowie von ihrem Rechtsanwalt bzw. Notar (29%), ansonsten auch von der Ärztekammer (17%).

Der Fall der Neugründung einer Partnerschaftsgesellschaft ist der seltenste Fall (21%) – die meisten sind durch Umwandlung aus einer bestehenden Einzelpraxis oder aus einer bestehenden Gemeinschaftspraxis entstanden (zu je 37%). 5% der befragten Ärzte waren zuvor im Angestelltenverhältnis tätig.

Als Gründe für die Wahl der Partnerschaftsgesellschaft werden insbesondere folgende angegeben:

- Haftungsgründe (32%).
- Die Gründung einer GbR wäre von Kassenvertretern nicht anerkannt worden bzw. die Partnerschaftsgesellschaft wäre die einzige Kooperationsform, die von der Ärztekammer bei verschiedenen Berufsgruppen anerkannt würde (15%).
- Namensschutz und Rechtssicherheit (15%).
- Zusammenschluß auch mit Nichtärzten möglich (15%).
- Vorteile bei Ausscheiden bzw. Verkauf (12%).
- Sonstige (11%): Gründung auf Empfehlung hin; Kostenverlagerungsmöglichkeiten; Fachaustausch und professionelle Patientenbindung; Gründung, da GmbH verboten; Anlaß wäre Aufnahme eines neuen Partners gewesen.
- Die Partnerschaftsgesellschaft „[...] biete [...] einen sehr guten Rahmen, um
    1. Kassenleistungen effektiv und kostengünstig anzubieten – notfalls auch in Einzelverträgen mit den Krankenkassen („Einkaufmodell“) – und trotz drastisch sinkender Kassenhonorare gute Gewinne zu erzielen,
    2. privatärztliche Leistungen aus dem paramedizinischen Bereich anzubieten und damit entgangene Gewinne aus dem kassenärztlichen Bereich aufzufangen,
    3. eventuelle neue Partner noch nachträglich in die Kooperation einzubinden sowie

4. durch ein breites Angebot („One Stop only") und einen Spitzenservice („Rund um die Uhr") neue Patienten und damit höhere Fallzahlen auch im GKV-Bereich gewinnen zu können."[859]

Bei dieser Argumentation wird deutlich, daß aufgrund des zunehmenden Wettbewerbs auch der Arzt mittlerweile mehr als Ökonom als nur als reiner Idealist handeln und denken muß.

Die Anzahl der Partner reicht von zwei (57%) über drei (27%) bis zu vier Partnern (7%). Ebenfalls vertreten sind zwei Partnerschaften mit sieben und je eine Partnerschaft mit sechs und zehn Partnern[860]. Die Mitarbeiterzahl schwankt zwischen fünf und achtzig Mitarbeitern. Letzteres kommt jedoch nur einmal vor, einmal auch eine Partnerschaft mit fünfundsechzig Mitarbeitern[861]. In der Regel liegt die Mitarbeiterzahl bei sechs (23%) bzw. fünf Mitarbeitern (17%) und zu je 6% bei zehn bzw. zwölf Mitarbeitern.

Das Interesse an der Zusammenarbeit mit weiteren Berufsgruppen ist nach wie vor vorhanden. So werden insbesondere genannt:

- Psychologen
- Diätassistenten
- Krankenpfleger
- Zahnärzte
- Allgemeinmediziner.

Obwohl als Grund für die Wahl der Partnerschaftsgesellschaft häufig Haftungsgründe aufgeführt werden, wird von der Haftungskonzentration nur in 25% aller Fälle Gebrauch gemacht, dies durchgängig schriftlich bei Aufnahme bzw. auf dem Anamnesebogen. In einigen Fällen scheint die Haftungskonzentration gänzlich unbekannt, denn es wird ein Fragezeichen an der Stelle vermerkt.

Die Einnahmen-Überschuß-Rechnung ist auch hier die Hauptgewinnermittlungsart. Die Gewinnermittlung durch Betriebsvermögensvergleich bildet die Ausnahme, kommt jedoch schon häufiger vor (12% der Fälle) als bei den anderen Kooperationsformen und in der Regel dann, wenn etwas komplexere Struk-

---

[859] *Beitzen*, Ärztliche Partnerschaftsgesellschaft, in: Ärzte-Betriebswirtschaft 1997, S. 20. Dr. Beitzen ist selbst in einer Partnerschaftsgesellschaft tätig und hat diesen Artikel seinem Fragebogen beigefügt.

[860] Abweichungen zu der Tabelle können sich möglicherweise aus zwischenzeitlich vorgenommenen Änderungen des Partnerschaftsregisters bezüglich der Neuaufnahme oder des Ausscheidens von Partnern ergeben.

[861] Beide Partnerschaftsgesellschaften bestehen aus je sieben Partnern.

turen (mindestens drei Gesellschafter und mehr als sechs Mitarbeiter) zugrunde liegen[862].

Abrechnungstechnisch werden keine Probleme angegeben.

100% der Befragten würden auch ihren Kollegen zu dem Zusammenschluß in einer Partnerschaftsgesellschaft raten.

Die Rechtsform der GmbH ist bei 54% der Ärzte bekannt. Bezüglich der eigenen persönlichen Einstellung wird insbesondere folgendes angemerkt:

- Man sähe keine Vorteile gegenüber der Partnerschaftsgesellschaft.
- Es ergäben sich abrechnungstechnische Probleme bei Wahl der GmbH.
- Sie sei eine vernünftige Alternative, denn „Ärzte sollen wie andere Unternehmer ihre Praxen führen dürfen, d.h. z.B. Gewerbesteuer zahlen, aber auch Filialen eröffnen, Werbung etc.“[863]
- Man könne kein Urteil fällen, da man sich zu wenig damit beschäftigt habe.

Unter dem Punkt „Sonstige Anmerkungen“ wird kaum etwas vermerkt.

7.2.2 Zwischenergebnis

Die Anzahl der bisher gegründeten Partnerschaftsgesellschaften im Ärztebereich ist noch sehr gering. Allerdings ist dies kein Indiz dafür, daß sich die Partnerschaftsgesellschaft gerade nicht für Ärzte eignet, sondern spiegelt nur die allgemeine Zurückhaltung bei der Gründung von Partnerschaftsgesellschaften wider. So wurde im Rahmen einer Untersuchung, inwiefern Existenzgründungsberater Einfluß auf die Rechtsformwahl nehmen, festgestellt, daß in den Jahren 1995 und 1996 insgesamt 995 Existenzgründungsgespräche durchgeführt wurden, wovon 598 zu Neugründungen führten, darunter 84 von „klassischen Freiberuflern“. In keinem Fall wurde als Gesellschaftsform die Partnerschaftsgesellschaft empfohlen oder gewählt – Gründe waren leider nicht verzeichnet[864].

Im Gegensatz zu den Gemeinschaftspraxen und Praxisgemeinschaften sind bei den Partnerschaftsgesellschaften häufig mehr als nur zwei Partner zu verzeichnen; dementsprechend liegt hier auch die Mitarbeiterzahl höher. Bezüglich des Alters ist keine Tendenz auszumachen.

---

[862] So wird bei der größten Partnerschaftsgesellschaft mit 80 Mitarbeitern die Bilanzierung gewählt, allerdings bei der nächstgrößeren mit 65 Mitarbeitern die Einnahmen-Überschuß-Rechnung.

[863] Auch hier wird die Ökonomisierung des Freien Berufs, insb. der Ärzteschaft, deutlich – es findet eine Identifizierung mit dem gewerblichen Unternehmer statt.

[864] Vgl. *Breithecker/Baumann*, Beratereinfluß auf die Rechtform-Wahlentscheidung, in: DStR 1998, S. 221f.

Als Gründe für die Wahl der Partnerschaftsgesellschaft werden bei ca. einem Drittel aller Befragten Haftungsgründe aufgeführt. Allerdings haben von der Haftungskonzentration nur 25% Gebrauch gemacht. Dies erscheint widersprüchlich.

Es ist unverständlich, daß die GbR als Zusammenschlußform auch mit Nichtmedizinern in der MBO ausdrücklich zugelassen wird, sofern ein schriftlicher Kooperationsvertrag vorliegt, daß diese Möglichkeit in der Praxis von den Ärztekammern jedoch offensichtlich nicht anerkannt wird und daher zum Teil nur aus diesem Grunde eine Partnerschaftsgesellschaft gegründet wird. Vielleicht herrscht hier doch wieder die alte Vorstellung vor, daß die Verpflichtung zum gemeinschaftlichen Schulden einer Leistung bei fachübergreifenden Gemeinschaftspraxen nicht gewährt ist (vgl. Kap. 4.2.2, S. 60).

Äußerst überraschend ist die Tatsache, daß es sich bei den Partnerschaftsgesellschaften in der Regel weniger um Neugründungen als vielmehr um Umwandlungen handelt und dabei sogar zu gleichen Teilen um Umwandlungen von einerseits Einzelpraxen und andererseits GbRs. Nach den weiter oben gemachten Beobachtungen, wo regelmäßig angegeben wird, daß man auch so zufrieden wäre, hätte man sicher eher das Gegenteil vermutet.

Ebenso wie bei den mittels des allgemeinen Fragebogens befragten Ärzten ist auch bei den Ärzten in Partnerschaftsgesellschaften kein grundsätzliches Negativimage hinsichtlich der GmbH zu verzeichnen. Viel eher gewinnt man den Eindruck, daß der/die Betroffene sich entweder noch nicht genug damit auseinandergesetzt hat, um sich konkret zu äußern, oder daß gerade schon eine Auseinandersetzung stattgefunden hat und die damit verbundenen Probleme, insbesondere abrechnungstechnischer Art, bereits erkannt worden sind. Bei der Partnerschaftsgesellschaft sind bezüglich der Abrechnung mit den Krankenkassen keine Probleme aufgetaucht.

Die Entscheidung, eine Partnerschaftsgesellschaft zu gründen, scheint noch niemand bereut zu haben, würden doch 100% aller Befragten sie ihren Kollegen ebenfalls empfehlen.

7.3 Ergebnis

Letzten Endes decken sich die praktischen Erfahrungen zum großen Teil mit den theoretischen Ergebnissen.

Zunächst muß die Entscheidung gefällt werden, ob man überhaupt ein Typ für eine Gruppenpraxis in irgendeiner Form ist. Wer – wie es bei den Einzelpraxen das Hauptargument ist – äußersten Wert auf absolute Unabhängigkeit und eigene Verantwortung legt, der wird weder Interesse an einer Gemeinschaftspraxis noch an einer Partnerschaftsgesellschaft haben. Diese werden ihm relativ indifferent vorkommen. Einzige Möglichkeit wäre für ihn die Gründung einer Praxisgemeinschaft, da hier die Unabhängigkeit, zumindest in der Berufsausübung und Abrechnung, ganz allein bei jedem einzelnen Arzt bestehen bleibt. So haben ja auch einige der Befragten dieses als Grund für die Wahl der Praxisgemeinschaft angeführt.

Eine weitere Hürde scheint im Finden eines geeigneten Partners zu liegen oder der Angst, mit diesem schlechte Erfahrungen zu machen.

Wenn die Entscheidung des Wechsels von einer Einzelpraxis zu einer Gruppenpraxis fällt, so ist eine Partnerschaftsgesellschaft dann eine empfehlenswerte Überlegung, wenn insbesondere ein Zusammenschluß mit Nicht-Ärzten geplant ist, da hier – im Gegensatz zur GbR – die geringsten Probleme in der praktischen Umsetzung liegen.

Zuzutreffen scheint auch, daß die Partnerschaftsgesellschaft aufgrund ihrer verfestigteren Struktur gerade für größere Zusammenschlüsse geeignet ist. So sind hier deutlich mehr Kooperationen mit drei und mehr Partnern anzutreffen als bei der Gemeinschaftspraxis oder der Praxisgemeinschaft in der Form der GbR.

Erstaunlich ist, daß der Anteil der Neugründungen von Partnerschaftsgesellschaften relativ gering ist. Vielleicht ist dies jedoch auch ein Indiz dafür, daß diese Form erst bei größeren Zusammenschlüssen interessant zu werden scheint und man daher erst einmal „klein“ mit einer Einzelpraxis oder GbR anfängt, um sich vielleicht später zu vergrößern und dies dann in Form einer Partnerschaftsgesellschaft zu tun.

Aufgrund der wenig eingesetzten Haftungskonzentration könnte man dreierlei vermuten:

- Sie ist in ihrer derzeitigen Form unpraktisch und wird daher wenig eingesetzt. Dagegen spricht allerdings, daß bei denen, die sie einsetzen, dies wohl sehr unproblematisch direkt bei Aufnahme eines Patienten geschieht. Interessant wäre es herauszufinden, ob hier eine namentliche Benennung oder eher eine ganz allgemein gehaltene Regelung erfolgt.
- Sie ist für Ärzte nicht nötig, da sie ja sowieso über eine Berufshaftpflichtversicherung abgesichert sein müssen und im Zweifel interne Haftungsausgleichsansprüche bestehen.
- Sie wird von den Ärzten einfach nicht gewünscht oder sie ist einfach gar nicht richtig bekannt. Dagegen spricht allerdings, daß Haftungsaspekte relativ häufig als Grund für die Wahl dieser Rechtsform angegeben werden. Daß diese dann nicht in der Form der Haftungskonzentration umgesetzt werden, läßt wieder auf die allgemein kritisierte Unpraktikabilität schließen.

Da eine absolute Zufriedenheit bei den Partnern einer Partnerschaftsgesellschaft mit ihrer eigenen Rechtsform besteht und zudem das Interesse an der Zusammenarbeit mit anderen Berufsgruppen bei sämtlichen Befragten sehr hoch ist und dies insbesondere auch mit Nicht-Ärzten, scheint die Partnerschaftsgesellschaft ein Schritt in die richtige Richtung zu sein.

An der Aufzählung auch von Berufsgruppen, die noch nicht in den Katalog der MBO aufgenommen worden sind, merkt man, daß hier noch weiterer Handlungsbedarf besteht.

So ist es insbesondere bei den Zahnärzten unverständlich, daß hier nach wie vor grundsätzlich ein Verbot bezüglich des Zusammenschlusses mit Nicht-Ärzten besteht (vgl. Kap. 5.3.2.5.2.2.2, S. 133). So wäre doch gerade mit Blick auf das Ziel einer ganzheitlichen Zahnheilkunde am Patienten die Zusammenarbeit von Zahnärzten, Kieferchirurgen/-orthopäden, Logopäden und Zahntechnikern, ggf. auch mit Ernährungsberatern und Kosmetikern, erstrebenswert. Es bleibt ja jedem offen, ob er – aus Sicht des Zahnarztes – Partner einer solchen Kooperation werden möchte oder – aus Sicht des Patienten – in einer derartigen Gesellschaft behandelt werden möchte. Es wird immer noch genug Zahnärzte oder allgemein Ärzte geben, die die Eigenverantwortung und Selbständigkeit zum Hauptziel erklären oder einfach kein Interesse daran haben, mit Nicht-Ärzten zusammenzuarbeiten und ebenso auch genug Patienten, die gerade zu diesem einzelnen Arzt und eben nicht zu einer (vielleicht anonymen) Gruppe gehen möchten, obwohl ja auch da, und dies sei betont, grundsätzlich das Gebot der freien Arztwahl bestehen bleibt und niemand dazu gezwungen werden kann, auch alle anderen Partner in Anspruch zu nehmen. Es bleibt somit zu hoffen, daß die Berufsrechte eine weitere Auflockerung, insbesondere im Bereich der Zahnärzte, erfahren. Auch in Krankenhäusern, wo die unterschiedlichsten Berufsgruppen zusammenarbeiten, hat der Arzt dadurch nicht an seinem Image eingebüßt. Zudem kann bei heterogener Berufsbeteiligung ein größeres Spektrum an Leistung angeboten werden.

Abschließend sei noch angemerkt, daß die momentane Angst vor einem Trend zur Minutentherapie weg von der teuren Apparatemedizin oder auch die Angst vor einer möglichen Kommerzialisierung des Ärztetums und des Gutes Gesundheit wohl weniger etwas mit der Rechtsformwahl zu tun hat als vielmehr mit dem Gesundheitssystem an sich und den sich daraus ergebenden Konsequenzen.

8 Fazit

Im Laufe der letzten Jahre hat sich ein deutlicher Wandel im Bereich der Freien Berufe vollzogen. Zunehmender Konkurrenzdruck bei den Freiberuflern im allgemeinen ist auch bei den Ärzten zu beobachten. Eine fortschreitende Spezialisierung mit einer immer höher entwickelten Technologie, die die regelmäßige Anschaffung von – zumeist kapitalintensiven – Geräten erfordert, sowie die Auswirkungen des Gesundheitsstrukturgesetzes tragen zusätzlich zum Konkurrenzdruck dazu bei, daß eine Bewegung weg von Einzelpraxen hin zu Kooperationen stattfindet. Der Trend zu Zusammenschlüssen hat Entwicklungen in der Rechtsprechung und Gesetzgebung nach sich gezogen. Bezogen auf die Ärzteschaft heißt das, daß sich diese, neben den traditionellen Formen der Einzelpraxis und der GbR, seit dem 1.7.1995 in einer Partnerschaftsgesellschaft zusammenschließen können. Als Resultat des „Zahnärzte-Urteils" vom 25.11.1993 ist auch der Zusammenschluß von Ärzten zu einer Ärzte-GmbH nicht mehr ausgeschlossen.

Die Partnerschaftsgesellschaft ist gekennzeichnet durch eine starke Annäherung an die OHG. Im Gegensatz zu dieser können Partner einer Partnerschaftsgesellschaft allerdings ausschließlich natürliche Personen sein, die zudem noch einem Freien Beruf i.S.v. § 1 PartGG nachgehen müssen. Es besteht die Möglichkeit der Beschränkung der Haftung für Schäden aus fehlerhafter Berufausübung auf den jeweils handelnden Partner, um so eine Gleichstellung mit der Situation in der Einzelpraxis zu erreichen. Bezogen auf die Ärzte ist eine weitergehende Haftungsbeschränkung aus fehlerhafter Berufsausübung nicht möglich, da die Ärzte nach h.M. ihre persönliche Haftung in keiner Hinsicht beschränken dürfen, auch nicht im Rahmen der GmbH. Gegenüber der GbR ist insbesondere die Teilrechtsfähigkeit und insgesamt verfestigtere Struktur der Partnerschaftsgesellschaft ein Vorteil. Nachteilig wirkt sich die Unbekanntheit der Rechtsform aus. Gegenüber der GmbH ist die Partnerschaftsgesellschaft insbesondere in puncto Rechtsfähigkeit im Nachteil. Dagegen steht bei der GmbH ein ungleich höherer Organisations- und Gründungsaufwand zu Buche.

Das Berufsrecht der Ärzte hat die Partnerschaftsgesellschaft mit der GbR gleichgestellt. So sind grundsätzlich auch in der GbR interprofessionelle Zusammenschlüsse, die als Novum der Partnerschaftsgesellschaft eingeführt wurden, möglich und erlaubt. Allerdings wird hier in der Praxis z.T. abgewichen und diese Form des Zusammenschlusses nur in der Rechtsform der Partnerschaftsgesellschaft gestattet. Der empirische Teil hat gezeigt, daß diese Öffnung des Berufsrechts dringend und erwünscht war. So besteht insgesamt ein hohes Interesse an der Zusammenarbeit mit anderen Berufsgruppen, gerade im Hinblick auf eine ganzheitliche Gesundheitsvorsorge, die mögliche Erweiterung des Leistungsspektrums, Kostenersparnis und Konkurrenzfähigkeit. Es bleibt zu hoffen, daß diese Öffnung nur der Anfang war und in Zukunft noch weitere Berufsgruppen zur Kooperation mit Ärzten zugelassen werden; insbesondere im Bereich der Zahnärzte die Kooperation auch mit Nicht-Ärzten.

Die Ärzte-GmbH gestaltet sich zur Zeit als eher problematisch in der Praxis, da im Bereich der kassenärztlichen und privatärztlichen Versorgung keine Erstattungsansprüche oder Abrechnungsgrundlagen für angestellte Ärzte in einer GmbH oder für die GmbH selbst gegeben sind. Hinzu kommt das schlechte Renommee.

Das Steuerrecht lehnt sich im Bereich der Partnerschaftsgesellschaft sehr stark an das Recht der OHG bzw. der GbR an. Im Gegensatz zur OHG wird bei der Partnerschaftsgesellschaft als Freiberufler-Personengesellschaft jedoch grundsätzlich keine Gewerbesteuer fällig. Im Bereich der Ärzte-GmbH fällt diese grundsätzlich kraft Rechtsform an. Bezüglich der Umsatzsteuer liegt, wie bei der Einzelpraxis und der GbR auch, eine sachliche Steuerbefreiung im Bereich der reinen heilkundlichen Leistungserbringung vor, die nach neuerer Rechtsprechung auch auf die GmbH übertragbar sein soll.

Vorteile könnten steuerrechtlich bei der GmbH allenfalls in der Ausschöpfung von Gestaltungsmöglichkeiten liegen, die bei den anderen Rechtsformen nicht möglich sind (insbesondere im Bereich der Altersvorsorge). Dagegen spricht eindeutig die Mehrbelastung mit Gewerbesteuer. Eine genaue Vorteilhaftigkeitsanalyse ist nur immer bezogen auf den Einzelfall, ggf. mit Hilfe eines Steuerbelastungsvergleiches, möglich.

Die Frage „Die Partnerschaftsgesellschaft für Ärzte – eine Alternative zu anderen Kooperationsformen?“ läßt sich uneingeschränkt mit „ja“ beantworten. Sie ist eine Alternative. Sie stellt jedoch keine wesentliche und umfassende Besserstellung - speziell für die Ärzteschaft – dar; allerdings auch nicht eine Schlechterstellung. Die marginalen Vorteile gegenüber der GbR werden für ganz „normale“ Ärztekooperationen nicht ausreichen, die Partnerschaftsgesellschaft vorzuziehen, gerade auch wegen der relativen Unbekanntheit dieser Rechtsform sowie den höheren rechtsformspezifischen Aufwendungen. Im Rahmen von größeren Zusammenschlüssen, gerade auch mit heterogener Berufsgruppenbeteiligung, sollte sie jedoch in Erwägung gezogen werden.

Die GmbH hingegen kann noch nicht als eine Alternative bezeichnet werden. Berufsrechtliche Besonderheiten und Regeln machen die Ausübung der ärztlichen Tätigkeit in einer GmbH unattraktiv. Es bleibt abzuwarten, ob sich hier in Zukunft eine Öffnung seitens der Krankenkassen ergeben wird.

ANHANG

GESETZESTEXTE / VERORDNUNGEN

Gesetz über Partnerschaftsgesellschaften Angehöriger Freier Berufe (Partnerschaftsgesellschaftsgesetz – PartGG) vom 25. Juli 1994

§ 1 Voraussetzungen der Partnerschaft[1]

(1) Die Partnerschaft ist eine Gesellschaft, in der sich Angehörige Freier Berufe zur Ausübung ihrer Berufe zusammenschließen. Sie übt kein Handelsgewerbe aus. Angehörige einer Partnerschaft können nur natürliche Personen sein.

(2) Ausübung eines Freien Berufs im Sinne dieses Gesetzes ist die selbständige Berufstätigkeit der Ärzte, Zahnärzte, Tierärzte, Heilpraktiker, Krankengymnasten, Hebammen, Heilmasseure, Diplom-Psychologen, Mitglieder der Rechtsanwaltskammern, Patentanwälte, Wirtschaftsprüfer, Steuerberater, beratenden Volks- und Betriebswirte, vereidigten Buchprüfer (vereidigte Buchrevisoren), Steuerbevollmächtigten, Ingenieure, Architekten, Handelschemiker, Lotsen, hauptberuflichen Sachverständigen, Journalisten, Bildberichterstatter, Dolmetscher, Übersetzer und ähnlicher Berufe sowie der Wissenschaftler, Künstler, Schriftsteller, Lehrer und Erzieher,

(3) Die Berufsausübung in der Partnerschaft kann in Vorschriften über einzelne Berufe ausgeschlossen oder von weiteren Voraussetzungen abhängig gemacht werden.

(4) Auf die Partnerschaft finden, soweit in diesem Gesetz nichts anderes bestimmt ist, die Vorschriften des Bürgerlichen Gesetzbuchs über die Gesellschaft Anwendung.

§ 2 Name der Partnerschaft[2]

(1) Der Name der Partnerschaft muß den Namen mindestens eines Partners, den Zusatz "und Partner" oder "Partnerschaft" sowie die Berufsbezeichnungen aller in der Partnerschaft vertretenen Berufe enthalten,

---

[1] Ergänzung zum § 1 Abs. 2 PartGG zum 1.8.1998 (BGBl. I, 1998, S. 1881), folgender neuer Satz 1: „Die Freien Berufe haben im allgemeinen auf der Grundlage besonderer beruflicher Qualifikation oder schöpferischer Begabung die persönliche, eigenverantwortliche und fachlich unabhängige Erbringung von Dienstleistungen höherer Art im Interesse der Auftraggeber und der Allgemeinheit zum Inhalt.“

[2] Im Zusammenhang mit dem Handelsrechtsreformgesetz wurde § 2 PartGG zum 1.7.1998 wie folgt geändert (BGBl. I, 1998, S. 1475): Dem Absatz 1 werden folgende Sätze angefügt: „Die Beifügung von Vornamen ist nicht erforderlich. Die Namen anderer Personen als der Partner dürfen nicht in den Namen der Partnerschaft aufgenommen werden.“ In Absatz 2 wird die Angabe „§ 19 Abs. 3 und 4“ gestrichen.

(2) § 18 Abs. 2, § 19 Abs. 3 und 4, §§ 21, 22 Abs. 1, §§ 23, 24, 30, 31 Abs. 2, §§ 32 und 37 des Handelsgesetzbuchs sind entsprechend anzuwenden; § 24 Abs. 2 des Handelsgesetzbuchs gilt auch bei Umwandlung einer Gesellschaft bürgerlichen Rechts in eine Partnerschaft.

§ 3 Partnerschaftsvertrag

(1) Der Partnerschaftsvertrag bedarf der Schriftform.

(2) Der Partnerschaftsvertrag muß enthalten

1. den Namen und den Sitz der Partnerschaft;

2. den Namen und den Vornamen sowie den in der Partnerschaft ausgeübten Beruf und den Wohnort jedes Partners;

3. den Gegenstand der Partnerschaft.

§ 4 Anmeldung der Partnerschaft

(1) Auf die Anmeldung der Partnerschaft in das Partnerschaftsregister sind § 106 Abs. 1 und § 108 des Handelsgesetzbuchs entsprechend anzuwenden. Die Anmeldung hat die in § 3 Abs. 2 vorgeschriebenen Angaben zu enthalten. Änderungen dieser Angaben sind gleichfalls zur Eintragung in das Partnerschaftsregister anzumelden.

(2) In der Anmeldung ist die Zugehörigkeit jedes Partners zu dem Freien Beruf, den er in der Partnerschaft ausübt, anzugeben. Das Registergericht legt bei der Eintragung die Angaben der Partner zugrunde, es sei denn, ihm ist deren Unrichtigkeit bekannt.

§ 5 Inhalt der Eintragung; anzuwendende Vorschriften

(1) Die Eintragung hat die in § 3 Abs. 2 genannten Angaben zu enthalten.

(2) Auf das Partnerschaftsregister und die registerrechtliche Behandlung von Zweigniederlassungen sind die §§ 8 bis 12, 13, 13c, 13d, 13 h, 14 bis 16 des Handelsgesetzbuchs über die Handelsregister entsprechend anzuwenden.

§ 6 Rechtsverhältnis der Partner untereinander

(1) Die Partner erbringen ihre beruflichen Leistungen unter Beachtung des für sie geltenden Berufsrechts.

(2) Einzelne Partner können im Partnerschaftsvertrag nur von der Führung der sonstigen Geschäfte ausgeschlossen werden.

(3) Im übrigen richtet sich das Rechtsverhältnis der Partner untereinander nach dem Partnerschaftsvertrag. Soweit der Partnerschaftsvertrag keine Bestimmungen enthält, sind die §§ 110 bis 116 Abs. 2, §§ 117 bis 119 des Handelsgesetzbuchs entsprechend anzuwenden.

§ 7 Wirksamkeit im Verhältnis zu Dritten; rechtliche Selbständigkeit; Vertretung[3]

(1) Die Partnerschaft wird im Verhältnis zu Dritten mit ihrer Eintragung in das Partnerschaftsregister wirksam.

(2) § 124 des Handelsgesetzbuchs ist entsprechend anzuwenden.

(3) Auf die Vertretung der Partnerschaft sind die Vorschriften des § 125 Abs. 1, 2 und 4 sowie der §§ 126 und 127 des Handelsgesetzbuchs entsprechend anzuwenden.

§ 8 Haftung für Verbindlichkeiten der Partnerschaft[4]

(1) Für Verbindlichkeiten der Partnerschaft haften den Gläubigem neben dem Vermögen der Partnerschaft die Partner als Gesamtschuldner. Die §§ 129 und 130 des Handelsgesetzbuchs sind entsprechend anzuwenden.

(2) Die Partner können ihre Haftung gemäß Absatz 1 Satz 1 für Ansprüche aus Schäden wegen fehlerhafter Berufsausübung auch unter Verwendung vorformulierter Vertragsbedingungen auf den von ihnen beschränken, der innerhalb der Partnerschaft die berufliche Leistung zu erbringen oder verantwortlich zu leiten und zu überwachen hat.

(3) Durch Gesetz kann für einzelne Berufe eine Beschränkung der Haftung für Ansprüche aus Schäden wegen fehlerhafter Berufsausübung auf einen bestimmten Höchstbetrag zugelassen werden, wenn zugleich eine Pflicht zum Abschluß einer Berufshaftpflichtversicherung der Partner oder der Partnerschaft begründet wird

§ 9 Ausscheiden eines Partners; Auflösung der Partnerschaft[5]

(1) Auf das Ausscheiden eines Partners und die Auflösung der Partnerschaft sind, soweit im folgenden nichts anderes bestimmt ist, die §§ 131 bis 144 des Handelsgesetzbuchs entsprechend anzuwenden.

(2) Der Tod eines Partners, die Eröffnung des Konkursverfahrens über das Vermögen eines Partners, die Kündigung eines Partners und die Kündigung durch den Privatgläubiger eines Partners bewirken nur das Ausscheiden des Partners aus der Partnerschaft.

---

[3] Im Zusammenhang mit dem Handelsrechtsreformgesetz wurde dem § 7 PartGG folgender Absatz 4 zum 1.7.1998 angefügt (BGBl. I, 1998, S. 1475): „(4) Für die Angaben auf Geschäftsbriefen der Partnerschaft ist § 125a Abs. 1 Satz 1, Abs. 2 des Handelsgesetzbuchs entsprechend anzuwenden."

[4] Änderung des § 8 Abs. 2 PartGG zum 1.8.1998 (BGBl. I, 1998, S. 1881) wie folgt: „(2) Waren nur einzelne Partner mit der Bearbeitung eines Auftrags befaßt, so haften nur sie gemäß Absatz 1 für berufliche Fehler neben der Partnerschaft; ausgenommen sind Bearbeitungsbeiträge von untergeordneter Bedeutung."

[5] Im Zusammenhang mit dem Handelsrechtsreformgesetz wurde § 9 Abs. 2 PartGG zum 1.7.1998 aufgehoben (BGBl. I, 1998, S. 1475), da an diese Stelle eine inhaltsgleiche Regelung im HBG getreten ist.

(3) Verliert ein Partner eine erforderliche Zulassung zu dem Freien Beruf, den er in der Partnerschaft ausübt, so scheidet er mit deren Verlust aus der Partnerschaft aus.

(4) Die Beteiligung an einer Partnerschaft ist nicht vererblich. Der Partnerschaftsvertrag kann jedoch bestimmen, daß sie an Dritte vererblich ist, die Partner im Sinne des § 1 Abs. 1 und 2 sein können. § 139 des Handelsgesetzbuchs ist nur insoweit anzuwenden, als der Erbe der Beteiligung befugt ist, seinen Austritt aus der Partnerschaft zu erklären.

§ 10 Liquidation der Partnerschaft; Nachhaftung

(1) Für die Liquidation der Partnerschaft sind die Vorschriften über die Liquidation der offenen Handelsgesellschaft entsprechend anwendbar.

(2) Nach der Auflösung der Partnerschaft oder nach dem Ausscheiden des Partners bestimmt sich die Haftung der Partner aus Verbindlichkeiten der Partnerschaft nach den §§ 159, 160 des Handelsgesetzbuchs.

§ 11 Übergangsvorschrift

Den Zusatz "Partnerschaft" oder "und Partner" dürfen nur Partnerschaften nach diesem Gesetz führen. Gesellschaften, die eine solche Bezeichnung bei Inkrafttreten dieses Gesetzes in ihrem Namen führen, ohne Partnerschaft im Sinne dieses Gesetzes zu sein, dürfen diese Bezeichnung noch bis zum Ablauf von zwei Jahren nach Inkrafttreten dieses Gesetzes weiterverwenden. Nach Ablauf dieser Frist dürfen sie eine solche Bezeichnung nur noch weiterführen, wenn sie in ihrem Namen der Bezeichnung "Partnerschaft" oder "und Partner" einen Hinweis auf die andere Rechtsform hinzufügen.

Partnerschaftsregisterverordnung (PRV)

Verordnung über die Einrichtung und Führung des Partnerschaftsregisters vom 16.6.1995, BGBl. 1995 I, 808

Auf Grund des § 160 b Abs. 1 Satz 2 in Verbindung mit § 125 Abs. 3 und 4 des Gesetzes über die Angelegenheiten der freiwilligen Gerichtsbarkeit in der im Bundesgesetzblatt Teil III, Gliederungsnummer 315-1, veröffentlichten bereinigten Fassung, von denen § 125 Abs. 3 neugefaßt und § 125 Abs. 4 eingefügt worden ist durch Artikel 6 des Gesetzes vom 20. Dezember 1993 (BGBl. 1 S. 2182) und § 160 b eingefügt worden ist durch Artikel 2 des Gesetzes vom 25. Juli 1994 (BGBl. I S. 1744), geändert durch Artikel 5 Abs. 3 des Gesetzes vom 6. Juni 1995 (BGBl. I S. 778), verordnet das Bundesministerium der Justiz:

§ 1 Anwendbares Recht

(1) Die Einrichtung und Führung des Partnerschaftsregisters bestimmen sich nach den Vorschriften der Handelsregisterverfügung, soweit nicht nachfolgend etwas anderes vorgeschrieben ist.

(2) Dabei steht die Partnerschaft einer offenen Handelsgesellschaft gleich; an die Stelle der persönlich haftenden Gesellschafter treten die Partner, an die Stelle der Firma der offenen Handelsgesellschaft tritt der Name der Partnerschaft.

§ 2 Einteilung und Gestaltung des Registers

(1) Jede Partnerschaft ist unter einer fortlaufenden Nummer (Registerblatt) in das Register einzutragen. Das Register wird nach dem beigegebenen Muster in Anlage 1 geführt.

(2) Bei einem maschinell geführten Register und Namensverzeichnis sind die beigegebenen Muster (Anlagen 1 bis 3) zu verwenden.

§ 3 Anmeldung

(1) In der Anmeldung der Partnerschaft zur Eintragung in das Register ist die Zugehörigkeit jedes Partners zu dem Freien Beruf, den er in der Partnerschaft ausübt, anzugeben. Bedarf die Berufsausübung der staatlichen Zulassung oder einer staatlichen Prüfung, so sollen die Urkunde über die Zulassung oder das Zeugnis über die Befähigung zu diesem Beruf in Urschrift, Ausfertigung oder öffentlich beglaubigter Abschrift vorgelegt werden. Besteht für die angestrebte Tätigkeit keine anerkannte Ausbildung oder ist zweifelhaft, ob die angestrebte Tätigkeit als freiberuflich im Sinne des § 1 Abs. 2 des Partnerschaftsgesellschaftsgesetzes einzustufen ist, können die anmeldenden Partner die Ausübung freiberuflicher Tätigkeit auf sonstige Weise, notfalls auch durch schlichte Erklärung, darlegen. Das Gericht legt in diesem Fall bei der Eintragung die Angaben der Partner zugrunde, es sei denn, ihm ist deren Unrichtigkeit bekannt (§ 4 Abs. 2 Satz 2 des Partnerschaftsgesellschaftsgesetzes).

(2) Die anmeldenden Partner sollen eine Erklärung darüber abgeben, daß Vorschriften über einzelne Berufe (§ 1 Abs. 3 des Partnerschaftsgesellschaftsgesetzes), insbesondere solche über die Zusammenarbeit von Angehörigen verschiedener Freier Berufe, einer Eintragung nicht entgegenstehen. Absatz 1 Satz 4 gilt entsprechend.

(3) Bedarf die Partnerschaft aufgrund von Vorschriften über einzelne Berufe (§ 1 Abs. 3 des Partnerschaftsgesellschaftsgesetzes) der staatlichen Zulassung, so tritt an die Stelle der in den Absätzen 1 und 2 genannten Nachweise die Bestätigung der zuständigen Behörde, daß eine solche Zulassung erfolgen kann.

(4) Die Absätze 1 bis 3 gelten bei Anmeldung des Eintrittes eines Partners in eine bestehende Partnerschaft entsprechend.

§ 4 Stellungnahme der Berufskammer

Bestehen für in der Partnerschaft ausgeübte Berufe Berufskammern, so soll das Gericht diesen in zweifelhaften Fällen vor Eintragung Gelegenheit zur Stellungnahme geben. Die anmeldenden Partner sollen dem Gericht mit der Anmeldung mitteilen, ob und welche Berufskammern für die in der Partnerschaft ausgeübten Berufe bestehen. Dabei sollen auch die Anschriften der Berufskammern mitgeteilt werden. Weicht das Gericht von einer Stellungnahme ab, so hat es seine Entscheidung der Berufskammer, die die Stellungnahme abgegeben hat, unter Angabe der Gründe mitzuteilen.

§ 5 Inhalt der Eintragungen

(1) In Spalte 1 ist die laufende Nummer der die Partnerschaft betreffenden Eintragungen anzugeben.

(2) In Spalte 2 sind unter a der Name, unter b der Sitz und unter c der Gegenstand der Partnerschaft und die sich darauf beziehenden Änderungen einzutragen. Zum Namen der Partnerschaft gehören auch die Berufsbezeichnungen aller in der Partnerschaft vertretenen Berufe (§ 2 Abs. 1 des Partnerschaftsgesellschaftsgesetzes). Dies gilt auch für Partnerschaften, an denen Steuerberater, Steuerbevollmächtigte, Wirtschaftsprüfer oder vereidigte Buchprüfer beteiligt sind, es sei denn, die Partnerschaft soll als Steuerberatungs-, Wirtschaftsprüfungs- oder Buchprüfungsgesellschaft anerkannt werden (§ 53 des Steuerberatungsgesetzes, §§ 31, 130 Abs. 2 der Wirtschaftsprüferordnung). In dieser Spalte ist auch die Errichtung von Zweigniederlassungen zu vermerken, und zwar unter Angabe des Ortes und, falls dem Namen der Partnerschaft für eine Zweigniederlassung ein Zusatz beigefügt ist, unter Angabe dieses Zusatzes.

(3) In Spalte 3 sind unter a die Partner mit Vornamen, Familiennamen, dem in der Partnerschaft ausgeübten Beruf und Wohnort, ferner die Abwickler unter der Bezeichnung als solche mit Vornamen, Familiennamen, dem in der abzuwickelnden Partnerschaft ausgeübten Beruf und Wohnort einzutragen. Unter b sind die Vertretungsbefugnis der Partner und der Abwickler, soweit diese von den gesetzlichen Vorschriften abweicht, sowie alle sich hierauf beziehenden Veränderungen einzutragen.

(4) In Spalte 4 sind die der Eintragung unterliegenden sonstigen Rechtsverhältnisse einzutragen; zu vermerken sind:

1. der Eintritt und das Ausscheiden von Partnern;

2. Auflösung und Fortsetzung der Partnerschaft;

3. die Aufhebung von Zweigniederlassungen;

4. Eröffnung, Einstellung und Aufhebung des Konkurs- oder des gerichtlichen Vergleichsverfahrens sowie die Aufhebung des Eröffnungsbeschlusses;

5. das Erlöschen des Namens der Partnerschaft sowie Löschungen von Amts wegen.

(5) In Spalte 5 erfolgt unter a die Angabe des Tages der Eintragung und die Unterschrift des Urkundsbeamten der Geschäftsstelle, unter b die Eintragung von Verweisungen auf spätere Eintragungen und von sonstigen Bemerkungen.

§ 6 Mitteilungen an Berufskammern

Besteht für einen in der Partnerschaft ausgeübten Beruf eine Berufskammer, so sind dieser sämtliche Eintragungen mitzuteilen.

§ 7 Bekanntmachungsblätter

(1) Die Bekanntmachungen im Bundesanzeiger sollen in einem besonderen Teil des Blattes zusammengestellt werden. Sie sollen entsprechend dem Muster in Anlage 4 erfolgen.

(2) Vor Auswahl weiterer Blätter sind die Berufskammern zu hören. Die Bezeichnung der Blätter erfolgt durch einwöchigen Aushang an der Gerichtstafel des Registergerichts und durch Anzeige an die Berufskammern.

§ 8 Namenslöschung wegen Nichtausübung freiberuflicher Tätigkeit

Wird der Name einer Partnerschaft gelöscht, weil unter diesem keine freiberufliche Tätigkeit ausgeübt wird, so kann auf Antrag der Gesellschafter in der Bekanntmachung der Grund der Löschung erwähnt werden.

§ 9 Übergangsregelung für das in Papierform geführte Register

Abweichend von § 2 Abs. 1 Satz 2 und § 5 Abs. 3 Satz 2, Abs. 4 kann in dem in Papierform geführten Register bis 30. Juni 1998 die Eintragung der von gesetzlichen Vorschriften abweichenden Vertretungsbefugnis der Partner und der Abwickler sowie der sich hierauf beziehenden Änderungen statt in Spalte 3 unter b in Spalte 4 erfolgen.

§ 10 Inkrafttreten

Diese Verordnung tritt mit Wirkung vom 1. Juli 1995 in Kraft.

Anlage 1 (zu § 2 Abs. 1 und 2)
Nummer der Partnerschaft: PR

Partnerschaftsregister des Amtsgerichts...

Nr. der Eintragung	a) Name b) Sitz c) Gegenstand	a) Partner Abwickler b) Vertretungsbefugnisse (soweit vom Gesetz abweichend)	Rechtsverhältnisse	a) Tag der Eintragung und Unterschrift/Bestätigung b) Bemerkungen
1	2	3	4	5
1	a) **Müller und Partner, Rechtsanwälte und Steuerberater** b) München c) Ausübung rechtsanwaltlicher und steuerberatender Tätigkeit	a) Peter Müller, Rechtsanwalt, Starnberg Christian Schmidt, Steuerberater, München Dr. Gabriele Mittler, Rechtsanwältin, Dachau		a) 28. Juli 1995 Schirmer
2		a) Ute Jung, Rechtsanwältin, Augsburg b) **Ute Jung ist nur gemeinsam mit Peter Müller oder Christian Schmidt vertretungsberechtigt.**	Ute Jung ist als Partnerin in die Partnerschaft eingetreten	a) 8. Januar 1996 Schirmer
3		b) Ute Jung ist nun einzelvertretungsberechtigt.		a) 1. August 1996 Schirmer
4	b) In Augsburg ist eine Zweigniederlassung errichtet.			a) 22. April 1997 Schirmer b) Amtsgericht Augsburg PR 98 Schirmer
5	a) Müller, Schmidt und Partner, Rechtsanwälte und Steuerberater		Der Name der Partnerschaft ist geändert	a) 12. Juli 1997 Schirmer
6		a) Abwickler: Christian Schmidt, Steuerberater, München Ute Jung, Rechtsanwältin, Augsburg	Die Partnerschaft ist aufgelöst.	a) 9. Januar 2001 Klötzle
7			Der Name der Partnerschaft ist erloschen*	a) 14. Mai 2001 Klötzle

* Die Durchkreuzung des Registerblattes ist hier weggelassen.

Anlage 2 (zu § 2 Abs. 2)

Partnerschaftsregister des Amtsgerichts... Nummer der Partnerschaft: PR

Wiedergabe des aktuellen Registerinhalts

1. Anzahl der bisherigen Eintragungen

2. a) Name:
   b) Sitz:
   c) Gegenstand:

3. a) Partner/Abwickler:
   b) Vertretungsbefugnisse (soweit vom Gesetz abweichend):

4. Rechtsverhältnisse

5. a) Tag der letzten Eintragung:
   b) Bemerkungen:

Anmerkung: Die beiden Kopfzeilen müssen beim Abruf der Registerdaten auf dem Bildschirm stets sichtbar sein.

Anlage 3 (zu § 2 Abs. 2)

Amtsgericht P a r t n e r s c h a f t s r e g i s t e r Stand:

Detailanzeige aus dem Namensverzeichnis

Registernummer:

Der vollständige Name der Partnerschaft lautet:

Geschäftsadresse (ohne Gewähr):

Straße/Hausnummer:

Postfach:

PLZ/Ort:

Muster – Berufsordnung für die deutschen Ärztinnen und Ärzte

(Muster-) Berufsordnung für die deutschen Ärztinnen und Ärzte - MBO-Ä 1997 - in der Fassung der Beschlüsse des 100. Deutschen Ärztetages in Eisenach

A. Präambel

Die auf der Grundlage der Kammer- und Heilberufsgesetze beschlossene Berufsordnung stellt die Überzeugung der Ärzteschaft zum Verhalten von Ärzten gegenüber den Patienten, den Kollegen, den anderen Partnern im Gesundheitswesen sowie zum Verhalten in der Öffentlichkeit dar. Dafür geben sich die deutschen Ärztinnen und Ärzte die nachstehende Berufsordnung, in deren Text die Berufsbezeichnung „Arzt" („Ärzte") einheitlich und neutral für Ärztinnen und Ärzte verwendet wird. Mit der Festlegung von Berufspflichten der Ärzte dient die Berufsordnung zugleich dem Ziel,

- *das Vertrauen zwischen Arzt und Patient zu erhalten und zu fördern;*
- *die Qualität der ärztlichen Tätigkeit im Interesse der Gesundheit der Bevölkerung sicherzustellen;*
- *die Freiheit und das Ansehen des Arztberufes zu wahren;*
- *berufswürdiges Verhalten zu fördern und berufsunwürdiges Verhalten zu verhindern.*

B. Regeln zur Berufsausübung

1. Grundsätze

§ 1 Aufgaben des Arztes

(1) Der Arzt dient der Gesundheit des einzelnen Menschen und der Bevölkerung. Der ärztliche Beruf ist kein Gewerbe. Er ist seiner Natur nach ein freier Beruf.

(2) Aufgabe des Arztes ist es, das Leben zu erhalten, die Gesundheit zu schützen und wiederherzustellen, Leiden zu lindern, Sterbenden Beistand zu leisten und an der Erhaltung der natürlichen Lebensgrundlagen im Hinblick auf ihre Bedeutung für die Gesundheit der Menschen mitzuwirken.

§ 2 Allgemeine ärztliche Berufspflichten

(1) Der Arzt übt seinen Beruf nach seinem Gewissen, den Geboten der ärztlichen Ethik und der Menschlichkeit aus. Er darf keine Grundsätze anerkennen und keine Vorschriften oder Anweisungen beachten, die mit seiner Aufgabe nicht vereinbar sind oder deren Befolgung er nicht verantworten kann.

(2) Der Arzt hat seinen Beruf gewissenhaft auszuüben und dem ihm bei seiner Berufsausübung entgegengebrachten Vertrauen zu entsprechen.

(3) Zur gewissenhaften Berufsausübung gehören auch die Grundsätze korrekter ärztlicher Berufsausübung in Kapitel C.

(4) Der Arzt darf hinsichtlich seiner ärztlichen Entscheidungen keine Weisungen von Nichtärzten entgegennehmen.

(5) Der Arzt ist verpflichtet, sich über die für die Berufsausübung geltenden Vorschriften unterrichtet zu halten.

(6) Unbeschadet der in den nachfolgenden Vorschriften geregelten besonderen Auskunfts- und Anzeigepflichten hat der Arzt auf Anfragen der Ärztekammer, welche diese zur Erfüllung ihrer gesetzlichen Aufgaben bei der Berufsaufsicht an den Arzt richtet, in angemessener Frist zu antworten.

§ 3 Unvereinbarkeiten

(1) Dem Arzt ist neben der Ausübung seines Berufs die Ausübung einer anderen Tätigkeit untersagt, welche mit den ethischen Grundsätzen des ärztlichen Berufs nicht vereinbar ist. Dem Arzt ist auch verboten, seinen Namen in Verbindung mit einer ärztlichen Berufsbezeichnung in unlauterer Weise für gewerbliche Zwecke herzugeben. Ebensowenig darf er zulassen, daß von seinem Namen oder vom beruflichen Ansehen des Arztes in solcher Weise Gebrauch gemacht wird.

(2) Dem Arzt ist untersagt, im Zusammenhang mit der Ausübung seiner ärztlichen Tätigkeit Waren und andere Gegenstände abzugeben oder unter seiner Mitwirkung abgeben zu lassen sowie gewerbliche Dienstleistungen zu erbringen oder erbringen zu lassen, soweit nicht die Abgabe des Produkts oder die Dienstleistung wegen ihrer Besonderheiten notwendiger Bestandteil der ärztlichen Therapie sind.

§ 4 Fortbildung

(1) Der Arzt, der seinen Beruf ausübt, ist verpflichtet, sich in dem Umfange beruflich fortzubilden, wie es zur Erhaltung und Entwicklung der zu seiner Berufsausübung erforderlichen Fachkenntnisse notwendig ist.

(2) Der Arzt muß seine Fortbildung nach Absatz 1 gegenüber der Ärztekammer in geeigneter Form nachweisen können.

§ 5 Qualitätssicherung

Der Arzt ist verpflichtet, an den von der Ärztekammer eingeführten Maßnahmen zur Sicherung der Qualität der ärztlichen Tätigkeit teilzunehmen und der Ärztekammer die hierzu erforderlichen Auskünfte zu erteilen.

§ 6 Mitteilung von unerwünschten Arzneimittelwirkungen

Der Arzt ist verpflichtet, die ihm aus seiner ärztlichen Behandlungstätigkeit bekanntwerdenden unerwünschten Arzneimittelwirkungen der Arzneimittelkommission der deutschen Ärzteschaft mitzuteilen (Fachausschuß der Bundesärztekammer).

II. Pflichten gegenüber Patienten

§ 7 Behandlungsgrundsätze und Verhaltensregeln

(1) Jede medizinische Behandlung hat unter Wahrung der Menschenwürde und unter Achtung der Persönlichkeit, des Willens und der Rechte des Patienten, insbesondere des Selbstbestimmungsrechts, zu erfolgen.

(2) Der Arzt achtet das Recht seiner Patienten, den Arzt frei zu wählen oder zu wechseln. Andererseits ist von Notfällen oder besonderen rechtlichen Verpflichtungen abgesehen auch der Arzt frei, eine Behandlung abzulehnen. Den begründeten Wunsch des Patienten, einen weiteren Arzt zuzuziehen oder einem anderen Arzt überwiesen zu werden, soll der behandelnde Arzt in der Regel nicht ablehnen.

(3) Der Arzt darf individuelle ärztliche Behandlung, insbesondere auch Beratung, weder ausschließlich brieflich noch in Zeitungen oder Zeitschriften noch ausschließlich über Kommunikationsmedien oder Computerkommunikationsnetze durchführen.

§ 8 Aufklärungspflicht

Zur Behandlung bedarf der Arzt der Einwilligung des Patienten. Der Einwilligung hat grundsätzlich die erforderliche Aufklärung im persönlichen Gespräch vorauszugehen.

§ 9 Schweigepflicht

(1) Der Arzt hat über das, was ihm in seiner Eigenschaft als Arzt anvertraut oder bekannt geworden ist - auch über den Tod des Patienten hinaus - zu schweigen. Dazu gehören auch schriftliche Mitteilungen des Patienten, Aufzeichnungen über Patienten, Röntgenaufnahmen und sonstige Untersuchungsbefunde.

(2) Der Arzt ist zur Offenbarung befugt, soweit er von der Schweigepflicht entbunden worden ist oder soweit die Offenbarung zum Schutze eines höherwertigen Rechtsgutes erforderlich ist. Gesetzliche Aussage- und Anzeigepflichten bleiben unberührt. Soweit gesetzliche Vorschriften die Schweigepflicht des Arztes einschränken, soll der Arzt den Patienten darüber unterrichten.

(3) Der Arzt hat seine Mitarbeiter und die Personen, die zur Vorbereitung auf den Beruf an der ärztlichen Tätigkeit teilnehmen, über die gesetzliche Pflicht zur Verschwiegenheit zu belehren und dies schriftlich festzuhalten.

(4) Wenn mehrere Ärzte gleichzeitig oder nacheinander denselben Patienten untersuchen oder behandeln, so sind sie untereinander von der Schweigepflicht insoweit befreit, als das Einverständnis des Patienten vorliegt oder anzunehmen ist.

§ 10 Dokumentationspflicht

(1) Der Arzt hat über die in Ausübung seines Berufes gemachten Feststellungen und getroffenen Maßnahmen die erforderlichen Aufzeichnungen zu machen. Diese sind nicht nur Gedächtnisstützen für den Arzt, sie dienen auch dem Interesse des Patienten an einer ordnungsgemäßen Dokumentation.

(2) Der Arzt hat dem Patienten auf dessen Verlangen grundsätzlich in die ihn betreffenden Krankenunterlagen Einsicht zu gewähren; ausgenommen sind diejenigen Teile, welche subjektive Eindrücke oder Wahrnehmungen des Arztes enthalten. Auf Verlangen sind dem Patienten Kopien der Unterlagen gegen Erstattung der Kosten herauszugeben.

(3) Ärztliche Aufzeichnungen sind für die Dauer von zehn Jahren nach Abschluß der Behandlung aufzubewahren, soweit nicht nach gesetzlichen Vorschriften eine längere Aufbewahrungspflicht besteht.

(4) Nach Aufgabe der Praxis hat der Arzt seine ärztlichen Aufzeichnungen und Untersuchungsbefunde gemäß Absatz 3 aufzubewahren oder dafür Sorge zu tragen, daß sie in gehörige Obhut gegeben werden. Der Arzt, dem bei einer Praxisaufgabe oder Praxisübergabe ärztliche Aufzeichnungen über Patienten in Obhut gegeben werden, muß diese Aufzeichnungen unter Verschluß halten und darf sie nur mit Einwilligung des Patienten einsehen oder weitergeben.

(5) Aufzeichnungen auf elektronischen Datenträgern oder anderen Speichermedien bedürfen besonderer Sicherungs- und Schutzmaßnahmen, um deren Veränderung, Vernichtung oder unrechtmäßige Verwendung zu verhindern. Der Arzt hat hierbei die Empfehlungen der Ärztekammer zu beachten.

§ 11 Ärztliche Untersuchungs- und Behandlungsmethoden

(1) Mit Übernahme der Behandlung verpflichtet sich der Arzt dem Patienten gegenüber zur gewissenhaften Versorgung mit geeigneten Untersuchungs- und Behandlungsmethoden.

(2) Der ärztliche Berufsauftrag verbietet es, diagnostische oder therapeutische Methoden unter mißbräuchlicher Ausnutzung des Vertrauens, der Unwissenheit, der Leichtgläubigkeit oder der Hilflosigkeit von Patienten anzuwenden. Unzulässig ist es auch, Heilerfolge, insbesondere bei nicht heilbaren Krankheiten, als gewiß zuzusichern.

§ 12 Honorar und Vergütungsabsprachen

(1) Die Honorarforderung muß angemessen sein. Für die Bemessung ist die Amtliche Gebührenordnung (GOÄ) die Grundlage, soweit nicht andere gesetzliche Vergütungsregelungen gelten. Der Arzt darf die Sätze nach der GOÄ nicht in unlauterer Weise unterschreiten. Bei Abschluß einer Honorarvereinbarung hat der Arzt auf die Einkommens- und Vermögensverhältnisse des Zahlungspflichtigen Rücksicht zu nehmen.

(2) Der Arzt kann Verwandten, Kollegen, deren Angehörigen und mittellosen Patienten das Honorar ganz oder teilweise erlassen.

(3) Auf Antrag eines Beteiligten gibt die Ärztekammer eine gutachterliche Äußerung über die Angemessenheit der Honorarforderung ab.

III. Besondere medizinische Verfahren und Forschung

§ 13 Besondere medizinische Verfahren

(1) Bei speziellen medizinischen Maßnahmen oder Verfahren, die ethische Probleme aufwerfen und zu denen die Ärztekammer Empfehlungen zur Indikationsstellung und zur Ausführung festgelegt hat, hat der Arzt die Empfehlungen zu beachten.

(2) Soweit es die Ärztekammer verlangt, hat der Arzt die Anwendung solcher Maßnahmen oder Verfahren der Ärztekammer anzuzeigen.

(3) Vor Aufnahme entsprechender Tätigkeiten hat der Arzt auf Verlangen der Ärztekammer den Nachweis zu führen, daß die persönlichen und sachlichen Voraussetzungen entsprechend den Empfehlungen erfüllt werden.

§ 14 Erhaltung des ungeborenen Lebens und Schwangerschaftsabbruch

(1) Der Arzt ist grundsätzlich verpflichtet, das ungeborene Leben zu erhalten. Der Schwangerschaftsabbruch unterliegt den gesetzlichen Bestimmungen. Der Arzt kann nicht gezwungen werden, einen Schwangerschaftsabbruch vorzunehmen oder ihn zu unterlassen.

(2) Der Arzt, der einen Schwangerschaftsabbruch durchführt oder eine Fehlgeburt betreut, hat dafür Sorge zu tragen, daß die tote Leibesfrucht keiner mißbräuchlichen Verwendung zugeführt wird.

§ 15 Forschung

(1) Der Arzt muß sich vor der Durchführung biomedizinischer Forschung am Menschen - ausgenommen bei ausschließlich epidemiologischen Forschungsvorhaben - durch eine bei der Ärztekammer oder bei einer Medizinischen Fakultät gebildeten Ethik-Kommission über die mit seinem Vorhaben verbundenen berufsethischen und berufsrechtlichen Fragen beraten lassen. Dasselbe gilt vor der Durchführung gesetzlich zugelassener Forschung mit vitalen menschlichen Gameten und lebendem embryonalen Gewebe.

(2) Bei durchzuführenden Beratungen nach Absatz 1 ist die Deklaration des Weltärztebundes von 1964 (Helsinki) in der revidierten Fassung von 1975 (Tokio), 1983 (Venedig), 1989 (Hongkong) und 1996 (Somerset West) zugrunde zu legen.

(3) Zum Zwecke der wissenschaftlichen Forschung und Lehre dürfen der Schweigepflicht unterliegende Tatsachen und Befunde grundsätzlich nur soweit offenbart werden, als dabei die Anonymität des Patienten gesichert ist oder dieser ausdrücklich zustimmt.

In Publikationen von Forschungsergebnissen sind die Beziehungen des Arztes zum Auftraggeber und dessen Interessen offenzulegen.

§ 16 Beistand für den Sterbenden

Der Arzt darf - unter Vorrang des Willens des Patienten - auf lebensverlängernde Maßnahmen nur verzichten und sich auf die Linderung der Beschwerden beschränken, wenn ein Hinausschieben des unvermeidbaren Todes für die sterbende Person lediglich eine unzumutbare

Verlängerung des Leidens bedeuten würde. Der Arzt darf das Leben des Sterbenden nicht aktiv verkürzen. Er darf weder sein eigenes noch das Interesse Dritter über das Wohl des Patienten stellen.

IV. Berufliches Verhalten

1. Berufsausübung

§ 17 Niederlassung und Ausübung der Praxis

(1) Die Ausübung ambulanter ärztlicher Tätigkeit außerhalb von Krankenhäusern einschließlich konzessionierter Privatkrankenanstalten ist an die Niederlassung in eigener Praxis gebunden, soweit nicht gesetzliche Vorschriften etwas anderes zulassen.

(2) Die Ausübung ambulanter ärztlicher Tätigkeit im Umherziehen, in gewerblicher Form oder bei Beschäftigungsträgern, die gewerbsmäßig ambulante heilkundliche Leistungen erbringen, ist berufswidrig, soweit nicht die Tätigkeit in Krankenhäusern oder konzessionierten Privatkrankenanstalten ausgeübt, wird oder gesetzliche Vorschriften etwas anderes zulassen.

(3) Auf Antrag kann die Ärztekammer von den Geboten oder Verboten der Absätze 1 und 2 Ausnahmen gestatten, wenn sichergestellt ist, daß die beruflichen Belange nicht beeinträchtigt werden und die Berufsordnung beachtet wird.

(4) Die Niederlassung ist durch ein Praxisschild kenntlich zu machen. Das Nähere zur Ausgestaltung des Schildes regelt Kapitel D Nr. 2. Hierbei ist der Arzt berechtigt, seine Sprechstunde nach den örtlichen und fachlichen Gegebenheiten seiner Praxis festzusetzen, und verpflichtet, die Sprechstunden auf dem Praxisschild bekanntzugeben. Ärzte, welche nicht unmittelbar patientenbezogen tätig werden, können von der Ankündigung ihrer Niederlassung durch ein Praxisschild absehen, wenn sie dies der Ärztekammer anzeigen.

(5) Ort und Zeitpunkt der Niederlassung sowie jede Veränderung hat der Arzt der Ärztekammer unverzüglich mitzuteilen.

§ 18 Zweigpraxis, ausgelagerte Praxisräume

(1) Dem Arzt ist es nicht gestattet, an mehreren Stellen Sprechstunden abzuhalten. Die Ärztekammer kann, soweit es die Sicherstellung der ärztlichen Versorgung der Bevölkerung erfordert, die Genehmigung für eine Zweigpraxis (Sprechstunde) erteilen.

(2) Der Arzt darf in räumlicher Nähe zum Ort seiner Niederlassung Untersuchungs- und Behandlungsräume ausschließlich für spezielle Untersuchungs- oder Behandlungszwecke (zum Beispiel Operationen, medizinisch-technische Leistungen) unterhalten, in denen er seine Patienten nach Aufsuchen seiner Praxis versorgt (ausgelagerte Praxisräume). Dasselbe gilt für eine gemeinschaftlich mit anderen Ärzten organisierte Notfallpraxis in den sprechstundenfreien Zeiten.

§ 19 Beschäftigung angestellter Praxisärzte

Der Arzt muß seine Praxis persönlich ausüben. Die Beschäftigung eines ärztlichen Mitarbeiters in der Praxis (angestellter Praxisarzt) setzt die Leitung der Praxis durch den niederge-

lassenen Arzt voraus. Der Arzt hat die Beschäftigung des ärztlichen Mitarbeiters der Ärztekammer anzuzeigen.

§ 20 Vertreter

(1) Niedergelassene Ärzte sollen grundsätzlich zur gegenseitigem Vertretung bereit sein; übernommene Patienten sind nach Beendigung der Vertretung zurückzuüberweisen. Der Arzt darf sich grundsätzlich nur durch einen Facharzt desselben Fachgebiets vertreten lassen.

(2) Die Beschäftigung eines Vertreters in der Praxis ist der Ärztekammer anzuzeigen, wenn die Vertretung in der Praxisausübung insgesamt länger als drei Monate innerhalb von zwölf Monaten dauert.

(3) Die Praxis eines verstorbenen Arztes kann zugunsten seiner Witwe oder eines unterhaltsberechtigten Angehörigen in der Regel bis zur Dauer von drei Monaten nach dem Ende des Kalenderjahres durch einen anderen Arzt fortgesetzt werden.

§ 21 Haftpflichtversicherung

Der Arzt ist verpflichtet, sich hinreichend gegen Haftpflichtansprüche im Rahmen seiner beruflichen Tätigkeit zu versichern.

§ 22 Gemeinsame Berufsausübung

Zur gemeinsamen Berufsausübung sind die in Kapitel D Nrn. 7 bis 11 geregelten Berufsausübungsgemeinschaften von Ärzten (Gemeinschaftspraxis, Ärztepartnerschaft), Organisationsgemeinschaften unter Ärzten (zum Beispiel Praxisgemeinschaften, Apparategemeinschaften) und die medizinischen Kooperationsgemeinschaften sowie der Praxisverbund zugelassen.

§ 23 Ärzte im Beschäftigungsverhältnis

(1) Die Regeln dieser Berufsordnung gelten auch für Ärzte, welche ihre ärztliche Tätigkeit im Rahmen eines privatrechtlichen Arbeitsverhältnisses oder öffentlich-rechtlichen Dienstverhältnisses ausüben.

(2) Auch in einem Arbeits- oder Dienstverhältnis darf ein Arzt eine Vergütung für seine ärztliche Tätigkeit nicht dahingehend vereinbaren, daß die Vergütung den Arzt in der Unabhängigkeit seiner medizinischen Entscheidungen beeinträchtigt.

§ 24 Verträge über ärztliche Tätigkeit

Der Arzt soll alle Verträge über seine ärztliche Tätigkeit vor ihrem Abschluß der Ärztekammer vorlegen, damit geprüft werden kann, ob die beruflichen Belange gewahrt sind.

§ 25 Ärztliche Gutachten und Zeugnisse

Bei der Ausstellung ärztlicher Gutachten und Zeugnisse hat der Arzt mit der notwendigen Sorgfalt zu verfahren und nach bestem Wissen seine ärztliche Überzeugung auszusprechen. Gutachten und Zeugnisse, zu deren Ausstellung der Arzt verpflichtet ist oder die auszustellen er übernommen hat, sind innerhalb einer angemessenen Frist abzugeben. Zeugnisse über

Mitarbeiter und Ärzte in Weiterbildung müssen grundsätzlich innerhalb von drei Monaten nach Antragstellung, bei Ausscheiden unverzüglich, ausgestellt werden.

§ 26 Ärztlicher Notfalldienst

(1) Der niedergelassene Arzt ist verpflichtet, am Notfalldienst teilzunehmen. Auf Antrag eines Arztes kann aus schwerwiegenden Gründen eine Befreiung vom Notfalldienst ganz, teilweise oder vorübergehend erteilt werden. Dies gilt insbesondere: - wenn er wegen körperlicher Behinderung hierzu nicht in der Lage ist, - wenn ihm aufgrund besonders belastender familiärer Pflichten die Teilnahme nicht zuzumuten ist, - wenn er an einem klinischen Bereitschaftsdienst mit Notfallversorgung teilnimmt, - für Ärztinnen ab dem Zeitpunkt der Bekanntgabe ihrer Schwangerschaft und bis zu 12 Monate nach der Entbindung, - für Ärzte über 65 Jahre.

(2) Für die Einrichtung und Durchführung eines Notfalldienstes im einzelnen sind die von der Ärztekammer erlassenen Richtlinien maßgebend. Die Verpflichtung zur Teilnahme am Notfalldienst gilt für den festgelegten Notfalldienstbereich.

(3) Die Einrichtung eines Notfalldienstes entbindet den behandelnden Arzt nicht von seiner Verpflichtung, für die Betreuung seiner Patienten in dem Umfange Sorge zu tragen, wie es deren Krankheitszustand erfordert.

(4) Der Arzt hat sich auch für den Notfalldienst fortzubilden, wenn er gemäß Absatz 1 nicht auf Dauer von der Teilnahme am Notfalldienst befreit ist.

2. Berufliche Kommunikation

§ 27 Unerlaubte Werbung, erlaubte sachliche Information über die berufliche Tätigkeit

(1) Der Arzt darf für seine berufliche Tätigkeit oder die berufliche Tätigkeit anderer Ärzte nicht werben. Sachliche Informationen sind in Form, Inhalt und Umfang gemäß den Grundsätzen des Kapitels D Nrn. 1-6 zulässig.

(2) Der Arzt darf eine ihm verbotene Werbung durch andere weder veranlassen noch dulden. Dies gilt auch für die anpreisende Herausstellung von Ärzten in Ankündigungen von Sanatorien, Kliniken, Institutionen oder anderen Unternehmen. Der Arzt darf nicht dulden, daß Berichte oder Bildberichte mit werbender Herausstellung seiner ärztlichen Tätigkeit unter Verwendung seines Namens, Bildes oder seiner Anschrift veröffentlicht werden.

§ 28 Öffentliches Wirken und Medientätigkeit

Veröffentlichungen medizinischen Inhalts oder die Mitwirkung des Arztes an aufklärenden Veröffentlichungen in den Medien sind zulässig, soweit die Veröffentlichung und die Mitwirkung des Arztes auf sachliche Information begrenzt und die Person sowie das Handeln des Arztes nicht werbend herausgestellt werden. Dies gilt auch für öffentliche Vorträge medizinischen Inhalts.

3. Berufliche Zusammenarbeit mit Ärzten

§ 29 Kollegiale Zusammenarbeit

(1) Ärzte haben sich untereinander kollegial zu verhalten. Die Verpflichtung des Arztes, in einem Gutachten, auch soweit es die Behandlungsweise eines anderen Arztes betrifft, nach bestem Wissen seine ärztliche Überzeugung, auszusprechen, bleibt unberührt. Unsachliche Kritik an der Behandlungsweise oder dem beruflichen Wissen eines Arztes sowie herabsetzende Äußerungen über dessen Person sind berufsunwürdig.

(2) Es ist berufsunwürdig, einen Kollegen aus seiner Behandlungstätigkeit oder als Mitbewerber um eine berufliche Tätigkeit durch unlautere Handlungen zu verdrängen. Es ist insbesondere berufsunwürdig, wenn ein Arzt sich innerhalb eines Zeitraums von einem Jahr ohne Zustimmung des Praxisinhabers im Einzugsbereich derjenigen Praxis niederläßt, in welcher er in der Aus- oder Weiterbildung mindestens drei Monate tätig war. Ebenso ist es berufsunwürdig, in unlauterer Weise einen Kollegen ohne angemessene Vergütung oder unentgeltlich zu beschäftigen oder eine solche Beschäftigung zu bewirken, oder zu dulden.

(3) Ärzte, die andere Ärzte zu ärztlichen Verrichtungen bei Patienten heranziehen, denen gegenüber nur sie einen Liquidationsanspruch haben, sind verpflichtet, diesen Ärzten eine angemessene Vergütung zu gewähren. Erbringen angestellte Ärzte für einen liquidationsberechtigten Arzt abrechnungsfähige Leistungen, so ist der Ertrag aus diesen Leistungen in geeigneter Form an die beteiligten Mitarbeiter abzufahren.

(4) In Gegenwart von Patienten oder Nichtärzten sind Beanstandungen der ärztlichen Tätigkeit und zurechtweisende Belehrungen zu unterlassen. Das gilt auch für Ärzte als Vorgesetzte und Untergebene und für den Dienst in den Krankenhäusern.

(5) Der zur Weiterbildung befugte Arzt hat im Rahmen der gegebenen Möglichkeiten einen ärztlichen Mitarbeiter unbeschadet dessen Pflicht, sich selbst um eine Weiterbildung zu bemühen, in dem gewählten Weiterbildungsgang nach Maßgabe der Weiterbildungsordnung weiterzubilden.

4. Wahrung der ärztlichen Unabhängigkeit bei der Zusammenarbeit mit Dritten

§ 30 Zusammenarbeit des Arztes mit Dritten

(1) Dem Arzt ist es nicht gestattet, zusammen mit Personen, die weder Ärzte sind noch zu seinen berufsmäßig tätigen Mitarbeitern gehören, zu untersuchen oder zu behandeln. Dies gilt nicht für Personen, welche sich in der Ausbildung zum ärztlichen Beruf oder zu einem medizinischen Assistenzberuf befinden. Angehörige von Patienten und andere Personen dürfen bei der Untersuchung und Behandlung anwesend sein, wenn der verantwortliche Arzt und der Patient zustimmen.

(2) Die Zusammenarbeit mit Angehörigen anderer Gesundheitsberufe ist zulässig, wenn die Verantwortungsbereiche des Arztes und des Angehörigen des Gesundheitsberufs klar erkennbar voneinander getrennt bleiben.

§ 31 Unerlaubte Zuweisung von Patienten gegen Entgelt

Dem Arzt ist es nicht gestattet, für die Zuweisung von Patienten oder Untersuchungsmaterial ein Entgelt oder andere Vorteile sich versprechen oder gewähren zu lassen oder selbst zu versprechen oder zu gewähren.

§ 32 Annahme von Geschenken und anderen Vorteilen

Es ist unzulässig, sich von Patienten oder von Dritten Geschenke oder andere Vorteile, welche das übliche Maß kleiner Anerkennungen übersteigen, versprechen zu lassen oder anzunehmen, wenn hierdurch der Eindruck erweckt werden kann, daß der Arzt in seiner ärztlichen Entscheidung beeinflußt sein könnte.

§ 33 Arzt und Industrie

Soweit Ärzte Leistungen für die Hersteller von Arznei-, Heil-, Hilfsmitteln oder medizinisch-technischen Geräten erbringen (zum Beispiel bei der Entwicklung, Erprobung und Begutachtung), muß die hierfür bestimmte Vergütung der erbrachten Leistung entsprechen. Die Annahme von Werbegaben oder von Vorteilen für den Besuch von Informationsveranstaltungen der Hersteller ist untersagt, sofern der Wert nicht geringfügig ist. Dasselbe gilt für die Annahme unzulässiger Vorteile von Herstellern oder Händlern aus dem Bezug der in Satz 1 genannten Produkte.

§ 34 Verordnungen, Empfehlungen und Begutachtung von Arznei-, Heil- und Hilfsmitteln

(1) Dem Arzt ist es nicht gestattet, für die Verordnung von Arznei-, Heil- und Hilfsmitteln von dem Hersteller oder Händler eine Vergütung oder sonstige wirtschaftliche Vergünstigungen zu fordern oder anzunehmen.

(2) Der Arzt darf Ärztemuster nicht gegen Entgelt weitergeben.

(3) Dem Arzt ist es nicht gestattet, über Arznei-, Heil- und Hilfsmittel, Körperpflegemittel oder ähnliche Waren Werbevorträge zu halten oder zur Werbung bestimmte Gutachten zu erstellen.

(4) Der Arzt darf einer mißbräuchlichen Anwendung seiner Verschreibung keinen Vorschub leisten.

(5) Dem Arzt ist nicht gestattet, Patienten ohne hinreichenden Grund an bestimmte Apotheken, Geschäfte oder Anbietet von gesundheitlichen Leistungen zu verweisen.

§ 35 Fortbildungsveranstaltungen und Sponsoring

Werden Art, Inhalt und Präsentation von Fortbildungsveranstaltungen allein von einem ärztlichen Veranstalter bestimmt, so ist die Annahme von Beiträgen Dritter (Sponsoring) für Veranstaltungskosten in angemessenem Umfang erlaubt. Beziehungen zum Sponsor sind bei der Ankündigung und Durchführung offen darzulegen.

C. Verhaltensregeln (Grundsätze korrekter ärztlicher Berufsausübung)

Nr. 1 Umgang mit Patienten

Eine korrekte ärztliche Berufsausübung verlangt, daß der Arzt beim Umgang mit Patienten - ihre Würde und ihr Selbstbestimmungsrecht respektiert, - ihre Privatsphäre achtet, - über die beabsichtigte Diagnostik und Therapie, gegebenenfalls über ihre Alternativen und über seine Beurteilung des Gesundheitszustandes in für den Patienten verständlicher und angemessener Weise informiert und insbesondere auch das Recht, empfohlene Untersuchungs- und Behandlungsmaßnahmen abzulehnen, respektiert, - Rücksicht auf die Situation des Patienten nimmt, - auch bei Meinungsverschiedenheiten sachlich und korrekt bleibt, - den Mitteilungen des Patienten gebührende Aufmerksamkeit entgegenbringt und einer Patientenkritik sachlich begegnet.

Nr. 2 Behandlungsgrundsätze

Übernahme und Durchführung der Behandlung, erfordern die gewissenhafte Ausführung der gebotenen medizinischen Maßnahmen nach den Regeln der ärztlichen Kunst. Dazu gehört auch

- *rechtzeitig andere Ärzte hinzuziehen, wenn die eigene Kompetenz zur Lösung der diagnostischen und therapeutischen Aufgabe nicht ausreicht*
- *rechtzeitig den Patienten an andere Ärzte zur Fortsetzung der Behandlung zu überweisen*
- *dem Wunsch von Patienten nach Einholung einer Zweitmeinung sich nicht zu widersetzen*
- *für die mit- oder weiterbehandelnden Ärzte die erforderlichen Patientenberichte zeitgerecht zu erstellen.*

Nr. 3 Umgang mit nichtärztlichen Mitarbeitern

Eine korrekte ärztliche Berufsausübung verlangt auch, daß der Arzt bei der Ausübung seiner ärztlichen Tätigkeit nichtärztliche Mitarbeiter nicht diskriminiert und insbesondere die arbeitsrechtlichen Bestimmungen beachtet.

D. Ergänzende Bestimmungen zu einzelnen ärztlichen Berufspflichten

I. Regeln der beruflichen Kommunikation, insbesondere zulässiger Inhalt und Umfang sachlicher Informationen über die berufliche Tätigkeit

Nr. 1 Information anderer Ärzte

Ärzte dürfen andere Ärzte über ihr Leistungsangebot informieren. Die Information darf sich auch auf die Mitteilung von solchen Qualifikationen erstrecken, die nach dem maßgeblichen Weiterbildungsrecht erworben worden sind, jedoch als Bezeichnungen nicht geführt werden dürfen (fakultative Weiterbildung, Fachkunde). Bei der Information ist jede werbende Herausstellung, der eigenen Tätigkeit untersagt.

Nr. 2 Praxisschilder

(1) Der Arzt hat auf seinem Praxisschild seinen Namen und die Bezeichnung als Arzt oder eine führbare Arztbezeichnung nach der Weiterbildungsordnung (Facharzt-, Schwerpunkt- und Zusatzbezeichnung) anzugeben und Sprechstunden anzukündigen. Eine erworbene Facharzt-, Schwerpunkt- und Zusatzbezeichnung darf nur in der nach der Weiterbildungsordnung zulässigen Form und nur dann geführt werden, wenn der Arzt im entsprechenden Fachgebiet, Schwerpunkt oder Bereich nicht nur gelegentlich tätig ist.

(2) Das Praxisschild darf über die Angaben nach Absatz 1 hinaus Zusätze über medizinische akademische Grade, ärztliche Titel, Privatwohnung und Telefonnummern enthalten. Andere akademische Grade dürfen nur in Verbindung mit der Fakultätsbezeichnung genannt werden.

(3) Folgende weitere Angaben dürfen, sofern die Voraussetzungen vorliegen, auf dem Praxisschild genannt werden: a) Zulassung zu Krankenkassen b) Durchgangsarzt.

(4) Ein Arzt, der Belegarzt ist, darf auf seine belegärztliche Tätigkeit durch den Zusatz auf dem Praxisschild "Belegarzt" und die Hinzufügung des Namens des Krankenhauses, in dem er die belegärztliche Tätigkeit ausübt, hinweisen.

(5) Ein Arzt, der ambulante Operationen ausführt, darf dies mit dem Hinweis "Ambulante Operationen" auf dem Praxisschild ankündigen, wenn er ambulante Operationen, die über kleine chirurgische Eingriffe hinausgehen, ausführt und die Bedingungen der von der Ärztekammer eingeführten Qualitätssicherungsmaßnahmen erfüllt.

(6) Ein Arzt darf mit der Bezeichnung "Praxisklinik" eine besondere Versorgungsweise und besondere Praxisausstattung auf seinem Praxisschild ankündigen, wenn er

a) im Rahmen der Versorgung ambulanter Patienten bei Bedarf eine ärztliche und pflegerische Betreuung auch über Nacht gewährleistet,

b) neben den für die ärztlichen Maßnahmen notwendigen Voraussetzungen auch die nach den anerkannten Qualitätssicherungsregeln erforderlichen, apparativen, personellen und organisatorischen Vorkehrungen für eine Notfallintervention beim entlassenen Patienten erfüllt.

(7) Die Ärzte, die die Angaben zu Absätzen 4 bis 6 führen, haben der Ärztekammer auf deren Verlangen die für eine Prüfung der notwendigen Voraussetzungen der Ankündigung erforderlichen Unterlagen vorzulegen. Die Ärztekammer ist befugt, ergänzende Auskünfte zu verlangen.

(8) Die Bezeichnung "Professor" darf geführt werden, wenn sie auf Vorschlag der medizinischen Fakultät (Fachbereich) durch die Hochschule oder das zuständige Landesministerium verliehen worden ist. Dasselbe gilt für die von einer medizinischen Fakultät einer ausländischen wissenschaftlichen Hochschule verliehene Bezeichnung" wenn sie nach Beurteilung durch die Ärztekammer der deutschen Bezeichnung "Professor" gleichwertig ist. Die nach Satz 2 führbare, im Ausland erworbene Bezeichnung ist in der Fassung der ausländischen Verleihungsurkunde zu führen.

(9) Bei Berufsausübungsgemeinschaften von Ärzten (Gemeinschaftspraxis, Ärztepartnerschaft, Kapitel D Nr. 9) sind - unbeschadet des Namens einer Partnerschaftsgesellschaft - die Namen und Arztbezeichnungen aller in der Gemeinschaft zusammengeschlossenen Ärzte anzuzeigen. Der Zusammenschluß ist ferner entsprechend der Rechtsform mit dem Zusatz „Gemeinschaftspraxis" oder „Partnerschaft" anzukündigen. Die Fortführung des Namens eines nicht mehr berufstätigen, eines ausgeschiedenen oder verstorbenen Partners ist unzulässig. Hat eine ärztliche Gemeinschaftspraxis oder Partnerschaft gemäß Kapitel C Nr. 9 mehrere Praxissitze, so ist für jeden Partner zusätzlich der Praxissitz anzugeben.

10) Bei Kooperationen gemäß Kapitel D Nr. 9 darf sich der Arzt in ein gemeinsames Praxisschild mit den Kooperationspartnern aufnehmen lassen. Bei Partnerschaften gemäß Kapitel D Nr. 10 darf der Arzt, wenn die Angabe seiner Berufsbezeichnung vorgesehen ist, nur gestatten, daß die Bezeichnung Arzt oder eine andere führbare Bezeichnung angegeben werden.

11) Zusammenschlüsse zu Organisationsgemeinschaften dürfen nicht angekündigt werden.

12) Das Führen von Zusätzen, die nicht gemäß den vorstehenden Vorschriften erlaubt sind, ist untersagt.

13) Für Form und Anbringung der Praxisschilder gelten folgende Regeln:

a) Das Praxisschild soll der Bevölkerung die Praxis des Arztes anzeigen. Es darf nicht in aufdringlicher Form gestaltet und angebracht sein und das übliche Maß (etwa 35 x 50 cm) nicht übersteigen.

b) Bei Vorliegen besonderer Umstände, zum Beispiel bei versteckt liegenden Praxiseingängen, darf der Arzt mit Zustimmung der Ärztekammer weitere Arztschilder anbringen.

c) Bei Verlegung der Praxis kann der Arzt an dem Haus, aus dem er fortgezogen ist, bis zur Dauer eines halben Jahres ein Schild mit einem entsprechenden Vermerk anbringen.

14) Mit Genehmigung der Ärztekammer darf der Arzt ausgelagerte Praxisräume gemäß § 18 erforderlichenfalls mit einem Hinweisschild kennzeichnen, welches seinen Namen, seine Arztbezeichnung und den Hinweis "Untersuchungsräume" oder "Behandlungsräume" ohne weitere Zusätze enthält.

Nr. 3 Anzeigen und Verzeichnisse

(1) Anzeigen über die Niederlassung oder Zulassung dürfen nur in Zeitungen erfolgen. Sie dürfen außer der Anschrift der Praxis nur die für die Schilder des Arztes gestatteten Angaben enthalten und nur dreimal in der gleichen Zeit innerhalb eines Zeitraumes von drei Monaten zur Bekanntgabe der Niederlassung oder der Aufnahme der Kassenpraxis veröffentlicht werden.

(2) Im übrigen sind Anzeigen in den Zeitungen nur bei Praxisaufgabe, Praxisübergabe, längerer Abwesenheit von der Praxis oder Krankheit sowie bei der Verlegung der Praxis und bei der Änderung der Sprechstundenzeit oder der Fernsprechnummer gestattet. Derartige Anzeigen dürfen aus diesem Anlaß höchstens dreimal veröffentlicht werden.

(3) Form und Inhalt dieser Zeitungsanzeigen müssen sich nach den örtlichen Gepflogenheiten richten.

(4) Ärzte dürfen sich in für die Öffentlichkeit bestimmte Informationsmedien eintragen lassen, wenn diese folgenden Anforderungen gerecht werden:

a) Sie müssen allen Ärzten zu denselben Bedingungen gleichermaßen mit einem kostenfreien Grundeintrag offenstehen,

b) die Eintragungen müssen sich grundsätzlich auf ankündigungsfähige Bezeichnungen beschränken. Soll das Verzeichnis weitere Angaben enthalten, darf sich der Arzt eintragen lassen, wenn sich die Angaben im Rahmen der Bestimmungen nach Nr. 5 halten und die Systematik sowie die Art der Angaben vom Verleger des Verzeichnisses vor der Veröffentlichung mit der zuständigen Ärztekammer abgestimmt worden sind.

(5) Ärzte, welche sich zu einem zugelassenen Praxisverbund (Kapitel D Nr. 11) zusammengeschlossen haben, dürfen dies als Verbund in Zeitungsanzeigen bis zu dreimal und in Verzeichnissen als Praxisverbund zusätzlich zu eventuellen Einzelangaben der Praxis bekanntgeben.

Nr. 4 Ankündigungen auf Briefbögen, Rezeptvordrucken, Stempeln und im sonstigen Schriftverkehr

Für sonstige Ankündigungen in Schriftform gelten die Bestimmungen der Nr. 2. Ärztliche Dienstbezeichnungen dürfen im Schriftverkehr angegeben werden; das gleiche gilt auch für Bezeichnungen, die nach der Weiterbildungsordnung nur am Ort der Tätigkeit geführt werden dürfen.

Nr. 5 Patienteninformation in den Praxisräumen

(1) Sachliche Informationen medizinischen Inhalts (Absatz 2) und organisatorische Hinweise zur Patientenbehandlung (Absatz 3) sind in den Praxisräumen des Arztes zur Unterrichtung der Patienten zulässig, wenn eine werbende Herausstellung des Arztes und seiner Leistungen unterbleibt.

(2) Sachliche Informationen medizinischen Inhalts umfassen Beschreibungen bestimmter medizinischer Vorgänge, die in der Praxis des Arztes zur Vorbereitung des Patienten auf spezielle Untersuchungen oder Behandlungsmaßnahmen für zweckmäßig erachtet werden, oder Hinweise auf einzelne besondere Untersuchungs- und Behandlungsverfahren des Arztes im Rahmen seines Fachgebietes, die nicht den Kern der Weiterbildung ausmachen.

(3) Bei praxisorganisatorischen Hinweisen handelt es sich um Hinweise, weiche die "Organisation" der Inanspruchnahme des Arztes durch Patienten in seinen Praxisräumen sowie den organisatorischen Ablauf in der Praxis selbst betreffen. Hinweise auf Sprechstundenzeiten, Sondersprechstunden, Telefonnummern, Erreichbarkeit außerhalb der Sprechstunde, Praxislage im Bezug auf öffentliche Verkehrsmittel (Straßenplan), . Angabe über Parkplätze, besondere Einrichtungen für Behinderte können Gegenstand von praxisorganisatorischen Hinweisen sein.

Nr. 6 Öffentlich abrufbare Arztinformationen in Computerkommunikationsnetzen

Für öffentlich abrufbare Arztinformationen in Computerkommunikationsnetzen, insbesondere für Praxisinformationen ("virtuelle Schaufenster") gelten die Vorschriften der §§ 27 und 28 sowie des Kapitels D Nr. 1, Nr. 2 und Nr. 3 Absatz 3 entsprechend. Die Veröffentlichungen von nur für die Patienteninformation in Praxisräumen zugelassenen Mitteilungen (Kapitel D Nr. 5) ist in Computerkommunikationsnetzen gestattet, wenn durch verläßliche technische Verfahren sichergestellt ist, daß der Nutzer beim Suchprozeß zunächst nur Zugang zu einer Homepage des Arztes erhalten kann, welche ausschließlich die für das Praxisschild zugelassenen Angaben enthält, und erst nach einer weiteren Nutzerabfrage die Praxisinformationen zugänglich gemacht werden.

II. Formen der Zusammenarbeit (Gemeinschaftspraxis, Partnerschaft, Medizinische Kooperationsgemeinschaft, Praxisverbund)

Nr. 7 Berufsrechtsvorbehalt

Soweit Vorschriften dieser Berufsordnung Regelungen des Partnerschaftsgesellschaftsgesetzes (Gesetz über Partnerschaftsgesellschaften Angehöriger Freier Berufe [PartGG] vom 25. Juli 1994 - BGBl. 1 S. 1744) einschränken, sind sie vorrangig aufgrund von § 1 Absatz 3 PartGG.

Nr. 8 Berufsausübungsgemeinschaften von Ärzten

(1) Für die Berufsausübungsgemeinschaft dürfen Ärzte nur Gesellschaftsformen wählen, welche die eigenverantwortliche und selbständige sowie nicht gewerbliche Berufsausübung wahren. Solche Gesellschaftsformen sind die Gesellschaft des bürgerlichen Rechts (§ 705 ff. BGB) für die Gemeinschaftspraxis und die Partnerschaftsgesellschaft für die Ärztepartnerschaft. Es dürfen sich nur Ärzte zusammenschließen, welche ihren Beruf ausüben. Sie dürfen nur einer Berufsausübungsgemeinschaft angehören; ausgenommen ist nur die Kooperation mit einem Krankenhaus oder vergleichbaren Einrichtungen.

(2) Die Berufsausübungsgemeinschaft ist nur zulässig an einem gemeinsamen Praxissitz. Ärzte, die ihrem typischen Fachgebietsinhalt nach regelmäßig nicht unmittelbar patientenbezogen ärztlich tätig sind, dürfen sich zu einer Berufsausübungsgemeinschaft auch derart zusammenschließen, daß jeder der Gemeinschaftspartner seine ärztliche Tätigkeit an einem Praxissitz ausübt, der den Mittelpunkt seiner Berufstätigkeit bildet. Ein eigener Praxissitz ist auch zulässig für einen Arzt, der die Voraussetzungen des Satzes 2 erfüllt, wenn er sich mit einem Arzt oder Ärzten, für die Satz 1 gilt, zusammenschließt.

(3) Bei allen Formen gemeinsamer Berufsausübung muß die freie Arztwahl gewährleistet bleiben.

(4) Der Zusammenschluß zu Berufsausübungsgemeinschaften und zu Organisationsgemeinschaften ist von den beteiligten Ärzten ihrer Ärztekammer anzuzeigen. Sind für die beteiligten Ärzte mehrere Ärztekammern zuständig, so ist jeder Arzt verpflichtet, die für ihn zuständige Kammer auf alle am Zusammenschluß beteiligten Ärzte hinzuweisen.

Nr. 9 Kooperative Berufsausübung zwischen Ärzten und Angehörigen anderer Fachberufe

(1) Ärzte können sich auch mit selbständig tätigen und zur eigenverantwortlichen Berufsausübung befugten Berufsangehörigen der Berufe nach Absatz 2 zur kooperativen Berufsausübung zusammenschließen (medizinische Kooperationsgemeinschaft). Die Kooperation ist nur in der Form einer Partnerschaftsgesellschaft nach dem PartGG oder aufgrund eines schriftlichen Vertrages über die Bildung einer Kooperationsgemeinschaft in der Rechtsform einer Gesellschaft bürgerlichen Rechts gestattet. Dem Arzt ist ein solcher Zusammenschluß im einzelnen nur mit solchen anderen Berufsangehörigen und in der Weise erlaubt, daß diese in ihrer Verbindung mit dem Arzt einen gleichgerichteten oder integrierenden diagnostischen oder therapeutischen Zweck bei der Heilbehandlung, auch auf dem Gebiete der Prävention und Rehabilitation, durch räumlich nahes und koordiniertes Zusammenwirken aller beteiligten Berufsangehörigen erfüllen können. Darüber hinaus muß der Kooperationsvertrag gewährleisten, daß

a) die eigenverantwortliche und selbständige Berufsausübung des Arztes gewahrt ist:

b) die Verantwortungsbereiche der Partner gegenüber den Patienten getrennt bleiben;

c) medizinische Entscheidungen, insbesondere über Diagnostik und Therapie, ausschließlich der Arzt trifft, sofern nicht der Arzt nach seinem Berufsrecht den in der Gemeinschaft selbständig tätigen Berufsangehörigen eines anderen Fachberufs solche Entscheidungen überlassen darf:

d) der Grundsatz der freien Arztwahl gewahrt bleibt;

e) der behandelnde Arzt zur Unterstützung in seinen diagnostischen Maßnahmen oder zur Therapie auch andere als die in der Gemeinschaft kooperierenden Berufsangehörigen hinzuziehen kann;

f) die Einhaltung der berufsrechtlichen Bestimmungen der Ärzte, insbesondere das grundsätzliche Verbot der Errichtung einer Zweigpraxis, die Pflicht zur Dokumentation, das Verbot der Werbung und die Regeln zur Erstellung einer Honorarforderung, von den übrigen Partnern beachtet wird;

g) sich die medizinische Kooperationsgemeinschaft verpflichtet, im Rechtsverkehr die Namen aller Partner und ihre Berufsbezeichnungen anzugeben und - sofern es sich um eine eingetragene Partnerschaftsgesellschaft handelt - den Zusatz „Partnerschaft" zu führen.

(2) Ärzte können sich unter Berücksichtigung des Gebots nach Absatz 1 Satz 3 nur mit einem oder mehreren Angehörigen folgender Berufe im Gesundheitswesen zu einer medizinischen Kooperationsgemeinschaft zusammenschließen:

a) Zahnärzte

b) Psychologische Psychotherapeuten, Kinder- und Jugendlichenpsychotherapeuten, Diplompsychologen

c) Klinische Chemiker, Ernährungswissenschaftler und andere Naturwissenschaftler

d) Diplom-Sozialpädagogen, Diplom--Heilpädagogen

e) Hebammen

f) Logopäden und Angehörige gleichgestellter sprachtherapeutischer Berufe

g) Ergotherapeuten

h) Angehörige der Berufe in der Physiotherapie

i) Medizinisch-technische Assistenten

j) Angehörige staatlich anerkannter Pflegeberufe

k) Diätassistenten.

Die für die Mitwirkung des Arztes zulässige berufliche Zusammensetzung der Kooperation im einzelnen richtet sich nach dem Gebot des Absatzes 1 Satz 3; es ist erfüllt, wenn Angehörige aus solchen der vorgenannten Berufsgruppen kooperieren, die mit dem Arzt entsprechend seinem Fachgebiet einen gemeinschaftlich erreichbaren medizinischen Zweck nach der Art ihrer beruflichen Kompetenz zielbezogen erfüllen können.

(3) Angestellte Ärzte einer medizinischen Kooperationsgemeinschaft dürfen nur der Weisungsbefugnis der ärztlichen Partner unterstellt sein.

(4) Der Arzt darf sich nur einer einzigen medizinischen Kooperationsgemeinschaft anschließen.

(5) Die Mitwirkung des Arztes in einer medizinischen Kooperationsgemeinschaft bedarf der Genehmigung der Ärztekammer. Der Ärztekammer ist der Kooperations- oder Partnerschaftsvertrag vorzulegen. Die Genehmigung ist zu erteilen, wenn die vorgenannten Voraussetzungen für den Arzt erfüllt sind. Auf Anforderung haben die Ärzte ergänzende Auskünfte zu erteilen.

Nr. 10 Beteiligung von Ärzten an sonstigen Partnerschaften

Einem Arzt ist es gestattet, in Partnerschaften gemäß § 1 Absatz 1 und Absatz 2 PartGG mit Angehörigen anderer Berufe als den vorstehend in Kapitel C Nr. 9 genannten zusammenzuarbeiten, wenn er in der Partnerschaft nicht die Heilkunde am Menschen ausübt. Der Eintritt in eine solche Partnerschaftsgesellschaft ist der Ärztekammer anzuzeigen.

Nr. 11 Praxisverbund

Ärzte dürfen sich, ohne eine Berufsausübungsgemeinschaft oder Organisationsgemeinschaft zu bilden, unter Beibehaltung ihrer selbständigen Berufsausübung und ihrer Praxissitze durch schriftlichen Vertrag, der der Vorlage an die Ärztekammer bedarf, zu einem Praxisverbund zusammenschließen, wenn der Zusammenschluß durch ein gemeinsames Versorgungsziel im Rahmen der vertragsärztlichen Versorgung der Versicherten der gesetzlichen Krankenversicherung aufgrund von Maßnahmen der Kassenärztlichen Vereinigungen begründet ist und die Mitgliedschaft in einem Praxisverbund allen dazu bereiten Ärzten offensteht. Soll die Möglichkeit zur Mitgliedschaft beschränkt werden (zum Beispiel durch räumliche oder qualitative Kriterien), müssen die dafür maßgeblichen Kriterien für den Versorgungsauftrag notwendig und nicht diskriminierend sein und der Ärztekammer gegenüber offengelegt werden. Ärzte in einem zulässigen Praxisverbund dürfen die medizinisch gebotene oder vom Patienten gewünschte Überweisung an nicht dem Praxisverbund zugehörige Ärzte nicht behindern.

III. Pflichten bei grenzüberschreitender ärztlicher Tätigkeit

Nr. 12 Praxen deutscher Ärzte in anderen EU-Mitgliedstaaten

Führt ein Arzt neben seiner Niederlassung oder neben seiner ärztlichen Berufstätigkeit im Geltungsbereich dieser Berufsordnung in einem anderen Mitgliedsstaat der Europäischen Union eine Praxis oder übt er dort eine weitere ärztliche Berufstätigkeit aus, so hat er dies der Ärztekammer anzuzeigen. Der Arzt hat Vorkehrungen für eine ordnungsgemäße Versorgung, seiner Patienten am Ort seiner Berufsausübung im Geltungsbereich dieser Berufsordnung während seiner Tätigkeit in den anderen Mitgliedstaaten zu treffen. Die Ärztekammer kann verlangen, daß der Arzt die Zulässigkeit der Eröffnung der weiteren Praxis nach dem Recht des betreffenden Mitgliedstaates der Europäischen Union nachweist.

Nr. 13 Grenzüberschreitende ärztliche Tätigkeit von Ärzten aus anderen EU--Mitgliedstaaten

Wird ein Arzt, der in einem anderen Mitgliedsstaat der Europäischen Union niedergelassen ist oder dort seine berufliche Tätigkeit entfaltet, vorübergehend im Geltungsbereich dieser Berufsordnung grenzüberschreitend ärztlich tätig, ohne eine Niederlassung zu begründen, so hat er die Vorschriften dieser Berufsordnung zu beachten. Dies gilt auch, wenn der Arzt sich darauf beschränken will, im Geltungsbereich dieser Berufsordnung auf seine Tätigkeit aufmerksam zu machen; die Ankündigung seiner Tätigkeit ist ihm nur in dem Umfang, gestattet, als sie nach dieser Berufsordnung erlaubt ist.

IV. Pflichten in besonderen medizinischen Situationen

Nr. 14 Schutz des menschlichen Embryos

Die Erzeugung von menschlichen Embryonen zu Forschungszwecken sowie der Gentransfer in Embryonen und die Forschung an menschlichen Embryonen und totipotenten Zellen sind verboten. Verboten sind diagnostische Maßnahmen an Embryonen vor dem Transfer in die weiblichen Organe, es sei denn, es handelt sich um Maßnahmen zum Ausschluß schwerwiegender geschlechtsgebundener Erkrankungen im Sinne des § 3 Embryonenschutzgesetz.

Nr. 15 In-vitro-Fertilisation, Embryotransfer

(1) Die künstliche Befruchtung einer Eizelle außerhalb des Mutterleibes und die anschließende Einführung des Embryos in die Gebärmutter oder die Einbringung von Gameten oder Embryonen in den Eileiter der genetischen Mutter sind als Maßnahme zur Behandlung der Sterilität ärztliche Tätigkeiten und nur nach Maßgabe des § 13 zulässig. Die Verwendung fremder Eizellen (Eizellenspende) ist bei Einsatz dieser Verfahren verboten.

Ein Arzt kann nicht verpflichtet werden, an einer In-vitro-Fertilisation oder einem Embryotransfer mitzuwirken.

Tabellen, Übersichten und Grafiken

Tabelle 8

	Entwurf I (01.04.1971) BT-Drucks. VI/2047	Entwurf II (02.1.1975) BT-Drucks. 7/4089	Entwurf III (16.06.1976) BT-Drucks. 7/5402, 5413	Referentenentwurf (08.01.1993)
Wesen der Partnerschaft	Rechtsfähige Gesellschaft (§ 1 Abs. 1).	Rechtsfähige Gesellschaft (§ 1).	Keine Rechtsfähigkeit, Partner ist lediglich parteifähig (§ 15 Abs. 1).	Teilrechtsfähigkeit: kann Rechte erwerben, Verbindlichkeiten eingehen, ist partei- und grundbuchfähig (§ 13 Abs. 1).
Partner	natürliche Personen; ohne nähere Umschreibung: Angehörige Freier Berufe (§ 1 Abs.1).	natürliche Personen; Erfassung nur der verkammerten Freien Berufe (§ 1).	natürliche Personen; beispielhafte Aufzählung Freier Berufe, wie § 18 Abs. 1 Nr. 1 EStG (§ 1 Abs. 2).	natürliche Personen (§ 1 Abs. 1 Satz 3); beispielhafte Aufzählung Freier Berufe, wie § 18 Abs. 1 Nr. 1 EStG (§ 1 Abs. 2).
Errichtung der Partnerschaft im Innenverhältnis	Schriftlicher Vertrag (§ 1 Abs. 3).	wie Entwurf I (§ 4 Abs. 1).	wie Entwurf I (§ 4 Abs. 1).	wie Entwurf I (§ 3 Abs.1).
Errichtung der Partnerschaft im Außenverhältnis; Eintragungsunterlagen	Eintragung in Partnerschaftsregister, u.a. : Nachweis einer genügenden Haftpflichtversicherung (§ 2 Abs. 3) und Nachweis der Berufszugehörigkeit der Partner (§ 2 Abs. 1 Nr. 6).	wie Entwurf I; u.a.: Nachweis einer angemessenen Haftpflichtversicherung (§ 5 Abs. 2) und Nachweis der Berufszugehörigkeit der Partner (§ 5 Abs. 1 Nr. 4).	wie Entwurf I; kein Berufszugehörigkeitsnachweis; kein Versicherungsnachweis.	Eintragung in Partnerschaftsregister (§ 12); Berufszugehörigkeitsnachweis (§ 4 Abs. 2).
Rechtsverhältnisse der Partner untereinander	Eigenverantwortliche Berufsausübung (§ 4 Abs. 1); Geschäftsführung durch geschäftsführende Partner, die im Partnerschaftsvertrag benannt werden (§ 4 Abs. 2 Nr. 5, § 5); Berufstätigkeit eines Partners außerhalb der Partnerschaft bedarf Einwilligung (§ 7).	Eigenverantwortliche Berufsausübung (§ 6). Grundsätzlich Einzelgeschäftsführungsbefugnis (§ 7). Berufstätigkeit eines Partners außerhalb der Partnerschaft bedarf Einwilligung (§ 9).	Eigenverantwortliche Berufsausübung; Einzelgeschäftsführungsbefugnis (§ 9 Abs. 1). Berufstätigkeit eines Partners außerhalb der Partnerschaft bedarf Einwilligung (§ 12 Abs.1).	Eigenverantwortliche Berufsausübung. Einzelgeschäftsführungsbefugnis (§ 9 Abs. 1 u. 2).
Rechtsverhältnisse zu Dritten	Vertretung durch geschäftsführende Partner (§ 8).	keine Regelung über die Vertretung!	Einzelvertretungsbefugnis (§ 16 Abs. 1).	Einzelvertretungsbefugnis (§ 14 Abs. 1); im übrigen wie OHG (§ 14 Abs. 2).
Haftung im Außenverhältnis Haftung der Partnerschaft; Haftung der Partner	Haftung der Partnerschaft für Schäden aus Berufsausübung der Partner beschränkt auf TDM 500 (§ 9 Abs. 1). Daneben Haftung der Partner nur bei Vereinbarung (§ 9 Abs. 2). Gesamtschuldnerische Haftung der Partner für Verbindlichkeiten aus nicht zur Berufsausübung gehörigen Geschäften beschränkt auf TDM 30 (§ 10).	Haftung der Partnerschaft für Schäden aus fahrlässiger Berufsausübung der Partner grundsätzlich beschränkt auf von der jeweiligen Berufskammer der Höhe nach festzulegende Versicherungssumme. Rückgriffsrecht der Partnerschaft gegenüber dem schädigenden Partner. Keine Haftungsbegrenzung für nicht zur Berufsausübung gehörende Schäden.	Gesamtschuldnerische Haftung der Partner; Ausgleichspflicht des Schadensverursachers im Innenverhältnis (§ 18).	Haftung der Partnerschaft. Daneben gesamtschuldnerische Haftung der Partner (§ 15 Abs. 1). Besonderheit 1: AGB-mäßige Beschränkung der Haftung auf den handelnden Partner möglich (§ 15 Abs. 2). Besonderheit 2: Möglichkeit einer Haftungsbeschränkung der Höhe nach durch das jeweilige Berufsrecht, dann aber Pflicht zum Abschluß einer Berufshaftpflichtversicherung (§ 15 Abs.3).
Auflösung der Partnerschaft	Katalog § 13: Zeitablauf; einstimmiger Beschluß der Partner; Konkurseröffnung; Erlöschen der Haftpflichtversicherung; Gerichtsentscheid	Katalog § 13: Zeitablauf; einstimmiger Beschluß der Partner; Konkurseröffnung; Löschung im Register; Gerichtsentscheid.	Gerichtsentscheid nach Auflösungsklage der Partner (§ 22); Zeitablauf; Beschluß der Partner; Konkurs über das Vermögen der Partnerschaft oder eines Partners (§ 24).	Gerichtsentscheid nach Auflösungsklage eines Partners bei Vorliegen eines wichtigen (§ 19); Beschluß aller Partner; Eröffnung des Konkurses über das Vermögen der Partnerschaft (§ 20).
Ausscheiden von Partnern Verlust Berufszulassung	Automatisch mit Verlust der Berufszugehörigkeit (§ 15 Abs. 2).	wie Entwurf I (§ 15 Abs. 2).	wie Entwurf I (§ 21 Abs.1).	wie Entwurf I und mit Eröffnung des Konkursverfahrens über das Vermögen eines Partners (§ 18 Abs.1).
Ausscheiden von Partnern auf Antrag des Ausscheidenden	6 Monate vor Ende des Geschäftsjahres oder fristlos aus wichtigem Grund (§ 15 Abs. 1).	6 Monate vor Ende des Geschäftsjahres oder fristlos aus wichtigem Grund (§ 15 Abs. 1).	aus wichtigem Grund (§ 20 Abs. 1).	aus wichtigem Grund (§ 17 Abs. 1)
Ausschluß von Partnern	Durch Gerichtsentscheid auf Antrag der Partner bei Vorliegen eines wichtigen Grundes (§ 16).	wie Entwurf I (§ 16).	wie Entwurf I (§ 19 Abs. 1)	Ohne Gerichtsentscheid; Beschluß der Partner bei Vorliegen eines wichtigen Grundes genügt (§ 16 Abs. 1).
Abwicklung der Partnerschaft	Nach Eintrag ins Register (§ 18) grundsätzlich durch alle Partner als Abwickler (§ 21 Abs. 1).	Wie Entwurf I: Registereintrag (§ 21 Abs. 4); Partner grundsätzlich Abwickler (§ 21 Abs. 1).	Wie Entwurf I: Registereintrag (§ 25 Abs. 1); Partner grundsätzlich Abwickler (§ 27 Abs. 1).	Wie Entwurf I: Registereintrag (§ 21); Partner grundsätzlich als Liquidatoren (§ 23 Abs. 1).
Sonstiges				Übertragung von Partnerschaftsbeteiligungen nur an Partner oder solche Dritte, die Partner sein könnten; Beteiligung in diesem Sinne auch vererbbar (§ 10).
Steuerliche Behandlung	§ 26: freiberufliche Personengesellschaft; keine Gewerbesteuer	§ 26 Nr. 3: Erweiterung des § 18 Abs. 1 Nr. 1 EStG: Einkünfte aus Beteiligung an Partnerschaft sind Einkünfte aus freiberuflicher Tätigkeit	Keine Regelung erforderlich.	§ 1 Abs. 1 Satz 2: Partnerschaft übt kein Handelsgewerbe aus, unterliegt nicht der Gewerbesteuer und auch nicht der Körperschaftsteuer.

Quelle: Imberger, Frank; Synopse entwickelt im Rahmen eines Wirtschaftlichen Seminars bei Bayer, Sommersemester 1993.

Tabelle 8: Synopse der Partnerschaftsgesetzentwürfe

TABELLE 9

Einnahmen aus selbständiger zahnärztlicher Tätigkeit	1995		1996		Veränderung
	DM	Anteil	DM	Anteil	95 - 96
über KZV vereinnahmt	411.573	59,1%	431.975	59,6%	5,0%
nicht über KZV vereinnahmt	284.760	40,9%	292.464	40,4%	2,7%
Gesamteinnahmen	696.333	100,0%	724.439	100,0%	4,0%
davon:					
Betriebsausgaben insgesamt	504.945	72,5%	525.932	72,6%	4,2%
Einnahmen-Überschuß	191.388	27,5%	198.507	27,4%	3,7%
Aufteilung der Betriebsausgaben	1995		1996		Veränderung
	DM	Anteil	DM	Anteil	95 - 96
Personalausgaben	146.369	29,0%	150.690	28,7%	3,0%
Ausgaben für Arbeiten von Fremdlaboratorien	179.567	35,6%	189.350	36,0%	5,4%
Ausgaben für Material für Praxis und Labor	37.641	7,5%	40.659	7,7%	8,0%
Restliche Betriebsausgaben	141.368	28,0%	145.233	27,6%	2,7%
davon:					
Raumkosten	29.671	5,9%	30.771	5,9%	3,7%
Zinsen für Praxisdarlehen	23.510	4,7%	24.093	4,6%	2,5%
Abschreibungen	35.156	7,0%	36.078	6,9%	2,6%
Übrige Betriebsausgaben	53.031	10,5%	54.291	10,3%	2,4%
Betriebsausgaben	504.945	100,0%	525.932	100,0%	4,2%

Grundlagen: Kostenstrukturerhebungen der KZBV für 1995 und 1996 (1996: Auswertung auf der Basis des Rücklaufs bis 05.09.1997)

Quelle: KZBV Jahrbuch 1997, KZBV Statistik, S. 122

TABELLE 9: STEUERLICHE EINNAHMEN-ÜBERSCHUßRECHNUNG JE PRAXISINHABER 1995 UND 1996 ALTE BUNDESLÄNDER BEI ZAHNÄRZTEN

TABELLE 10

Einnahmen aus selbständiger zahnärztlicher Tätigkeit	1995 DM	1995 Anteil	1996 DM	1996 Anteil	Veränderung 95 - 96
über KZV vereinnahmt	388.173	75,8%	402.976	75,4%	3,8%
nicht über KZV vereinnahmt	124.064	24,2%	131.242	24,6%	5,8%
Gesamteinnahmen	512.237	100,0%	534.218	100,0%	4,3%
davon:					
Betriebsausgaben insgesamt	363.697	71,0%	371.595	69,6%	2,2%
Einnahmen-Überschuß	148.540	29,0%	162.623	30,4%	9,5%

Aufteilung der Betriebsausgaben	1995 DM	1995 Anteil	1996 DM	1996 Anteil	Veränderung 95 - 96
Personalausgaben	81.217	22,3%	87.843	23,6%	8,2%
Ausgaben für Arbeiten von Fremdlaboratorien	134.429	37,0%	139.922	37,7%	4,1%
Ausgaben für Material für Praxis und Labor	22.877	6,3%	22.246	6,0%	-2,8%
Restliche Betriebsausgaben	125.174	34,4%	121.584	32,7%	-2,9%
davon:					
Raumkosten	21.347	5,9%	22.851	6,1%	7,0%
Zinsen für Praxisdarlehen	17.358	4,8%	19.557	5,3%	12,7%
Abschreibungen	44.717	12,3%	38.077	10,2%	-14,8%
Übrige Betriebsausgaben	41.752	11,5%	41.099	11,1%	-1,6%
Betriebsausgaben	363.697	100,0%	371.595	100,0%	2,2%

Grundlagen: Kostenstrukturerhebungen der KZBV für 1995 und 1996 (1996: Auswertung auf der Basis des Rücklaufs bis 05.09.1997)

Quelle: KZBV Jahrbuch 1997, KZBV Statistik, S. 126

TABELLE 10: STEUERLICHE EINNAHMEN-ÜBERSCHUßRECHNUNG JE PRAXISINHABER 1995 UND 1996 NEUE BUNDESLÄNDER BEI ZAHNÄRZTEN

TABELLE 11

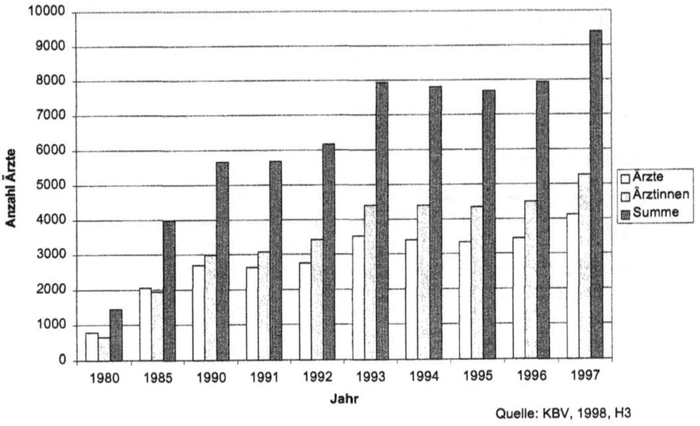

TABELLE 11: ENTWICKLUNG DER ALS ARBEITSLOS GEMELDETEN ÄRZTE SEIT 1980

TABELLE 12

1. In welcher Fachrichtung sind Sie tätig?			________	
2. Alter	zwischen 25 und 35	☐	zwischen 46 und 55	☐
	zwischen 36 und 45	☐	über 56 Jahre	☐
3. Geschlecht	männlich	☐	weiblich	☐
4. In welcher Organisationsform üben Sie Ihre Tätigkeit aus?	Einzelpraxis	☐	Partnerschaftsgesellsch.	☐
	Praxisgemeinschaft	☐	Sonstige: ________	☐
	Gemeinschaftspraxis	☐		
5. Warum haben Sie gerade diese Organisationsform gewählt?				
________				
________				
6. Wie viele Ärzte arbeiten mit Ihnen zusammen?			________	
7. Wie viele sonstige Mitarbeiter beschäftigen Sie?			________	
8. Wie ermitteln Sie Ihren Gewinn?	Einn.-Überschuß-Rg.	☐	Bilanzierung	☐
9. Haben Sie von der Rechtsform der Partnerschaftsgesellschaft schon etwas gehört?	ja	☐	nein	☐
10. Falls ja: woher?	Ärztekammer	☐	Zeitung/Zeitschrift	☐
	Steuerberater	☐	Sonstiges: ________	☐
	Kollegen	☐		
a) Hätten Sie selbst Interesse, eine Partnerschaftsgesellschaft zu gründen?	ja	☐	nein	☐
b) Warum bzw. warum nicht?				
________				
________				
________				
11. Gibt es Berufsgruppen, auch Nichtärzte, mit denen Sie gerne zuammenarbeiten würden? (z.B. Orthopäde mit Masseur)	ja	☐	nein	☐
12. Welche wären dies z.B.?	________		________	
	________		________	
13. Werden Sie von einem Steuerberater betreut?	ja	☐	nein	☐
14. Haben Sie von der Rechtsform der Ärzte-GmbH schon etwas gehört?			ja	☐
			nein	☐
15. Was halten Sie persönlich davon und aus welchen Gründen?				
________				
________				
16. Sonstige Anmerkungen:				
________				
________				
________				

Tabelle 12: Allgemeiner Fragebogen

TABELLE 13

1.Welcher Berufsgruppe gehören Sie an?
(bitte auch Fachrichtung angeben) ____________

2. Alter
zwischen 25 und 35 ☐ zwischen 46 und 55 ☐
zwischen 36 und 45 ☐ über 56 Jahre ☐

3. Geschlecht
männlich ☐ weiblich ☐

4. Wodurch erfuhren Sie von der Rechtsform der Partnerschaftsgesellschaft?
Ärztekammer ☐ Zeitung/Zeitschrift ☐
Steuerberater ☐ Sonstiges: ☐
Kollegen ☐ ____________

5. Wie waren Sie vorher organisiert?
Einzelpraxis ☐ noch gar nicht ☐
Praxisgemeinschaft ☐ Sonstige: ☐
Gemeinschaftspraxis ☐ ____________

6. Warum haben Sie gerade die Form der Partnerschaftsgesellschaft und nicht die der GbR gewählt?
Sehen Sie Vorteile gegenüber anderen Rechtsformen? Welche? Erkennen Sie auch Nachteile?

____
____
____
____

7. Aus wie vielen Gesellschaftern besteht Ihre Gesellschaft? ____________

8. Wie viele sonstige Mitarbeiter beschäftigen Sie? ____________

9. Wie ermitteln Sie Ihren Gewinn?
Einn.-Überschuß-Rg. ☐ Bilanzierung ☐

10. Aus welchen Fach- und Berufsgruppen setzt sich Ihre Partnerschaftgesellschaft zusammen?

____
____
____
____

11. Gibt es auch noch andere Berufgruppen, mit denen Sie sich gerne zusammenschließen würden?
Welche wären dies zum Beispiel?

TABELLE 13: SPEZIELLER FRAGEBOGEN FÜR PARTNERSCHAFTSGESELLSCHAFTEN (SEITE 1 VON 2)

TABELLE 14

12. Haben Sie von der Haftungskonzentration Gebrauch gemacht? ja ☐ nein ☐

12a. Falls ja, wie machen Sie diese Ihren Patienten zugänglich?

___

___

___

13. Sind abrechnungstechnisch bisher irgendwelche Probleme entstanden? ja ☐ nein ☐

13a. Falls ja, welcher Art?

___

___

___

14. Würden Sie Ihren Kollegen ebenfalls zur Partnerschaftsgesellschaft raten? ja ☐ nein ☐

15. Werden Sie von einem Steuerberater betreut? ja ☐ nein ☐

16. Haben Sie von der Rechtsform der Ärzte-GmbH schon etwas gehört? ja ☐ nein ☐

17. Was halten Sie persönlich davon und aus welchen Gründen?

___

___

___

18. Sonstige Anmerkungen:

___

___

___

___

___

TABELLE 14: SPEZIELLER FRAGEBOGEN FÜR PARTNERSCHAFTSGESELLSCHAFTEN (SEITE 2 VON 2)

LITERATUR- UND QUELLENVERZEICHNIS

Ackerknecht, Erwin H. (1986): Geschichte der Medizin, Stuttgart, 1986.
Zitiert: Ackerknecht, Geschichte der Medizin, 1986.

Ahlich, Holger (1997): Nur wenige Ärzte versuchen bislang ihr Glück in einer Partnerschaft, in: Ärzte-Zeitung, Nr. 45, 1997, Wirtschaft.
Zitiert: Ahlich, Wenige Ärzte versuchen bislang ihr Glück, in: Ärzte-Zeitung 1997.

Ahlers, Dieter (1994): Die GmbH als Zusammenschluß Angehöriger freier Berufe zur gemeinsamen Berufsausübung, in: Festschrift für H. Rowedder, Hrsg. Pfeiffer/ Wiese/ Zimmermann, 1994, S. 1-19.
Zitiert: Ahlers, GmbH als Zusammenschluß Angehöriger freier Berufe, in: FS Rowedder, 1994.

Ahrens, Hans-Jürgen (1992): Praxisgemeinschaften in Ärztehäusern mit Fremdgeschäftsführung – Voraussetzungen und Grenzen ärztlichen Unternehmertums, in: MedR, 10. Jg., 1992, S. 141-146.
Zitiert: Ahrens, Praxisgemeinschaften in Ärztehäusern, in: MedR 1992.

Altmeppen, Holger (1996): Haftung der Gesellschafter einer Personengesellschaft für Delikte, in: NJW, 49. Jg., 1996, S. 1017-1027.
Zitiert: Altmeppen, Haftung der Gesellschafter einer Personengesellschaft, in: NJW 1992.

App, Michael (1995): Umsatzsteuerpflicht bei entgeltlicher Überlassung und Nutzung medizinischer Großgeräte, in: MedR, 13. Jg., 1995, S. 230-231.
Zitiert: App, Umsatzsteuerpflicht bei entgeltlicher Überlassung und Nutzung medizinischer Großgeräte, in: MedR 1995.

Arnold, Michael (1996): Die Tragweite des § 8 Abs. 2 PartGG vor dem Hintergrund der Haftungsverfassung der Gesellschaft bürgerlichen Rechts, in: BB, 51. Jg., 1996, S. 597-605.
Zitiert: Arnold, Tragweite des § 8 Abs. 2 PartGG, in: BB 1996.

Baumbach, Adolf / Duden, K. / Hopt, K.J. (1995): Kommentar zum HGB, 29. Aufl., München, 1995.
Zitiert: Baumbach/Duden/Hopt, HGB, 1995.

Baumgärtel, Gottfried (1992): Die beweisrechtlichen Auswirkungen der vorgeschlagenen EG-Richtlinie zur Dienstleistungshaftung auf die Arzthaftung und das Baurecht, in: JZ, 47. Jg., 1992, S. 321-325.
Zitiert: Baumgärtel, Auswirkungen der vorgeschlagenen EG-Richtlinie zur Dienstleistungshaftung auf die Arzthaftung, in: JZ 1992.

Bayer, Hermann-Wilfried (1981): Die Liebhaberei im Steuerrecht. Ein Beitrag zur Lehre vom Steuertatbestand, Tübingen, 1981.
Zitiert: Bayer, Die Liebhaberei im Steuerrecht, 1981.

Bayer, Hermann-Wilfried (1985): Der Stufenbau des Steuertatbestandes, in: FR, 65. Jg., 1985, S. 337ff.
Zitiert: Bayer, Stufenbau des Steuertatbestandes, in: FR 1985.

Bayer, Hermann-Wilfried (1988): Die Erwerbstätigkeit - der Steuergegenstand des Einkommensteuerrechts. Zugleich ein Beitrag zur Lehre vom Stufenbau des Steuertatbestandes, in: BB, 43. Jg., 1988, S. 141-147.
Zitiert: Bayer, Die Erwerbstätigkeit, in: BB 1988.

Bayer, Hermann-Wilfried (1991): Der Mensch, sein Leben, sein Einkommen und das Einkommensteuerrecht, in: BB, 46. Jg., 1991, S. 421-427.
Zitiert: Bayer, Der Mensch, sein Leben, sein Einkommen, in: BB 1991.

Bayer, Hermann-Wilfried (1992): Grundbegriffe des Steuerrechts - Eine Einführung für Studenten der Rechts- und Wirtschaftswissenschaften, in: Juristische Arbeitsblätter, Sonderheft 15, 4., völlig neu bearbeitete und erweiterte Auflage, Neuwied, Kriftel, Berlin, 1992.
Zitiert: Bayer, Grundbegriffe des Steuerrechts, 1992.

Bayer, Hermann-Wilfried (1997): Steuerlehre – Steuerverfassung, Steuergesetz, Steuergericht -, Berlin, New York, 1997.
Zitiert: Bayer, Steuerlehre, 1997.

Bayer, Hermann-Wilfried / Imberger, Frank (1993): Die Rechtsformen freiberuflicher Tätigkeit, in: DZWiR, 3. Jg., 1993, S. 309-319.
Zitiert: Bayer/Imberger, Rechtsformen freiberuflicher Tätigkeit, in: DZWiR 1993.

Bayer, Hermann-Wilfried / Imberger, Frank (1995): Nochmals: Die Rechtsformen freiberuflicher Tätigkeit, in: DZWiR, 5. Jg., 1995, S. 177-183.
Zitiert: Bayer/Imberger, Nochmals: Die Rechtsformen freiberuflicher Tätigkeit, in: DZWiR 1995.

Beitzen, Richard (1997): Gemeinsamkeit macht stark – die ärztliche Partnerschaftsgesellschaft, in: Ärzte-Betriebswirtschaft, Heft 6, 1997, S. 15-22.
Zitiert: Beitzen, Ärztliche Partnerschaftsgesellschaft, in: Ärzte-Betriebswirtschaft 1997.

Beckmann, Klaus (1992): Für eine Partnerschaft Freier Berufe, in: Festschrift für Detlef Kleinert zum 60. Geburtstag: Recht und Pflicht - von der Freiheit eines Rechtspolitikers, Hrsg. Diekwisch/Wolfgramm, Ronnenberg, 1992, S. 210-217.
Zitiert: Beckmann, Für eine Partnerschaft, in: FS Kleinert, 1992.

Bellstedt, Christoph (1996): Die Steuern der Partnerschaftsgesellschaft, in: NWB, o.J., 1996, Fach 18, S. 3485-3488.
Zitiert: Bellstedt, Steuern der Partnerschaftsgesellschaft, in: NWB 1996.

Berscheid, Gérard / Kirschbaum, Christiane (1991): Freie Berufe in der EG - Berufsausübung in einem anderen Mitgliedsstaat, Anerkennung von Berufsabschlüssen, Bonn, 1991.
Zitiert: Berscheid/Kirschbaum, Freie Berufe in der EG, 1991.

Beske, Fritz / Brecht / Reinkemeier (1993): Das Gesundheitswesen in Deutschland - Struktur - Leistungen - Weiterentwicklung, Köln, 1993.
Zitiert: Beske/Brecht/Reinkemeier, Das Gesundheitswesen in Deutschland, 1993.

Blümich (1998): EStG, KStG, GewStG – Kommentar, hrsg. von Klaus Ebling, 15. Aufl., 58. EL, Stand Jan. 1998, München, Loseblattsammlung.
Zitiert: Blümich, EStG.

Bock, Klaus Dietrich (1993): Wissenschaftliche und alternative Medizin; Paradigmen - Praxis – Perspektiven, Berlin, Heidelberg, 1993.
Zitiert: Bock, Wissenschaftliche und alternative Medizin, 1993.

Bodden, Guido (1996): Die einkommensteuerrechtliche Subjektfähigkeit der Personengesellschaft, in: DStZ, 84. Jg., 1996, S. 73-83.
Zitiert: Bodden, Einkommensteuerrechtliche Subjektfähigkeit der Personengesellschaft, in: DStZ 1996.

Boin, Kai T. (1995): Weg frei für die Anwalt-GmbH?, in: NJW, 48. Jg., 1995, S. 371-373.
Zitiert: Boin, Anwalt-GmbH, in: NJW 1995.

Boin, Kai T. (1996): Die Partnerschaftsgesellschaft für Rechtsanwälte: Am Beispiel des deutschen, englischen und europäischen Rechts, Münster, 1996.
Zitiert: Boin, Partnerschaftsgesellschaft für Rechtsanwälte, 1996.

Bordewin, Arno (1996): Die Besteuerung der Personengesellschaften in der Praxis, in: NWB, o.J., 1996, Fach 18, S. 3477-3485.
Zitiert: Bordewin, Besteuerung der Personengesellschaften, in: NWB 1996.

Bordewin, Arno (1998): Gewerbliche Einkünfte der Besitzpersonengesellschaft bei Betriebsaufspaltung, in: NWB, 1998, Fach 3, S. 10449-10450.
Zitiert: Bordewin, Gewerbliche Einkünfte der Besitzpersonengesellschaft, in: NWB 1998.

Bösert, Bernd (1993): Der Regierungsentwurf eines Gesetzes zur Schaffung von Partnerschaftsgesellschaften (Partnerschaftsgesellschaftsgesetz - PartGG), in: DStR, 31. Jg., 1993, S. 1332-1340.
Zitiert: Bösert, Regierungsentwurf, in: DStR 1993.

Bösert, Bernd / Braun, A. / Jochem, H.-R. (1996): Leitfaden zur Partnerschaftsgesellschaft, Weinheim, 1996.
Zitiert: Bösert/Braun/Jochem, Partnerschaftsgesellschaft, 1996.

Braun, Günther E. / Brenner, G. / Schneider, W. / Schmutte, A. (1996): Kostenmanagement für Arztpraxen – Mit 14 Checklisten zur Analyse der Kostenstruktur, Stuttgart / Jena, 1996.
Zitiert: Braun/Brenner/Schneider/Schmutte, Kostenmanagement für Arztpraxen, 1996.

Breithecker, Volker / Baumann, A. (1998): Beratereinfluß auf die Rechtsform-Wahlentscheidung für Existenzgründer, in: DStR, 36. Jg., 1998, S. 219-224.
Zitiert: Breithecker/Baumann, Beratereinfluß auf die Rechtform-Wahlentscheidung, in: DStR 1998.

Breuninger, Gottfried E. (1991): Die BGB-Gesellschaft als Rechtssubjekt im Wirtschaftsverkehr – Voraussetzungen und Grenzen, Stuttgart, 1991.
Zitiert: Breuninger, Die BGB-Gesellschaft, 1991.

Brune, Alfons (1998): Überblick über das Handelsrechtsreformgesetz, in: NWB, 1998, Fach 18, S. 759-764.
Zitiert: Brune, Handelsrechtsreformgesetz, in: NWB 1998.

Buciek, Klaus (1986): Die Haftung der BGB-Gesellschafter für Steuerschulden der Gesellschaft, in: DStZ, 74. Jg., 1986, S. 370-375.
Zitiert: Buciek, Haftung der BGB-Gesellschafter für Steuerschulden, in: DStZ 1986.

Burhoff, Detlef (1997): Die kleine Aktiengesellschaft, in: NWB, 1997, Fach 18, S. 3527-3532.
Zitiert: Burhoff, Die kleine Aktiengesellschaft, in: NWB 1997.

Bunjes, Johann (1990): Beck-Rechtsberater: Steuer-ABC für Freiberufler, 2. Aufl., München, 1990.
Zitiert: Bunjes, Steuer-ABC für Freiberufler, 1990.

Burkert, M. (1981): Die GmbH, Bielefeld, 1981.
Zitiert: Burkert, Die GmbH, 1981.

Burret, G. (1994): Das Partnerschaftsgesellschaftsgesetz, in: WPK-Mitt., 1994, S. 201-207.
Zitiert: Burret, Partnerschaftsgesellschaftsgesetz, in: WPK-Mitt. 1994.

Carl, Dieter (1995): Praxisfragen bei der Partnerschaftsgesellschaft, in: NWB, o.J., 1995, Fach 18, S. 3421-3428.
Zitiert: Carl, Praxisfragen bei der Partnerschaftsgesellschaft, in: NWB 1995.

Castan, Björn (1997): Die Partnerschaftsgesellschaft: Recht, Steuer, Betriebswirtschaft, Bielefeld, 1997.
Zitiert: Castan, Partnerschaftsgesellschaft, 1997.

Centrale für GmbH (1998): Jahresbericht 1997/98 – Wichtige Neuerungen in GmbH-Gesetzgebung und Rechtsprechung. Arbeit und Leitungen der Centrale für GmbH, in: GmbHR, 89. Jg., 1998, S. 1-8.
Zitiert: Centrale für GmbH, Neuerungen in GmbH-Gesetzgebung und Rechtsprechung, in: GmbHR 1998.

Cramer, Udo-H. (1995): Die steuerliche Behandlung der „Heilkunde-GmbH", in: MedR, 13. Jg., 1995, S. 104-105.
Zitiert: Cramer, Steuerliche Behandlung der Heilkunde-GmbH, in: MedR 1995.

Dahm, Franz-Josef (1995): Rechtliche Probleme und wirtschaftliche Chancen des Angebots nicht(zahn)ärztlicher Zusatzleistungen, in: MedR, 13. Jg., 1995, S. 106-109.
Zitiert: Dahm, Rechtliche Probleme und wirtschaftliche Chancen, in: MedR 1995.

Damm, Reinhard (1996): Gesellschaftsrecht der Freien Berufe im Wandel, in: Festschrift für Erich Brandner, Hrsg. Pfeiffer/Kummer/Scheuch, Köln, 1996, S. 31-56.
Zitiert: Damm, Gesellschaftsrecht der Freien Berufe, in: FS Brandner, 1996.

Dauner-Lieb, B. (1995): Durchbruch für die Anwalts-GmbH?, in: GmbHR, 86. Jg., 1995, S. 259-264.
Zitiert: Dauner-Lieb, Durchbruch für die Anwalts-GmbH, in: GmbHR 1995.

Deneke, J.F. Volrad (1956): Die Freien Berufe, Stuttgart, 1956.
Zitiert: Deneke, Die Freien Berufe, 1956.

Deneke, J.F. Volrad (1990): Zum Selbstverständnis der Freien Berufe, in: Die Steuerberatung, 33. Jg., 1990, S. 237-241.
Zitiert: Deneke, Selbstverständnis der Freien Berufe, in: Die Steuerberatung 1990.

Deutsche Apotheker- und Ärztebank (1996): Praxiskooperationen, 7. überarb. Aufl., Düsseldorf, 1996.
Zitiert: Deutsche Apotheker- und Ärztebank, Praxiskooperationen, 1996.

Deutsch, Erwin (1991): Arztrecht und Arzneimittelrecht, Berlin-Heidelberg, 1991.
Zitiert: Deutsch, Arztrecht, 1991.

Diepgen, Paul (1949): Geschichte der Medizin, Band 1, Berlin, 1949.
Zitiert: Diepgen, Geschichte der Medizin, 1949.

Dierks, Christian / Herkenroth, Klaus (1994): Was bringt die Praxis-GmbH?, in: Arzt und Wirtschaft, 28. Jg., 1994, S. 1-4.
Zitiert: Dierks/Herkenroth, Praxis-GmbH, in: Arzt und Wirtschaft 1994.

Donath, Roland (1992): Rechtsberatungsgesellschaften, in: ZHR, 156. Jg., 1992, S. 134-173.
Zitiert: Donath, Rechtsberatungsgesellschaften, in: ZHR 1992.

Dreher, Meinhard (1995): Die ärztliche Berufsausübung in Gesellschaften und § 4 Abs. 2 S. 1 MBKK, in: VersR, 46. Jg., 1995, S. 245-254.
Zitiert: Dreher, Ärztliche Berufsausübung in Gesellschaften in: VersR 1995.

Dreher, Eduard / Tröndle, H. (1995): Strafgesetzbuch und Nebengesetze, 47., völlig neu bearb. Aufl., München, 1995.
Zitiert: Dreher/Tröndle, Strafgesetzbuch, 1995.

Duin, Nancy / Sutcliffe, Jenny (1993): Geschichte der Medizin: von der Antike bis zum Jahr 2020, deutschsprachige Ausgabe, Köln, 1993.
Zitiert: Duin/Sutcliffe, Geschichte der Medizin, 1993.

Eggesiecker, Fritz (1998): Die Partnerschaftsgesellschaft für Freie Berufe - Einführung, Kommentierung, Vertragsmuster, Loseblattsammlung, 1. Aktualisierung, Bonn 1998.
Zitiert: Eggesiecker, Partnerschaftsgesellschaft, 1998.

Ehlers, Alexander / Broglie, M. (1994): Praxis des Arzthaftungsrechts, 1. Auflage, München, 1994.
Zitiert: Ehlers/Broglie, Praxis des Arzthaftungsrechts, 1994.

Ehlers, Ernst-August (1995): Praxisveräußerungen und Sozietätsgründungen in ertragsteuerlicher Sicht, in: NWB, 1995, Fach 3, S. 9499-9518.
Zitiert: Ehlers, Praxisveräußerungen und Sozietätsgründungen, in: NWB 1995.

Ehmann, Horst (1994): Praxisgemeinschaft / Gemeinschaftspraxis, in: MedR, 12. Jg., 1994, S. 141-149.
Zitiert: Ehmann, Praxisgemeinschaft/Gemeinschaftspraxis, in: MedR 1994.

Falkenhausen, Joachim von (1993): Brauchen die Rechtsanwälte ein Partnerschaftsgesetz?, in: AnwBl., 43. Jg., 1993, S. 479-481.
Zitiert: Falkenhausen, Brauchen die Rechtsanwälte ein Partnerschaftsgesetz, in: AnwBl. 1993.

Feddersen, Dieter / Meyer-Landrut, Andreas (1995): Partnerschaftsgesellschaftsgesetz - Kommentar und Mustervertrag, Neuwied, Kriftel, Berlin, 1995.
Zitiert: Feddersen/Meyer-Landrut, Partnerschaftsgesellschaftsgesetz, 1995.

Fehler, Alix (1970): Partnerschaftliche Zusammenschlüsse, Köln, 1970.
Zitiert: Fehler, Partnerschaftliche Zusammenschlüsse, 1970.

Feuchtwanger (1922): Die Freien Berufe im besonderen: Die Anwaltschaft - Versuch einer allgemeinen Kulturwirtschaftslehre, München und Leipzig, 1922.
Zitiert: Feuchtwanger, Die Freien Berufe im besonderen, 1922.

Finkenrath, Kurt (1929): Die Medizinalreform, Leipzig, 1929.
Zitiert: Finkenrath, Medizinalreform, 1929.

Fleischmann, Eugen (1969): Die freien Berufe im Rechtsstaat, Berlin, 1969.
Zitiert: Fleischmann, Die freien Berufe im Rechtsstaat, 1969.

Flume, Werner (1977): Allgemeiner Teil des Bürgerlichen Rechts, 1. Band, 1. Teil: Die Personengesellschaft, Berlin/Heidelberg/New York, 1977.
Zitiert: Flume, Allgemeiner Teil des Bürgerlichen Rechts, 1977.

Förstemann, Th. (1869): Principien des Preußischen Polizeirechts, Berlin, 1869.
Zitiert: Förstemann, Principien des Preußischen Polizeirechts, 1869.

Frangenberg, Gunter (1996): Haftungsbeschränkung bei der unternehmerisch tätigen Gesellschaft bürgerlichen Rechts und Haftungskonzentration bei der Partnerschaftsgesellschaft, Bonn, 1996.
Zitiert: Frangenberg, Haftungsbeschränkung, 1996.

Gabriel, Arthur (1919): Die staatliche Organisation des deutschen Ärztestandes, Berlin, 1919
Zitiert: Gabriel, Staatliche Organisation des deutschen Ärztestandes, 1919.

Gail, Winfried / Overlack, Arndt (1996): Anwaltsgesellschaften, 2. wesentl. erw. Aufl., Köln, 1996.
Zitiert: Gail/Overlack, Anwaltsgesellschaften, 1996.

Ganteführer, Felix / Ricken, P. (1988): Vertragsgestaltung bei Gemeinschaftspraxen, in: Arzt und Wirtschaft, 1988, S. 25ff.
Zitiert: Ganteführer/Ricken, Vertragsgestaltung bei Gemeinschaftspraxen, in: Arzt und Wirtschaft 1988.

Gelking, Christoph (1997): Deregulierung der freien Berufe: kritische Analyse einer berufs- und standesrechtlichen Überregulierung freiberuflicher Dienstleistungen, Frankfurt am Main, 1997.
Zitiert: Gelking, Deregulierung der freien Berufe, 1997.

Gilgan, H.-G. (1995): Auswirkungen des Partnerschaftsgesellschaftsgesetzes auf die Angehörigen des steuerberatenden Berufs, in: Stbg., 38. Jg., 1995, S. 28-30.
Zitiert: Gilgan, Auswirkungen des Partnerschaftsgesellschaftsgesetzes, in: Stbg 1995.

Goerke, Heinz (1984): Arzt und Heilkunde: vom Asklepiospriester zum Klinikarzt; 3000 Jahre Medizin, München, 1984.
Zitiert: Goerke, Arzt und Heilkunde, 1984.

Gönner, Nicolaus Thaddäus (1808): Der Staatsdienst, Landshut, 1808.
Zitiert: Gönner, Der Staatsdienst, 1808.

Gosch, Dietmar (1996): Steuerlicher Zugriff auf Gesellschafter von Personen- und Kapitalgesellschaften, in: DStZ, 84. Jg., 1996, S. 417-425.
Zitiert: Gosch, Zugriff auf Gesellschafter, in: DStZ 1996.

Götze, Hermann (1949): Die zweckmäßige Rechtsform der Wirtschaftsprüfungs-Gemeinschaften, in: Der Wirtschaftsprüfer, 2. Jg., 1949, S. 136-139.
Zitiert: Götze, Zweckmäßige Rechtsform, in: Der Wirtschaftsprüfer 1949.

Gores, Joachim (1996): Die Partnerschaftsgesellschaft als Rechtsform der Zusammenarbeit von Rechtsanwälten, Mainz, 1996.
Zitiert: Gores, Partnerschaftsgesellschaft als Rechtsform der Zusammenarbeit von Rechtsanwälten, 1996.

Graf, Eduard (1890): Das ärztliche Vereinswesen in Deutschland und der Deutsche Ärztevereinsbund, Leipzig, 1890.
Zitiert: Graf, Das ärztliche Vereinswesen, 1890.

Gummert, Hans (1993): Zur Zulässigkeit einseitiger Haftungsbeschränkung auf das Vermögen der BGB-Außengesellschaft, in: ZIP, 14. Jg., 1993, S. 1063-1067.
Zitiert: Gummert, Zulässigkeit einseitiger Haftungsbeschränkung, in: ZIP 1993.

Gummert, Hans (1997): Die Haftungsverfassung der Vor-GmbH nach der jüngsten Rechtsprechung des BGH, in: DStR, 35. Jg., 1997, S. 1007-1011.
Zitiert: Gummert, Haftungsverfassung der Vor-GmbH, in: DStR 1997.

Gummert, Hans (1997): Nochmals: Das neue Haftungskonzept der Vor-GmbH, in: DStR, 35. Jg., 1997, S. 1612-1613.
Zitiert: Gummert, Haftungskonzept der Vor-GmbH, in: DStR 1997.

Gunsenheimer, Gerhard (1996): Wechsel der Gewinnermittlungsart – Übergang von der Einnahmen-Überschuß-Rechnung zum Betriebsvermögensvergleich, in: NWB, o.J., 1996, Fach 17, S. 1419-1434.
Zitiert: Gunsenheimer, Wechsel der Gewinnermittlungsart, in: NWB 1996.

Haack, Hansjörg (1997): Haftungsfragen bei der GmbH-Gründung, in: NWB, 1997, Fach 18, S. 3523-3526.
Zitiert: Haack, Haftungsfragen bei der GmbH-Gründung, in: NWB 1997.

Haas, Eberhard (1994): Neue Gesellschaftsform, in: BRAK-Mitt., 25.Jg., 1994, S. 1.
Zitiert: Haas, Neue Gesellschaftsform, in: BRAK-Mitt. 1994.

Habersack, Mathias (1993): Die Haftungsverfassung der GbR – Doppelverpflichtung und Akzessorietät, in: JUS, 33. Jg., 1993, S. 1-8.
Zitiert: Habersack, Haftungsverfassung der GbR, in: JUS 1993.

Halaczinsky, Raymond (1997): Zweifelsfragen zum Wegfall der Vermögensteuer ab 1.1.1997, in: NWB, o.J., 1997, Fach 9, S. 2769ff.
Zitiert: Halaczinsky, Zweifelsfragen zum Wegfall der Vermögensteuer, in: NWB 1997.

Hansen, Herbert (1998): Gründungen, Auflösungen und Anzahl von GmbH, in: GmbHR, 89. Jg., 1998, S. 582-584.
Zitiert: Hansen, Anzahl von GmbH, in: GmbHR 1998.

Hartard, Matthias (1991): Die Europäische wirtschaftliche Interessenvereinigung im deutschen, englischen und französischen Recht, in: Horn u.a. (Hrsg.), Recht des internationalen Wirtschaftsverstehens, Berlin/New York, 1991.
Zitiert: Hartard, Europäische wirtschaftliche Interessenvereinigung, 1991.

Hartmann / Böttcher / Nissen / Bordewin: Kommentar zum Einkommensteuergesetz, Loseblattsammlung.
Zitiert: Hartmann/Böttcher/Nissen/Bordewin, Einkommensteuergesetz.

Haupt, Klaus (1985): Die Freien Berufe in Meinungsumfragen, in: BRAK-Mitteilungen, 16. Jg., 1985, S. 32ff.
Zitiert: Haupt, Die Freien Berufe in Meinungsumfragen, in: BRAK-Mitt. 1985.

Haurand, Günter (1998): Die Haftung des Arztes für Behandlungsfehler, in: NWB 1998, Fach 30, S. 1145-1154.
Zitiert: Haurand, Haftung des Arztes, in: NWB 1998.

Hauschka, Christoph E. (1991): Die Europäische wirtschaftliche Interessenvereinigung (EWIV) als Kooperationsinstrument für die Angehörigen der freien Berufe, in: DStR, 29. Jg., 1991, S. 1083-1088.

Zitiert: Hauschka, Europäische wirtschaftliche Interessenvereinigung als Kooperationsinstrument für die Angehörigen der freien Berufe, in: DStR 1991.

Heckelmann, Dieter (1991): Die GbRmbH als (neue) Gesellschaftsform?, in: Festschrift für Karlheinz Quack zum 65. Geburtstag am 3. Januar 1991, Hrsg. Westermann/Roesner, Berlin, 1991, S. 243-257.

Zitiert: Heckelmann, GbRmbH, in: FS Quack, 1991.

Heermann, Peter W. (1994): Haftungsbeschränkung in der BGB-Außengesellschaft, in: BB, 49. Jg., 1994, S. 2421-2433.

Zitiert: Heermann, Haftungsbeschränkung in der BGB-Außengesellschaft, in: BB 1994.

Heil, Ulf (1998): Die persönliche Haftung des GmbH-Geschäftsführers, in: BB, 53. Jg., 1998, S. 1749-1755.

Zitiert: Heil, Haftung des GmbH-Geschäftsführers, in: BB 1998.

Henke, Norbert (1974): Rechtsprobleme ärztlicher Zusammenarbeit im ambulanten Bereich, in: NJW, 27. Jg., 1974, S. 2035-2040.

Zitiert: Henke, Rechtsprobleme ärztlicher Zusammenarbeit, in: NJW 1974.

Henssler, Martin (1992): Die Rechtsanwalts-GmbH, in: JZ, 47. Jg., 1992, S. 697-710.

Zitiert: Henssler, Rechtsanwalts-GmbH, in: JZ 1992.

Henssler, Martin (1993): Anwaltsgesellschaften, in: NJW, 46. Jg., 1993, S. 2137-2145.

Zitiert: Henssler, Anwaltsgesellschaften, in: NJW 1993.

Henssler, Martin (1994): Der Regierungsentwurf eines Gesetzes über Partnerschaftsgesellschaften, in: WiB, 1. Jg., 1994, S. 53-56.

Zitiert: Henssler, Regierungsentwurf, in: WiB 1994.

Henssler, Martin (1994): Die Freiberufler-GmbH, in: ZIP, 15. Jg., 1994, S. 844-852.

Zitiert: Henssler, Freiberufler-GmbH, in: ZIP 1994.

Henssler, Martin (1994): GmbHG §§ 1; 9c; BRAO §§ 4, 59a - Zulässigkeit der Anwalts-GmbH, in: ZIP, 15. Jg., 1994, S. 1868-1872.

Zitiert: Henssler, Zulässigkeit der Anwalts-GmbH, in: ZIP 1994.

Henssler, Martin (1997): PartGG – Partnerschaftsgesellschaftsgesetz, Kommentar, München, 1997.

Zitiert: Henssler, Partnerschaftsgesellschaftsgesetz, 1997.

Herzig, Norbert / Kessler, W. (1986): Tatbestandsmerkmale und Anwendungsbereich des Gepräge-Gesetzes, in: DStR, 26. Jg., 1986, S. 451-457.

Zitiert: Herzig/Kessler, Anwendungsbereich des Gepräge-Gesetzes, in: DStR 1986.

Heuß, Theodor (1916): Organisationsprobleme der „freien Berufe", in: Festschrift für Lujo Brentano, Leipzig, 1916, S. 237ff. (Nachdruck)

Zitiert: Heuß, Organisationsprobleme der freien Berufe, in: FS Brentano, 1916.

Hirche, Wolfram (1996): Arztrecht kompakt – juristischer Ratgeber für die Arztpraxis, München, 1996.

Zitiert: Hirche, Arztrecht kompakt, 1996.

Höhmann, Axel (1998): Liegen bei Beendigung der Betriebsaufspaltung durch Wegfall der personellen Verflechtung grundsätzlich die Voraussetzungen einer Betriebsverpachtung im ganzen vor?, in: DStR, 36. Jg., 1998, S. 61-63.

Zitiert: Höhmann, Voraussetzungen einer Betriebsverpachtung im ganzen, in: DStR 1998, S. 62.

Hohmann, Harald (1996): Umsatzsteuerfreiheit für Sprachheilpädagogen und ähnliche Heilhilfsberufe, Köln, 1996.

Zitiert: Hohmann, Umsatzsteuerfreiheit für Sprachheilpädagogen, 1996.

Huff, Martin (1998): Anwalts-GmbH – Gesellschaft mit beschränkter Zukunft?, in: BB, 53. Jg., 1998, S. 1.

Zitiert: Huff, Anwalts-GmbH, in: BB 1998.

Hutter, Ulrich (1998): Entgeltliche Aufnahme eines Sozius in eine Einzelpraxis als tarifbegünstigter Veräußerungsvorgang, in: NWB, 1998, Fach 3, S. 10533-10536.

Zitiert: Hutter, Aufnahme eines Sozius in eine Einzelpraxis, in: NWB 1998.

Jastrow, J. (1930): Freie Berufe und Gewerbesteuer, ihr Verhältnis in Vergangenheit und Gegenwart, in: Verwaltung, Interessenvertretung und Forschung - Sonderschriften aus dem Reichsverband der Deutschen Volkswirte, Heft 7, München und Leipzig, 1930.

Zitiert: Jastrow, Freie Berufe und Gewerbesteuer, 1930.

Jhering, Rudolf (1888): Geist des römischen Rechts auf den verschiedenen Stufen seiner Entwicklung, 4. Auflage III/1, 1888.

Zitiert: Jhering, Geist des römischen Rechts, 1888.

Joachim, Heinrich (1933): Der Arzt im Einkommensteuergesetz nach den Entscheidungen des Reichsfinanzhofs, Jena, 1933.

Zitiert: Joachim, Arzt im Einkommensteuergesetz, 1933.

Kassenärztliche Bundesvereinigung (Hrsg.) (1998): Grunddaten zur kassenärztlichen Versorgung in der Bundesrepublik Deutschland 1998, Köln, 1998.

Zitiert: KBV, Grunddaten zur kassenärztlichen Versorgung, 1998.

Kassenzahnärztliche Bundesvereinigung (Hrsg.) (1997): KZBV Jahrbuch 97 – Statistische Basisdaten zur vertragszahnärztlichen Versorgung, Köln, 1997.

Zitiert: KZBV-Jahrbuch, 1997.

Kempermann, Michael (1996): Katalogberufler als Gewerbetreibende – zur leitenden und eigenverantwortlichen Tätigkeit, in: FR, 78. Jg., 1996, S. 514-515.

Zitiert: Kempermann, Katalogberufler als Gewerbetreibende, in: FR 1996.

Kempter, Fritz (1994): Das Partnerschaftsgesellschaftsgesetz - Überblick zur Einführung und Orientierung, in: BRAK-Mitteilungen, 25. Jg., 1994, S. 122-125.

Zitiert: Kempter, Partnerschaftsgesellschaftsgesetz, in: BRAK-Mitt. 1994.

Kießling, Heinz / Pelikan, H. / Jäger, B. (1995): Körperschaftsteuer, in: Grüne Reihe, Band 6, Hrsg.: Deutsche Steuergewerkschaft, 14. Aufl., Achim, 1995.

Zitiert: Kießling/Pelikan/Jäger, Körperschaftsteuer, 1995.

Kirchhof, Paul / Söhn, H. : EStG – Kommentar, Loseblattsammlung.

Zitiert: Kirchhof/Söhn, EStG.

Kloock, Josef (1997): Betriebliches Rechnungswesen, 2. Aufl., Lohmar/Köln, 1997.

Zitiert: Kloock, Betriebliches Rechnungswesen, 1997.

Klunzinger, Eugen (1997): Grundzüge des Gesellschaftsrechts, 10. überarb. Aufl., München, 1997.

Zitiert: Klunzinger, Grundzüge des Gesellschaftsrechts, 1997.

Knoll, Christian / Schüppen, Matthias (1995): Die Partnerschaftsgesellschaft – Handlungszwang, Handlungsalternative oder Schubladenmodell (I), in: DStR, 33. Jg., 1995, S. 608-613.

Zitiert: Knoll/Schüppen, Partnerschaftsgesellschaft (I), in: DStR 1995.

Knoll, Christian / Schüppen, Matthias (1995): Die Partnerschaftsgesellschaft – Handlungszwang, Handlungsalternative oder Schubladenmodell (II), in: DStR, 33. Jg., 1995, S. 646-652.

Zitiert: Knoll/Schüppen, Partnerschaftsgesellschaft (II), in: DStR 1995.

Koller, Ingo (1986): Die Wirksamkeit formularmäßiger Haftungsfreizeichnungsklauseln zwischen Schadensausgleich und Schadensprävention, in: ZIP, 7. Jg., 1986, S. 1089-1100.

Zitiert: Koller, Wirksamkeit formularmäßiger Haftungsfreizeichnungsklauseln, in: ZIP 1986.

Korn, Klaus (1995): Probleme bei der ertragsteuerlichen Abgrenzung zwischen freier Berufstätigkeit und Gewerbe, in: DStR, 33. Jg., 1995, S. 1249-1256.
Zitiert: Korn, Abgrenzung zwischen freier Berufstätigkeit und Gewerbe, in: DStR 1995.

Kornblum, Udo (1988): Vom Standesrecht zum Berufsrecht der Freien Berufe, in: ZRP, 21. Jg., 1988, S. 465-471.
Zitiert: Kornblum, Vom Standesrecht zum Berufsrecht, in: ZRP 1988.

Korts, Petra / Korts, Sebastian (1996): Heilberufsgesellschaften – ärztliche Partnerschaft, Heidelberger Musterverträge, Heft 88, Köln, 1996.
Zitiert: Korts/Korts, Heilberufsgesellschaften, 1996.

Kräusel, R. (1971): Besteuerung der Ärzte, in: NWB-Gewerbedienst, Heft 89 a/b, 4. Aufl., Herne, 1971.
Zitiert: Kräusel, Besteuerung der Ärzte, 1971.

Kratzer, W. (1998): Gewerbesteuererklärung 1997, in: NWB 1998, Fach 5, S. 1393-1406.
Zitiert: Kratzer, Gewerbesteuererklärung, in: NWB 1998.

Kreienberg, (1962): Gemeinschaftspraxis, in: ÄM, Nr. 29-30, 1962, S. 1548-1561.
Zitiert: Kreienberg, Gemeinschaftspraxis, in: ÄM 1962.

Kremer (1983): Freie Berufe in der Rechtsform der GmbH, in: GmbHR, 74. Jg., 1983, S. 260-267.
Zitiert: Kremer, Freie Berufe in der Rechtsform der GmbH, in: GmbHR 1983.

Krieger, Gerd (1994): Fortführung der Arztpraxis nach GSG – die Wettbewerbsabrede im Vertrag über eine Praxisgemeinschaft unter besonderer Berücksichtigung möglicher Zulassungsbeschränkungen, in: MedR, 12. Jg., 1994, S. 240-241.
Zitiert: Krieger, Fortführung der Arztpraxis, in: MedR 1994.

Krieger, Gerd (1995): PartGG – Eine neue Möglichkeit, in: freier Praxis partnerschaftlich zusammenzuarbeiten, in: MedR, 13. Jg., 1995, S. 95-98.
Zitiert: Krieger, Partnerschaftsgesellschaftsgesetz, in: MedR 1995.

Kübler, Friedrich (1994): Gesellschaftsrecht: die privatrechtlichen Ordnungsstrukturen und Regelungsprobleme von Verbänden und Unternehmen, 4. neubearb. und erw. Aufl., Heidelberg, 1994.
Zitiert: Kübler, Gesellschaftsrecht, 1994.

Kulka, Michael (1995): Der „Freiberufler-Konzern", in: DZWiR, 5. Jg., 1995, S. 45-53.
Zitiert: Kulka, Freiberufler-Konzern, in: DZWiR 1995.

Kupfer, Gerhard (1994): Die Partnerschaftsgesellschaft als Alternative zur Sozietät, in: Felix/Korn/Carlé u.a. (Hrsg.): Praktische Einführung in das neue Recht der Umwandlung, Umwandlungsbesteuerung, der kleinen AG und der Partnerschaftsgesellschaft, in: Kölner Steuer-Arbeitsunterlagen, 40. Kölner Trainingstagung, 1994, S. 102-121.
Zitiert: Kupfer, Partnerschaftsgesellschaft als Alternative, 1994.

Kupfer, Gerhard (1995): Freiberufler-Gesellschaften Partnerschaft, Anwalts- und Ärzte-GmbH, in: KÖSDI (Kölner Steuerdialog), Heft 2, 1995, S. 10130-10143.
Zitiert: Kupfer, Freiberufler-Gesellschaften, in: KÖSDI 1995.

Lach, Michael (1970): Formen freiberuflicher Zusammenarbeit, München, 1970.
Zitiert: Lach, Formen freiberuflicher Zusammenarbeit, 1970.

Lange, Joachim (1992): Die Körperschaftsteuer, in: NWB, 1992, Fach 4, S. 3771-3932.
Zitiert: Lange, Körperschaftsteuer, in: NWB 1992.

Laufs, Adolf (1992): Die Entwicklung des Arztrechts 1991/92, in: NJW, 45. Jg., 1992, S. 1529-1539.
Zitiert: Laufs, Entwicklung des Arztrechts, in: NJW 1992.

Laufs, Adolf (1993): Arztrecht, 5. Auflage, 1993.
Zitiert: Laufs, Arztrecht, 1993.

Laufs, Adolf (1995): Arzt und Recht im Umbruch der Zeit, in: NJW, 48. Jg., 1995, S. 1590-1599.

Zitiert: Laufs, Arzt und Recht, in: NJW 1995.

Laufs, Adolf (1995): Die Ärzte-GmbH und das Berufsrecht, in: MedR, 13. Jg., 1995, S. 11-16.

Zitiert: Laufs, Ärzte-GmbH und das Berufsrecht, in: MedR 1995.

Lehmann, Matthias (1991): Die Haftung des BGB-Gesellschafters für die Steuerschulden der Gesellschaft, in: DB, 44. Jg., 1991, S. 2407-2411.

Zitiert: Lehmann, Haftung des BGB-Gesellschafters, in: DB 1991.

Lenz, Tobias (1994): Die Partnerschaft – alternative Gesellschaftsform für Freiberufler?, in: MDR, 48. Jg., 1994, S. 741-746.

Zitiert: Lenz, Partnerschaft, in: MDR 1994.

Leutheusser-Schnarrenberger, Sabine (1993): Partnerschaftsgesetz - der neue Entwurf ist besser, in: der freie beruf, 21. Jg., 1993, S. 9-12.

Zitiert: Leutheusser-Schnarrenberger, Partnerschaftsgesetz, in: der freie beruf 1993.

Leutheusser-Schnarrenberger, Sabine (1994): Die Partnerschaftsgesellschaft - nationale und EG-rechtliche Bestrebungen zu einem Sondergesellschaftsrecht für die freien Berufe, in: Letzgus, Klaus (Hrsg.): Festschrift für Herbert Helmrich zum 60. Geburtstag, München, 1994, S. 677-683.

Zitiert: Leutheusser-Schnarrenberger, Partnerschaftsgesellschaft - nationale und EG-rechtliche Bestrebungen, in: FS Helmrich, 1994.

Leutheusser-Schnarrenberger, Sabine (1994): Ein wichtiger Tag für die freien Berufe, in: AnwBl., 44. Jg., 1994, S. 334-335.

Zitiert: Leutheusser-Schnarrenberger, Wichtiger Tag für die freien Berufe, in: AnwBl. 1994.

Littmann, Eberhard (Begr.) / Bitz, H. / Meincke (Hrsg.) (1985): Das Einkommensteuerrecht, 14. Aufl., Stuttgart, 1985.

Zitiert: Littmann/Bitz/Meincke, Einkommensteuerrecht, 1985.

Lothmann, Werner (1992): Die Vermögensverwaltende Personengesellschaft im Schlußfeld des Grunderwerbsteuersenats des BFH, in: DStR, 30. Jg., 1992, S. 1232f.

Zitiert: Lothmann, Vermögensverwaltende Personengesellschaft, in: DStR 1992.

Lutter, Marcus / Hommelhoff, P. (1995): GmbH-Gesetz: Kommentar, 14. neubearb. u. erw. Aufl., Köln, 1995.

Zitiert: Lutter/Hommelhoff, GmbHG, 1995.

Maier, Arno (1991): Die Reform des Anwaltsrechts in Frankreich, in: AnwBl., 41. Jg., 1991, S. 182-183.

Zitiert: Maier, Reform des Anwaltsrechts in Frankreich, in: AnwBl. 1991.

Maus, Josef (1995): Kostenstrukturanalyse für Arztpraxen Stagnierendes Realeinkommen, in: Deutsches Ärzteblatt, 92. Jg., 1995, A-289f.

Zitiert: Maus, Kostenstrukturanalyse für Arztpraxen, in: DÄBl. 1995.

Mazza, Francesca (1997): Die Haftung des neu eintretenden Partners für Alt-Verbindlichkeiten der Partnerschaft aus Schäden wegen fehlerhafter Berufsausübung, in: BB, 52. Jg., 1997, S. 746-750.

Zitiert: Mazza, Haftung des neu eintretenden Partners, in: BB 1997.

Meilicke, Dr. Wienand / Westphalen / Hoffmann / Lenz (1995): Partnerschaftsgesellschaftsgesetz, Beck´sche Kurz-Kommentare, München, 1995.

Zitiert: Meilicke/Westphalen/Hoffmann/Lenz, Partnerschaftsgesellschaftsgesetz, 1995.

Meurer, Christoph (1997): Die Partnerschaftsgesellschaft, Frankfurt am Main, 1997.

Zitiert: Meurer, Partnerschaftsgesellschaft 1997.

Meyer, Justus / Kreft, Volker (1997): Die Arzt-GmbH auf dem Prüfstand - Vor- und Nachteile beim Einsatz einer GmbH für eine Arztpraxis, in: GmbHR, 88. Jg., 1997, S. 193-200.

Zitiert: Meyer/Kreft, Arzt-GmbH auf dem Prüfstand, in: GmbHR 1997.

Meyer-Scharenberg, Dirk E. / Popp, M. / Woring, S. (1996): Gewerbesteuer-Kommentar, 2. Aufl., Herne/Berlin, 1996.
Zitiert: Meyer-Scharenberg/Popp/Woring, Gewerbesteuer-Kommentar, 1996.

Michalski, Lutz (1989): Das Gesellschafts- und Kartellrecht der berufsrechtlich gebundenen freien Berufe, Köln, 1989.
Zitiert: Michalski, Gesellschaft- und Kartellrecht der berufsrechtlich gebundenen Berufe, 1989.

Michalski, Lutz (1989): Die freiberufliche Zusammenarbeit im Spannungsfeld von Gesellschafts- und Berufsrecht, in: Anwaltsblatt, 39. Jg., 1989, S. 65-76.
Zitiert: Michalski, Freiberufliche Zusammenarbeit im Spannungsfeld, in: AnwBl. 1989.

Michalski, Lutz (1993): Zum Regierungsentwurf eines Partnerschaftsgesellschaftsgesetzes, in: ZIP, 14. Jg., 1993, S. 1210-1214.
Zitiert: Michalski, Regierungsentwurf, in: ZIP 1993.

Michalski, Lutz / Römermann (1995): PartGG - Kommentar zum Partnerschaftsgesellschaftsgesetz, Köln, 1995.
Zitiert: Michalski/Römermann, Partnerschaftsgesellschaftsgesetz, 1995.

Mittelsteiner, Karl-Heinz (1994): Das neue Berufsrecht der Steuerberater, in: DStR, 32. Jg., S. 2*-39*.
Zitiert: Mittelsteiner, Berufsrecht der Steuerberater, in: DStR 1994.

Mösbauer, Heinz (1976): Arzt und Steuerrecht, 1. Aufl., Berlin, 1976.
Zitiert: Mösbauer, Arzt und Steuerrecht, 1976.

Mösbauer, Heinz (1997): Beginn, Ende und Übergang der steuerlichen Buchführungspflichten gewerblicher Unternehmer, in: DStZ, 85. Jg., 1997, S. 201-207.
Zitiert: Mösbauer, Beginn, Ende und Übergang der steuerlichen Buchführungspflichten, in: DStZ 1997.

Müller, Wolfgang (1968): Einbeziehung der Freien Berufe in das Handelsrecht unter besonderer Berücksichtigung von Arzt, Apotheker, Rechtsanwalt, Wirtschaftsprüfer und Architekt, Berlin, 1968.
Zitiert: Müller, Einbeziehung der Freien Berufe in das Handelsrecht, 1968.

Munte, Axel (1996): Kooperative Berufsausübung zwischen Ärzten und anderen Heilberufen, 7. neu bearbeitete Auflage, Köln, 1996.
Zitiert: Munte, Kooperative Berufsausübung zwischen Ärzten, 1996.

Naegele, Wolfgang / Jürgensen, K. (1995): Zusammenschlüsse von Freiberuflern: Verträge für Sozietäten, Partnerschaftsgesellschaften, Freiberufler-GmbH und –AG, Betriebsgemeinschaften, 2. überarb. u. erw. Aufl., Planegg, 1995.
Zitiert: Naegele/Jürgensen, Zusammenschlüsse von Freiberuflern, 1995.

Narr, Helmut (1973): Ärztliches Berufsrecht - Ausbildung, Weiterbildung, Berufsausübung, Stuttgart, 1973.
Zitiert: Narr, Ärztliches Berufsrecht, 1973.

Nentwig, Wolf M. / Bonvie, H. / Hennings, S. (1995): Das Partnerschaftsgesellschaftsgesetz - Die berufliche Zusammenarbeit von Medizinern, 1. Auflage, Kirchheim, 1995.
Zitiert: Nentwig/Bonvie/Hennings, Partnerschaftsgesellschaftsgesetz, 1995.

Neye, Hans-Werner (1997): Partnerschaft und Umwandlung – Ein Gesetzentwurf mit neuen Möglichkeiten, in: ZIP, 18. Jg., 1997, S. 722-726.
Zitiert: Neye, Partnerschaft und Umwandlung, in: ZIP 1997.

Neye, Hans-Werner (1998): 1. August 1998: Neuerungen im Umwandlungsrecht treten in Kraft – Partnerschaftsgesellschaft wird umwandlungsfähig, in: GmbHR, 89. Jg., 1998, S. R 213.
Zitiert: Neye, Neuerungen im Umwandlungsrecht, in: GmbHR 1998.

Notthoff, Martin (1998): Abfindungsregelungen in Personengesellschaftsverträgen, in: DStR, 36. Jg., 1998, S. 210-214.
Zitiert: Notthoff, Abfindungsregelungen, in: DStR 1998.

o.V. (1995): Branchenreport – Sinkende Erträge bei Ärzten, Zahnärzten und Tierärzten, in: DSWR, 1995, S. 281.
Zitiert: o.V., Sinkende Erträge bei Ärzten, in: DSWR 1995.

o.V. (1998): Entgelt für die Aufnahme eines Sozius in eine Einzelpraxis Veräußerungsgewinn oder Einkünfte aus selbständiger Arbeit?, in: BB, 53. Jg., 1998, S. 1515-1517.
Zitiert: o.V., Aufnahme eines Sozius in eine Einzelpraxis, in: BB 1998.

o.V. (1998): Finanzvolumen, in: DÄBl., 1998, S. A-1982.
Zitiert: o.V., Finanzvolumen, in: DÄBl. 1998.

Palandt, Otto (1998) : Bürgerliches Gesetzbuch, 57. Neubearb. Aufl., München, 1998.
Zitiert: Palandt, BGB, 1998.

Planck, Marina (1997): Regierungsentwurf eines Ersten Gesetzes zur Änderung des Umwandlungsgesetzes, in: DStR, 35. Jg., 1997, S. IX.
Zitiert: Planck, Änderung des Umwandlungsgesetzes, in: DStR 1997.

Paus, Bernhard (1986): Freiberufliche Tätigkeit einer Personengesellschaft – Anmerkungen zum BFH-Urteil VIII R 254/80 vom 11.6.1985, in: DStZ, 74. Jg., 1986, S. 120-123.
Zitiert: Paus, Freiberufliche Tätigkeit einer Personengesellschaft, in: DStZ 1986.

Preißler, Reinhold (1995): Zulassung neuer Kooperationsformen zur vertrags(zahn)ärztlichen Versorgung und Abrechnung der in diesen Zusammenschlüssen erbrachten Leistungen, in: MedR, 13. Jg., 1995, S. 110-111.
Zitiert: Preißler, Zulassung neuer Kooperationsformen, in: MedR 1995.

Pütz-Reuter, Karin / Zdarta, J. / Zellmann, J. (1998): Ärztliche Kooperationen, hrsg. vom NAV Virchow-Bund, Köln, Berlin, 1998.
Zitiert: Pütz-Reuter/Zdarta/Zellmann, Ärztliche Kooperationen, 1998.

Puttfarcken, Carsten (1962): Der Schutz des eingerichteten und ausgeübten Gewerbebetriebs bei freien Berufen, in: GRUR, 64. Jg., 1962, S. 500-504.
Zitiert: Puttfarcken, Schutz des eingerichteten und ausgeübten Gewerbebetriebs, in: GRUR 1962.

Radau, Hans (1993): Ersetzung der Arzthaftung durch Versicherungsschutz – Eine Untersuchung am Beispiel der Patientenunfallversicherung in Schweden, Karlsruhe, 1993.
Zitiert: Radau, Ersetzung der Arzthaftung durch Versicherungsschutz, 1993.

Raisch, Peter (1991): Freie Berufe und Handelsrecht, in: Löwisch, Manfred (Hrsg.): Festschrift für Fritz Rittner zum 70. Geburtstag, München, 1991, S. 471-489.
Zitiert: Raisch, Freie Berufe und Handelsrecht, in: FS Rittner, 1991.

Raiser, Thomas (1992): Recht der Kapitalgesellschaften, 2. Aufl. München, 1992.
Zitiert: Raiser, Kapitalgesellschaften, 1992.

Rasenack, Christian (1990): Zur Haftungsbeschränkung von BGB-Gesellschaften im Hinblick auf das Einstehen-Müssen für Steuerschulden der Gesellschaft, in: BB, 45. Jg., 1990, S. 2456-2458.
Zitiert: Rasenack, Zur Haftungsbeschränkung von BGB-Gesellschaften, in: BB 1990.

Ratzel, Rudolf (1990): Ärztliches Standesrecht eine Darstellung für Klinik und Praxis, Frankfurt a.M., 1990.
Zitiert: Ratzel, Ärztliches Standesrecht, 1990.

Rebmann, Kurt / Säcker (Hrsg.) (1997): Münchener Kommentar zum Bürgerlichen Gesetzbuch, Band 5, Schuldrecht, Besonderer Teil (§§ 705-853), Partnerschaftsgesellschaft – Produkthaftung, 3. Aufl., München, 1997.
Zitiert: Münchener Kommentar – Bearbeiter, BGB, 1997.

Redeker, Konrad (1972): Bundeseinheitliches Kammerrecht, in: NJW, 25. Jg., 1972, S. 1844ff.
Zitiert: Redeker, Bundeseinheitliches Kammerrecht, in: NJW 1972.

Reichel, K. (1962): Ärztliche Gruppenpraxis, Gemeinschaftspraxis und Praxisgemeinschaft, in: ÄM, Nr. 20, 1962, S. 1096-1098.
Zitiert: Reichel, Ärztliche Gruppenpraxis, in: ÄM 1962.

Riegger, Bodo (1995): BGB-Gesellschaft, offene Handelsgesellschaft, Partnerschaftsgesellschaft, Partenreederei, EWIV, München, 1995.
Zitiert: Riegger, BGB-Gesellschaft, offene Handelsgesellschaft, Partnerschaftsgesellschaft, 1995.

Rieger, Hans-Jürgen (1984): Lexikon des Arztrechts, Berlin, New York, 1984.
Zitiert: Rieger, Lexikon des Arztrechts, 1984.

Rieger, Hans-Jürgen (1993): Verträge zwischen Ärzten in freier Praxis, 5. neubearb. Aufl., Heidelberger Musterverträge, Heidelberg, 1993.
Zitiert: Rieger, Verträge zwischen Ärzten, 1993.

Rieger, Hans-Jürgen (1995): Die Heilkunde-GmbH in der Rechsprechung unter besonderer Berücksichtigung des Verfassungsrechts, in: MedR, 13. Jg., 1995, S. 87-90.
Zitiert: Rieger, Heilkunde-GmbH in der Rechtsprechung, in: MedR 1995.

Ring, Gerhard (1997): Partnerschaftsgesellschaft – Erläuterungen mit Muster, Deutscher Anwaltverlag, 1997.
Zitiert: Ring, Partnerschaftsgesellschaft, 1997.

Rittner, Fritz (1962): Unternehmen und freier Beruf als Rechtsbegriffe, Tübingen, 1962.
Zitiert: Rittner, Unternehmen und freier Beruf, 1962.

Rittner, Fritz (1967): Teamarbeit bei freien Berufen, in: StB, 18. Jg., 1967, S. 2-9.
Zitiert: Rittner, Teamarbeit bei freien Berufen, in: StB 1967.

Rodrega, Heinrich / Roos, K. / Maiwald, D. / Lange, H. / Henke, K.-H. (o.J.): Der Verband der niedergelassenen Ärzte Deutschlands (NAV) e.V., Köln-Lövenich, o.J.
Zitiert: Rodrega/Roos/Maiwald/Lange/Henke, Verband der niedergelassenen Ärzte, o.J.

Römermann, Klaus (1996): Gewerbesteuerpflicht für die ärztliche Tätigkeit im Labor, in: BB, 51. Jg., 1996, S. 613-617.
Zitiert: Römermann, Gewerbesteuerpflicht für die ärztliche Tätigkeit im Labor, in: BB 1996.

Römermann, Klaus (1997): Anwalts-GmbH als „theoretische Variante" zur Partnerschaft, in: GmbHR, 88. Jg., 1997, S. 530-537.
Zitiert: Römermann, Anwalts-GmbH als theoretische Variante, in: GmbHR 1997.

Römermann, Klaus (1998): Nachvertragliche Wettbewerbsverbote bei Freiberuflern, in: BB, 53. Jg., 1998, S. 1489-1490.
Zitiert: Römermann, Nachvertragliche Wettbewerbsverbote bei Freiberuflern, in: BB 1998.

Rose, Gerd (1997): Betrieb und Steuer: Grundlagen zur betriebswirtschaftlichen Steuerlehre, Buch 1: Die Ertragsteuern, 15., überarb. Aufl., Wiesbaden, 1997.
Zitiert: Rose, Die Ertragsteuern, 1997.

Roth, Günter H. (1991): Die kleine Erwerbsgesellschaft zwischen bürgerlichem Recht und Handelsrecht, in: ZHR, 155. Jg. , 1991, S. 24-51.
Zitiert: Roth, Kleine Erwerbsgesellschaft, in: ZHR 1991.

Sandberger, Georg / Müller-Graff, P.-C. (1975): Die rechtliche Form freiberuflicher Zusammenarbeit, in: Zeitschrift für Rechtspolitik, 8. Jg., 1975, S. 1-7.
Zitiert: Sandberger/Müller-Graff, Rechtliche Form freiberuflicher Zusammenarbeit, in: Zeitschrift für Rechtspolitik 1975.

Sauren, Marcel (1997): DStR-Fachliteratur-Auswertung: Besteuerung der Freiberufler, in: DStR, 35. Jg., 1997, S. 1634-1636.

Zitiert: Sauren, Besteuerung der Freiberufler, in: DStR 1997.

Schaub, Bernhard (1996): Das neue Partnerschaftsregister, in: NJW, 49. Jg., 1996, S. 625-627.

Zitiert: Schaub, Partnerschaftsregister, in: NJW 1996.

Scheuffler, Wolfgang (1995): Die steuerrechtliche Behandlung der Heilkunde-GmbH, in: MedR, 13. Jg., 1995, S. 99-103.

Zitiert: Scheuffler, Steuerrechtliche Behandlung der Heilkunde-GmbH, in: MedR 1995.

Scheuner, Ulrich (1938): Die freien Berufe im ständischen Aufbau, in: Freisler, Roland / Loening, G.A. / Nipperdey, H (Hrsg.): Festschrift für Justus Wilhelm Hedemann zum 60. Geburtstag, Jena, 1938, S. 424ff.

Zitiert: Scheuner, Die freien Berufe, in: FS Hedemann, 1938.

Schick, Walter (1973): Die freien Berufe im Steuerrecht, Köln, 1973.

Zitiert: Schick, Die freien Berufe im Steuerrecht, 1973.

Schick, Walter (1990): Der Konkurs des Freiberuflers - Berufsrechtliche, konkursrechtliche und steuerrechtliche Aspekte, in: NJW, 43. Jg., 1990, S. 2359-2363.

Zitiert: Schick, Konkurs des Freiberuflers, in: NJW 1990.

Schirmer, Horst Dieter (1995): Berufsrechtliche und kassenarztrechtliche Fragen der ärztlichen Berufsausübung in Partnerschaftsgesellschaften - Teil 1, in: MedR, 13. Jg., 1995, S. 341-352.

Zitiert: Schirmer, Berufsrechtliche und kassenarztrechtliche Fragen - Teil 1, in: MedR 1995.

Schirmer, Horst Dieter (1995): Berufsrechtliche und kassenarztrechtliche Fragen der ärztlichen Berufsausübung in Partnerschaftsgesellschaften - Teil 2, in: MedR, 13. Jg., 1995, S. 383-390.

Zitiert: Schirmer, Berufsrechtliche und kassenarztrechtliche Fragen - Teil 2, in: MedR 1995.

Schlauß, Hans-Joachim (1994): Betriebsvergleich als Führungsinstrument in der Arztpraxis - mit Anwendungsbeispielen und Erläuterungen, Bonn, 1994.

Zitiert: Schlauß, Betriebsvergleich als Führungsinstrument in der Arztpraxis, 1994.

Schlauß, Hans-Joachim, Volkmann, Hans-Werner (1997): Betriebswirtschaftliche Praxisführung mit Anwendungsbeispielen und Erläuterungen, Bonn, 1997.

Zitiert: Schlauß/Volkmann, Betriebswirtschaftliche Praxisführung, 1997.

Schmidt, Karsten (1983): Gesellschaft bürgerlichen Rechts - Welche Änderungen und Ergänzungen sind im Recht der BGB-Gesellschaft geboten?, in: Bundesministerium der Justiz (Hrsg.): Gutachten zur Überarbeitung des Schuldrechts, Band III, Köln, 1983, S. 413-569.

Zitiert: Schmidt, Gesellschaft bürgerlichen Rechts, 1983.

Schmidt, Karsten (1988): Zum Haftungsstatus unternehmenstragender BGB-Gesellschaften, in: Goerdeler, Reinhard et al. (Hrsg.): Festschrift für Hans-Joachim Fleck zum 70. Geburtstag am 30. Januar 1988, Berlin/New York, 1988, S. 271-296.

Zitiert: Schmidt, Haftungsstatus unternehmenstragender BGB-Gesellschaften, in: FS Fleck, 1988.

Schmidt, Karsten (1992): Mehrseitige Gestaltungsprozesse bei Personengesellschaften: Studien und Thesen zur Prozeßführung nach §§ 117, 127, 133, 140, 142 HGB und zur notwendigen Streitgenossenschaft nach § 62 ZPO, in: Hamburger Beiträge zum Handels-, Schiffahrts- und Wirtschaftsrecht, Band 19, Heidelberg, 1992.

Zitiert: Schmidt, Mehrseitige Gestaltungsprozesse bei Personengesellschaften, 1992.

Schmidt, Karsten (1993): Partnerschaftsgesetzgebung zwischen Berufsrecht, Schuldrecht und Gesellschaftsrecht, in: Zeitschrift für Wirtschaftsrecht (ZIP), 14. Jg., 1993, S. 633-652.
Zitiert: Schmidt, Partnerschaftsgesetzgebung zwischen Berufsrecht, Schuldrecht und Gesellschaftsrecht, in: ZIP 1993.

Schmidt, Karsten (1994): Handelsrecht, 4. neubearbeitete Aufl., Köln, 1994.
Zitiert: Schmidt, Handelsrecht, 1994.

Schmidt, Karsten (1995): Die Freiberufliche Partnerschaft, in: NJW, 48. Jg., 1995, S. 1-7.
Zitiert: Schmidt, Freiberufliche Partnerschaft, in: NJW 1995.

Schmidt, Karsten (1997): Gesellschaftsrecht, 3. völlig neu bearb. u. erw. Aufl., Köln, 1997.
Zitiert: Schmidt, Gesellschaftsrecht, 1997.

Schmidt, Karsten (1998): Das Handelsrechtsreformgesetz, in: NJW, 51. Jg., 1998, S. 2161-2169.
Zitiert: Schmidt, Handelsrechtsreformgesetz, in: NJW 1998.

Schmidt, Ludwig (1997): EStG Kommentar, 16. völlig neubearbeitete Auflage, München, 1997.
Zitiert: Schmidt, Einkommensteuergesetz, 1997.

Schneider, Dieter (1994): Betriebswirtschaftslehre Band 2: Rechnungswesen, München-Wien, 1994.
Zitiert: Schneider, Rechnungswesen, 1994.

Schneider, Dieter (1994): Grundzüge der Unternehmensbesteuerung, Wiesbaden, 1994.
Zitiert: Schneider, Unternehmensbesteuerung, 1994.

Schneider, Günther (1994): Handbuch des Kassenarztrechts, Köln-Berlin-Bonn-München, 1994.
Zitiert: Schneider, Handbuch des Kassenarztrechts, 1994.

Schneider, Günther (1994): Zulassungssperren und Verfassung, in: MedR, 12. Jg., 1994, S. 383-388.
Zitiert: Schneider, Zulassungssperren und Verfassung, in: MedR 1994.

Schroeder, Franz-Josef (1992): Die „GbRmbH" - eine sinnvolle Gestaltungsvariante?, in: DStR, 30. Jg., 1992, S. 507-512.
Zitiert: Schroeder, Die GbRmbH, in: DStR 1992.

Schulze zur Wiesche, Dieter (1996): Die Personengesellschaften in der neueren Rechtsprechung des BFH, in: FR, 78. Jg., 1996, S. 237-249.
Zitiert: Schulze zur Wiesche, Personengesellschaften in der neueren Rechtsprechung, in: FR 1996.

Schwark, Eberhard (1992): Voraussetzungen und Grenzen der persönlichen Gesellschafterhaftung in der GbR, in: DZWiR, 2. Jg., 1992, S. 441-447.
Zitiert: Schwark, Persönliche Gesellschafterhaftung in der GbR, in: DZWiR 1992.

Seehafer, Wilfried (1991): Der Arzthaftungsprozeß in der Praxis, Berlin, 1991.
Zitiert: Seehafer, Der Arzthaftungsprozeß, 1991.

Seer, Roman (1995): Einschränkungen der Veräußerbarkeit von freiberuflichen Arzt- und Zahnarztpraxen durch das Sozialrecht, in: DStR, 33. Jg., 1995, S. 377-382.
Zitiert: Seer, Veräußerbarkeit von freiberuflichen Arzt- und Zahnarztpraxen, in: DStR 1995.

Segebrecht, Helmut (1996): Die Einnahme-Überschußrechnung nach § 4 Abs. 3 EStG, 9. neubearb. u. erw. Aufl., Berlin, 1996.
Zitiert: Segebrecht, Die Einnahme-Überschußrechnung, 1996.

Seibert, Ulrich (1993): Zum neuen Entwurf eines Partnerschaftsgesellschaftsgesetzes, in: AnwBl., 43. Jg., 1993, S. 155-157.
Zitiert: Seibert, Zum neuen Entwurf eines Partnerschaftsgesellschaftsgesetzes, in: AnwBl. 1993.

Seibert, Ulrich (1994): Die Partnerschaft - eine neue Gesellschaftsform für die Freien Berufe, Köln, 1994.
Zitiert: Seibert, Die Partnerschaft, 1994.

Seibert, Ulrich (1994): Die Partnerschaft für die Freien Berufe, in: DB, 47. Jg., 1994, S. 2381-2384.

Zitiert: Seibert, Partnerschaft für die Freien Berufe, in: DB 1994.

Seibert, Ulrich (1997): Gesellschaften mit „Partner-Zusatz" - Änderungen zum 1. Juli 1997, in: ZIP, 18. Jg., 1997, S. 1046f.

Zitiert: Seibert, Gesellschaften mit Partner-Zusatz, in: ZIP 1997.

Seuffer, Rudolf (1996): Stellungnahme zum Beitrag von Jochen Taupitz: Das Berufsrisiko des Arztes: Entwicklung, Steuerung und Risikominimierung, MedR 1995, S. 475-482, in: MedR, 13. Jg., 1995, S. 366-367.

Zitiert: Seuffer, Berufsrisiko des Arztes, in: MedR 1995.

Sommer, Michael (1995): Anwalts-GmbH oder Anwalt-Partnerschaft? Zivil- und steuerrechtliche Vor- und Nachteile, in: GmbHR, 86. Jg., 1995, S. 249-258.

Zitiert: Sommer, Anwalts-GmbH oder Anwalts-Partnerschaft, in: GmbHR 1995.

Sotiropoulos, Georgios (1995): Partnerschaftsgesellschaft Haftung der Partner und Haftungsbeschränkungswege, in: ZIP, 16. Jg., 1995, S. 1879-1886.

Zitiert: Sotiropoulos, Haftung der Partner und Haftungsbeschränkungswege, in: ZIP 1995.

Steffen, Erich (1995): Neue Entwicklungslinien der BGH-Rechtsprechung zum Arzthaftungsrecht, 6. neubearb. Aufl., Köln, 1995.

Zitiert: Steffen, BGH-Rechtsprechung zum Arzthaftungsrecht, 1995.

Stehle, Heinz (1983): Die „Freiberufler-GmbH" - ihre Vor- und ihre Nachteile, in: DStR, 21. Jg., 1983, S. 100-106.

Zitiert: Stehle, Freiberufler-GmbH, in: DStR 1983.

Stober, Rolf (1981): Die Berufsfreiheit der freien Berufe, in: Neue Juristische Wochenschrift, 34. Jg., 1981, S. 1529-1534.

Zitiert: Stober, Berufsfreiheit der freien Berufe, in: NJW 1981.

Stoldt, Martina (1994): Organisations- und Kooperationsmöglichkeiten für Anwälte, Steuerberater und Ärzte in Europa und den USA, in: Seibert, U.: Die Partnerschaft – eine neue Gesellschaftsform für die Freien Berufe, Köln, 1994, S. 62-81.

Zitiert: Stoldt, Organisations- und Kooperationsmöglichkeiten, in: Seibert 1994.

Streim, Hannes (1988): Grundzüge der handels- und steuerrechtlichen Bilanzierung, Stuttgart, 1988.

Zitiert: Streim, Grundzüge der handels- und steuerrechtlichen Bilanzierung, 1988.

Streim, Hannes (1994): Die Generalnorm des § 264 Abs. 2 HGB – Eine kritische Analyse, in: Ballwieser/Böcking/Drukarczyk/Schmidt (Hrsg.): Bilanzrecht und Kapitalmarkt – Festschrift zum 65. Geburtstag von Professor Dr. Dr. hc. Dr. hc. Adolf Moxter, Düsseldorf, 1994, S. 393-406.

Zitiert: Streim, Generalnorm des § 264 Abs. 2 HGB, in: FS Moxter, 1994.

Streim, Hannes / Klaus, H. (1994): Zur Rechnungslegung, Prüfung und Publizität der GmbH & Co. KG, in: BB, 49. Jg., 1994, S. 1109-1116.

Zitiert: Streim/Klaus, Rechnungslegung, Prüfung und Publizität der GmbH & Co. KG, in: BB 1994.

Streim, Hannes (1995): Zum Stellenwert des Lageberichts im System der handelsrechtlichen Rechnungslegung, in: Elschen/Siegel/Wagner (Hrsg.): Unternehmenstheorie und Besteuerung – Festschrift zum 60. Geburtstag von Dieter Schneider, Wiesbaden, 1995, S. 704-721.

Zitiert: Streim, Zum Stellenwert des Lageberichts, 1995.

Stuber, Manfred (1994): Das PartGG unter besonderer Berücksichtigung der Belange der Anwaltschaft, in: Wirtschaftsrechtliche Beratung, 1. Jg., 1994, S. 705-710.

Zitiert: Stuber, Partnerschaftsgesellschaftsgesetz unter besonderer Berücksichtigung der Belange der Anwaltschaft, in: Wirtschaftsrechtliche Beratung 1994.

Stuber, Manfred (1995): Die Partnerschaftsgesellschaft: Mustervertrag einer freiberuflichen Partnerschaft, Beck´sche Musterverträge, Band 25, 1995.
Zitiert: Stuber, Partnerschaftsgesellschaft, 1995.

Stucken, Ralf (1994): Mustervertrag einer Partnerschaftsgesellschaft, in: WiB, 1. Jg., 1994, S. 744-749.
Zitiert: Stucken, Mustervertrag einer Partnerschaftsgesellschaft, in: WiB 1994.

Taupitz, Jochen (1991): Die Standesordnungen der freien Berufe, Berlin, 1991.
Zitiert: Taupitz, Standesordnungen der freien Berufe, 1991.

Taupitz, Jochen (1992): Das Nachfragepotential von Heilbehandlungs-GmbHs aus dem Blickwinkel der gesetzlichen und der privaten Krankenversicherung, in: VersR, 43. Jg., 1992, S. 1064-1068.
Zitiert: Taupitz, Nachfragepotential von Heilbehandlungs-GmbHs, in: VersR 1992.

Taupitz, Jochen (1992): Die GmbH als Organisationsform ambulanter heilkundlicher Tätigkeit, in: NJW, 45. Jg., 1992, S. 2317-2325.
Zitiert: Taupitz, GmbH als Organisationsform ambulanter heilkundlicher Tätigkeit, in: NJW 1992.

Taupitz, Jochen (1993): Integrative Gesundheitszentren: neue Formen interprofessioneller ärztlicher Zusammenarbeit, in: MedR, 11. Jg., 1993, S. 367-378.
Zitiert: Taupitz, Integrative Gesundheitszentren, in: MedR 1993.

Taupitz, Jochen (1994): Zur Zulässigkeit von Freiberufler-GmbHs - Heilkunde-GmbH ja, Rechtsberatungs-GmbH nein?, in: JZ, 49. Jg., 1994, S. 1100-1108.
Zitiert: Taupitz, Zulässigkeit von Freiberufler-GmbHs, in: JZ 1994.

Taupitz, Jochen (1994): Zulässigkeit einer Zahnheilkunde-GmbH, in: MedR, 12. Jg., 1994, S. 152-154.
Zitiert: Taupitz, Zulässigkeit einer Zahnheilkunde-GmbH, in: MedR 1994.

Taupitz, Jochen (1995): Das Berufsrisiko des Arztes Entwicklung, Steuerung und Risikominimierung, in: MedR, 13. Jg., 1995, S. 475-482.
Zitiert: Taupitz, Berufsrisiko des Arztes, in: MedR 1995.

Taupitz, Jochen (1995): Die Partnerschaft als neue Kooperationsform für Ärzte, in: Arztrecht, 30. Jg., 1995, S. 123-127.
Zitiert: Taupitz, Partnerschaft als Kooperationsform für Ärzte, in: Arztrecht 1995.

Thalmair, Roland (1997): Zum Anwendungsbereich des neuen Haftungskonzepts der Vor-GmbH, in: DStR, 35. Jg., 1997, S. 1611-1612.
Zitiert: Thalmair, Haftungskonzept der Vor-GmbH, in: DStR.

Thümmel, Manfred (1971): Die Partnerschaft - eine neue Gesellschaftsform für Freiberufler, in: Die Wirtschaftsprüfung, 24. Jg., 1971, S. 399-400.
Zitiert: Thümmel, Partnerschaft, in: Die Wirtschaftsprüfung 1971.

Tipke, Klaus / Lang, J. (1996): Steuerrecht, 15. völlig überarb. Aufl., Köln, 1996.
Zitiert: Tipke/Lang, Steuerrecht, 1996.

Tödtmann, Ulrich (1998): Praktische Hinweise zur Existenzgründung, in: NWB 1998, Fach 18, S. 747-758.
Zitiert: Tödtmann, Existenzgründung, in: NWB 1998.

Triepel, Heinrich (1911): Staatsdienst und staatlich gebundener Beruf, in: Festschrift für Karl Binding zum 4. Juni 1911, Band 2, Leipzig, 1911, S. 1ff.
Zitiert: Triepel, Staatlich gebundener Beruf, in: FS Binding 1911.

Tröndle, Herbert (1997): Strafgesetzbuch und Nebengesetze, 48. neubearb. Aufl., München, 1997.
Zitiert: Tröndle, Strafgesetzbuch, 1997.

Uber, Giesbert (1952): Freiheit des Berufs – Artikel 12 des Grundgesetzes, Hamburg, 1952.
Zitiert: Uber, Freiheit des Berufs, 1952.

Uleer, Christoph (1996): Abrechnung von Arzt- und Krankenhausleistungen: Erläuterungen zur Gebührenordnung für Ärzte (GOÄ 1996) und zur Bundespflegesatzverordnung (BPflV 1995), München, 1996.
Zitiert: Uleer, Abrechnung von Arzt- und Krankenhausleistungen, 1996.

Ulmer, Peter (1984): Rückbesinnung als Fortschritt?, in: ZGR, 13. Jg., 1984, S. 313-341.
Zitiert: Ulmer, Rückbesinnung als Fortschritt, in: ZGR 1984.

Ulmer, Peter (1997): Gesellschaft bürgerlichen Rechts und Partnerschaftsgesellschaft – Systematischer Kommentar, Sonderausgabe aus Band 5 des Münch. Kommentars zum BGB, 3. Aufl., München, 1997.
Zitiert: Ulmer, Gesellschaft bürgerlichen Rechts und Partnerschaftsgesellschaft, 1997.

Ulmer, Peter / Habersack, Manfred (1996): Die Haftungsverfassung der Partnerschaftsgesellschaft, in: Festschrift für Erich Brandner, Hrsg. Pfeiffer/Kummer/Scheuch, Köln, 1996, S. 151-166.
Zitiert: Ulmer/Habersack, Haftungsverfassung der Partnerschaftsgesellschaft, in: FS Brandner 1996.

Volmer, Norbert (1967): Die Partnerschaft als Gesellschaftsform für die Teamarbeit im freien Beruf, in: Der Steuerberater, 18. Jg., 1967, S. 25-29.
Zitiert: Volmer, Partnerschaft als Gesellschaftsform für die Teamarbeit, in: Der Steuerberater 1967.

Weber, Ralph / Vogt-Weber, B. (1998): Arztpraxis als GmbH: kaum sinnvoll, in: DÄBl., 95. Jg., 1998, S. A-1146 – A-1149.
Zitiert: Weber/Vogt-Weber, Arztpraxis als GmbH, in: DÄBl. 1998.

Weber-Grellet, Heinrich (1998): Bestand und Reform des Bilanzsteuerrechts, in: DStR, 36. Jg., 1998, S. 1343-1349.
Zitiert: Weber-Grellet, Reform des Bilanzsteuerrechts, in: DStR 1998.

Weimar, Robert / Grote, K.-P. (1997): Grundfragen der Europäischen wirtschaftlichen Interessenvereinigung, in: NWB, 1997, Fach 18, S. 3533-3542.
Zitiert: Weimar/Grote, Grundfragen der Europäischen wirtschaftlichen Interessenvereinigung, in: NWB 1997.

Wendt, Michael (1997): Übergang zum Dauer(un)recht? Vom langen Leben des gespaltenen Einkommensteuertarifs, in: DStR, 35. Jg., 1997, S. 298-301.
Zitiert: Wendt, Leben des gespaltenen Einkommensteuertarifs, in: DStR 1997.

Westermann, Peter (1994): Gesellschaftsrecht, in: Handbuch der Personengesellschaften, 1994, S. 56-61.
Zitiert: Westermann, Gesellschaftsrecht, 1994.

Weyand, Raimund (1995): Partnerschaftsgesellschaften als neue Organisationsform für die freiberufliche Praxis, in: INF, 1995, S. 22-27.
Zitiert: Weyand, Partnerschaftsgesellschaften als neue Organisationsform, in: INF 1995.

Wöhe, Günter (1996): Einführung in die Allgemeine Betriebswirtschaftslehre, 19., überarb. und erweiterte Aufl., München, 1996.
Zitiert: Wöhe, Allgemeine Betriebswirtschaftslehre, 1996.

Wolff, E. (1931): Homo ethicus, homo oeconomicus, in: JW, 60. Jg. 1931, S. 2341ff.
Zitiert: Wolff, Homo ehticus, in: JW 1931.

Wollny, Paul (1994): Unternehmens- und Praxisübertragungen: Kauf, Verkauf, Anteilsübertragung, Nachfolgeregelung im Zivil- und Steuerrecht, Herne, 1994.
Zitiert: Wollny, Unternehmens- und Praxisübertragungen, 1994.

Wüst, Günther (1989): Ausbaubedürfnisse im Gesellschaftsrecht, in: JZ, 44. Jg., 1989, S. 270-278.
Zitiert: Wüst, Ausbaubedürfnisse im Gesellschaftsrecht, in: JZ 1989.

Zacher, Thomas (1993): Steuerliche Haftungsrisiken der Mitglieder einer BGB-Gesellschaft, in: DStR, 31. Jg., 1993, S. 652-657.
Zitiert: Zacher, Steuerliche Haftungsrisiken, in: DStR 1989.

Zenthöfer, Wolfgang / Schulze zur Wiesche (1997): Einkommensteuer, Stuttgart, 1997.
Zitiert: Zenthöfer/Schulze zur Wiesche, Einkommensteuer, 1997.

ENTSCHEIDUNGSREGISTER

I. Verfassungsgerichtsbarkeit

1. Bundesverfassungsgericht

Fundstelle	*Datum*	*Az*
BVerfGE 34, 293	14.02.73	2 BvR 667/72
BVerfGE 93, 121	22.06.95	2 BvL 37/91
NJW 1979, 1925	25.07.79	2 BvR 878/74
AnwBl. 1993, 120	04.12.92	1 BvR 79/85
SIS 98/19, III	26.03.98	1 BvR 2341/95

II. Finanzgerichtsbarkeit

2. Bundesfinanzhof

Fundstelle	*Datum*	*Az*
BFHE 70, 499	24.11.59	I 47/58 U
BFHE 73, 429	14.06.61	II 121/59 U
BFHE 86, 39	18.02.66	VI 219/64
BFHE 92, 144	27.06.68	V R 128/66
BFHE 117, 247	25.11.75	III R 116/76
BFHE 120, 265	20.10.76	I R 148/74
BFHE 125, 45	02.03.78	IV R 45/73
BFHE 125, 569	23.08.78	II R 107/72
BFHE 141, 405	25.06.84	GrS 4/82
BFHE 145/175	23.10.85	I R 248/81
BFHE 151, 228	07.10.87	V R 2/79
BFHE 155, 395	07.12.88	II R 150/85
BFHE 158, 409	05.10.89	IV R 154/86
BFHE 159, 535	01.02.90	IV R 140/88
BFHE 163,1	25.02.91	GrS 7/89
BFHE 171, 246	03.05.93	GrS 3/92

BFHE 172, 227	26.08.93	V R 20/91
BFHE 175, 528	27.07.94	I R 25/94
BFHE 176,44	14.09.94	II R 95/92
BFHE 177, 377	21.03.95	XI R 85/93
BFHE 185, 160	27.11.97	IV R 95/96
BStBl. II 70, 86	24.07.69	IV R 92/67
BStBl. II 77, 879	26.05.77	V R 95/76
BStBl. II 84, 504	02.03.92	VIII R 225/80
BStBl. II 87, 325	11.02.87	II R 103/84
BStBl. II 88, 782	10.06.88	III R 118/85
BStBl. II 95, 390	17.02.95	VI R 41/92
BStBl. II 98, 475	22.04.98	XI R 96/96
DStR 1998, 200	13.11.97	IV R 67/96
DStR 1998, 763	04.03.98	X R 53/96
DStR 1998, 1379	19.02.98	IV R 11/97
NWB 1998, F.1, 175	29.01.98	V R 3/96

3. Finanzgerichte

Fundstelle	*Datum*	*Az*
FG Bremen		
DStRE 1997, 325	11.06.96	295 167 K 4
FG Niedersachsen		
EFG 1996, 778	29.02.96	V 124/95
DStRE 1997, 391	09.05.96	V 53/95
DStRE 1998, 549	09.12.97	I 500/95
FG Rheinland-Pfalz		
DStRE 1997, 18	06.03.96	V K 1097/96
FG Schleswig-Holstein		
Lexinform 25/97	28.11.96	V 1121/95

III. Sonstige deutsche Gerichtsbarkeit

BGH

Fundstelle	*Datum*	*Az*
BGHZ 56, 355	06.07.71	VI ZR 94/69
BGHZ 70, 158	30.11.77	IV ZR 69/76
BGHZ 74, 240	30.11.79	II ZR 137/78
BGHZ 124, 224	25.11.93	I ZR 281/91
DStR 1997, 501	15.07.97	XI ZR 154/96
MDR 1994, 308	05.11.93	V ZR 1/93
MedR 1988, 310	28.06.88	VI ZR 210/87
MedR 1988, 311	28.06.88	VI ZR 217/87
NJW 1978, 589	30.11.77	IV ZR 69/76
NJW 1979, 2304	02.04.79	II ZR 141/78
NJW 1981, 1213	15.12.80	II ZR 52/80
NJW 1990, 761	09.11.89	IX ZR 269/87
NJW 1992, 3037	25.06.92	I ZR 120/90
NJW 1994, 2302	07.06.94	5 StR 85/94
NJW 1995, 1841	19.01.95	III ZR 107/94
NJW-RR 1990, 701	07.03.90	VIII ZR 25/89
WM 1974, 876	16.05.74	II ZR 12/73
ZIP 1992, 695	10.02.92	II ZR 54/91
ZIP 1992, 1500	25.06.92	I ZR 120/90
OLG Köln		
BB 1998, 1759	12.05.97	2 WX 57/96
OLG Hamm		
VersR 1993, 427	24.06.92	20 U 90/92

Medizin – Recht – Ethik

Frankfurt/M., Berlin, Bern, New York, Paris, Wien, 1998. 159 S.
Rechtsphilosophische Hefte. Beiträge zur Rechtswissenschaft, Philosophie und Politik. Herausgegeben von Giuseppe Orsi, Kurt Seelmann, Stefan Smid und Ulrich Steinvorth. Bd. VIII
ISBN 3-631-33124-X · br. DM 53.–*

Die Medizin zieht heute aus zweierlei Gründen eine gesteigerte Aufmerksamkeit des Rechts und der Ethik auf sich: Sie erschließt neue Bereiche des technisch Machbaren, von der Fortpflanzung bis zur Organtransplantation. Daraus resultieren bisher unbekannte Problemstellungen, die unsere moralischen Intuitionen und unser Judiz verunsichern. Zugleich droht die Medizin aber zu einem knappen Gut zu werden, dessen Verwaltung neuartige Fragen der Verteilungsgerechtigkeit aufwirft.

Aus dem Inhalt: Recht auf Gesundheit · Ethikkommissionen · Fortpflanzungsmedizin · Rationierung · Sterbehilfe · Organtransplantation

Kolibri 360 GmbH
Ferdinand-Jühlke-Straße 7
99095 Erfurt, Deutschland
produktsicherheit@kolibri360.de

Druck:
CPI Druckdienstleistungen GmbH
im Auftrag der
Kolibri 360 GmbH
Ferdinand-Jühlke-Str. 7
99095 Erfurt